Christoph Weigand

Entscheidungsorientierte Vertriebskostenrechnung

DUV Springer Fachmedien Wiesbaden GmbH

CIP-Titelaufnahme der Deutschen Bibliothek

Weigand, Christoph:
Entscheidungsorientierte Vertriebskostenrechnung / Christoph Weigand. — Wiesbaden : Dt. Univ.-Verl., 1989
(DUV : Wirtschaftswissenschaft)
Zugl.: Erlangen, Nürnberg, Univ., Diss., 1989

ISBN 978-3-8244-0036-2 ISBN 978-3-322-93829-9 (eBook)
DOI 10.1007/978-3-322-93829-9

Der Deutsche Universitäts-Verlag ist ein Unternehmen der Verlagsgruppe Bertelsmann International.

GELEITWORT

In weiten Bereichen, speziell der Industrie, wurden in den letzten Jahren immer umfangreichere Ressourcen zur Unterstützung des Marketing und des Vertriebs eingesetzt. Demzufolge fallen nicht nur direkt für die Abwicklung der Vertriebsaktivitäten, sondern für das meist längerfristige Bereithalten von Potentialen immer höhere Kosten an, deren Niveau mitunter nahe an das der Fertigungskosten heranreicht.

Im Vergleich zu dieser Entwicklung der Kostenstrukturen sind zur kostenrechnerischen Unterstützung des Vertriebsgeschehens in den letzten Jahren keine dem aktuellen Kenntnisstand in Theorie und Praxis entsprechenden, in sich geschlossenen Konzepte entwickelt worden. Zwar entstanden in der Nachkriegszeit einige betriebswirtschaftliche Arbeiten zur Vertriebskostenrechnung. Diese Beiträge blieben aber meist auf Teilgebiete und Teilaussagen beschränkt. So fehlen vor allem Aussagensysteme, die darlegen, wie die Vertriebskostenrechnung dann konkret zu gestalten ist, wenn man moderne Konzepte der Kosten-, Leistungs-, Erlös- und Ergebnisrechnung praktisch zu nutzen beabsichtigt.

Marketingorientierte Unternehmen weisen heute komplexe Vertriebsstrukturen auf. Diese Vertriebsstrukturen erfordern eine prozeßorientierte Kalkulation von Vertriebskosten mit differenzierten Verrechnungssätzen zum Zwecke der Preiskalkulation und des Aufbaus exakter, mehrdimensionaler Ergebnisrechnungen.

Der Verfasser entwirft in dem vorliegenden Werk ein umfassendes und in sich geschlossenes Konzept einer modernen, entscheidungsorientierten Vertriebskostenrechnung.
Er zeigt auf, wie eine Vertriebskostenrechnung aufgebaut sein muß, um eine genaue Erfassung, Planung, Verrechnung und Kalkulation der Vertriebskosten - nicht zuletzt im Sinne eines leistungsfähigen Marketing-Controlling - zu ermöglichen. Mit dieser Arbeit leistet der Verfasser einen

wichtigen Beitrag zur konzeptionellen Verbesserung und Modernisierung von Vertriebskostenrechnungen. Die Forschungsergebnisse sind nicht nur für die Wissenschaft, sondern auch für die Praxis interessant und bedeutsam. Sie lassen sich in moderne Konzepte für das entscheidungsorientierte Rechnungswesen unmittelbar integrieren, da für das vorgestellte Konzept heute auch geeignete Software-Lösungen verfügbar sind. Das vorliegende Werk bietet dem Praktiker viele Hinweise zur Gestaltung einer differenzierten Kostenrechnung für zunehmend umfangreichere Vertriebs- und Marketingaktivitäten.

Prof. Dr. rer. pol. Wolfgang Männel

VORWORT

Der Übergang vieler Absatzmärkte von Verkäufermärkten zu aggressiv umworbenen Käufermärkten und das sich rasch wandelnde Konsumentenverhalten erfordern einen verstärkten und aufeinander abgestimmten Einsatz des gesamten absatzpolitischen Instrumentariums. Nur so ist es möglich, die Potentiale bereits erschlossener Absatzmärkte voll auszuschöpfen und neue Märkte zu erschließen. Mit diesen im Vergleich zu früher erheblich ausgeweiteten und intensivierten Marketingaktivitäten der Unternehmen sind zwangsläufig **steigende Vertriebskosten** verbunden.

Die Wissenschaft hat schon sehr frühzeitig die Bedeutung einer gut ausgebauten Vertriebskostenrechnung für die Planung, Steuerung und Kontrolle der Marketingaktivitäten erkannt. So erschienen in den Vereinigten Staaten bereits in den 40er Jahren wichtige Veröffentlichungen zu dem Thema Vertriebskosten. In der deutschsprachigen Literatur wurden die meisten Abhandlungen zur Vertriebskostenrechnung in den 60er Jahren publiziert. Allerdings entsprechen diese Arbeiten in vielen Punkten nicht mehr dem heutigen Kenntnisstand in Theorie und Praxis. In der vorliegenden Monographie wird daher versucht, ein umfassendes und in sich geschlossenes **Konzept einer Vertriebskostenrechnung** zu entwerfen, das sowohl den Erkenntnisfortschritt auf dem Gebiet der Kostenrechnung berücksichtigt als auch die Vertriebskostenrechnung in ein größeres Ganzes einordnet, indem sie als Instrument zur Informationsversorgung des Marketing-Management entwickelt wird. Neben der theoretischen Fundierung wird besonderer Wert auf die **praktische Umsetzbarkeit** des Konzeptes gelegt.

Die vorliegende Arbeit entstand während meiner Assistententätigkeit am Lehrstuhl für Betriebswirtschaftslehre, insbesondere Rechnungswesen und öffentliche Betriebe, an der Friedrich-Alexander-Universität Erlangen-Nürnberg. Mein besonderer Dank gilt meinem verehrten akademischen Lehrer, Herrn Prof. Dr. Wolfgang Männel, der mich mit zahlreichen wertvollen Anregungen und Hinweisen unterstützte. Darüber hinaus bezog er mich in Forschungsprojekte in Zusammenarbeit mit der Praxis ein. Auf diese Weise war es mir möglich, praktische Erfahrungen auf dem Gebiet der Vertriebskostenrechnung zu sammeln. Danken möchte ich schließlich auch Herrn Prof. Dr. Ludwig Berekoven für die Übernahme des Korreferats.

Christoph Weigand

INHALTSVERZEICHNIS

Abbildungsverzeichnis XV
Abkürzungsverzeichnis XVIII

Problemstellung 1

1. Kapitel: Begriffliche Grundlagen, Bedeutung und Einordnung der Vertriebskostenrechnung 6

A. Begriff und Besonderheiten des Vertriebs 6
I. Begriffsdefinitionen: Vertrieb - Absatz - Marketing 6
II. Besonderheiten des Vertriebs 10

B. Begriff und Abgrenzung der Vertriebskosten 17
I. Begriff der Vertriebskosten und deren Abgrenzung von den Kosten anderer Unternehmensbereiche 17
II. Abgrenzung der Vertriebskosten von den Erlösschmälerungen 31

C. Bedeutung der Vertriebskosten und Eingrenzung des Untersuchungsobjektes 34

D. Stellung der Vertriebskostenrechnung im internen Rechnungswesen 37
I. Vertriebskostenrechnung als Funktionskostenrechnung 37
II. Zusammenhänge zwischen Vertriebskostenrechnung und Erlösrechnung sowie zwischen Vertriebskostenrechnung und anderen Funktionskostenrechnungen 38

2. Kapitel: Die Vertriebskostenrechnung als Führungsinstrument des Marketing-Management........ 44

A. Rechnungszwecke einer führungsorientierten Vertriebskostenrechnung und daraus abgeleitete Anforderungen.. 44

I. Rechnungszwecke und Führungsfunktionen.......... 44

II. Rechnungszwecke der Vertriebskostenrechnung im einzelnen.................................. 46

1. Differenzierte Abbildung des Vertriebs....... 46

2. Planung und Steuerung des Vertriebs.......... 48

a) Inhalt und Bedeutung des Rechnungszweckes................................ 48

b) Überblick über bedeutsame, im Rahmen der Marketingplanung und -steuerung zu treffende Entscheidungen................. 52

c) Aus den Marketing-Entscheidungen abgeleitete absatzrelevante Kalkultionsobjekte............................... 55

3. Kontrolle des Vertriebs..................... 61

B. Bedeutung der Rechnungszwecke der Vertriebskostenrechnung und der daraus abgeleiteten Anforderungen im Rahmen des Marketing-Controlling................ 62

I. Charakterisierung des Controlling.............. 63

II. Einordnung der Vertriebskostenrechnung in ein umfassendes Marketing-Controllingkonzept........ 71

1. Begriff, Ziele und Aufgaben des Marketing-Controlling............................... 71

2. Instrumente des Marketing-Controlling........ 76

a) Planungs- und Informationsversorgungsinstrumente im Überblick................. 76

b) Möglichkeiten und Grenzen des Einsatzes der Vertriebskostenrechnung als Informationsversorgungsinstrument des Marketing-Controlling............................ 79

3. Kapitel: Erfassung der Vertriebskosten.............. 88

A. Begriff der Kostenerfassung und deren Stellung im Abrechnungsgang der Vertriebskostenrechnung......... 88

B. Kennzeichnung der einzelnen Kostendaten mit Klassifikationsmerkmalen................................ 96
I. Grundsätzliche Möglichkeiten der Kostendatenkennzeichnung........................... 96
II. Organisatorische Aspekte der Kostendatenkennzeichnung..............................103

C. Bildung von Kostenarten im Vertrieb.................105
I. Grundsätze und Kriterien der Bildung von Kostenarten im Vertrieb.......................106
II. Kostenarten im Vertrieb.......................109
1. Spezifische Vertriebskostenarten............109
2. Unspezifische Vertriebskostenarten..........114
III. Zum Problem der periodengerechten Abgrenzung der Vertriebskosten...........................115

D. Systematisierung von Vertriebskostenarten...........121

4. Kapitel: Kostenstellenrechnung im Vertrieb..........130

A. Zwecke der Kostenstellenrechnung im Vertrieb........130

B. Bildung von Vertriebskostenstellen..................132
I. Bedeutsame Kriterien der Bildung von Vertriebskostenstellen...............................132
1. Funktionale Gliederung der Vertriebskostenstellen.................................132
2. Absatzmarktorientierte Gliederung der Vertriebskostenstellen.......................135
a) Inhalt und Bedeutung der absatzmarktorientierten Vertriebskostenstellengliederung............................135

b) Absatzrelevante Kalkulationsobjekte als Ausgangspunkt einer absatzmarktorientierten Gliederung der Vertriebskostenstellen.....137
3. Vertriebskostenstellenbildung unter dem Gesichtspunkt der Kostenzurechnung.....139
4. Marketing-controllingorientierte Vertriebskostenstellengliederung.....142
II. Aufbau einer differenzierten, mehrdimensionalen Kostenstellenhierarchie des Vertriebs.....143

C. Erfassung von Leistungen der Vertriebskostenstellen.152
I. Begriff der Vertriebsleistung.....152
II. Bedeutsame Kategorien von Vertriebsleistungen und Möglichkeiten ihrer Erfassung.....154
1. Repetitive Vertriebsleistungen.....155
2. Innovative Vertriebsleistungen.....163

D. Abhängigkeit der Vertriebskosten von den Vertriebsleistungen.....168
I. Abhängigkeitsbeziehungen zwischen Vertriebskosten, Kostenstellenleistung und Absatzvolumen.....168
II. Abbildung der Abhängigkeitsbeziehungen in Kostenkategorien.....176
1. Variable Vertriebskosten.....177
2. Fixe Vertriebskosten.....187
III. Verrechnungssatzbildung in Kostenstellen mit repetitiven Vertriebsleistungen.....188
1. Verrechnungssatzbildung in ausgewählten Vertriebskostenstellen.....188
2. Möglichkeiten und Grenzen der Verrechnungssatzbildung in Kostenstellen mit repetitiven Vertriebsleistungen.....195
IV. Bewertungsproblematik innovativer Vertriebsleistungen.....201

E. Differenzierte Abbildung der kostenstellenbezogen erfaßten fixen Vertriebskosten.....206

I. Differenzierung hinsichtlich der Beeinflußbarkeit der fixen Vertriebskosten..................206
1. Zeitliche Disponierbarkeit der fixen Vertriebskosten..................................206
2. Quantencharakter der fixen Vertriebskosten...213
II. Objektbezogene Differenzierung der fixen Vertriebskosten......................................215
1. Auf der Analyse der Aktivitätsfelder der Vertriebskostenstellen beruhende Differenzierung..................................215
2. Kennzeichnung einzelner Kostendaten mit Klassifikationsobjekten......................219

5. Kapitel: Zurechnung der Vertriebskosten auf Kostenträger.........................224

A. Zwecke und Inhalt der Kostenträgerrechnung im Vertrieb.......................................224

B. Zurechnung der variablen Vertriebskosten auf Kostenträger......................................227
I. Zurechnungsmöglichkeiten der kostenträgerbezogen erfaßten variablen Vertriebskosten.............227
1 Zum Begriff der Sondereinzelkosten des Vertriebs..................................227
2. Arten von kostenträgerbezogen erfaßten variablen Vertriebskosten..................230
a) Umsatzabhängige Kosten...................230
b) Sonstige absatzabhängige Kosten..........235
3. Zusammenfassung..............................240
II. Zurechnung der kostenstellenbezogen erfaßten variablen Vertriebskosten mit Hilfe von Verrechnungssätzen....................................242
1. Erstellung von Leistungslisten..............242
2. Beispielhafte Anwendung der Verrechnungssatzkalkulation.................................250

C. Zurechnung der fixen Vertriebskosten auf einzelne Elemente der Produkthierarchie......................264
I. Zurechnung der fixen Kosten ganzer Vertriebskostenstellen................................264
II. Zurechnung einzelner Kostendaten..............266
III. Aufbau einer periodenbezogenen Produktdeckungsbeitragsrechnung.............................268

6. Kapitel: Erweiterung der Analysemöglichkeiten durch Zurechnung der Vertriebskosten auf weitere absatzrelevante Kalkulationsobjekte........273

A. Für eine differenzierte Abbildung des Vertriebs relevante Kalkulationsobjekte.......................273

B. Grundsätzliche Vorgehensweise bei der Zurechnung der Vertriebskosten auf Zurechnungshierarchien..........274

C. Aufbau von Vertriebshierarchien und Zurechnung von Vertriebskosten im einzelnen.......................280
I. Grundtypen von Vertriebshierarchien............280
II. Eindimensionale Vertriebshierarchien...........282
1. Kunden- und Kundengruppenhierarchie.........282
2. Absatzgebietehierarchie....................291
3. Absatzwegehierarchie.......................296
III. Mehrdimensionale Vertriebshierarchien..........300
1. Notwendigkeit des Aufbaus mehrdimensionaler Vertriebshierarchien.......................300
2. Möglichkeiten und Grenzen des Aufbaus mehrdimensionaler Vertriebshierarchien.........306
3. Aufbau ausgewählter mehrdimensionaler Vertriebshierarchien...........................309

Schlußbetrachtung..................................323

Literaturverzeichnis...............................327

ABBILDUNGSVERZEICHNIS

Abb. 1-1: Teilfunktionen des Absatzes................ 21

Abb. 1-2: Schematische Darstellung der Ermittlung von Vertriebsüberschüssen........................ 40

Abb. 1-3: Grundstruktur einer Stückdeckungsbeitragsrechnung................................ 43

Abb. 2-1: Zusammenhang zwischen Planung, Steuerung und Kontrolle.............................. 49

Abb. 2-2: Überblick über Vertriebskosteninformationen benötigende, typische Entscheidungssituationen im Marketing................... 54

Abb. 2-3: Überblick über absatzrelevante Kalkulationsobjekte.............................. 59

Abb. 2-4: Controlling als Koordination von Informationsversorgung und Informationsverwendung innerhalb des Führungssystems.............. 65

Abb. 2-5: Aufgaben des Marketing-Controlling.......... 74

Abb. 3-1: Kostenartenhauptgruppen bei produktionsfaktororientierter Kostenartengliederung....107

Abb. 3-2: Überblick über aus den Incoterms abgeleitete Exportsondereinzelkosten...................111

Abb. 3-3: Zusammenfassender Überblick über die Behandlung von Aufwendungen für den Aufbau akquisitorischer Nutzungspotentiale..............122

Abb. 3-4: Beispiel für einen gesamtunternehmensbezogenen Kostenartenplan unter besonderer Berücksichtigung vertriebsspezifischer Kostenarten..............................124

Abb. 3-5: Beispiel für einen separaten Kostenartenplan für den Vertrieb...........................128

Abb. 4-1: Beispiel für eine Gliederung der Vertriebskostenstellen nach Vertriebsfunktionen......136

Abb. 4-2: Beispielhafte Darstellung eines Ausschnittes aus einer nach operativen Kostenstellen und Summationskostenstellen differenzierenden Kostenstellenhierarchie.....................141

Abb. 4-3: Beispiel für den Aufbau einer Produkthierarchie, einer Hierarchie der Kunden und einer Hierarchie der Absatzgebiete.........146

Abb. 4-4: Beispiel für eine Verknüpfungsmatrix zur Darstellung der Verknüpfung zwischen Vertriebskostenstellen und verschiedenen Zurechnungshierarchien........................148

Abb. 4-5: Beispiel für eine mehrdimensionale Kostenstellenhierarchie des Vertriebs............150

Abb. 4-6: Maßgrößen zur Messung der Leistungen von Vertriebskostenstellen.....................160

Abb. 4-7: Zusammenfassender Überblick über Leistungskategorien und Bezugsgrößentypen von Vertriebskostenstellen........................175

Abb. 4-8: Überblick über kostenstellenbezogen erfaßte fristigkeitsgradunabhängige variable Vertriebskosten..............................181

Abb. 4-9: Beispiel für einen Kostenplan der Kostenstelle Auftragsbearbeitung und -abwicklung/ Inland.....................................190

Abb. 4-10: Beispiel für einen Kostenplan der Kostenstelle Debitorenbuchhaltung...............192

Abb. 4-11: Beispiel für einen Kostenplan der Kostenstelle Werbung............................205

Abb. 5-1: Überblick über die Arten kostenträgerbezogen erfaßter variabler Vertriebskosten...243

Abb. 5-2: Beispiel für eine Leistungsliste...........248

Abb. 5-3: Verrechnungssätze und Zurechnungsobjekte ausgewählter Vertriebskostenstellen eines Beispielunternehmens........................251

Abb. 5-4: Beispiel für die Ermittlung des Stückdeckungsbeitrages einer Produktart.........257

Abb. 5-5: Beispielhafte Darstellung der Ermittlung des Deckungsbeitrages für einen Kundenauftrag...................................260

Abb. 5-6: Beispiel für die Ermittlung des Jahresdeckungsbeitrages einer Produktsparte......269

Abb. 6-1: Grundstruktur einer Deckungsbeitragsrechnung für ein Segment einer Vertriebshierarchie...................................278

Abb. 6-2: Beispiel für eine auf ein Jahr bezogene Deckungsbeitragsrechnung nach Kunden.......285

Abb. 6-3: Beispiel für eine auf ein Jahr bezogene Deckungsbeitragsrechnung nach Absatzgebieten.................................293

Abb. 6-4: Überblick über typische Absatzwege von Konsumgüterherstellern......................297

Abb. 6-5: Ergebnisse einer mehrdimensionalen Deckungsbeitragsrechnung..................303

Abb. 6-6: Ergebnisse einer mehrdimensionalen Deckungsbeitragsrechnung nach Elimination aufgrund eindimensionaler Deckungsbeiträge.................................304

Abb. 6-7: Ergebnisse einer mehrdimensionalen Deckungsbeitragsrechnung nach Elimination aufgrund mehrdimensionaler Deckungsbeiträge.................................306

Abb. 6-8: Beispiele für mehrdimensionale Vertriebshierarchien..............................310

Abb. 6-9: Beispiel für eine zuerst nach Produktgruppen differenzierenden mehrdimensionalen Vertriebshierarchie.......................311

Abb. 6-10: Ausgewählte Aggregationsalternativen für mehrdimensionale Vertriebshierarchien......314

Abb. 6-11: Beispiel für eine mehrdimensionale Vertriebshierarchie mit einer Summationshierarchie...............................316

Abb. 6-12: Beispiel für eine auf ein Jahr bezogene mehrdimensionale Deckungsbeitragsrechnung..318

ABKÜRZUNGSVERZEICHNIS

Abb.	Abbildung
Abs.	Absatz
AG	Absatzgebiet(e)
AGPLAN	Arbeitsgemeinschaft Planungsrechnung e. V.
asw	Absatzwirtschaft
Aufl.	Auflage
Bd.	Band
Bde.	Bände
Bearb.	Bearbeiter
BFuP	Betriebswirtschafliche Forschung und Praxis
bzw.	beziehungsweise
CM	Controller Magazin
DBW	Die Betriebswirtschaft
ders.	derselbe
d. h.	das heißt
dies.	dieselben
Diss.	Dissertation
DV	Datenverarbeitung
d. Verf.	der Verfasser
ebd.	ebenda
EDV	Elektronische Datenverarbeitung
EH	Einzelhandel
einschl.	einschließlich
EStG	Einkommensteuergesetz
f.	folgende
ff.	fortfolgende
GE	Geldeinheiten
gem.	gemäß
GH	Großhandel
H.	Heft
HBR	Harvard Business Review
HGB	Handelsgesetzbuch
HK	Herstellkosten
Hrsg.	Herausgeber
HWA	Handwörterbuch der Absatzwirtschaft

HWB	Handwörterbuch der Betriebswirtschaft
HWProd	Handwörterbuch der Produktionswirtschaft
HWR	Handwörterbuch des Rechnungswesens
IMM	Industrial Marketing Management
Jg.	Jahrgang
JoM	Journal of Marketing
KG	Kundengruppe(n)
krp	Kostenrechnungspraxis
KST	Kostenstelle
LE	Leistungseinheit
m. E.	mit Einschränkungen
MJ	Marketing Journal
MM	Manager Magazin
N.A.C.A.	National Association of Cost Accountants
NB	Neue Betriebswirtschaft
Nr.	Nummer
o. J.	ohne Jahresangabe
o. O.	ohne Ortsangabe
PG	Produktgruppe(n)
prop.	proportional
S.	Seite
sog.	sogenannt
Sp.	Spalte
Std.	Stunde
u.	und
u. a.	und andere
usw.	und so weiter
var.	variabel
VDI	Verein Deutscher Ingenieure
vgl.	vergleiche
Vol.	Volume
WiSt	Wirtschaftswissenschaftliches Studium
wisu	Das Wirtschaftsstudium
WiWo	Wirtschaftswoche
WPg	Die Wirtschaftsprüfung
z. B.	zum Beispiel

ZfB	Zeitschrift für Betriebswirtschaft
ZfbF	Zeitschrift für betriebswirtschaftliche Forschung
ZfhF, N. F.	Zeitschrift für handelswissenschaftliche Forschung, Neue Folge
z. T.	zum Teil

PROBLEMSTELLUNG

Das **Hauptinteresse der Kostenrechnung** galt lange Zeit fast ausschließlich der **Produktion.** Demzufolge wurden die meisten Kostenrechnungsverfahren und -systeme anhand von Problemstellungen entwickelt, die sich aus der industriellen Produktion von Sachgütern ergaben. Ein wesentlicher Grund hierfür war, daß für die Mehrzahl der Unternehmen die wichtigste Aufgabe in der rationellen Gestaltung der Produktionsprozesse bestand, der Verkauf der Produkte hingegen wegen des auf vielen Märkten vorherrschenden Nachfrageüberhangs vergleichsweise problemlos war.[1] Auf diese einseitige Orientierung der Kostenrechnung wies KÜSPERT bereits 1938 in der Einleitung zu seiner Monographie über die industriellen Vertriebskosten hin: "In der Fertigung gehen wir längst auf die Jagd nach dem Zehntel-Pfennig; im Vertrieb geht der Aufwand dagegen "markweise" in die Höhe, ohne daß man sich ein genaues Urteil über die Berechtigung der Vertriebsausgaben bilden kann."[2] Fast 20 Jahre später schrieb GAU angesichts der ausgefeilten Kalkulationsverfahren zur Bestimmung der Fertigungskosten auf der einen Seite und der globalen Berücksichtigung der Vertriebskosten in der Kalkulation in Form eines einzigen Zuschlagssatzes auf die Herstellkosten auf der anderen Seite: "Paradox erscheint diese großzügige, um nicht zu sagen irreführende Behandlung der Vertriebs-Gemeinkosten, wenn man dagegen berücksichtigt, welch ausgefeilte Maßnahmen ergriffen werden, um die Kosten der Fertigung

---

1) Vgl. MEFFERT, Heribert: Marketing, 7. Aufl., Wiesbaden 1986, S. 29 f. MEFFERT unterscheidet zwischen drei Entwicklungsphasen des Absatzbereiches. Die hier skizzierte Situation bezeichnet er als Phase der Produktionsorientierung, die in Deutschland bis etwa 1953 gegeben war. (Vgl. EBD.) Ähnlich auch HILL, Wilhelm: Marketing, Bd. 1, 3. Aufl., Bern - Stuttgart 1973, S. 33 ff.

2) KÜSPERT, Erich: Industrielle Vertriebskosten, Stuttgart 1938, S. 1.

möglichst sekundengenau zu erfassen und damit die Aufträge leistungsgerecht zu belasten. Die ganze über Zeitstudien und Arbeitsvorbereitungen ausgefeilte Genauigkeit in der Kostenerfassung der Fertigung wird durch die Verwendung derartig pauschaler Sätze, bezogen auf eine unzulängliche Basis, restlos zerstört."[3]

Auch wenn in der angloamerikanischen Literatur bereits in den 40er und 50er Jahren wichtige Veröffentlichungen zu dem Thema Vertriebskosten erschienen sind,[4] so sind die Zustandsbeschreibungen von KÜSPERT und GAU, was die deutschsprachige Literatur angeht, durchaus zutreffend. Abgesehen von den Monographien dieser beiden Autoren, wurden in der deutschsprachigen Literatur die meisten umfassenden **Abhandlungen zur Vertriebskostenrechnung** erst in den 60er Jahren publiziert.[5] Diesen Publikationen ist

---

3) GAU, Eberhard: Die Kalkulation der Vertriebskosten, Stuttgart 1959, S. 24.

4) Vgl. beispielsweise LONGMAN, Donald R.: Distribution Cost Analysis, Nachdruck der Ausgabe von 1941, New York 1978; SEVIN, Charles H.: Distribution Cost Analysis, Washington 1946; DERS.: How Manufacturers Reduce Their Distribution Costs, Washington 1948; HECKERT, J. Brooks - MINER, Robert B.: Distribution Costs, 2. Aufl., New York 1953; LONGMAN, Donald R. - SCHIFF, Michael: Practical Distribution Cost Analysis, Homewood Ill. 1955.

5) Vgl. RATIONALISIERUNGSKURATORIUM DER DEUTSCHEN WIRTSCHAFT E.V.: Planung und Kontrolle der Verwaltungs- und Vertriebskosten, Stuttgart 1961; GEIST, Manfred: Selektive Absatzpolitik auf der Grundlage der Absatzsegmentrechnung, Stuttgart 1963; FISCHER, Klaus-Peter: Industrielle Vertriebskostenrechnung, Stuttgart 1963; BACHMANN, Walter O.: Absatzkostenrechnung, Winterthur 1965; HESSENMÜLLER, Bruno: Kosten- und Erfolgsrechnung im Vertrieb, Baden-Baden - Bad Homburg vor der Höhe 1966; JUCKER, Willy Robert: Budgetierung und Standardkostenrechnung im Vertrieb industrieller Unternehmungen, Zürich 1967; ADELBERGER, Herbert: Die Vertriebskostenrechnung als Dispositionsgrundlage, Diss. Freiburg im Breisgau 1968.

gemeinsam, daß sie mehr oder weniger stark im Denken der traditionellen **Vollkostenrechnung** verhaftet sind. Wenn überhaupt, wird die Möglichkeit, eine Vertriebskostenrechnung auf Teilkostenbasis aufzubauen, nur am Rande erörtert. Eine Vertriebskostenrechnung auf Teilkostenbasis wird lediglich als eine Ergänzung zur Vollkostenrechnung gesehen, nicht jedoch als eine Kernrechnung, die bei Bedarf in der Lage ist, parallel Vollkostenwerte auszuweisen. Um so erstaunlicher ist es, daß dieser offenkundige Mangel von den Vertretern der Teilkostenrechnung nicht auf breiter Front aufgegriffen, und, den Kenntnisstand über moderne, entscheidungsorientierte Kostenrechnung und differenzierte Vertriebskostenrechnung verbindend, kein den Besonderheiten des Vertriebs angepaßtes Teilkostenrechnungssystem konzipiert wurde. Lediglich RIEBEL hat schon sehr frühzeitig in einem Aufsatz die Grundzüge einer Einzelkosten- und Deckungsbeitragsrechnung für den Vertriebsbereich dargestellt.[6] Auf die darin enthaltenen wegweisenden Anregungen wurde in der Folgezeit zwar immer wieder zurückgegriffen, doch wurden sie kaum als Ausgangspunkt für umfassendere und tiefergehende Gesamtdarstellungen genutzt. Die von seiten der Grenzplankostenrechnung zur Erhöhung der Kalkulationsgenauigkeit der Vertriebskosten unterbreiteten Vorschläge enthalten keine substantiellen Verbesserungen. Auch wenn dort eine weitgehende Differenzierung der Zuschlagssätze nach Kostenträgergruppen vorgenommen wird, so werden die Vertriebsgemeinkosten dennoch mittels Zuschlagssätzen auf die Her-

---

6) Vgl. RIEBEL, Paul: Die Deckungsbeitragsrechnung als Instrument der Absatzanalyse, in: HESSENMÜLLER, Bruno - SCHNAUFER, Erich (Hrsg.): Absatzwirtschaft, Baden-Baden 1964, S. 595-627, wieder abgedruckt in: RIEBEL, Paul: Einzelkosten- und Deckungsbeitragsrechnung, 5. Aufl., Wiesbaden 1985, S. 176-203.

stellkosten verrechnet,[7] obwohl bereits GAU nachgewiesen hat, daß die Verwendung von Herstellkosten als Zuschlagsbasis für die Vertriebsgemeinkosten nicht zuletzt wegen der fehlenden proportionalen Beziehung zwischen Zuschlagsbasis und Vertriebsgemeinkosten zu vollkommen falschen Kalkulationsergebnissen führt.[8]

Ziel dieser Arbeit ist es, eine Kostenrechnung für den Vertrieb zu konzipieren, die es ermöglicht, entscheidungsrelevante Kosteninformationen bereitzustellen. Wie im Verlaufe dieser Arbeit noch ausgeführt werden wird, ist dazu zwingend eine **Vertriebskostenrechnung auf Teilkostenbasis** erforderlich. Hierbei kann auf die Erkenntnisse der beiden wichtigsten und am weitesten verbreiteten Teilkostenrechnungssysteme, der Grenzplankostenrechnung und der Einzelkosten- und Deckungsbeitragsrechnung, zurückgegriffen werden. Ihre Systemelemente sind auf ihre Eignung für den Vertriebsbereich zu prüfen. Dabei ist nicht nur auf die Eignung hinsichtlich theoretischer Anforderungen zu achten, sondern es müssen gleichzeitig auch Lösungen angestrebt werden, die eine Umsetzung in die Praxis erlauben.

Ausgehend von dem noch zu erläuternden Grundgedanken des Controlling, Informationsbedarf und Informationsversorgung aufeinander abzustimmen, darf der Aufbau einer Vertriebskostenrechnung nicht nur unter reinen Kostenrechnungsaspekten erfolgen. Vielmehr müssen auch die **im Marketing**

---

7) Vgl. PLAUT, Hans-Georg: Planungsrechnung im Verwaltungs- und Vertriebsbereich, in: AGPLAN, Schriftenreihe der Arbeitsgemeinschaft Planungsrechnung e.V., Bd. 8: Unbewältigte Probleme der Planungsrechnung, Wiesbaden 1964, S. 32 f.; KILGER, Wolfgang: Flexible Plankostenrechnung und Deckungsbeitragsrechnung, 8. Aufl., Wiesbaden 1981, S. 339 f. u. 506 f.

8) Vgl. GAU, E.: Kalkulation, S. 20 ff.

zu treffenden Entscheidungen und die daraus resultierenden Informationsbedürfnisse berücksichtigt werden. Nur unter diesen Voraussetzungen kann das Marketing-Management die Vertriebskostenrechnung als Informationsversorgungsinstrument nutzen.

1. KAPITEL: BEGRIFFLICHE GRUNDLAGEN, BEDEUTUNG UND EINORDNUNG DER VERTRIEBSKOSTENRECHNUNG

A. BEGRIFF UND BESONDERHEITEN DES VERTRIEBS

I. Begriffsdefinitionen: Vertrieb - Absatz - Marketing

In der Literatur werden die Termini Vertrieb, Absatz und Marketing teilweise unterschiedlich definiert und voneinander abgegrenzt.

Über den Inhalt des Begriffes **Absatz** besteht jedoch weitgehend Einigkeit. Man subsumiert darunter im wesentlichen zwei Bedeutungsinhalte.[1] Zum einen bezeichnet der Begriff eine der **betriebswirtschaftlichen Grund- oder Hauptfunktionen.**[2] Die Grundfunktion Absatz bildet den Abschluß des gesamtbetrieblichen Umsatzprozesses.[3] Sie umfaßt alle Aktivitäten eines Unternehmens, die darauf gerichtet sind, die produzierten oder bereitgestellten Wirtschaftsgüter am Markt gegen Entgelt zu verwerten.[4] Die Leistungsverwer-

---

1) Auf die zweifache Bedeutung des Begriffes Absatz weisen NIESCHLAG u.a. hin. Vgl. NIESCHLAG, Robert - DICHTL, Erwin - HÖRSCHGEN, Hans: Marketing, 14. Aufl., Berlin 1985, S. 6.

2) Zu den betriebswirtschaftlichen Grundfunktionen vgl. SCHÄFER, Erich: Die Unternehmung, 10. Aufl., Wiesbaden 1980, S. 131 ff. SCHÄFER bezeichnet den Absatz auch als Absatzwirtschaft auf einzelwirtschaftlicher (betriebswirtschaftlicher) Ebene. Vgl. DERS.: Absatzwirtschaft, in: TIETZ, Bruno (Hrsg.): Handwörterbuch der Absatzwirtschaft, Stuttgart 1974, Sp. 188 f.

3) Vgl. GUTENBERG, Erich: Grundlagen der Betriebswirtschaftslehre, Bd. 2: Der Absatz, 16. Aufl., Berlin - Heidelberg - New York 1979, S. 2.

4) Vgl. AUSSCHUSS FÜR BEGRIFFSDEFINITIONEN AUS DER HANDELS- UND ABSATZWIRTSCHAFT (Hrsg.): Katalog E. Begiffsdefinitionen aus der Handels- und Absatzwirtschaft, 3. Ausgabe, Köln 1982, S. 13; GUTENBERG, E.: Der Absatz, 16. Aufl., S. 1 f.

tung läßt sich näher dadurch charakterisieren, daß an den im Zuge der Leistungserstellung hervorgebrachten Wirtschaftsgütern keine wesentliche Be- oder Verarbeitung vorgenommen wird, wobei die bei materiellen Wirtschaftsgütern vorzufindenden Tätigkeiten wie Lagern, Sortieren, Verpacken und Kennzeichnen in der Regel nicht als Be- oder Verarbeitung gelten können. Zum anderen wird mit Absatz auch das **Ergebnis dieser Tätigkeiten**, gemessen in veräußerten Gütermengen, bezeichnet.[5)]

Der Begriff **Vertrieb** hingegen wird unterschiedlich gebraucht. GUTENBERG verwendet ihn für einen **Aufgabenbereich im Rahmen des** von ihm so bezeichneten absatzpolitischen **Instrumentes Absatzmethode.**[6)] EVERS versteht unter Vertrieb gar ein **eigenständiges Absatzinstrument**, das die Teilbereiche Angebot und Verkauf, Verkaufsförderung, Warentransport und Lagerhaltung, Kundendienst und Zahlungsmittelrückfluß umfaßt.[7)] Entgegen den eben skizzierten Auffassungen bezeichnet man den Vertrieb insbesondere in der älteren betriebswirtschaftlichen Literatur aber auch als eine **Hauptfunktion**, die die Gesamtheit der auf die Erzielung von Absatz - im Sinne von veräußerten Gütermengen - gerichteten Tätigkeiten eines Unternehmens beinhaltet.[8)] Damit wird der Begriff synonym mit dem des Absatzes im Sinne einer betriebswirtschaftlichen Grundfunktion verwendet.

---

5) Vgl. etwa AUSSCHUSS FÜR BEGRIFFSDEFINITIONEN AUS DER HANDELS- UND ABSATZWIRTSCHAFT (Hrsg.): Katalog E, S. 13; NIESCHLAG, R. u. a.: Marketing, S. 6.

6) Vgl. GUTENBERG, E.: Der Absatz, 16. Aufl., S. 105 ff.

7) Vgl. EVERS, Josef: Der Vertrieb, Würzburg - Wien 1979, S. 14 ff.

8) Vgl. KOCH, Waldemar: Grundlagen und Technik des Vertriebs, Bd. 1, 2. Aufl., Berlin 1958, S. 20 u. S. 54. Ähnlich auch MEYER, Carl W.: Vertrieb, in: TIETZ, B. (Hrsg.): HWA, Sp. 2103.

Nach dem Zweiten Weltkrieg fand - aus dem angloamerikanischen Sprachraum kommend - zunehmend der Begriff **Marketing** Eingang in die deutsche Fachliteratur. Marketing wird als eine **Konzeption der Unternehmensführung** verstanden, die dadurch charakterisiert ist, daß sie "zur Erreichung der Unternehmensziele alle betrieblichen Aktivitäten konsequent auf die Erfordernisse der Absatzmärkte ausrichtet. Diese marktgerichteten Bemühungen sind durch ein planvolles, aktives und schöpferisches Vorgehen gekennzeichnet."[9] Nach dieser Definition steht das Marketing nicht am Ende des gesamtbetrieblichen Umsatzprozesses, sondern ist Ausgangspunkt der unternehmerischen Überlegungen und beeinflußt, ja dominiert die anderen betrieblichen Funktionalbereiche.[10] Diese Denkhaltung wird häufig auch als **Primat des Absatzes** gegenüber den anderen betriebswirtschaftlichen Grundfunktionen bezeichnet. Jedoch wird der Terminus Marketing nicht nur in dem eben beschriebenen Sinne interpretiert, sondern auch **synonym für den Funktionalbereich Absatz** gebraucht.[11]

Betrachtet man die teilweise voneinander abweichenden Definitionen der Begriffe **Vertrieb, Absatz und Marketing,** so liegen **zwei** sich anscheinend widersprechende **Schlüsse** nahe. Zum einen kann man die drei Begriffe streng voneinander definitorisch **abgrenzen** und unter ihnen jeweils unterschiedliche Inhalte subsumieren, zum anderen lassen sie sich auch **synonym** verwenden. Beide Auffassungen stehen jedoch nicht so unvereinbar gegenüber wie es auf den ersten Blick erscheinen mag. Bei **genetischer Betrachtung** der Absatzfunktion der Unternehmen ergibt sich

---

9) BEREKOVEN, Ludwig: Grundlagen der Absatzwirtschaft, 3. Aufl., Herne - Berlin 1986, S. 52.

10) Vgl. BIDLINGMAIER, Johannes: Marketing 1, 10. Aufl., Opladen 1983, S. 13.

11) Vgl. AUSSCHUSS FÜR BEGRIFFSDEFINITIONEN AUS DER HANDELS- UND ABSATZWIRTSCHAFT (Hrsg.): Katalog E, S. 14.

ein differenzierteres Bild. Der Zweck [12] aller auf die Absatzmärkte gerichteten Bemühungen von Unternehmen in einer Wettbewerbswirtschaft war und ist letztlich die Veräußerung der erzeugten bzw. bereitgestellten Wirtschaftsgüter an den Verwender oder Verbraucher. Allerdings sind die Unternehmen mit einer sich ständig verändernden und zunehmend differenzierter werdenden Umwelt konfrontiert.[13] Diese Umweltdynamik und -komplexität, die sich in den für den Absatz relevanten Umweltausschnitten insbesondere im Übergang vieler Absatzmärkte von Verkäufermärkten zu aggressiv umworbenen Käufermärkten zeigte, führte zu veränderten Anforderungen an die Absatzfunktion des Unternehmens. Es ist heute auf vielen Absatzmärkten für die Erzielung von Absatzerfolgen nicht mehr hinreichend, sich auf das bloße passive "Vertreiben" der produzierten bzw. bereitgestellten Wirtschaftsgüter zu beschränken. Vielmehr sind vielfältige Anstrengungen in Form des koordinierten Einsatzes des gesamten absatzpolitischen Instrumentariums erforderlich, um die Potentiale der bereits erschlossenen Absatzmärkte voll auszuschöpfen und um neue Märkte zu erschließen.

Im folgenden sollen daher - im Hinblick auf den Zweck der absatzwirtschaftlichen Bemühungen der Unternehmen, aber unter Berücksichtigung der in Abhängigkeit von den Entwicklungszuständen der Absatzmärkte veränderten Anforderungen - die Begriffe **Vertrieb und Marketing synonym für die betriebswirtschaftliche Grundfunktion Absatz** verwendet werden. In der betriebswirtschaftlichen Literatur

---

12) Im Rahmen des systemtheoretischen Ansatzes in der Betriebswirtschaftslehre versteht man unter dem Zweck eines Systems "die Funktionen, welche ein System in seiner Umwelt ausübt bzw. ausüben soll." (ULRICH, Hans: Die Unternehmung als produktives soziales System, Bern - Stuttgart 1968, S. 114.)

13) Vgl. zu diesem Problemkreis ANSOFF, H. Igor: Strategic Management, London - Basingstoke 1979.

ist ein solches Begriffsverständnis weit verbreitet. So findet in der Kostenrechnung überwiegend der Begriff Vertrieb Anwendung,[14] in der absatzwirtschaftlichen Literatur haben sich bei zusammengesetzten Begriffen bestimmte Präferenzen herangebildet. Man spricht etwa einerseits vom Marketing-Mix und von Marketingkonzepten, andererseits von Absatzpolitik und Absatzweg. Auch in der Praxis ist die synonyme Verwendung der Begriffe häufig anzutreffen.

II. Besonderheiten des Vertriebs

Für die Konzeption einer Kostenrechnung für den Vertrieb ist es wichtig zu prüfen, inwieweit die ursprünglich für Industriebetriebe und ihre betriebswirtschaftliche Grundfunktion Produktion entwickelten Kostenrechnungsverfahren und -systeme auch auf den Funktionalbereich Vertrieb übertragbar sind. Ein erster Schritt zur Klärung dieser Frage besteht darin, die **Besonderheiten des Vertriebs im Vergleich zur industriellen Produktion** von Sachgütern herauszustellen.

Ein charakteristisches Merkmal moderner industrieller **Produktion** ist die ständig zunehmende Bedeutung bzw. in

---

14) Vgl. dazu beispielsweise HUMMEL, Siegfried - MÄNNEL, Wolfgang: Kostenrechnung, Bd. 1.: Grundlagen, Aufbau und Anwendung, 4. Aufl., Wiesbaden 1986, S. 295 ff.; KILGER, W.: Plankostenrechnung, S. 506 ff.

vielen Bereichen die **Dominanz des Produktionsfaktors**[15)] **Betriebsmittel** gegenüber dem Produktionsfaktor menschliche Arbeitsleistungen.[16)] Dies äußert sich konkret darin, daß die technischen Eigenschaften der Maschinen und maschinellen Anlagen den Ablauf der Leistungserstellung entscheidend bestimmen, etwa in Form von Art und Umfang der menschlichen Arbeit, insbesondere der objektbezogenen Arbeit.[17)] Aus jenem Charakteristikum der industriellen Produktion lassen sich zwei für die Kostenrechnung relevante Sachverhaltskomplexe ableiten.

Erstens ist die Struktur[18)] der Produktion zumindest auf kurz- und mittelfristige Sicht weitgehend konstant, da die Nutzungsdauer von Anlagen sich in der Regel über mehrere Jahre erstreckt. Betrachtet man nun die zu fertigenden Sachgüter, so resultiert aus der relativen **Konstanz der Produktionsstruktur** bei Mehrfachfertigung auch eine, wegen

---

15) GUTENBERG unterscheidet die betrieblichen Elementarfaktoren menschliche Arbeitsleistungen, Betriebsmittel und Werkstoffe, wobei er den Elementarfaktor menschliche Arbeitsleistungen in objektbezogene und dispositive Arbeitsleistungen aufgliedert und letztere einem vierten Faktor, dem dispositiven Faktor, zuweist. Vgl. GUTENBERG, Erich: Grundlagen der Betriebswirtschaftslehre, Bd. 1: Die Produktion, 24. Aufl., Berlin - Heidelberg - New York 1983, S. 2 ff.

16) Vgl. KILGER, Wolfgang: Industriebetriebslehre, Bd. 1, Wiesbaden 1986, S. 9 f. u. S. 364.

17) Ähnlich auch KILGER, W.: Industriebetriebslehre 1, S. 221.

18) In der Systemtheorie ist eine Struktur gekennzeichnet "durch eine bestimmte gegenseitige Anordnung der Elemente und durch Art und Anzahl von Beziehungen zwischen den Elementen." (ULRICH, H.: Unternehmung, S. 157.) Die Struktur der industriellen Produktion besteht aus den beiden strukturbildenden Elementen Betriebsmittel und Arbeitskräfte.

einer gewissen Flexibilität von Betriebsmitteln[19] jedoch nicht im gleichen Umfange ausgeprägte Konstanz bei der Herstellung der verschiedenen Produktarten, die sich in festliegenden Arbeitsplänen[20] niederschlägt.[21] Da man die Anzahl und die Terminierung der zu fertigenden Produkte kennt, weiß, welche Fertigungskostenstellen sie durchlaufen und wie lange sie diese beanspruchen werden und überdies die quantitativen und qualitativen Anlagenkapazitäten bekannt sind, es sich also um weitgehend vom Unternehmen beeinflußbare Variablen handelt, ist der Leistungserstellungsprozeß[22] ceteris paribus gut planbar und falls erforderlich steuer- und regelbar.

Neben der überwiegend konstanten Produktionsstruktur und den sich daraus ergebenden Konsequenzen stellt die **Existenz von aussagefähigen Maßstäben zur Leistungsmessung** einen zweiten relevanten Sachverhalt dar. Die Leistungsmessung der Maschinen und ihres Bedienungspersonals kann beispielsweise mit Hilfe von Ausbringungsmengen oder Maschinenstunden erfolgen. Auch die Messung des Teils der menschlichen Arbeitsleistung, der nicht unmittelbar

---

19) Darunter versteht man die Bandbreite der Möglichkeiten eines Betriebsmittels, nacheinander artverschiedene Leistungsergebnisse zu erbringen und die Dauer des damit verbundenen Umrüstens. Häufig wird die Flexibilität unter dem Begriff qualitative Kapazität subsumiert. Vgl. KERN, Werner: Industrielle Produktionswirtschaft, 3. Aufl., Stuttgart 1980, S. 22.

20) Zu Inhalt und Bedeutung des Arbeitsplans vgl. die Ausführungen in Abschnitt B.II.1. des 5. Kapitels.

21) Ähnlich auch ADELBERGER, H.: Vertriebskostenrechnung, S. 14.

22) Die Systemtheorie bezeichnet als Prozeß zusammenhängende Aktivitäten von Systemelementen im Ablauf der Zeit, die durch die zwischen ihnen bestehenden Beziehungen kanalisiert werden. Vgl. ULRICH, H.: Unternehmung, S. 110 u. S. 158.

maschinengebunden ist, ist dann auf ähnliche Weise meßbar, **wenn es sich um körperliche** und objektbezogene Arbeit[23] handelt, wie sie in der Produktion - **häufig mit stark** repetitivem Charakter - vorzufinden ist.[24]

Außer den eben erläuterten, aus der Bedeutung der Betriebsmittel abgeleiteten Kennzeichen industrieller Produktion ist noch auf den **Endproduktbezug** hinzuweisen. Damit wird zum Ausdruck gebracht, daß der überwiegende Teil der Tätigkeiten in der Produktion sich unmittelbar auf die zum Absatz bestimmten Produkte bezieht. Dies ist aus dem Zweck der Produktion ableitbar, der in der Transformation von Input in auf dem Markt veräußerbaren Output besteht.[25]

Im Gegensatz zur industriellen Produktion **läßt sich der Vertrieb nicht mit der Dominanz der Betriebsmittel gegenüber der menschlichen Arbeit charakterisieren.** Vielmehr entziehen sich viele Vertriebsbereiche - beispielsweise die Werbung und die Marktforschung - aufgrund ihres Wesens dem Einsatz von Maschinen. Dadurch wird die Leistungsmessung erheblich erschwert. Verstärkend kommt hinzu, daß **geistige und dispositive Arbeiten mit innovativem Grundmuster** einen erheblichen Anteil an der im Vertrieb eingesetzten menschlichen Arbeit ausmachen.[26]

---

23) Zu den Formen der menschlichen Arbeit vgl. PFEIFFER, Werner - DÖRRIE, Ulrich - STOLL, Edgar: Menschliche Arbeit in der industriellen Produktion, Göttingen 1977, S. 14.

24) Mit der generellen Problematik der Messung menschlicher Arbeitsleistung soll sich an dieser Stelle nicht beschäftigt werden. Vgl. hierzu PFEIFFER, W. u. a.: Menschliche Arbeit, S. 16 ff.

25) KILGER, W.: Industriebetriebslehre 1, S. 45.

26) Vgl. TREIS, Bartho: Die Ausgestaltung der Vertriebskostenrechnung, in: BÖCKER, Franz - DICHTL, Erwin (Hrsg.): Erfolgskontrolle im Marketing, Berlin 1975, S. 26.

Eine zweite wichtige Besonderheit des Vertriebs im Vergleich zur Produktion besteht im **unmittelbaren Kontakt des Vertriebs mit den Absatzmärkten** des Unternehmens. Im Sinne des modernen Marketing bestimmt letztlich der Markt Art und Umfang der Vertriebsaktivitäten. Der Absatzmarkt ist aber eine exogene und vom Unternehmen weitgehend unbeeinflußbare Variable, was sich insbesondere an den kaum kontrollierbaren Handlungen der Nachfrager und Konkurrenten zeigen läßt.[27)] Daraus folgt, daß im Vertriebsbereich in aller Regel **Gesetzmäßigkeiten** - etwa in Form von Verbrauchsfunktionen - **nur unvollkommen ausgeprägt** oder gar nicht bekannt sind.[28)] Weiterhin ergibt sich daraus eine **ungleich erschwerte Plan- und Steuerbarkeit des Vertriebs im Vergleich zur Produktion**. Überdies sind die **Absatzmärkte** des Unternehmens **keineswegs homogen strukturiert**, sondern setzen sich aus einer Vielzahl von Nachfragern zusammen, die sich hinsichtlich bestimmter Merkmale voneinander unterscheiden. Zu denken wäre im Zusammenhang mit der privaten Nachfrage insbesondere an die aus der Marktsegmentierung bekannten soziodemographischen und psychographischen Merkmale,[29)] im Rahmen der gewerblichen Nachfrage etwa an Branchenzugehörigkeit, Zugehörigkeit zu einer bestimmten Betriebsform des Handels, Stellung im Absatzweg des Unternehmens, aber auch an die Entfernung des Kunden oder an seine Bestell- und Zahlungsgewohnheiten. Aufgrund der unterschiedlichen Merkmale unterscheiden sich die Nachfrager auch in der Inanspruchnahme

---

27) Vgl. GÜMBEL, Rudolf: Mobilität im Vertrieb - Flexibilität in der Vertriebskostenrechnung, in: asw, Jg. 1970, H. 10, S. 36.

28) Vgl. GÜMBEL, Rudolf: Kostenrechnung (I) - Grundfragen der Verwaltungs- und Vertriebskosten, in: WiWo, Jg. 1972, H. 48, S. 30.

29) Vgl. hierzu BEREKOVEN, Ludwig - ECKERT, Werner - ELLENRIEDER, Peter: Marktforschung, 2. Aufl., Wiesbaden 1986, S. 230 ff.

der Vertriebsleistungen.[30] So kann die **gleiche Produktart in Abhängigkeit von den Nachfragermerkmalen andere Vertriebskostenstellen durchlaufen oder die gleichen Vertriebskostenstellen verschieden beanspruchen**, d.h. es fehlen im Vertrieb häufig konstante Durchlauffolgen und Arbeitsgänge. Somit verursacht die **gleiche Produktart unterschiedlich hohe Vertriebskosten.**[31] Ebenso auf den unmittelbaren Marktbezug zurückführbar ist auch die im Vertrieb vorherrschende **erlöswirtschaftliche Sicht** im Gegensatz zur kostenwirtschaftlichen Sicht der Produktion.[32] Konkret bedeutet dies, daß Maßnahmen im Vertriebsbereich, etwa der Einsatz absatzpolitischer Instrumente, stets im Lichte möglicher Konsequenzen für die Erlösseite beurteilt werden müssen. Bei Entscheidungen über Rationalisierungsmaßnahmen mit dem Ziel der Kostensenkung muß demnach gleichzeitig bedacht werden, ob mit der Kostenreduktion nicht auch Erlöseinbußen einhergehen, die die Kostensenkung möglicherweise wieder kompensieren; man denke zum Beispiel an die Entscheidung, die Lieferbereitschaft zu verringern, was zu Nachfrageausfällen führen kann.

Als weitere wichtige Unterschiede zur Produktion sind zum einen der häufig **fehlende Bezug mancher Leistungen des Vertriebs zu den Endprodukten** und zum anderen die oft anzutreffende **Verbundenheit der Vertriebsleistungen** anzuführen. Ersteres äußert sich in Leistungen, die dem Unternehmen insgesamt zugute kommen, wie Public Relations-Maßnahmen oder Firmenwerbung,[33] letzteres in Leistungen,

---

30) Zum Begriff der Vertriebsleistung vgl. im Detail die Ausführungen in Abschnitt C.I. des 4. Kapitels.

31) Vgl. ADELBERGER, H.: Vertriebskostenrechnung, S. 15.

32) Vgl. FISCHER, K.-P.: Vertriebskostenrechnung, S. 2 f.

33) Zu den Begriffen Public Relations und Firmenwerbung vgl. KAISER, Andreas: Werbung, München 1980, S. 18 f.

die für mehrere Produkte gemeinsam erbracht werden, so etwa die Bearbeitung eines Auftrages, der verschiedene Produkte umfaßt, oder die Auslieferung gemischter Warensendungen.

Die angesprochenen Unterschiede zwischen den Funktionalbereichen Produktion und **Vertrieb treffen** jedoch nicht **auf** alle Teilbereiche des Vertriebs gleichermaßen und gleichzeitig zu. Insbesondere in den **Bereichen Lagerhaltung und Transport,** die man zusammenfassend auch mit dem Begriff Marketing-Logistik bezeichnet, **ähneln die Leistungen** in vieler Hinsicht **denen der Produktion,** auch wenn dort häufig die oben erwähnte Verbundenheit von Vertriebsleistungen auftritt. Auch in anderen Teilbereichen, wie in der Auftragsabwicklung und -bearbeitung, sind repetitive Arbeiten mit routineartigem Wiederholcharakter anzutreffen.

Als **Fazit** bleibt festzuhalten, daß **zwischen Vertrieb und Produktion Unterschiede verschiedenen Ausmaßes** existieren. Daraus ist nun noch keine abschließende Antwort auf die eingangs gestellte Frage, inwieweit bestehende Kostenrechnungsverfahren und -systeme auf den Vertriebsbereich anwendbar sind, ableitbar. Tendenziell gilt jedoch, daß in jenen Teilbereichen des Vertriebs, die in wichtigen Merkmalen der Produktion ähnlich sind, auch Kostenrechnungsverfahren und -systeme zur Anwendung kommen können, die ursprünglich für den Produktionsbereich konzipiert wurden. Dagegen bedarf es in jenen Bereichen, in denen die Besonderheiten des Vertriebs sehr stark ausgeprägt sind, Kostenrechnungsverfahren und -systeme, die nicht von vorneherein für bestimmte Unternehmensbereiche entworfen wurden, wie beispielsweise die Einzelkosten- und Deckungsbeitragsrechnung.

B. BEGRIFF UND ABGRENZUNG DER VERTRIEBSKOSTEN

I. Begriff der Vertriebskosten und deren Abgrenzung von den Kosten anderer Unternehmensbereiche

In der Literatur finden sich sehr unterschiedliche Vertriebskostenbegriffe.[34] Diese Begriffsvielfalt ist teilweise auf den unterschiedlichen Blickwinkel der Autoren zurückzuführen. Grundsätzlich kann man zwischen volkswirtschaftlichen und betriebswirtschaftlichen Vertriebskosten unterscheiden.[35] Unter **volkswirtschaftlichen Vertriebskosten** - auch als Distributions- oder Verteilungskosten[36] bezeichnet - versteht man die Kosten der Umgruppierung der Güter vom Produzenten über die nachfolgenden Wirtschaftsstufen bis hin zum Verwender bzw. Verbraucher in einer Volkswirtschaft.[37]

Vertriebskosten im betriebswirtschaftlichen Sinne werden - wenngleich der Begriff Vertriebskosten dominiert - auch

---

34) Einen guten Überblick über die in der älteren Literatur vorzufindenden Vertriebskostenbegriffe gibt SENGER, Hans-Günther: Beurteilung der Vertriebskosten, Berlin 1963, S. 15 ff.

35) Abweichend davon SENGER, der zwischen Vertriebskosten aus der Sicht des Rechnungswesens, der absatzwirtschaftlichen Theorie und der Gesamtwirtschaft unterscheidet. Vgl. SENGER, H.-G.: Beurteilung, S. 19 ff.

36) So bei KOCH, Waldemar: Grundlagen und Technik des Vertriebs, Bd. 2, 2. Aufl., Berlin 1958, S. 494.

37) Ähnlich PRIESS, Friedrich: Die Vertriebskosten als Problem des Handels, in: ZfhF, N. F., 5. Jg. (1953), S. 534.

synonym als Absatzkosten[38] oder Marketingkosten[39] bezeichnet. Im angloamerikanischen Sprachraum finden die Termini distribution costs[40] und marketing costs[41] Verwendung. Zur Klärung des betriebswirtschaftlichen Vertriebskostenbegriffes, auf den sich die folgenden Ausführungen beschränken werden, ist zunächst kurz auf den zugrunde gelegten Kostenbegriff einzugehen. Im folgenden soll der auf SCHMALENBACH zurückgehende wertmäßige Kostenbegriff verwendet werden, nach dem Kosten bewerteten, leistungserstellungsbedingten Güterverbrauch darstellen.[42] Der in der Betriebswirtschaftslehre vorherrschende wertmäßige Kostenbegriff ist im Vergleich zu dem pagatorischen Kostenbegriff, bei dem die Kosten grundsätzlich aus den

---

38) So bei GUTENBERG, Erich: Grundlagen der Betriebswirtschaftslehre, Bd. 2: Der Absatz, 13. Aufl., Berlin - Heidelberg - New York 1971, S. 37; ALEWELL, Karl: Absatzkosten, in: KOSIOL, Erich - CHMIELEWICZ, Klaus - SCHWEITZER, Marcell (Hrsg.): Handwörterbuch des Rechnungswesens, 2. Aufl., Stuttgart 1981, Sp. 1; PÜMPIN, Cuno - KRAUSE, Heinrich: Absatzkosten, in: TIETZ, B. (Hrsg.): HWA, Sp. 46.

39) So bei BIDLINGMAIER, J.: Marketing 1, S. 73 u. S. 209; LINNERT, Peter: Sonderfragen im Bereich der Marketingkosten, in: BOBSIN, Robert (Hrsg.): Handbuch der Kostenrechnung, 2. Aufl., München 1974, S. 725. Abweichend davon SCHULZ, für den Vertriebskosten einen Teil der Marketingkosten darstellen. Vgl. SCHULZ, Roland: Vertriebskosten und Vertriebskostenanalyse, in: Marketing Enzyklopädie, Bd. 3, München 1975, S. 631.

40) So bei HECKERT, J. B. - MINER, R. B.: Distribution, S. 3 ff.; LONGMAN, D. R. - SCHIFF, M.: Distribution, S. 69.

41) So bei HORNGREN, Charles T.: Cost Accounting: A Managerial Emphasis, 2. Aufl., Englewood Cliffs 1967, S. 69; SEVIN, Charles H.: Marketing Productivity, Analysis, St. Louis u.a. 1965, S. 16.

42) SCHMALENBACH versteht unter Kosten "... die in der Kostenrechnung anzusetzenden Werte der für Leistungen verzehrten Güter." (SCHMALENBACH, Eugen: Kostenrechnung und Preispolitik, 8. Aufl., Köln - Opladen 1963, S. 6, im Original gesperrt.)

leistungsverbundenen, nicht kompensierten Ausgaben abgeleitet werden,[43] insbesondere wegen seiner Offenheit hinsichtlich der Wertansätze umfassender konzipiert und daher auch für eine entscheidungsorientierte Kostenrechnung besser geeignet.[44]

Der betriebswirtschaftliche Vertriebskostenbegriff wurde vor allem durch die Definition von KÜSPERT geprägt, die sich jedoch lediglich auf die industriellen Vertriebskosten bezieht. KÜSPERT definiert die industriellen Vertriebskosten wie folgt: "All osten, welche in irgendeiner Weise dadurch verursacht werden, daß die aus der Fertigung kommenden Erzeugnisse im Markt abgesetzt werden müssen, sind Vertriebskosten, auch dann, wenn sie nicht unmittelbar durch den Vertrieb bedingt sind, sondern aus anteiliger Inanspruchnahme anderer Stellen der Unternehmung herrühren."[45] Diese **Definition** enthält implizit **zwei aufeinander aufbauende Abgrenzungsprobleme.** Zuerst ist zu klären, wie man den Vertrieb und seine Kosten von anderen Unternehmensbereichen abgrenzt. Daran anschließend muß ausgehend von der vorher vorgenommenen Abgrenzung untersucht werden, wie die auf Entscheidungen anderer Unternehmensbereiche zurückzuführenden Kosten in dem

---

43) Vgl. KOCH, Helmut: Zur Diskussion über den Kostenbegriff, in: ZfhF, N. F., 10. Jg. (1958), S. 361 f.

44) Vgl. ADAM, Dietrich: Entscheidungsorientierte Kostenbewertung, Wiesbaden 1970, S. 34. Eine andere Ansicht vertritt RIEBEL, der einen entscheidungsorientierten Kostenbegriff formuliert hat und den wertmäßigen Kostenbegriff allenfalls als eine "grobe Annäherung" an den entscheidungsorientierten Kostenbegriff gelten lassen will. Vgl. RIEBEL, Paul: Überlegungen zur Formulierung eines entscheidungsorientierten Kostenbegriffs, in: MÜLLER-MERBACH, Heiner (Hrsg.): Quantitative Ansätze in der Betriebswirtschaftslehre, München 1978, S. 127-146, insbes. S. 144, wieder abgedruckt in: RIEBEL, P.: Deckungsbeitragsrechnung, S. 409-429, insbes. S. 429.

45) KÜSPERT, E.: Vertriebskosten, S. 3.

Unternehmensbereich behandelt werden sollen, in dem sich die Kosten letztlich niederschlagen.

Das **erste Abgrenzungsproblem** löst KÜSPERT im Sinne der in Abschnitt A.I. dieses Kapitels wiedergegebenen Definition des Absatzes als eine betriebswirtschaftliche Grundfunktion. Das führt zunächst zu der allgemeinen Feststellung, daß die **Vertriebskosten** die mit der **Ausübung der betriebswirtschaftlichen Grundfunktion Absatz verbundenen Kosten** umfassen. Obgleich diese Aussage wegen der oben erfolgten grundsätzlichen Klärung des Absatzbegriffes nicht inhaltsleer ist, ist eine weitergehende Erläuterung zur Vermeidung von Abgrenzungsproblemen im Zusammenhang mit den Vertriebskosten notwendig. Eine Konkretisierung des Absatzbegriffes bildet dabei den Ausgangspunkt. Die Grundfunktion Absatz läßt sich nach SCHÄFER in eine Reihe konkreter Leistungsvorgänge, sog. Teilfunktionen des Absatzes, zerlegen,[46] die in Abbildung 1-1 dargestellt sind. Mit Hilfe dieser Teilfunktionen sind inhaltlich die Grundfunktion Absatz und die damit verbundenen Kosten, die Vertriebskosten, näher bestimmt. Trotz dieser sehr weitgehenden Aufgliederung bleiben einige Abgrenzungsprobleme insbesondere zur Produktion und zur Verwaltung bestehen.

Die meisten **Abgrenzungsprobleme** treten **zwischen Produktion und Vertrieb**, also zwischen Fertigungskosten und Vertriebskosten, auf. Bei der Zuordnung der **Verpackungskosten** muß zunächst zwischen Packung und Verpackung unterschieden werden. Packungen, auch als Verkaufspackungen bezeichnet,[47] sind Umhüllungen der einzelnen Produkteinheit und dienen damit der nachfragegerechten Portionierung der Produkte. Sie sind bereits für den innerbetrieblichen Transport und die Lagerung der Produkte erforderlich; man

46) Vgl. SCHÄFER, Erich: Absatzwirtschaft, 3. Aufl., Stuttgart 1981, S. 143.

47) Vgl. GUTENBERG, E.: Der Absatz, 13. Aufl., S. 37.

Abbildung 1-1
Teilfunktionen des Absatzes

	Markterkundung
	Auswertung bisheriger Absatzerfahrungen
	Absatzplanung
ABSATZVORBEREITUNG	
	Werbung
	Individuelles Angebot
ABSATZANBAHNUNG	
	Lagerhaltung im Werk
	Haltung von Auslieferungslagern
	Unterhaltung von Konsignationslagern
VORRATSHALTUNG FÜR DEN VERKAUF	
VERKAUFSABSCHLUSS	
	Auftragsbearbeitung
	Auftragsabwicklung
	Verpackung
	Versand
	Übergabe
	Behandlung von Reklamationen
	Abwicklung von Garantiefällen
ABSATZDURCHFÜHRUNG	
	Rechnungsstellung
	Absatzfinanzierung
	Inkasso (einschl. Mahnung)
FINANZIELLE DURCHFÜHRUNG DES ABSATZES	
	Kundendienst
	Kundenpflege
ERHALTUNG DER ABSATZBEZIEHUNGEN	

Quelle: In Anlehnung an SCHÄFER, E.: Absatzwirtschaft, S. 143 f.

denke beispielsweise an Kanister oder Dosen für die Abfüllung von Fließgütern. Auch wenn die Packung werbewirksam gestaltet sein sollte und somit Marketingaspekte mit einfließen, bildet das Abfüllen bzw. Abpacken in nachfragegerechte Mengen meist einen integralen Bestandteil des Leistungserstellungsprozesses und steht an dessen Ende. Erst danach erfolgt in aller Regel der Zugang zum Fertigwarenlager. Daher sind die Packungskosten den Herstellkosten zuzuordnen.[48] Die Kosten der Verpackung oder Versandverpackung[49] sind eindeutig als Vertriebskosten anzusehen, da die Verpackung, die meist mehrere Packungen zusammenfaßt, die Funktion hat, die fertigen, abgepackten Produkte auf ihrem Weg vom Lager zum Kunden vor Beschädigungen zu schützen.

Die Klassifizierung der **Kosten des Fertigwarenlagers** als Vertriebskosten entspricht der Kalkulationspraxis und ist dann unzweifelhaft, wenn die Produkte verkaufsfertig auf Lager liegen. Lediglich für Produkte, die die Absatzreife erst durch Lagerung erreichen, wie dies etwa bei Lebensmitteln teilweise der Fall ist, entstehen Abgrenzungsprobleme zur Produktion, die hier jedoch nicht weiter diskutiert werden sollen.[50]

---

48) Abweichend davon GUTENBERG, E.: Der Absatz, 13. Aufl., S. 37 f. und FISCHER, K.-P.: Vertriebskostenrechnung, S. 24, die die Packungskosten grundsätzlich als Vertriebskosten ansehen, jedoch zugestehen, daß in praxi häufig wegen Ausgliederungsproblemen aus dem Produktionsbereich anders verfahren wird.

49) Vgl. GUTENBERG, E.: Der Absatz, 13. Aufl., S. 37.

50) Vgl. hierzu die Ausführungen bei ZEIDLER, F.: Vertriebskosten, in: BADER, J. A. - ZEIDLER, F. (Bearb.): Vertriebshandbuch für industrielle Betriebe, Berlin 1931, S. 224.

Mitunter wird die Einbeziehung der **Kosten der Produktgestaltung und der Forschung und Entwicklung** in die Vertriebskosten erwogen.[51] Begründen läßt sich das damit, daß im Zuge der Produktgestaltung bei einer konsequenten Verfolgung des Marketinggedankens nicht nur technisch-funktionale, sondern vor allem auch marktbezogene Aspekte berücksichtigt werden müssen. Dies macht jedoch bereits die Zuordnungsproblematik deutlich. Da es sich weder um eine Leistungserstellung noch um eine Leistungsverwertung, sondern um Vorleistungen zum Zwecke späterer Leistungserstellung und -verwertung handelt, empfiehlt es sich, die Kosten für Produktgestaltung und für Forschung und Entwicklung aus den Funktionalbereichen herauszulösen und getrennt zu behandeln.[52]

Mit den **Kosten des Kundendienstes**[53] sind Zuordnungsprobleme insbesondere im Rahmen des technischen Kundendienstes[54] verbunden, der Installations-, Wartungs- und Reparaturdienst sowie die Ersatzteilversorgung umfaßt. Die Kosten für Wartung, Reparatur und Ersatzteilversorgung sind als Vertriebskosten zu klassifizieren, da ihre Entstehung das fertige Produkt voraussetzt und mit diesen Leistungen letztlich auch erreicht werden soll, daß eine

---

51) Vgl. FISCHER, K.-P.: Vertriebskostenrechnung, S. 25 f.

52) Vgl. LINNERT, Peter: Die neuen Techniken des Marketing, Teil II: Organisation, München 1972, S. 68.

53) Unter Kundendienst wird hier nur der Kundendienst nach dem Kauf verstanden, da der Kundendienst vor dem Kauf, der vor allem Beratungsleistungen umfaßt, sich erheblich mit den Marketinginstrumenten persönlicher Verkauf und Verkaufsförderung überschneidet. (Vgl. MEFFERT, H.: Marketing, S. 412 f.) Diese Kosten sind eindeutig den Vertriebskosten zuzuordnen.

54) Daneben unterscheidet man noch den kaufmännischen Kundendienst, zu dem insbesondere das Umtauschrecht und der Zustelldienst zählen. Diese Kosten sind, da ihre Entstehung das fertige Produkt voraussetzt, Vertriebskosten.

dauerhafte Bindung des Kunden an das Unternehmen entsteht. Installationskosten hingegen sind dann als Fertigungskosten zu betrachten, wenn das Produkt erst beim Kunden zusammengebaut und fertiggestellt werden kann, wie das bei Investitionsgütern häufig vorkommt. Anders liegt der Fall dann, wenn das Produkt bereits verkaufsfertig und funktionstüchtig den Hersteller verläßt und beim Abnehmer nur noch aufgestellt oder angeschlossen werden muß. Diese Kosten wären dann als Vertriebskosten einzustufen. Allerdings sind die Übergänge zwischen bloßem Aufstellen und dem Zusammenbau fließend, so daß nur unternehmens- und eventuell produktindividuell über eine Zuordnung zu den Fertigungs- oder den Vertriebskosten entschieden werden kann.

Die **Abgrenzungsprobleme zwischen Verwaltungs- und Vertriebskosten** rühren unter anderem auch daher, daß es in der Kalkulationspraxis früher üblich war, die Verwaltungs- und Vertriebsgemeinkosten mittels eines einzigen Zuschlagssatzes gemeinsam zu verrechnen. Unter den Verwaltungskosten sind nur die Kosten der allgemeinen Verwaltung zu subsumieren, also jener Bereiche, die nicht unmittelbar einzelnen Unternehmensbereichen dienen, sondern die Leistungen für das Unternehmen als Ganzes erbringen.[55] Dazu zählen etwa die Kosten der Unternehmensleitung, der Planung und Kontrolle, der Organisation, des Controlling, des Rechnungswesens und der Datenverarbeitung. Daraus ergibt sich, daß Kosten der Fakturierung und der Debitorenbuchhaltung als Vertriebskosten zu gelten haben, da dies Tätigkeiten sind, die allein auf den Abschluß der Markttransaktion durch Einfordern des Kauf-

---

55) Ähnlich auch LEHMANN, Max Rudolf: Industriekalkulation, 5. Aufl., Essen 1964, S. 24. Zu den verschieden weit gefaßten Verwaltungskostenbegriffen vgl. SEICHT, Gerhard: Verwaltungskosten, Abrechnung der, in: KOSIOL, E. u. a. (Hrsg.): HWR, Sp. 1716 f.

preises gerichtet sind. In praxi ist eine derartige Trennung dann nicht möglich, wenn aufgrund der Unternehmensgröße eine organisatorische Verselbständigung dieser Tätigkeiten nicht in Frage kommt und folglich diese in allgemeine Verwaltungstätigkeiten, wie der Finanzbuchhaltung, integriert sind. In solchen Fällen muß eine Tennung unterbleiben, da sie wegen der dazu notwendigen Schlüsselung von Gemeinkosten stets mit Willkür behaftet wäre.

Das **zweite Abgrenzungsproblem,** das in der zu Anfang dieses Abschnitts wiedergegebenen Vertriebskostendefinition enthalten ist, löst KÜSPERT, indem er auf die Verursachung abstellt, ohne jedoch diesen Aspekt weiterzuverfolgen. Die sich daraus ergebende grundsätzliche Frage ist, ob die Vertriebskosten auch jene Kosten mit einschließen, die zwar in anderen Funktionalbereichen, beispielsweise der Produktion, entstanden sind, aber vom Vertrieb veranlaßt und damit verursacht wurden, oder ob die Vertriebskosten nur die im Vertrieb angefallenen Kosten umfassen sollen.[56)]

Die Befürworter der **Zurechnung nach der Verursachung** argumentieren, daß die "wahren" Vertriebskosten höher

---

56) Vgl. SENGER, H.-G.: Beurteilung, S. 21 f. SENGER bezeichnet diese beiden Zurechnungsmöglichkeiten als Verursachungs- und Auswirkungsprinzip. (Vgl. EBD., S. 22.) Auf die Zurechnungsmöglichkeiten der Kosten auf Funktionalbereiche stellt auch die Unterscheidung in eine funktional und eine institutional orientierte Ermittlung von Vertriebskosten ab. Die erstgenannte Vorgehensweise führt entgegen ihrer Bezeichnung dazu, daß auch Kosten anderer Grundfunktionen als Vertriebskosten interpretiert werden, die zweitgenannte Vorgehensweise orientiert sich an den Institutionen des Vertriebs, d. h. an den Vertriebskostenstellen. Vgl. hierzu im Detail GÜMBEL, R.: Mobilität, S. 32 u. S. 36; SEICHT, G.: Verwaltungskosten, Sp. 1714 ff. SEICHTS Aussagen über die Abgrenzung der Verwaltungskosten sind auf den Vertrieb übertragbar.

liegen als die Vertriebskosten, die bei einer Zurechnung nach ihrem Entstehungsbereich ermittelt werden. RÜTSCHI spricht in diesem Zusammenhang von den "heimlichen Marketingkosten", deren Höhe er auf drei bis sieben Prozent vom Umsatz beziffert.[57)] Den Ausgangspunkt der Argumentation bildet die Überlegung, daß all jene Kosten als Vertriebskosten anzusehen sind, die auf bestimmte Marketingstrategien zurückzuführen sind. Konsequenterweise wird gefordert, von der traditionellen, auf die Entstehung in den Funktionalbereichen abstellenden Abgrenzung der Vertriebskosten abzugehen und unter **Vertriebskosten die von Marketing-Entscheidungen verursachten Kosten** zu verstehen.[58)] Beispiele für Kosten, die auf Veranlassung des Vertriebs entstehen, sich aber in anderen Funktionalbereichen niederschlagen, lassen sich leicht finden. So strebt der Vertrieb nach einem möglichst umfangreichen Produktprogramm mit einer Vielzahl von Produkten und Produktvarianten, um so möglichst viele Kundenwünsche befriedigen zu können. Mit der Anzahl der Produktvarianten sinken in der Produktion die Losgrößen und steigen die Sortenwechselkosten. Auch verlangt der Vertrieb tendenziell nach höheren Qualitätsstandards als die Produktion mit dem Ziel, über eine größtmögliche Zufriedenheit bei den Abnehmern akquisitorische Potentiale aufzubauen. Die Folge sind höhere Kosten für die Qualitätssicherung in der Produktion.

---

57) RÜTSCHI, Klaus A.: Das Management der heimlichen Marketingkosten, in: Die Unternehmung, 33. Jg. (1979), H. 3, S. 181.

58) Vgl. KROPFBERGER, Dietrich: Entscheidungsorientierte Kosten- und Erfolgsrechnung im Marketing II, Linz 1981, S. 86 f.; GÜMBEL, R.: Mobilität, S. 36.

Die Abgrenzung der Vertriebskosten unter Bezugnahme auf die Verursachung bzw. die zugrundeliegende Entscheidung enthält unausgesprochen eine bestimmte Vorstellung über die anzuwendenden **Prinzipien der Kostenverteilung.**[59] Konzentriert man sich auf das speziell für eine entscheidungsorientierte Kostenrechnung konzipierte Identitätsprinzip,[60] so bedeutet das, daß der Grundfunktion Absatz nur solche Kosten zugerechnet werden, die auf dieselbe Entscheidung zurückführbar sind wie die Existenz der Grundfunktion Absatz selbst. Der Vertriebsbereich läßt sich - neben anderen Differenzierungsalternativen - unter Zuhilfenahme der bereits angesprochenen Teilfunktionen des Absatzes in einzelne Vertriebskostenstellen und -kostenstellenbereiche untergliedern.[61] Somit repräsentiert die Grundfunktion Absatz die oberste Verdichtungsstufe einer (noch aufzubauenden) Kostenstellenhierarchie. Die **Anwendung des Identitätsprinzips** im Zusammenhang mit der Kostenzurechnung auf Kostenstellen und Unternehmensbereiche erweist sich jedoch als **problematisch,** da die

---

59) "Unter Kostenverteilung ist dabei die nach bestimmten Regeln vorgenommene Umverteilung von nach Kostenarten ... erfaßten Kostenbeträgen auf bestimmte Bezugsgrößen (z. B. Kostenstellen und Leistungsarten, insbesondere Kostenträger...) zu verstehen." (BÖRNER, Dietrich: Kostenverteilung, Prinzipien und Technik, in: KOSIOL, E. u. a. (Hrsg.): HWR, Sp. 1105, im Original z. T. kursiv.)

60) Das auf RIEBEL zurückgehende Identitätsprinzip besagt, daß Einnahmen, Ausgaben, Kosten und Erlöse "... einem Untersuchungsobjekt nur dann eindeutig und zwingend zurechenbar [sind], wenn die Existenz dieses Untersuchungsobjekts durch dieselbe Disposition ausgelöst worden ist wie eben diese zuzurechnenden Einnahmen, Ausgaben, Kosten und Erlöse." (RIEBEL, Paul: Kurzfristige unternehmerische Entscheidungen im Erzeugungsbereich auf Grundlage des Rechnens mit relativen Einzelkosten und Deckungsbeiträgen, in: NB, 20 Jg. (1967), H. 8, S. 9, wieder abgedruckt in: DERS.: Deckungsbeitragsrechnung, S. 286.)

61) Vgl. zur Bildung von Vertriebskostenstellen die Ausführungen in Abschnitt B. des 4. Kapitels.

Bildung einer Kostenstelle und der Kosten auslösende Einsatz der Kostenstelle in der Realität nicht auf eine identische Entscheidung zurückgeführt werden können.[62] Demnach lassen sich Kostenstellenkosten oder die Kosten der Grundfunktion Absatz nicht als nach dem Identitätsprinzip zurechenbare Kosten interpretieren, sondern allenfalls als direkt am Ort der Kostenentstehung erfaßte Kosten.[63]

Neben den theoretisch orientierten Einwänden sind auch praktische Einwände gegen eine Kostenzurechnung auf Funktionalbereiche gemäß der Verursachung bzw. dem Identitätsprinzip vorzubringen. Eine so vorgenommene Abgrenzung der Vertriebskosten hätte auch weitreichende **Konsequenzen für die Abgrenzung der Kosten anderer Unternehmensbereiche**. Das oben kurz angeschnittene Losgrößenproblem etwa hat zwei Seiten, da die Fertigwarenlagerbestände und damit die Lagerkosten auch durch die Entscheidung der Produktion, über große Losgrößen die Sortenwechselkosten niedrig zu halten, steigen können. Die auf diese Weise zusätzlich entstehenden Lagerkosten wären nun Produktionskosten. Ähnliche Zurechnungsprobleme existieren im Verwaltungsbereich.[64] Die Folge wären **zahlreiche Kostenumschichtungen**

---

62) Vgl. MROSEK, Dietmar: Zurechnungsprobleme in einer entscheidungsorientierten Kostenrechnung, München 1983, S. 162. MROSEK führt hierzu folgendes Beispiel an: "Damit eine betrachtete Verzehrsmenge und die Existenz der Kostenstelle "Arbeitsvorbereitung" auf eine identische Entscheidung zurückgeführt werden könnte, müßte entweder die Entscheidung über die Bildung der Hilfskostenstelle "Arbeitsvorbereitung" die entsprechende Einsatzentscheidung im Rahmen der Arbeitsvorbereitung auslösen (bzw. der umgekehrte Zusammenhang vorhanden sein) oder sowohl die Entscheidung über die Kostenstellenbildung und die Einsatzentscheidung durch eine dritte Entscheidung ... ausgelöst werden." (EBD., S. 162.)

63) Vgl. MROSEK, D.: Zurechnungsprobleme, S. 163.

64) Vgl. hierzu im Detail SEICHT, G.: Verwaltungskosten, Sp. 1716.

zwischen den Funktionalbereichen, die häufig schwer vorzunehmen sind, da im Einzelfall zum einen oft nicht feststellbar ist, welcher Funktionalbereich die Kosten verursacht hat, zum anderen die Höhe der zuzurechnenden Kosten schwer bestimmbar ist.[65] Zudem würden solche Kostenumschichtungen zu einem **Transparenzverlust des Rechnungsstoffes** und einhergehend damit zu einer erschwerten bereichsbezogenen Wirtschaftlichkeitskontrolle führen. Will man überdies für den Vertrieb einen eigenen Rechenkreis installieren, so ist eine klare Abgrenzung der Kosten der verschiedenen Rechenkreise voneinander vonnöten.[66] Eine fallweise, von den jeweiligen Entscheidungen abhängige Abgrenzung der Vertriebskosten würde eine gesonderte Vertriebskostenrechnung vor große Probleme stellen.

Der Grundsatz der **Abgrenzung der Vertriebskosten nach der Kostenentstehung,** dem aufgrund der hier vorgebrachten Argumente gefolgt wird,[67] bedeutet jedoch keineswegs einen Verzicht auf die Berücksichtigung der oben exemplarisch diskutierten, in anderen Funktionalbereichen sich niederschlagenden Kosten. Falls es sich um für eine bestimmte Marketing-Entscheidung relevante Kosten[68] handelt, müssen sie fallweise mit einbezogen werden. Sie stellen aber dann keine Vertriebskosten dar, sondern entscheidungsrelevante Kosten anderer Unternehmensbereiche. Zu beachten sind hierbei allerdings die bereits angesprochenen Probleme der Ermittlung dieser Kosten.

---

65) Vgl. SENGER, G.: Vertriebskosten, S. 22.

66) Vgl. LEHMANN, M. R.: Industriekalkulation, S. 24.

67) Die gleiche Ansicht vertritt AGTHE, Klaus: Kostenplanung und Kostenkontrolle im Industriebetrieb, Baden-Baden 1963, S. 178.

68) Vgl. zu dem Begriff der relevanten Kosten die Ausführungen in Abschnitt A.II.2.a) des 2. Kapitels.

Die Abgrenzung nach der Kostenentstehung wird mit der **Verrechnung innerbetrieblicher Leistungen,** so wie sie im Rahmen der Kostenstellenrechnung üblicherweise dann vorgenommen wird, wenn der Vertrieb beispielsweise die Leistungen einer allgemeinen Hilfskostenstelle in Anspruch nimmt, durchbrochen. Diese Kosten werden nach erfolgter Verrechnung zu den Vertriebskosten gezählt. Allerdings handelt es sich hierbei dann um sekundäre Vertriebskosten.

Zusammenfassend lassen sich die **Vertriebskosten** wie folgt definieren: Vertriebskosten sind jener **bewerteter, leistungserstellungsbedingter Güterverbrauch,** der in der betriebswirtschaftlichen **Grundfunktion Absatz und ihren Teilfunktionen entsteht** sowie der Güterverbrauch, der im Zuge der üblichen **innerbetrieblichen Leistungsverrechnung** auf die Grundfunktion Absatz verrechnet wird. Obschon bei der Erarbeitung dieser Definition der Sachgüterbetrieb den Ausgangspunkt der Überlegungen bildete, hat diese Vertriebskostendefinition gleichermaßen für den Dienstleistungsbetrieb Gültigkeit.[69] Auch auf den Handelsbetrieb, bei dem die Grundfunktion Produktion wesensbedingt entfällt, ist diese Definition im Prinzip anwendbar.[70]

---

69) In der Literatur ist es üblich, zwischen Sachleistungs- bzw. Produktionsbetrieben einerseits und Dienstleistungsbetrieben andererseits zu unterscheiden, wobei unter die Dienstleistungsbetriebe auch die Handelsbetriebe subsumiert werden. (So etwa bei SCHÄFER, E.: Die Unternehmung, S. 9; WÖHE, Günter: Einführung in die Allgemeine Betriebswirtschaftslehre, 16. Aufl., München 1986, S. 16.) Abweichend davon BEREKOVEN, der aufbauend auf eine eingehende Wesensbestimmung der Dienstleistung die Handelsbetriebe richtigerweise streng von den Dienstleistungsbetrieben trennt. Vgl. BEREKOVEN, Ludwig: Der Dienstleistungsmarkt in der Bundesrepublik Deutschland, Bd. I, Göttingen 1983, S. 39 ff.

70) Vgl. hierzu im Detail RÖHRENBACHER, Hans: Die Kosten- und Leistungsrechnung im Handelsbetrieb, Berlin 1985, S. 55.

II. Abgrenzung der Vertriebskosten von den Erlösschmälerungen

In der Literatur fehlt häufig eine eindeutige Abgrenzung zwischen Vertriebskosten und Erlösschmälerungen, wobei insbesondere **Abgrenzungsprobleme** bei den sogenannten **Sondereinzelkosten des Vertriebs**[71], wie den Verkaufsprovisionen, Lizenzen, Verpackungsmaterialkosten und den Ausgangsfrachten, auftreten.[72] Diese unscharfe Abgrenzung ist nicht zuletzt darauf zurückzuführen, daß es sich jeweils um negative Wertgrößen im Absatzbereich handelt, deren Auswirkung auf das Unternehmensergebnis unabhängig von ihrer Zuordnung identisch ist. Vor allem aus zwei Gründen empfiehlt sich m. E. eine **eindeutige terminologische Trennung.** Erstens unterscheiden sich die **Weiterverrechnungsmodalitäten** von Erlösschmälerungen und Vertriebskosten auf die Kalkulationsobjekte.[73] Zweitens ergeben sich bessere **Möglichkeiten der Zuordnung von Verantwortung und der Kontrolle.** Erzielt etwa der Vertriebsbereich unbefriedigende Ergebnisse, können die Ursachen dafür genauer identifiziert werden. Es ist dann möglich zu unterscheiden, ob beispielsweise den Kunden zu großzügige Preisnachlässe eingeräumt werden oder ob für die Kunden zu hohe Vertriebskosten entstehen.

---

71) Zu den Sondereinzelkosten des Vertriebs vgl. die Ausführungen in Abschnitt B.I.1. des 5. Kapitels.

72) Die Abgrenzungsproblematik zwischen Vertriebskosten und Erlösschmälerungen wird grundlegend von MÄNNEL in der Monographie "Erlösschmälerungen" behandelt. Dort findet sich auch eine eingehende Analyse über die in der Literatur und in den Kontenrahmen einzelner Wirtschaftszweige zu der Abgrenzungsproblematik vertretenen unterschiedlichen Auffassungen. Vgl. MÄNNEL, Wolfgang: Erlösschmälerungen, Wiesbaden 1975, insbes. S. 21-46.

73) Vgl. MÄNNEL, W.: Erlösschmälerungen, S. 15.

Um eine Abgrenzung zwischen Verbriebskosten und Erlösschmälerungen vornehmen zu können, ist zunächst der Erlösbegriff und anschließend der Begriff der Erlösschmälerungen zu erläutern. Als Pendant zu den Kosten wird in der einschlägigen betriebswirtschaftlichen Literatur überwiegend der Begriff Leistung verwandt,[74)] was auch in der weitgehend gebräuchlichen Bezeichnung Kosten- und Leistungsrechnung seinen Ausdruck findet. Wegen der mannigfaltigen Bedeutungsinhalte des Leistungsbegriffes[75)] stellt man zunehmend anstatt des Begriffes Leistung den Terminus Erlös als Gegenbegriff den Kosten gegenüber.[76)] Dabei soll hier nicht der engere, von den Einnahmen für die von einem Unternehmen verkauften Güter abgeleitete pagatorische Erlösbegriff, sondern der **wertmäßige Erlösbegriff** zugrunde gelegt werden. Der wertmäßige Erlös wird als bewerteter "leistungserstellungsbedingter Wertzu-

---

74) So bei KILGER, Wolfgang: Einführung in die Kostenrechnung, 2. Aufl., Wiesbaden 1980, S. 8; MOEWS, Dieter: Kosten und Leistung, in: KOSIOL, E. u.a. (Hrsg.): HWR, Sp. 1115; KOSIOL, Erich: Kosten- und Leistungsrechnung, Berlin - Heidelberg - New York 1979, S. 13; WÖHE, G.: Einführung, S. 887.

75) Vgl. hierzu im Detail die Ausführungen in Abschnitt C.I. des 4. Kapitels.

76) So WEBER, Helmut Kurt: Untersuchungen zum betriebswirtschaftlichen Ertragsbegriff, in: RIEBEL, Paul (Hrsg.): Beiträge zur betriebswirtschaftlichen Ertragslehre, Opladen 1971, S. 51 f.; ENGELHARDT, Werner Hans: Erlösplanung und Erlöskontrolle als Instrument der Absatzpolitik, in: ZfbF, 29. Jg. (1977), Sonderheft 6, S. 12; KOLB, Jürgen: Industrielle Erlösrechnung - Grundlagen und Anwendung, Wiesbaden 1978, S. 38; MÄNNEL, Wolfgang: Zur Gestaltung der Erlösrechnung, in: CHMIELEWICZ, Klaus (Hrsg.): Entwicklungslinien der Kosten- und Erlösrechnung, Stuttgart 1983, S. 120; HUMMEL, S. - MÄNNEL, W.: Kostenrechnung 1, S. 84.

wachs"[77] definiert. Diese Definition führt zu einer Offenheit hinsichtlich des Wertansatzes.[78] Erlöse können auch dann entstehen, wenn keine Einnahmen vorliegen. Der wertmäßige Erlösbegriff ermöglicht das Rechnen mit Anderserlösen, die etwa dann vorliegen, wenn Lagerbestände mit von den handelsrechtlichen Herstellungskosten abweichenden Wertansätzen bewertet werden, und Zusatzerlösen, zu denen beispielsweise die Bewertung von selbstgeschaffenen Patenten und das Rechnen mit Opportunitätserlösen[79] zählen.

Unter **Erlösschmälerungen** sind all diejenigen Posten zu verstehen, die von den **Bruttoerlösen in Abzug gebracht werden.**[80] Im wesentlichen sind es drei Merkmale, mit deren Hilfe die Erlösschmälerungen von den Vertriebskosten abgegrenzt werden können:[81]

---

77) HUMMEL, S. - MÄNNEL, W.: Kostenrechnung 1, S. 84. Ähnlich auch WEBER, der unter Erlöse "normalisierte betriebsbezogene Erträge sowie Wertansätze für nicht als Erträge ausweisfähige Ergebnisse betrieblicher Tätigkeit" faßt. (WEBER, Helmut Kurt: Betriebswirtschaftliches Rechnungswesen, 2. Aufl., München 1978, S. 304.)

78) Vgl. MÄNNEL, W.: Erlösrechnung, S. 123.

79) Zum Begriff und den Anwendungsmöglichkeiten des Rechnens mit Opportunitätserlösen vgl. MÄNNEL, Wolfgang: Möglichkeiten und Grenzen des Rechnens mit Opportunitätserlösen, in: RIEBEL, P. (Hrsg.): Beiträge, S. 201 ff.

80) Vgl. MÄNNEL, W.: Erlösschmälerungen, S. 10. Daneben sind in Theorie und Praxis noch Begriffe wie Erlösberichtigungen oder Erlösminderungen gebräuchlich. Vgl. EBD., S. 8-11.

81) Vgl. zum Folgenden MÄNNEL, W.: Erlösschmälerungen, S. 16 f.

1. Im Gegensatz zu den Vertriebskosten sind Erlösschmälerungen **nicht mit einem Güterverbrauch verbunden**, sondern werden direkt von den Erlösen abgezogen. Ein Güterverbrauch kann nur bei dem Unternehmen zur Verfügung stehenden Vermögensteilen vorliegen. Auf die Erlöse und Erlösschmälerungen bezogen bedeutet dies, daß nur derjenige Betrag verbraucht werden kann, der dem Unternehmen tatsächlich zufließt.
2. Erlösschmälerungen treten nur in der **Beziehung zwischen Verkäufer und Käufer** auf; Beträge, die einem Dritten zugute kommen, sind demnach keine Erlösschmälerungen.
3. Nach Abzug der Erlösschmälerungen verbleibt der **Nettoerlös** als derjenige Betrag, der dem Verkäufer tatsächlich zufließt.

Mittels dieser Kriterien lassen sich Wertgrößen wie Rabatte, Skonti, Boni, aber auch Schadenersatzzahlungen und Debitorenausfälle als Erlösschmälerungen klassifizieren. Ebenso ist damit geklärt, welche Wertgrößen unter die Sondereinzelkosten des Vertriebs zu subsumieren sind.[82)]

C. BEDEUTUNG DER VERTRIEBSKOSTEN UND EINGRENZUNG DES UNTERSUCHUNGSOBJEKTES

Die Bedeutung der Vertriebskosten innerhalb eines Unternehmens läßt sich am **Anteil der Vertriebskosten an den Gesamtkosten** des betreffenden Unternehmens messen. Über diesen Anteil sind allerdings keine allgemeingültigen Aussagen möglich, da die Höhe der Vertriebskosten sowohl von der oben diskutierten Problematik abhängt, welche Kosten man zu den Vertriebskosten zählt, als auch davon, in welchem Wirtschaftszweig ein Unternehmen tätig ist

---

82) Eine ausführliche Begründung für die Zuordnung verschiedener Positionen findet sich bei MÄNNEL, W.: Erlösschmälerungen, S. 21-46.

respektive welche Wirtschaftsgüter es produziert oder bereitstellt.

Diese letzte Feststellung spiegelt sich auch in **empirischen Untersuchungen** wider, die jedoch durchwegs älteren Datums sind. So ermittelte das Institut für Handelsforschung an der Universität zu Köln für verschiedene Unternehmen der Konsumgüterindustrie auf den Umsatz bezogene Vertriebskostenanteile von 7,3% bei Kraftfahrzeugherstellern bis zu 41,6% bei Herstellern von Körperpflegemitteln.[83] PÜMPIN und KRAUSE schätzen den Anteil der Vertriebskosten am Endverbraucherpreis für den Einzelhandel auf 20-30%, für den Großhandel auf 10-20% und für Industriebetriebe auf 10-40%.[84] Obgleich die Bezugsbasis Umsatz bzw. Endverbraucherpreis wegen des nicht zwingend gegebenen Zusammenhangs zwischen Preisen und Kosten und das veraltete Datenmaterial die Aussagekraft der Zahlen relativieren, ist dennoch die quantitative Bedeutung der Vertriebskosten innerhalb eines Unternehmens zu erkennen. Es ist sogar davon auszugehen, daß der Anteil der Vertriebskosten seither zugenommen hat, was sich mit der bereits angesprochenen Entwicklung vieler Absatzmärkte zu Käufermärkten begründen läßt. So erscheint ein durchschnittlicher **nteil der Vertriebskosten an den Gesamtkosten von 30%** für Industriebetriebe als durchaus realistische Schätzung.

An der Höhe dieses Anteils, der - wie eingangs erwähnt - unter anderem vom Wirtschaftszweig und der Art der erstellten Wirtschaftsgüter abhängt, läßt sich auch der Umfang der erforderlichen Marketingaktivitäten ablesen. Im Hinblick darauf soll für die vorliegende Untersuchung eine

83) Vgl. SEYFFERT, Rudolf: Wege und Kosten der Distribution der Konsumwaren ausgenommen Lebensmittel, Hausrat-, Textil-, Schuh- und Lederwaren, Köln - Opladen 1959, S. 82.

84) Vgl. PÜMPIN, C. - KRAUSE, H.: Absatzkosten, Sp. 46.

Eingrenzung des Untersuchungsobjektes im Sinne einer Beschränkung auf einen bestimmten Unternehmenstyp vorgenommen werden, der die Übertragung der getroffenen Aussagen auf andere Unternehmenstypen ermöglicht. Dazu muß ein Unternehmenstyp zugrunde gelegt werden, der stark marketingorientiert ist und über voll ausgebaute Absatzfunktionen verfügt. In einem ersten Schritt werden die Dienstleistungsbetriebe ausgeblendet und nur die Sachgüter herstellenden Betriebe betrachtet, da in den Sachgüterbetrieben im Gegensatz zu den Dienstleistungsbetrieben zusätzlich die Absatzfunktionen des "physical handling", wie Lagern, Verpacken und Transportieren, auftreten. Innerhalb der Sachgüterbetriebe soll sich in einem zweiten Schritt die Betrachtung auf **Konsumgüterbetriebe** beschränken. Konsumgüterbetriebe sind dadurch charakterisiert, daß sie Sachgüter in Form von Gebrauchs- oder Verbrauchsgütern produzieren, die in Konsumtivbetrieben, also in erster Linie den privaten Haushalten, eingesetzt bzw. verwendet werden.[85)] Dieser Unternehmenstyp muß, da er in der Regel für den anonymen Markt produziert, umfangreichere Marketingaktivitäten insbesondere in der Werbung und der Verkaufsförderung entfalten als beispielsweise Investitionsgüterbetriebe.[86)] Aus den eben skizzierten Gründen stehen demnach die Konsumgüterbetriebe im Zentrum der folgenden Untersuchung.

---

85) Vgl. SCHÄFER, E.: Die Unternehmung, S. 8.

86) Zu den Besonderheiten des Investitionsgütermarketing im Vergleich zum Konsumgütermarketing vgl. BACKHAUS, Klaus: Investitionsgütermarketing, München 1982, S. 1 f.

D. STELLUNG DER VERTRIEBSKOSTENRECHNUNG IM INTERNEN RECHNUNGSWESEN

I. Vertriebskostenrechnung als Funktionskostenrechnung

Wie im vorangegangenen Abschnitt gezeigt, repräsentieren die Vertriebskosten einen umfangreichen Kostenblock im Rahmen der Gesamtkosten eines Unternehmens. Um wirtschaftliches Handeln im Vertrieb zu gewährleisten, bedarf es einer differenzierten Erfassung und Verteilung der Vertriebskosten. Dies läßt sich am besten durch die Implementierung einer Vertriebskostenrechnung erreichen, die die Spezifika des Vertriebs bei Erfassung und Verteilung der Vertriebskosten explizit berücksichtigt.

Traditionelle Kostenrechnungen sind gesamtunternehmensbezogen konzipiert.[87)] Zunehmende Umweltkomplexität und -dynamik bringen für die Unternehmen sehr unterschiedliche und komplizierte Entscheidungssituationen mit sich, die entsprechend detaillierte und spezielle Kosteninformationen erfordern. Daher wird in letzter Zeit zunehmend die Implementierung von **Partialkostenrechnungen** vorgeschlagen, die sich im wesentlichen in **produktionsfaktorbezogene Rechnungen**, wie die Anlagenkostenrechnung, und in **funktionsbezogene Rechnungen**, auf die im folgenden etwas näher einzugehen sein wird, einteilen lassen.[88)] "Funktionsrechnungen sind auf einzelne im Unternehmen ablaufende Verrichtungsarten ausgerichtet und bilden die Produktionsfaktoren in ihrem Kombinationsprozeß zur Verrichtungsdurchführung ab."[89)] Somit zählen sowohl Logistik- und

---

87) Vgl. WEBER, Jürgen: Logistikkostenrechnung, Heidelberg u. a. 1987, S. 9.

88) Vgl. WEBER, J.: Logistikkostenrechnung, S. 16.

89) WEBER, J.: Logistikkostenrechnung, S. 16.

Instandhaltungskostenrechnung als auch die Vertriebskostenrechnung zu den Funktionsrechnungen. Allerdings stellen Logistik- und Instandhaltungskostenrechnung, wählt man die betriebswirtschaftlichen Grundfunktionen als Bezugspunkt, sogenannte Querschnittsfunktionen dar, da sie die Grundfunktionen Beschaffung, Produktion und Absatz unterstützen.[90] Die **Vertriebskostenrechnung** kann folglich als eine **Grundfunktionskostenrechnung** oder als eine Funktionskostenrechnung im engeren Sinn bezeichnet werden.

Es ist einleuchtend, daß Querschnittsfunktionsrechnungen, aber auch produktionsfaktorbezogene Rechnungen wegen der Abgrenzungs- und Überschneidungsprobleme zur herkömmlichen Gliederung der Kostenrechnung, die sich im wesentlichen an den Grundfunktionen orientiert, auf erhebliche Implementations- und Akzeptanzschwierigkeiten stoßen. Demgegenüber fordert der Aufbau einer differenzierten Vertriebskostenrechnung kein radikales Umdenken. Vielmehr kann man häufig auf **bestehende Strukturen als Basis für den Ausbau und die Weiterentwicklung der Vertriebskostenrechnung** zurückgreifen. Das trifft insbesondere auf die Kostenstellenrechnung zu, die in der Regel bereits verschiedene Kostenstellen für den Vertrieb vorsieht.

II. Zusammenhänge zwischen Vertriebskostenrechnung und Erlösrechnung sowie zwischen Vertriebskostenrechnung und anderen Funktionskostenrechnungen

Da im Absatzbereich von Unternehmen nicht nur Kosten entstehen, sondern auch Erlöse erzielt werden, bedarf die Vertriebskostenrechnung zwingend der Ergänzung um Daten der Erlösrechnung. Nur so ist es möglich, für den Vertrieb

---

90) Vgl. WEBER, Jürgen: Logistikkostenrechnung - Lösungen für die Praxis durch Antworten aus der Praxis, in: krp, Jg. 1984, H. 4, S. 135.

Ergebnisse, etwa in Form von Deckungsbeiträgen, zu ermitteln. Damit die **Erlösrechnung als Pendant zur Vertriebskostenrechnung** zusammen mit dieser zur Erfolgsermittlung herangezogen werden kann, hat sie vor allem **zwei Anforderungen** zu erfüllen. Erstens muß sie die von den Bruttoerlösen abzuziehenden Erlösschmälerungen vollständig erfassen, um die effektiven Nettoerlöse zu erhalten. **Exakt ermittelte Nettoerlöse** stellen die Basis für aussagefähige Ergebnisrechnungen dar.[91] Zweitens müssen die Erlöse in der **gleichen Differenzierung** wie die Vertriebskosten vorliegen. Nur so können Ergebnisse für ausgewählte absatzrelevante Kalkulationsobjekte wie Produkte, Kunden oder Absatzgebiete errechnet werden.[92] Gerade in der Zurechenbarkeit der Erlöse auf Kalkulationsobjekte, insbesondere auf Produkte, besteht ein wichtiges Problem der Erlösrechnung. Der Grund für die begrenzte Zurechenbarkeit von Erlösen auf Produktarten liegt in der Erlösverbundenheit, die aus den verschiedenen Erscheinungsformen des Angebots- und Nachfrageverbundes resultiert.[93] Auch die Zurechenbarkeit der Erlöse auf einzelne Leistungseinheiten einer Produktart ist eingeschränkt, was unter anderem auf personelle und regionale Preisdifferenzierungen, abnahmemengenunabhängige Preise und auftragsgrößenabhängige Preisnachlässe zurückzuführen ist.[94] Anhand der Ausführungen wird deutlich, daß mit der Gestaltung einer Erlösrechnung Probleme verbunden sind, die gelöst werden

---

91) Vgl. MÄNNEL, W.: Erlösrechnung, S. 132.

92) Zum Begriff des Kalkulationsobjektes vgl. die Ausführungen in Abschnitt A.II.1. des 2. Kapitels.

93) Zu den verschiedenen Formen der Erlösverbundenheit und den sich daraus ergebenden Zurechnungsproblemen vgl. RIEBEL, Paul: Ertragsbildung und Ertragsverbundenheit im Spiegel der Zurechenbarkeit von Erlösen, in: DERS. (Hrsg.): Beiträge, S. 171 ff., wieder abgedruckt in: DERS.: Deckungsbeitragsrechnung, S. 120 ff.; MÄNNEL, W.: Erlösrechnung, S. 136 ff.

94) Vgl. hierzu im Detail RIEBEL, P.: Ertragsbildung, S. 162 ff.; MÄNNEL, W.: Erlösrechnung, S. 142 ff.

müssen, wenn aussagefähige Ergebnisrechnungen aufgebaut werden sollen. Entsprechend des Themas der Arbeit sind diese Probleme jedoch nicht Gegenstand weiterer Erörterungen, sondern sie werden im folgenden als gelöst betrachtet. Festzuhalten ist der Zusammenhang zwischen Erlösrechnung und Vertriebskostenrechnung, der darin besteht, daß die Erlösrechnung eine notwendige Ergänzung der Vertriebskostenrechnung darstellt, die die Fortführung der Vertriebskostenrechnung zu einer **Vertriebsergebnisrechnung** ermöglicht.

Außer dem Zusammenhang zwischen Vertriebskostenrechnung und Erlösrechnung ist noch der **Zusammenhang zwischen Vertriebskostenrechnung und anderen Funktionskostenrechnungen** von Interesse. Es ist zu klären, welche Möglichkeiten existieren, die Kosten der Beschaffung, der Produktion, aber auch der Verwaltung mit jenen des Vertriebs in Verbindung zu bringen. Grundsätzlich lassen sich **zwei Möglichkeiten** unterscheiden.

Abbildung 1-2
Schematische Darstellung der Ermittlung von Vertriebsüberschüssen

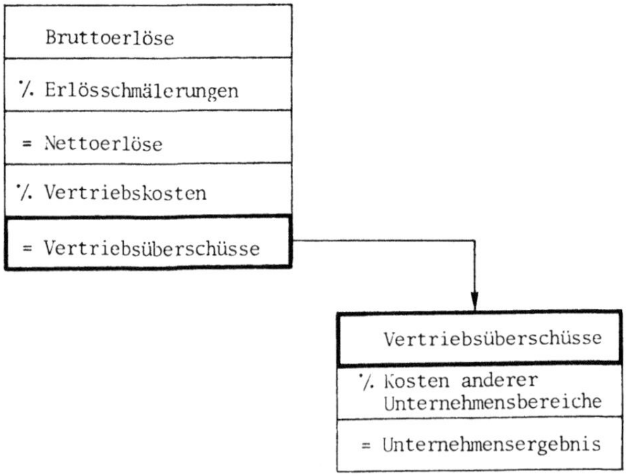

Die **erste Möglichkeit** besteht, wie Abbildung 1-2 zeigt, in der **Ermittlung von Vertriebsüberschüssen**, die an die anderen Unternehmensbereiche weitergegeben werden und diesen zur Verfügung stehen. Sie müssen sich an dem vom Vertrieb vorgegebenen Überschuß orientieren und mit ihm wirtschaften. Eine solche Vorgehensweise erscheint allerdings aus der Sicht des Gesamtunternehmens nicht zweckmäßig, weil dem Absatz eine Vorrangstellung eingeräumt wird, die zur Folge hat, daß der Handlungsrahmen der übrigen Unternehmensbereiche im wesentlichen vom Absatz bestimmt wird.

Die **zweite Möglichkeit** ist durch eine der ersten Möglichkeit entgegengesetzte Vorgehensweise charakterisiert. Hierbei wird von der Fiktion ausgegangen, daß die **Produktion ihre Produkte zu einem bestimmten "Preis" an den Vertrieb "verkauft"**. Dieser "Preis" läßt sich aus der Sicht der Produktion als Werksabgabepreis, aus der Sicht des Vertriebs als Einstandspreis interpretieren. Unabhängig davon, wonach sich seine Höhe bemißt, muß es sich stets um einen über eine längere Abrechnungsperiode konstant gehaltenen **Standardwert** handeln, damit der Vertrieb von "Preisschwankungen", die letztlich auf Kostenabweichungen in den anderen Unternehmensbereichen zurückzuführen sind, abgeschottet wird.[95] Als "Preis", zu dem der Vertrieb die Produkte von der Produktion "kauft", werden als Standardwerte entweder die **vollen Herstellkosten**,[96] unter Umständen ergänzt um anteilige Verwaltungskosten, oder die

---

95) Vgl. HEINLEIN, Leo: Von der periodenbezogenen Kostenrechnung zur aktionsorientierten betriebswirtschaftlichen Steuerungsrechnung, in: KILGER, Wolfgang - SCHEER, August-Wilhelm (Hrsg.): Rechnungswesen und EDV, 5. Saarbrücker Arbeitstagung, Würzburg - Wien 1984, S. 19.

96) So bei GEIST, M.: Absatzpolitik, S. 66; HESSENMÜLLER, B.: Erfolgsrechnung, S. 92 f.

variablen Herstellkosten[97] angesetzt. Wählt man die vollen Herstellkosten als Wertansatz, erhält man am Ende einer Vertriebsergebnisrechnung das Ergebnis des Gesamtunternehmens, das lediglich noch um die Abweichungen zwischen den vollen Standard-Herstellkosten und den vollen Ist-Herstellkosten zu korrigieren ist. Der Nachteil dieses Wertansatzes besteht darin, daß alle Vertriebsergebnisrechnungen einen Vollkostenwert in Form der Herstellkosten enthalten, der in der Regel für Entscheidungsrechnungen nicht geeignet ist.[98] Deshalb empfiehlt es sich, lediglich die variablen Herstellkosten als Wertansatz zu verwenden. Wie Abbildung 1-3 zeigt, lassen diese sich zusammen mit den Erlösen und den variablen Vertriebskosten in einer Stückdeckungsbeitragsrechnung zusammenfassen. Die Stückdeckungsbeiträge bilden den Ausgangspunkt für alle Ergebnisrechnungen im Vertrieb. Dies wird anhand der im fünften und sechsten Kapitel dargestellten Deckungsbeitragsrechnungen deutlich werden.

---

97) So bei SCHRÖDER, Ernst F.: Kundendeckungsbeitragsrechnung in der Konsumgüter-Industrie, in: MANN, Rudolph - MAYER, Elmar (Hrsg.): Der Controlling-Berater, Loseblattsammlung, Grundwerk, Freiburg im Breisgau 1983, Gruppe 6, S. 12; KROPFBERGER, F.: Erfolgsrechnung II, S. 144.

98) Zur mangelnden Eignung von Vollkosteninformationen für Entscheidungsrechnungen vgl. die Ausführungen in Abschnitt A.II.2.a) des 2. Kapitels.

Abbildung 1-3
Grundstruktur einer Stückdeckungsbeitragsrechnung

Bruttoerlös
·/. Erlösschmälerungen
= Nettoerlös
·/. Variable Vertriebskosten
= Verkaufsüberschuß je Leistungseinheit
·/. Variable **Standard-Herstellkosten**
= Deckungsbeitrag je Leistungseinheit

2. KAPITEL:
DIE VERTRIEBSKOSTENRECHNUNG ALS FÜHRUNGS-INSTRUMENT DES MARKETING-MANAGEMENT

A. RECHNUNGSZWECKE EINER FÜHRUNGSORIENTIERTEN VERTRIEBSKOSTENRECHNUNG UND DARAUS ABGELEITETE ANFORDERUNGEN

I. Rechnungszwecke und Führungsfunktionen

Schon seit langem ist eine Schwerpunktverlagerung in den Rechnungszwecken der Kostenrechnung von der reinen Dokumentationsrechnung zur Führungsrechnung festzustellen. In diesem Sinne wird die Kostenrechnung heute als ein Instrument der Unternehmensführung begriffen, das insbesondere die für die Entscheidungsvorbereitung, -fällung und -kontrolle relevanten Informationen zu liefern hat.[1] Zur Beantwortung der Frage nach der konkreten Ausgestaltung einer **führungsorientierten Kostenrechnung** ist zunächst zu klären, was inhaltlich unter dem Begriff Unternehmensführung verstanden wird, um dann aus dem zugrundeliegenden Begriffsverständnis die Zwecke der Kostenrechnung deduzieren zu können.[2] Unternehmensführung läßt sich prozessual als eine idealtypische Abfolge von Führungsfunktionen interpretieren, die der Steuerung des

---

1) KÄFER sprach schon vor über 25 Jahren von einer Umgestaltung des Rechnungswesens von einem "Registrier- und Kontrollapparat" in ein "Instrument zur Unternehmensführung." (KÄFER, Karl: Zukunftsaufgaben des betriebswirtschaftlichen Rechnungswesens, in: Mitteilungen aus dem handelswissenschaftlichen Seminar der Universität Zürich, H. 113, Zürich 1961, S. 33.)

2) Vgl. ULRICH, Hans.: Controlling als Managementaufgabe, in: PROBST, Gilbert - SCHMITZ-DRÄGER, Ralph (Hrsg.): Controlling und Unternehmensführung, Bern - Stuttgart 1985, S. 16 f.; SIEGWART, Hans.: Das Rechnungswesen als Instrument der Unternehmensführung, in: HAHN, Dietger (Hrsg.): Führungsprobleme industrieller Unternehmungen, Berlin - New York 1980, S. 237.

Unternehmensprozesses dienen.[3] Welche Führungsfunktionen unterschieden werden, ist deskriptiv beliebig, doch hat sich die Fünfer-Klassifikation von KOONTZ/O'DONNELL mit den Führungsfunktionen planning, organizing, staffing, directing und controlling (im Sinne von Kontrolle) als zweckmäßig erwiesen.[4]

Eine Systematik der Rechnungszwecke, die sich aus dem eben dargelegten Unternehmensführungsbegriff ableiten läßt und die daher im folgenden auch übernommen werden soll, stammt von SCHWEITZER/KÜPPER, die nach folgenden **drei Rechnungszwecken** differenzieren:[5]
- Abbildung des Unternehmungsprozesses,
- Planung und Steuerung des Unternehmungsprozesses und
- Kontrolle des Unternehmungsprozesses.

Die Führungsfunktionen müssen in allen betrieblichen Grundfunktionen ausgeübt werden. Im Vertrieb werden die Führungsaufgaben vom Marketing-Management[6] wahrgenommen, das aus systemtheoretischer Sicht ein Subsystem des Führungssystems des Gesamtunternehmens darstellt. Daher

---

3) Vgl. STEINMANN, Horst: Der Management-Prozeß und seine Problemschwerpunkte, in: DERS. (Hrsg.): Planung und Kontrolle, München 1981, S. 2.

4) Vgl. KOONTZ, Harold - O'DONNELL, Cyril: Principles of Management: An Analysis of Managerial Functions, 4. Aufl., New York u. a. 1968, S. 48 ff.

5) Vgl. SCHWEITZER, Marcell - KÜPPER, Hans-Ulrich: Systeme der Kostenrechnung, 4. Aufl., Landsberg am Lech 1986, S. 58. Vergleichbar auch SIEGWART, der aus den Führungsfunktionen Planung, Disposition und Kontrolle eine Informations- und Lenkungsfunktion des Rechnungswesens ableitet. Vgl. SIEGWART, H.: Rechnungswesen, S. 245 ff.

6) Zu den Aufgaben des Marketing-Management im einzelnen vgl. KOTLER, Philip: Marketing-Management, 4. Aufl., Stuttgart 1982, S. 24 ff.

sind die gesamtunternehmensbezogene Betrachtung der Führung und die daraus abgeleiteten Rechnungszwecke auf den Vertrieb übertragbar.

II. Rechnungszwecke der Vertriebskostenrechnung im einzelnen

1. Differenzierte Abbildung des Vertriebs

Die **Abbildung des Vertriebs in Kostengrößen** bezieht sich sowohl auf den vergangenen, bereits realisierten als auch auf den zukünftigen Vertriebsprozeß und seine Ergebnisse.[7)] Im ersten Fall handelt es sich um eine Nachrechnung mit **Istkosten** wie sie historisch am Anfang der Entwicklung der Kostenrechnung stand und deren Hauptzweck in der vergangenheitsbezogenen Dokumentation der wirtschaftlichen Abläufe bestand. Im zweiten Fall wird eine Vorrechnung vorgenommen, die mit **Plankosten** rechnet. Grundvoraussetzung hierfür ist ein Planungssystem der Unternehmung, in dem die einzelnen Teilpläne so koordiniert sind, daß daraus der zukünftige Vertriebsprozeß und die korrespondierenden Planwerte abgeleitet werden können. Darüber hinaus wäre für eine exakte Kostenplanung die Kenntnis entsprechender Gesetzmäßigkeiten im Sinne von Kostenfunktionen und der Ausprägung ihrer Einflußgrößen hilfreich.[8)] Dies stößt aber wegen der im ersten Kapitel behandelten Besonderheiten des Vertriebs im Vergleich zur Produktion auf gewisse Grenzen.

---

7) Vgl. SCHWEITZER, M. - KÜPPER, H.-U.: Systeme, S. 58.

8) Vgl. SCHWEITZER, M. - KÜPPER, H.-U.: Systeme, S. 61.

Die vergangenheits- und zukunftsbezogene Abbildung des Vertriebs in Wertegrößen bildet die **Basis für die Erfüllung der weiteren Rechnungszwecke Planung und Steuerung** einerseits **und Kontrolle** andererseits. Daher hat sich die Abbildung des Vertriebsprozesses und der Prozeßergebnisse an den beiden übrigen Rechnungszwecken auszurichten. So müssen die Kosteninformationen sowohl als Grundlage für Entscheidungen geeignet sein, wie sie im Zuge der Planung und Steuerung des Vertriebs zu treffen sind, als auch eine Kontrolle dieser Entscheidungen ermöglichen. Da aufgrund des Wesens des Vertriebs Marketing-Entscheidungen primär die Gestaltung von Beziehungen zu anderen Wirtschaftssubjekten auf den Absatzmärkten zum Gegenstand haben, ist eine bloße Differenzierung der Vertriebskostenrechnung nach Kostenstellen und Kostenträgern nicht hinreichend. Vielmehr ist eine differenziertere, in erster Linie **am Absatzmarkt orientierte Abbildung des Vertriebs** unabdingbar,[9] die sich mit Hilfe der Einrichtung weiterer, absatzbezogener Kalkulationsobjekte im Rahmen der Vertriebskostenrechnun realisieren läßt. Unter Kalkulationsobjekten, die auch als Bezugs- oder Zurechnungsobjekte bezeichnet werden, versteht man "alle selbständigen Maßnahmen, Vorgänge und Tatbestände, die eigenständiges Dispositionsobjekt oder Untersuchungsobjekt sein können"[10] und für die Mengen- oder Geldgrößen erfaßt oder vorgegeben werden können. Als **absatzrelevante Kalkulationsobjekte** kommen etwa Kunden oder Absatzgebiete, aber auch absatzpolitische

---

9) Ähnlich auch KROPFBERGER, Dietrich: Entscheidungsorientierte Kosten- und Erfolgsrechnung im Marketing I, Linz 1981, S. 6.

10) RIEBEL, Paul: Gestaltungsprobleme einer zweckneutralen Grundrechnung, in: ZfbF, 31. Jg. (1979), S. 869, wieder abgedruckt in: DERS. (Hrsg.): Deckungsbeitragsrechnung, S. 450.

Instrumente[11)] in Betracht.[12)] Zusammenfassend ist festzuhalten, daß ein Vertriebskostenrechnungssystem zur Erfüllung des Rechnungszweckes "Differenzierte Abbildung des Vertriebs" mehrdimensional aufgebaut sein muß, d. h. neben den Kostenstellen und Kostenträgern müssen weitere Kalkulationsobjekte vorgesehen sein.[13)]

2. Planung und Steuerung des Vertriebs

a) Inhalt und Bedeutung des Rechnungszweckes

Durch Planung und Steuerung wird der Vertriebsprozeß aktiv gestaltet und gelenkt.[14)] Die **Planung** - verstanden als "prospektives Denkhandeln, in dem eine geistige Vorwegnahme und Festlegung zukünftigen Tathandelns erfolgt"[15)] -

---

11) Unter absatzpolitischen Instrumenten, auch als Marketingaktivitäten bzw. -instrumente bezeichnet, versteht man die kontrollierten Variablen bzw. die Aktionsparameter des absatzpolitischen Entscheidungsfeldes. (Vgl. MEFFERT, Heribert: Instrumente, absatzpolitische in: TIETZ, B. (Hrsg.): HWA, Sp. 887 f.) In der Literatur finden sich zahlreiche, zum Teil voneinander abweichende Systematisierungen. Vorherrschend ist eine Unterteilung in Produkt- und Programmpolitik, Kontrahierungs- oder Preispolitik, Distributionspolitik und Kommunikationspolitik. Vgl. etwa NIESCHLAG, R. u. a.: Marketing, S. 15 f.; MEFFERT, H.: Marketing, S. 116 ff.

12) Zu den absatzrelevanten Kalkulationsobjekten vgl. im einzelnen die Ausführungen in Abschnitt A.II.2.c.) dieses Kapitels.

13) Vgl. KÖHLER, Richard: Marketing und Rechnungswesen: "Zwei Welten" oder Partner?, in: asw, Jg. 1985, H. 8, S. 72.

14) SIEGWART spricht deshalb auch von der Lenkungsfunktion des Rechnungswesens. Vgl. SIEGWART, H.: Rechnungswesen, S. 250 f.

15) KOSIOL, Erich: Zur Problematik der Unternehmensplanung, in: ZfB, 37. Jg. (1967), H. 1, S. 79.

ist zukunftsorientiert, die **Steuerung** hingegen tendenziell gegenwartsorientiert,[16] da sie, durch im Rahmen der Kontrolle ermittelte Plan-Ist-Abweichungen[17] ausgelöst, korrigierend im Sinne einer Erreichung der Planwerte in die Realisation des geplanten Vertriebsprozesses eingreift. Der Zusammenhang zwischen Planung, Steuerung und der noch näher zu erläuternden Kontrolle läßt sich - wie Abbildung 2-1 zeigt - als **Regelkreis** darstellen.

Abbildung 2-1
Zusammenhang zwischen Planung, Steuerung und Kontrolle

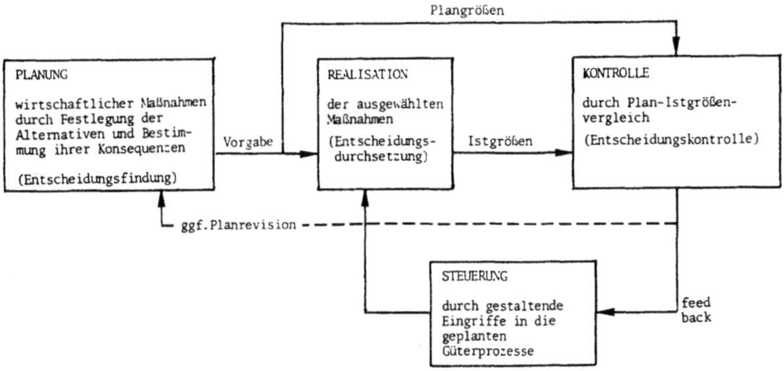

Verkürzt nach: SCHWEITZER, M. - KÜPPER, H.-U.: Systeme, S. 64.

---

16) Vgl. SCHWEITZER, M. - KÜPPER, H.-U.: Systeme, S. 63.

17) Hier wird bewußt der Terminus Plan-Ist-Abweichung anstelle des gebräuchlicheren Begriffes der Soll-Ist-Abweichung verwendet, weil in diesem Zusammenhang noch keine Aussage darüber getroffen werden soll, um welche Art der Plankosten es sich handelt, ob beispielsweise Sollkosten oder Vorgabekosten als Vergleichsmaßstab herangezogen werden.

Der Rechnungszweck Planung und Steuerung des Vertriebs beinhaltet nicht die Planungs- und Steuerungshandlungen selbst, sondern lediglich die **Bereitstellung von Kosteninformationen für Planung und Steuerung.**[18] Zentraler Bestandteil sowohl der Planung als auch der Steuerung sind Entscheidungen über die Auswahl möglicher Handlungsalternativen unter Abschätzung der künftigen Konsequenzen dieser Handlungen.[19] Somit läßt sich dieser Rechnungszweck auch interpretieren als Unterstützung des Marketing-Management bei seinen Planungs- und Steuerungsaufgaben durch die Bereitstellung von Kosteninformationen, auf deren Basis Entscheidungen über die zukünftige Gestaltung des Vertriebsprozesses getroffen werden können.

Voraussetzung für die Erfüllung dieses Rechnungszweckes ist neben der auf die spezifischen Entscheidungssituationen im Marketing abstellenden **differenzierten Abbildung des Vertriebs,** die in den beiden folgenden Abschnitten behandelt wird, daß für die im Zuge der Marketingplanung und -steuerung auftretenden Entscheidungsprobleme die jeweils **relevanten Kosten** zur Verfügung

---

18) Vgl. SCHWEITZER, M. - KÜPPER, H.-U.: Systeme, S. 63. Ähnlich auch HORVATH, der darauf hinweist, daß Informationen aus dem Rechnungswesen "nicht unmittelbar zur Planung, Steuerung und Kontrolle des Unternehmensgeschehens [dienen]. Planung, Steuerung und Kontrolle stellen besondere Entscheidungshandlungen dar, die sich auf Informationen aus dem Rechnungswesen stützen können, jedoch mit diesen nicht identisch sind." (HORVATH, Péter: Controlling, 2. Aufl., München 1986, S. 438.)

19) So auch HAHN, der unter Planung im weiteren Sinne "das Fällen von Führungsentscheidungen auf der Basis systematischer Entscheidungsvorbereitung" versteht, und SZYPERSKI, der Planung als einen "Prozeß von Entscheidungen" begreift. (HAHN, Dietger: Planungs- und Kontrollrechnung, 3. Aufl., Wiesbaden 1986, S. 29, im Original kursiv; SZYPERSKI, Norbert: Forschungs- und Entwicklungsprobleme der Unternehmungsplanung, in: GROCHLA, Erwin - SZYPERSKI, Norbert (Hrsg.): Modell- und computergestützte Unternehmungsplanung, Wiesbaden 1973, S. 27.)

stehen. HORNGREN definiert relevante Kosten als "those future costs that will be different under available alternatives."[20] Da Entscheidungen immer zukunftsbezogen sind, muß eine Vertriebskostenrechnung die entscheidungsrelevante Kosteninformationen bereitstellen soll, als **Plankostenrechnung** aufgebaut sein. Weiterhin ist nur eine als **Teilkostenrechnung** konzipierte Vertriebskostenrechnung in der Lage, die für die jeweiligen Entscheidungssituationen relevanten Kosten auszuweisen. Wie in der einschlägigen Literatur nachgewiesen wurde, führt die der Vollkostenrechnung systemimmanente Proportionalisierung fixer Kosten zu Kosteninformationen, die als Entscheidungsgrundlage ungeeignet sind.[21] Diese Fixkostenproportionalisierung stellt deswegen "einen Verstoß gegen den Grundsatz von den relevanten Kosten dar."[22] Im Zusammenhang mit der Teilkostenrechnung ist zu klären, wie eine verursachungsgerechte Zurechnung der Kosten auf die Kalkulationsobjekte sichergestellt werden kann. Vergleicht man die verschiedenen in der Literatur erörterten **Zurechnungsprinzipien,**[23] so empfiehlt sich die Orientierung

---

20) HORNGREN, C. T.: Cost Accounting, S. 406, im Original teilweise gesperrt. Ähnlich auch HUMMEL, der unter (entscheidungs)relevanten Kosten solche Kosten versteht, "die von einer bestimmten Entscheidung betroffen sind und deshalb in dem Entscheidungskalkül berücksichtigt werden müssen." (HUMMEL, Siegfried: Kosten, relevante, in: KOSIOL, E. u. a. (Hrsg.): HWR, Sp. 969.)

21) Vgl. HUMMEL, Siegfried - MÄNNEL, Wolfgang: Kostenrechnung, Bd. 2: Moderne Verfahren und Systeme, 3. Aufl., Wiesbaden 1982, S. 25. Zu weiteren systemimmanenten Mängeln der Vollkostenrechnung vgl. EBD., S. 21-36; RIEBEL, P.: Entscheidungen, S. 1 ff.

22) KILGER, W.: Plankostenrechnung, S. 187.

23) Einen guten Überblick über die verschiedenen Zurechnungsprinzipien gibt BÖRNER, D.: Kostenverteilung, Sp. 1108 f.

an dem von RIEBEL entwickelten **Identitätsprinzip**, das in Abschnitt B.I. des ersten Kapitels bereits kurz erläutert wurde. Es ist für ein entscheidungsorientiertes Kostenrechnungssystem besonders geeignet, weil es in den Entscheidungen die eigentlichen Ursachen der Kostenentstehung sieht.[24)]

b) Überblick über bedeutsame, im Rahmen der Marketingplanung und -steuerung zu treffende Entscheidungen

Im Rahmen der Marketingplanung und -steuerung tritt eine **Vielzahl von Entscheidungssituationen** auf, die sich zum Teil stark voneinander unterscheiden. Zum einen beziehen sich Marketing-Entscheidungen auf verschiedene Teilbereiche des Marketing, zum anderen kann es sich um selten zu treffende, sich mittel- bis langfristig auswirkende, schwer strukturierbare Entscheidungen oder um häufig wiederkehrende, tendenziell kurzfristige Routineentscheidungen handeln.

In Abbildung 2-2 sind **typische Entscheidungssituationen** im Marketing dargestellt, für die eine Vertriebskostenrechnung Informationen liefern kann. Die Marketing-Entscheidungen lassen sich mit Hilfe der **absatzpolitischen**

---

24) Vgl. RIEBEL, P.: Entscheidungen, S. 9. Auch KILGER stimmt dem Identitätsprinzip, wenn auch mit Einschränkungen, inhaltlich zu. Allerdings hält er es nicht für erforderlich, den weit verbreiteten Begriff des Verursachungsprinzips zu ersetzen, sondern vertritt die Ansicht, daß man diesen Begriff auch im Sinne des Identitätsprinzips interpretieren kann. Vgl. KILGER, W.: Plankostenrechnung, S. 17 f.

Instrumente systematisieren.[25] Die Abbildung enthält bewußt keine Aussage darüber, welche Bedeutung und welches Gewicht den quantitativen Informationen der Vertriebskostenrechnung in den einzelnen Entscheidungssituationen zukommt. Auf diesen Aspekt wird in Abschnitt B. dieses Kapitels näher eingegangen.

Die Systematisierung in Abbildung 2-2 deckt selbstverständlich nicht alle denkbaren Entscheidungssituationen ab. So wird beispielsweise der Aspekt Eigenfertigung oder Fremdbezug von Marketingleistungen nicht berücksichtigt. Die Alternative des Fremdbezugs existiert grundsätzlich innerhalb aller absatzpolitischen Instrumente, aber auch im Rahmen der Marktforschung und der Marketingberatung. Es ist etwa zu entscheiden, ob man Werbekampagnen selbst plant und realisiert oder dies einer Agentur überträgt, Marktforschung selbst betreibt oder Marktforschungs-

---

25) Diesen Weg beschreitet auch KÖHLER im Rahmen seiner Untersuchung, welche Informationen das Rechnungswesen für das Marketing liefern kann. Vgl. hierzu im einzelnen KÖHLER, Richard: Nutzen Sie Ihr Rechnungswesen (1): Einführung, in: MJ, 9. Jg. (1976), Nr. 3, S. 267-271; KÖHLER, Richard - UEBELE, Herbert: Nutzen Sie Ihr Rechnungswesen (2)... für die Produktpolitik, in: MJ, 9. Jg. (1976), Nr. 4, S. 346-351; KÖHLER, Richard - STÖLZEL, Albrecht: Nutzen Sie Ihr Rechnungswesen (3)... für die Preispolitik, in: MJ, 9. Jg. (1976), Nr. 5, S. 485-492; KÖHLER, Richard - BÖHLER, Heymo - HEINZELBECKER, Klaus: Nutzen Sie Ihr Rechnungswesen (4)... für die Werbe- und VF-Politik, in: MJ, 9. Jg. (1976), Nr. 6, S. 578-587; KÖHLER, Richard - RUDOLPHI, Michael: Nutzen Sie Ihr Rechnungswesen (5)... zur Steuerung des Außendienstes, in: MJ, 10. Jg. (1977), Nr. 1, S. 61-68; KÖHLER, Richard - KOCH, Hartmut: Nutzen Sie Ihr Rechnungswesen (6)... zur Kostensenkung in der Distribution, in: MJ, 10. Jg. (1977), Nr. 2, S. 138-147.

institute damit betraut.[26] Auch hierfür muß die Vertriebskostenrechnung entsprechende Daten für Kostenvergleichsrechnungen bereitstellen.

Abbildung 2-2
Überblick über Vertriebskosteninformationen benötigende, typische Entscheidungssituationen im Marketing

PRODUKT- UND PROGRAMMPOLITIK

- Produktinnovation
- Produktelimination
- Kurzfristige Programmplanung, -steuerung und -kontrolle bei gegebenem Produktprogramm

PREISPOLITIK

- Preisbildung für ein standardisiertes Produkt
- Preisbildung für Produktgruppen und im Sortimentsverbund
- Preisforderung für auftragsabhängig zu erstellende Produkte
- Ermittlung von Preisuntergrenzen
- Vornahme von Preisdifferenzierungen

DISTRIBUTIONSPOLITIK

- Wahl der Absatzwege
- Selektion von Absatzmittlern
- Einsatz von Handelsvertretern oder Reisenden
- Steuerung des Außendienstes
- Wahl der Transportmittel und -wege
- Lagerbestandsplanung
- Standortwahl

KOMMUNIKATIONSPOLITIK

- Planung und Kontrolle von Werbe- und Verkaufsförderungsmaßnahmen
- Wahl zwischen den verschiedenen Formen des persönlichen Verkaufs

---

26) Eine ausführliche Darstellung zu den Möglichkeiten und Grenzen von Eigenfertigung und Fremdbezug im Marketing findet sich bei WILLAS, Jürgen: Was läßt sich im Marketing zukaufen?, in: MJ, 7. Jg. (1974), Nr. 6, S. 530 ff.

c) Aus den Marketing-Entscheidungen abgeleitete absatzrelevante Kalkulationsobjekte

Die im Planungs- und Steuerungsprozeß auftretenden Entscheidungssituationen determinieren im wesentlichen die Analyse- und Auswertungsbedürfnisse des Marketing. Um diese befriedigen zu können, muß eine Vertriebskostenrechnung **spezielle Kalkulationsobjekte für den Absatzbereich** vorsehen. Letztlich sind die einzelnen Marketing-Entscheidungen als Kalkulationsobjekte verwendbar.[27)] Das verbietet sich jedoch aus Wirtschaftlichkeitsgründen. Ziel muß es vielmehr sein, unter Rückgriff auf die vielfältigen Marketing-Entscheidungen Bezugsobjekte zu generieren, mit deren Hilfe Vertriebskosteninformationen für typische, regelmäßig auftretende Entscheidungen im Absatzbereich bereitgestellt werden können.

KÖHLER wählt für die Systematisierung der Verlustquellen im Marketing eine entscheidungsbezogene Einteilung der Verlustquellen und greift auf die **vier Komponenten des Entscheidungszusammenhangs** Entscheidungsträger, Entscheidungsvariable, Entscheidungsgegenstand und Ent-

---

27) Vgl. hierzu auch RIEBEL, der "die Entscheidungen als die eigentlichen Kalkulationsobjekte" ansieht. (RIEBEL, Paul: Die Bereitschaftskosten in der entscheidungsorientierten Unternehmerrechnung, in: ZfbF, 22. Jg. (1970), S. 372, wieder abgedruckt in: DERS.: Deckungsbeitragsrechnung, S. 81, im Original z. T. kursiv.)

scheidungsziel zurück.[28] Dieser Ansatz läßt sich, da das Aufspüren von Verlustquellen die Zurechnung von positiven und negativen Erfolgsvariablen auf Kalkulationsobjekte voraussetzt, als Ausgangspunkt für die Identifizierung absatzrelevanter Kalkulationsobjekte nutzen.

Analysiert man die Verlustquellen eines Unternehmens im Hinblick auf die Komponente **Entscheidungsträger,** gelangt man zu Marketing-Organisationseinheiten als Analyseobjekte, wie etwa dem Produktmanagement oder der Absatzgebietsleitung.[29] In der Vertriebskostenrechnung werden diese Marketing-Organisationseinheiten weitgehend in der Vertriebskostenstellenrechnung abgebildet, weil sich die Gliederung der Vertriebskostenstellen in der Regel an der bestehenden Aufbauorganisation des Absatzbereiches orientiert. Somit erhält man die **Vertriebskostenstellen** als erste wichtige Kalkulationsobjekte im Marketing.

Unter **Entscheidungsvariablen** als weitere Komponente des Entscheidungszusammenhangs versteht man die Maßnahmen, die ein Entscheidungsträger ergreifen kann. Im Marketing bilden die absatzpolitischen Instrumente und ihre Submixbereiche sowie die Marktforschung als Informationsquelle für den gezielten Einsatz der Instrumente die Entscheidungsvariablen. Kalkulationsobjekte der Vertriebskostenrechnung sind zunächst die **absatzpolitischen Instrumente** und die **Marktforschung.** Hiermit läßt sich die Frage beantworten, welche Kosten ihr Einsatz insgesamt in einer Periode verursachen wird bzw. verursacht hat. Darüber hinaus besteht im Rahmen der Marketingplanung und -steuerung, aber auch der Marketingkontrolle ein zentrales

---

28) Vgl. KÖHLER, Richard: Verlustquellenanalyse im Marketing, in: Marketing Enzyklopädie, Bd. 3, München 1974, S. 605. Die Komponente Entscheidungsziel ist für die weiteren Betrachtungen nicht relevant.

29) Vgl. KÖHLER, R.: Verlustquellenanalyse, S. 608 f.

Analyseinteresse an den einzelnen Marketingaktivitäten und -aktionen und den damit verbundenen Ergebnissen sowie den hierfür eingesetzten Mitteln.[30)] Die Vertriebskostenrechnung muß daher in der Lage sein, Kosteninformationen für einzelne Marketingmaßnahmen zu liefern, die den Mitteleinsatz wertmäßig widerspiegeln. Demzufolge sind die **Marketingmaßnahmen** als weitere Kalkulationsobjekte vorzusehen.

Der von dem Maßnahmeneinsatz betroffene Objektbereich wird als **Entscheidungsgegenstand** bezeichnet.[31)] Auf den Absatzbereich übertragen bedeutet das, daß zu untersuchen ist, auf welche Objekte sich der Einsatz der absatzpolitischen Instrumente richtet. In erster Linie sind dies die sogenannten **Absatzsegmente,** die eine wichtige Gruppe absatzrelevanter Kalkulationsobjekte darstellen. Unter Absatzsegmenten versteht man "gedanklich unterscheidbare Teilbereiche der betrieblichen Marktbeziehungen und Absatztätigkeit..., denen sich Kosten und Erlöse gesondert zurechnen lassen."[32)] Zusätzlich ist als Definitionsmerkmal noch festzuhalten, daß im Sinne einer selektiven

---

30) Vgl. BÖCKER, Franz: Marketing-Kontrolle, Stuttgart u. a. 1988, S. 98.

31) Vgl. KÖHLER, R.: Verlustquellenanalyse, S. 605.

32) KÖHLER, Richard: Absatzsegmentrechnung, in: KOSIOL, E. u. a. (Hrsg.): HWR, Sp. 19. Im Vergleich zur Marktsegmentierung, die die Bildung von in sich weitgehend homogenen Nachfragergruppen mit annähernd gleichen Reaktionsmustern anstrebt, erweist sich die Absatzsegmentierung aufgrund der ex definitione geforderten Zurechenbarkeit von Kosten und Erlösen als eine engere Fassung des Segmentierungsbegriffes. Vgl. DENK, Robert: Selektions- und Exklusionsentscheidungen im Absatzbereich der Unternehmung, Wien 1977, S. 11 f.

Absatzpolitik[33] nur solche Kalkulationsobjekte als Absatzsegmente gelten können, für die das Unternehmen die Möglichkeit hat, sie vollständig oder Teile davon zu eliminieren oder seine Absatzbemühungen innerhalb der (Teil-)Absatzsegmente zu verlagern.[34] Aufgrund dieses Definitionsmerkmals unterscheidet GEIST die fünf Absatzsegmente **Produkte, Auftragsgrößen, Kunden, Absatzgebiete und Absatzwege,** die sich mit Hilfe der Fragestellung, "was" (Produkt) wird "wie" (Absatzweg, Auftragsgröße), "wo" (Absatzgebiet) an "wen" (Kunden) verkauft, identifizieren lassen.[35] Auch wenn GEIST die Zahl der Absatzsegmente auf die eben genannten fünf beschränkt sieht,[36] erscheint eine geringfügige Erweiterung des Absatzsegmentes Auftragsgröße angebracht. Dieses Absatzsegment soll im folgenden allgemein als (Kunden-)Aufträge bezeichnet werden, damit darunter auch die für Auswertungen möglicherweise wichtigen verschiedenen Auftragsarten, wie Transport- und Versandaufträge, einfache und zusammenge-

---

33) GEIST definiert selektive Absatzpolitik als "dasjenige Handeln der Unternehmungsführung, das den Absatz und die Absatzbemühungen auf jene ausgewählten Auftragsgrößen, Abnehmer, Absatzgebiete, Produktgruppen und Absatzmethoden beschränkt, die auf Dauer gesehen, der Unternehmung einen gesicherten Gewinn im weitesten Sinne erbringen und das der Unternehmung im Absatzmarkt eine wettbewerbliche Vorzugsstellung begründet." (GEIST, M.: Absatzpolitik, S. 10.)

34) Vgl. GEIST, M.: Absatzpolitik, S. 53 ff.

35) Vgl. GEIST, M.: Absatzpolitik, S. 54 ff.

36) Vgl. GEIST, M.: Absatzpolitik, S. 55 f. Dieser Ansicht ist jedoch nicht zuzustimmen, da die Absatzsegmentdefinition auch auf andere, für das Marketing bedeutsame Kalkulationsobjekte, wie etwa auf die absatzpolitischen Instrumente, anwendbar ist. (So auch DENK, R.: Exklusionsentscheidungen, S. 15; RÖHRENBACHER, H.: Leistungsrechnung, S. 81 f.) Für den Fortgang der Arbeit ist diese Frage jedoch von untergeordneter Bedeutung. Sie soll daher nicht weiterverfolgt werden.

setzte Aufträge, Eilaufträge und Aufträge mit normaler Lieferfrist oder Erst- und Folgeaufträge, subsumiert werden können.

In Abbildung 2-3 sind die aus der entscheidungsorientierten Systematisierung potentieller Verlustquellen nach KÖHLER abgeleiteten absatzrelevanten Kalkulationsobjekte zusammengefaßt. Vergleicht man die in Abbildung 2-2 aufgeführten typischen Marketing-Entscheidungen mit den Kalkulationsobjekten in Abbildung 2-3, so wird deutlich, daß mit dieser Differenzierung der Vertriebskostenrechnung

Abbildung 2-3
Überblick über absatzrelevante Kalkulationsobjekte

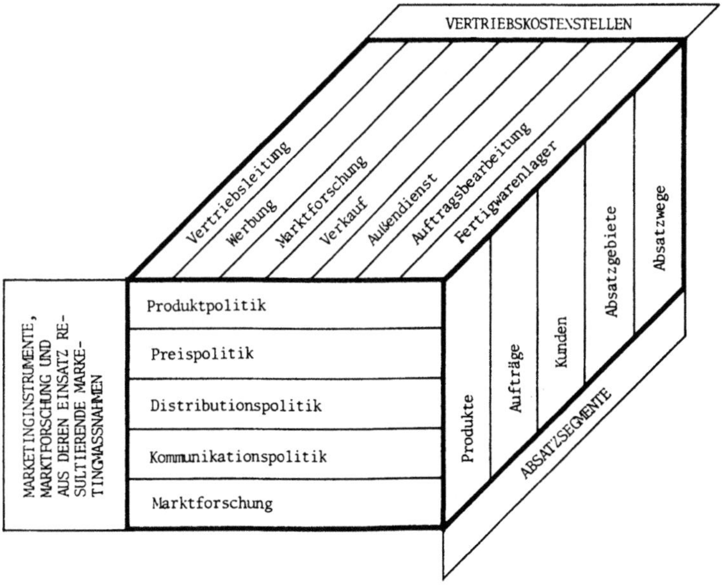

geeignete Kosteninformationen für die sich bei Marketingplanung und -steuerung stellenden Entscheidungsprobleme bereitgestellt werden können. Selbstverständlich ist darüber hinaus die **Einrichtung weiterer absatzrelevanter Kalkulationsobjekte möglich.** Dies hängt von den unternehmensspezifischen Gegebenheiten ab. So kann ein stark exportorientiertes Unternehmen verschiedene Versandarten, z.B. Luftfracht und Seefracht, als zusätzliche Bezugsobjekte vorsehen. Abschließend betrachtet dürften die hier unterschiedenen Kalkulationsobjekte jedoch für die Erfüllung des Rechnungszweckes Planung und Steuerung des Vertriebs ausreichend sein.[37)]

---

37) Ähnliche Kalkulationsobjekte werden auch in der Literatur unterschieden. So differenziert KÖHLER in späteren Publikationen nach vier Untersuchungsdimensionen im Marketing, die die Vertriebskostenrechnung abzubilden hat: Absatzobjekte (Produkte, Produktgruppen, Aufträge), Marktsegmente (Kunden und Kundengruppen, Absatzgebiete), Marketinginstrumente und -aktivitäten und schließlich Marketing-Organisationseinheiten (Sparten, Abteilungen, Vertriebskostenstellen). (Vgl. KÖHLER, R.: Nutzen Sie (1), S. 268; DERS.: Marketing, S. 72.) In der angloamerikanischen Literatur finden sich meist nur Unterscheidungen nach Produkten, Absatzgebieten, Absatzwegen, Auftragsgrößen und Kunden. (So etwa bei DE VOS Henry - ISENBERG, Martin - SCHAEFER, Monroe: Marketing Profitability Analysis, in: KELLEY, Eugene J. - LAZER, William (Hrsg.): Managerial Marketing - Policies, Strategies, and Decisions, Homewood Ill. 1973, S. 299 f.; DUNNE, Partrick - WOLK, Harry J.: Marketing Cost Analysis: A Modularized Contribution Approach, in: JoM, 41. Jg. (1977), Nr. 3, S. 85.) Weitergehende Differenzierungen werden z. B. von HECKERT/MINER, die insgesamt elf Kalkulationsobjekte vorsehen, und RAYBURN, die auch einzelne Projekte, Markttests und Kostenstellen als Kalkulationsobjekte einführt, vorgeschlagen. Vgl. HECKERT, J. B. - MINER, R. B.: Distribution, S. 24; RAYBURN, L. Gayle: Accounting Tools in the Analysis and Control of Marketing Performance, in: IMM, Jg. 1977, Vol. 6, S. 176 f.

3. Kontrolle des Vertriebs

Der Rechnungszweck Kontrolle des Vertriebs besteht in einer **permanenten und systematischen Überprüfung und Beurteilung der Wirtschaftlichkeit des Vertriebsprozesses und seiner Ergebnisse** mit Hilfe einer Gegenüberstellung von realisierten Kostendaten und korrespondierenden Vergleichsmaßstäben.[38] In Abhängigkeit von den herangezogenen Vergleichsmaßstäben sind der Zeitvergleich und der Plan-Ist-Vergleich als Varianten des innerbetrieblichen Vergleichs und der Betriebsvergleich zu unterscheiden.[39] Für das Aufdecken von Unwirtschaftlichkeiten eignen sich im wesentlichen nur **Plan-Ist-Vergleiche**, da die beiden übrigen Vergleichsarten auf Istwerte als Vergleichsmaßstab zurückgreifen, die jedoch ebenfalls Ausfluß unwirtschaftlichen Handelns sein können.[40]

Für eine Vertriebskostenkontrolle sind folgende **Teilschritte** notwendig:
- Ermittlung der Planwerte,
- Ermittlung der Istwerte,
- Plan-Ist-Vergleich und
- Abweichungsanalyse.

Die Daten der beiden ersten Teilschritte werden in Erfüllung des Rechnungszwecks "Differenzierte Abbildung des Vertriebs" bereitgestellt. Im Rahmen der Kontrolle müssen

---

38) Die Kontrolle des Vertriebs mittels Kosten ist nur ein Teilgebiet der Marketingkontrolle, die sich in die Bereiche ergebnisorientierte Marketingkontrolle und Marketing-Audit untergliedern läßt. Innerhalb der ergebnisorientierten Marketingkontrolle ist weiterhin danach zu differenzieren, ob es sich um die Kontrolle ökonomischer Größen, wie z.B. Erlöse und Kosten, oder außerökonomischer Größen handelt. Vgl. dazu z. B. NIESCHLAG, R. u. a.: Marketing, S. 876 ff.

39) Vgl. SCHNETTLER, Albert: Betriebsvergleich - Grundlagen und Praxis zwischenbetrieblicher Vergleiche, 3. Aufl., Stuttgart 1961, S. 13 ff.

40) Darauf hat bereits SCHMALENBACH hingewiesen. Vgl. SCHMALENBACH, E.: Preispolitik, S. 438.

die Istwerte den Planwerten gegenübergestellt und eventuell auftretende Abweichungen auf ihre Abweichungsursachen hin analysiert werden. Die auf diese Weise aufgedeckten Unwirtschaftlichkeiten können durch Eingriffe in den geplanten Vertriebsprozeß beseitigt werden. Insofern besteht ein enger Zusammenhang mit der Steuerung. Ebenso existiert eine enge Verbindung zur Planung, da die Ergebnisse der Abweichungsanalysen Indikator für fehlerhafte Planvorgaben sein können.

Zentrales **Kontrollobjekt** sind, wie in einer gesamtunternehmensbezogenen Kostenrechnung auch, die möglichst nach Verantwortungsbereichen zu bildenden **Vertriebskostenstellen.** Da die Vertriebskostenstellen nicht nur abgegrenzte Orte der Kostenentstehung, sondern gleichzeitig auch Orte der Leistungsentstehung sind,[41] läßt sich dort die Wirtschaftlichkeit der Leistungserstellung im Vertrieb gut kontrollieren. Allerdings reicht diese Differenzierung nicht aus, um die Konsequenzen der im Rahmen der Marketingplanung und -steuerung getroffenen Entscheidungen beurteilen zu können. Deswegen sind im Vertrieb als weitere Kontrollobjekte die im vorhergehenden Abschnitt aus den Marketing-Entscheidungen abgeleiteten **absatzrelevanten Kalkulationsobjekte** vorzusehen.

B. BEDEUTUNG DER RECHNUNGSZWECKE DER VERTRIEBSKOSTENRECHNUNG UND DER DARAUS ABGELEITETEN ANFORDERUNGEN IM RAHMEN DES MARKETING-CONTROLLING

Begreift man die Vertriebskostenrechnung als ein Führungsinstrument des Marketing-Management, so sind mögliche Auswirkungen neuer Entwicklungen auf dem Gebiet der Unternehmensführung auf die an eine Vertriebskostenrechnung zu

---

41) Auf den Zusammenhang, daß Kostenstellen stets zugleich auch Leistungsstellen sind, hat bereits LEHMANN aufmerksam gemacht. Vgl. LEHMANN, M. R.: Industriekalkulation, S. 78.

stellenden Anforderungen zu beachten. Mit dem **Marketing-Controlling** steht - wie im einzelnen noch gezeigt wird - dem Marketing-Management ein Subsystem zur Verfügung, das es bei der Erfüllung seiner Führungsaufgaben unterstützt. Die Vertriebskostenrechnung bildet ein Element des Marketing-Controlling. Aus dieser Einbettung in ein größeres Ganzes werden die oben aus den Rechnungszwecken deduzierten **Anforderungen an eine Vertriebskostenrechnung** zwar in ihrer grundsätzlichen Gültigkeit nicht tangiert, doch ergeben sich in manchen Punkten **Präzisierungen, Ergänzungen, aber auch Einschränkungen** hinsichtlich der Einsetzbarkeit der Vertriebskostenrechnung. Aus diesem Grunde erscheint eine Darstellung des Marketing-Controlling und der Stellung, die die Vertriebskostenrechnung in diesem Konzept einnimmt, geboten. Da unter Controlling eine Vielzahl von zum Teil voneinander abweichenden Begriffsinhalten subsumiert werden, ist zunächst eine knappe Klärung des zugrunde gelegten Controllingbegriffs erforderlich.

I. Charakterisierung des Controlling

Aus der Vielzahl der in der Literatur vorzufindenden Controlling-Begriffe[42] soll die die **Koordinationsfunktion des Controlling** herausstellende Definition von HORVATH herausgegriffen und im folgenden zugrunde gelegt

42) Einen guten Überblick, verbunden mit einer kritischen Analyse über die in der Literatur vorzufindenden unterschiedlichen Controllingkonzepte, geben BUCHNER, Manfred: Controlling - ein Schlagwort?, Frankfurt a. M. - Bern 1981, insbes. S. 34 ff.;KÜPPER, Hans-Ulrich: Konzeption des Controlling aus betriebswirtschaftlicher Sicht, in: SCHEER, August-Wilhelm (Hrsg.): Rechnungswesen und EDV, 8. Saarbrücker Arbeitstagung, Heidelberg 1987, S. 87 ff.

werden.[43] Controlling ist danach "ein Subsystem der Führung, das Planung und Kontrolle sowie Informationsversorgung systembildend und systemkoppelnd koordiniert und auf diese Weise die Adaption und Koordination des Gesamtsystems unterstützt."[44] Dieses Controllingkonzept, das in Abbildung 2-4 graphisch dargestellt ist, kann mit Hilfe der **vier Beschreibungsdimensionen** Controllingziele, Controllingaufgaben, Controllinginstrumente und Controllingorganisation konkretisiert werden.[45]

Die zunehmende Komplexität und Dynamik der unternehmensrelevanten Umwelt führt zu einer verstärkten Differenzierung der Unternehmen insbesondere in der Organisationsstruktur. Aus der Differenzierung erwachsen zusätzliche unternehmensinterne Koordinationsprobleme, die durch geeignete Integrationsmaßnahmen gelöst werden müssen.[46] Die

---

43) Aus der Gegenüberstellung verschiedener Controllingkonzeptionen zieht KÜPPER den Schluß, "daß die größte Übereinstimmung in bezug auf die Koordinationsfunktion besteht." (KÜPPER, Hans-Ulrich: Koordination und Interdependenz als Bausteine einer konzeptionellen und theoretischen Fundierung des Controlling, in: LÜCKE, Wolfgang (Hrsg.): Betriebswirtschaftliche Steuerungs- und Kontrollprobleme, Wiesbaden 1988, S. 164.)

44) HORVATH, P.: Controlling, S. 154.

45) Vgl. HORVATH, P.: Controlling, S. 152. Für HORVATH besteht das Controllingkonzept aus den Controllingzielen und dem Controllingsystem, das durch die Controllingaufgaben, die Controllinginstrumente und die Controllingorganisation definiert ist. Vgl. EBD.

46) Vgl. BAUMGARTNER, Beat: Die Controller-Konzeption, Bern - Stuttgart 1980, S. 56; HORVATH, P.: Controlling, S. 3 ff. Diese Argumentationskette greift auf die (teilweise umstrittenen) Erkenntnisse der situativen Ansätze in der Organisationstheorie zurück. Nach LAWRENCE und LORSCH erfordert eine zunehmende Umweltkomplexität und -dynamik eine verstärkte Systemdifferenzierung, die wiederum Maßnahmen zur Erhöhung des Integrationsgrades der Subsysteme notwendig macht, damit die Organisation effizient arbeitet. Vgl. hierzu das grundlegende Werk von LAWRENCE, Paul R. - LORSCH, Jay W.: Organization and Environment: Managing Differentiation and Integration, Boston 1967.

Unternehmensführung ist jedoch in vielen Fällen nicht mehr in der Lage, der immer umfangreicher werdenden Koordinationsaufgabe in vollem Umfange gerecht zu werden.[47] Mit dem Controlling steht ein praxiserprobtes Instrument zur Bewältigung der Koordinationsaufgabe zur Verfügung. Das Controlling soll dazu beitragen, das Management bei

Abbildung 2-4
Controlling als Koordination von Informationsversorgung und Informationsverwendung innerhalb des Führungssystems

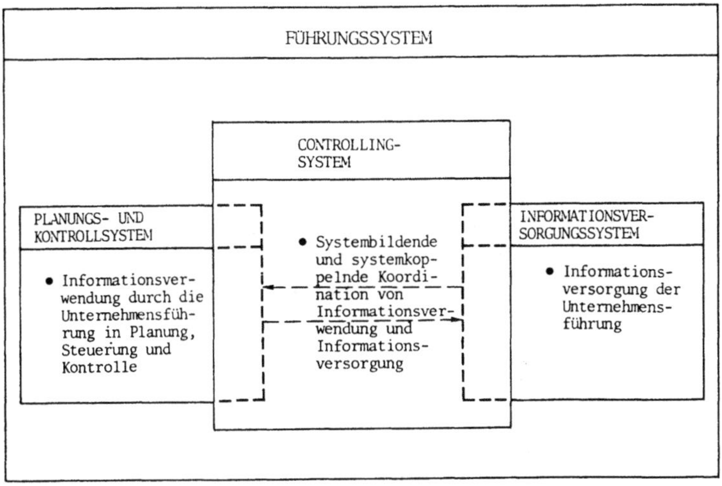

In Anlehnung an: HORVÁTH, P.: Controlling, S. 153.

---

47) Die Koordination wird von KOONTZ/O'DONNELL nicht als eine eigenständige Führungsfunktion angesehen. "It seems more accurate, however, to regard it as the essence of managership, for the achievement of harmony of individual effort toward the accomplishment of group goals is the purpose of management. Each of the managerial functions is an exercise in coordination." (KOONTZ, H. - O'DONNELL, C.: Principles, S. 50.)

der Lösung seiner Koordinationsprobleme zu unterstützen. Somit besteht das zentrale **Controllingziel** in der **Sicherung der Koordinationsfähigkeit der Unternehmensführung.**[48] Eine inhaltliche Ausgestaltung erfährt dieses Ziel durch die **Orientierung des Controlling am Erfolg.**[49] Dem Controlling sind folglich in der Verfolgung des Ziels der Sicherung der Koordinationsfähigkeit der Unternehmensführung nur solche Aufgaben zuzuordnen, die der Erfüllung des Erfolgsziels dienen.[50]

Zur Sicherung der erfolgszielorientierten Koordinationsfähigkeit des Managements hat das Controlling bestimmte **Aufgaben** wahrzunehmen. Als Aufgabengebiete werden in der Literatur in weitgehender Übereinstimmung **Planung, Steuerung und Kontrolle** als Formen der Informationsverwendung einerseits und die Informationsversorgung anderer-

---

48) Neben der Sicherung der Koordinationsfähigkeit wird häufig noch die Sicherung der Reaktions-, Adaptions- und Antizipationsfähigkeit genannt, so bei HORVATH, P.: Controlling, S. 152; BAUMGARTNER, B.: Controller-Konzeption, S. 56.

49) Vgl. REICHMANN, Thomas: Controlling mit Kennzahlen, München 1985, S. 3. Ähnlich PFOHL/ZETTELMEYER, die ausführen, daß "für den Controller das Erfolgsziel als Führungsgröße der Ausgangspunkt aller Überlegungen zu sein [hat]," (PFOHL, Hans-Christian - ZETTELMEYER, Bernd: Strategisches Controlling?, in: ZfB, 57. Jg. (1987), H. 2, S. 149.) und HAHN, der in der "Sicherung optimaler Ergebniserwirtschaftung" das Hauptziel des Controllers sieht. (HAHN, D.: Planungs- und Kontrollrechnung, S. 605.)

50) Dieser Aspekt wird in eher praxisorientierten Veröffentlichungen immer wieder hervorgehoben. So soll die Controllerfunktion dafür sorgen, "daß ein "Apparat" existiert, der darauf hinwirkt, daß die Unternehmung Gewinn erzielt." (DEYHLE, Albrecht: Controller-Handbuch, Bd. 2, 2. Aufl., Gauting bei München 1980, S. 124.) Ähnlich auch MANN, der von einer "Übernahme der Gewinnverantwortung" spricht. (MANN, Rudolph: Die Praxis des Controlling, München o. J., S. 20.)

seits genannt.[51] Im Rahmen der Planung, Steuerung und Kontrolle, zusammenfassend auch als **Planungs- und Kontrollsystem** bezeichnet, fallen dem Controlling im wesentlichen **drei Teilaufgaben** zu:[52]

1. Entwurf und Implementation des Planungs- und Kontrollsystems,
2. Beratung und Unterstützung bei der Durchführung von Planung, Steuerung und Kontrolle,
3. Pflege und Weiterentwicklung des Planungs- und Kontrollsystems.

Die erste Teilaufgabe läßt sich mit HORVATH als systembildende Koordination bezeichnen, da hier aufeinander abgestimmte Systeme neu gebildet werden, die zweite und (m. E.) die dritte Teilaufgabe als systemkoppelnde Koordination, da es sich in diesen Fällen um Abstimmungsprozesse im Rahmen bereits bestehender Systeme handelt.[53] Auf dem Gebiet der **Informationsversorgung** ergeben sich für das Controlling **zwei Teilaufgaben,** wobei die erste als systembildende, die zweite als systemkoppelnde Koordi-

---

51) Vgl. etwa BRAMSEMANN, Rainer: Controlling, Wiesbaden 1978, S. 18; HAHN, D.: Planungs- und Kontrollrechnung, S. 606 f.; HEIGL, Anton: Controlling - Interne Revision, Stuttgart - New York 1978, S. 11; HORVATH, P.: Controlling, S. 153; SERFLING, Klaus: Controlling, Stuttgart u. a. 1983, S. 17; STROBEL, Wilhelm: Controlling und Unternehmensführung, in: JACOB, Herbert (Hrsg.): Controlling und Finanzplanung, Schriften zur Unternehmensführung, Bd. 26, Wiesbaden 1979, S. 22.

52) Vgl. HAHN, D.: Planungs- und Kontrollrechnung, S. 606 f.;HORVATH, P.: Controlling, S. 199 ff.; PFOHL, H.-C. - ZETTELMEYER, B.: Strategisches Controlling?, S. 149.

53) Vgl. HORVATH, P.: Controlling, S. 134.

nation zu klassifizieren ist:[54)]
1. Entwurf und Implementation des Informationsversorgungssystems,
2. Bereitstellen von Informationen als Input des Planungs- und Kontrollsystems durch Betreiben des Informationsversorgungssystems.

In der zweiten Teilaufgabe tritt der **Servicecharakter des Informationsversorgungssystems für das Planungs- und Kontrollsystem** deutlich hervor. Es hat die für Planung, Steuerung und Kontrolle benötigten Informationen zu liefern und muß sich folglich in Aufbau und Ablauf an den Erfordernissen des Planungs- und Kontrollsystems orientieren.

Zur Erfüllung der Controllingaufgaben sind verschiedene Methoden, Verfahren, Techniken und Modelle notwendig, die unter dem Begriff **Controllinginstrumente** zusammengefaßt werden. Zwischen Controllingaufgaben und Controllinginstrumenten besteht demzufolge eine Zweck-Mittel-Relation. Die Controllinginstrumente können in **Planungsinstrumente** einerseits und **Informationsversorgungsinstrumente** andererseits eingeteilt werden.[55)] Als Instrumente, die primär der Erfüllung der Planungs- und Kontrollaufgaben des Controlling dienen, sind insbesondere Systemanalyse, Portfolio-Analyse, Netzplantechnik, Nutzwertanalyse, Budgets und Verfahren der Gemeinkostenplanung und -kontrolle zu nennen. Controllinginstrumente zur Ausübung der

---

54) Vgl. HORVATH, P.: Controlling, S. 373 f.

55) Diese Trennung ist nicht immer eindeutig, da sich viele Instrumente sowohl zur Planung als auch zur Informationsversorgung eignen. Entscheidend ist letztlich die Verwendungsrichtung der Instrumente. Steht die Verarbeitung bereits beschaffter Informationen im Vordergrund, handelt es sich um ein Planungsinstrument, ist dagegen die Informationsbeschaffung und -aufbereitung die dominante Zwecksetzung, spricht man von einem Informationsversorgungsinstrument. Vgl. HORVATH, P.: Controlling, S. 376.

Informationsversorgungsfunktion lassen sich grob danach klassifizieren, für welche Planungsstufen sie geeignete Informationen als Input liefern können. Für den Aufbau dauerhafter Erfolgspotentiale im Rahmen der langfristig orientierten strategischen Planung sind eher qualitative Informationen über Chancen und Risiken der Unternehmensumwelt und über Stärken und Schwächen des Unternehmens relevant.[56) Environmental Scanning, verschiedene Prognoseverfahren - wie Delphi-Methode und Szenariotechnik - und Frühwarnsysteme sind hier häufig eingesetzte Controllinginstrumente.[57) Die mittel- bzw. kurzfristig ausgerichtete taktische und operative Planung, deren Schwerpunkt in der Ressourcen- und Maßnahmenplanung liegt, benötigt in erster Linie unternehmensinterne, quantitative Informationen über den ökonomischen Erfolg, die Wirtschaftlichkeit und die Rentabilität.[58) Die Informationsversorgungsfunktion wird überwiegend von dem wichtigsten und am weitesten entwickelten Controllinginstrument - dem betrieblichen Rechnungswesen - wahrgenommen.[59) Von den verschiedenen Teilgebieten des Rechnungswesens stellt die **Kostenrechnung das zentrale Instrument der Informations-**

---

56) Vgl. GÄLWEILER, Alois: Strategische Unternehmensplanung, in: STEINMANN, H. (Hrsg.): Planung, S. 85.

57) Vgl. HORVATH, P.: Controlling, S. 409 ff.

58) Der hohe Entwicklungsstand des Rechnungswesens liegt darin begründet, daß historisch betrachtet die Aufgabe der Versorgung der Unternehmensführung mit führungsrelevanten Informationen aus dem Rechnungswesen am Anfang der Entwicklung der Controllingkonzeption stand. Vgl. hierzu die Ergebnisse der empirischen Untersuchung von SIMON, Herbert A. - GUETZKOW, Harold - KOZMETSKY, George - TYNDALL, Gordon: Centralization versus Dezentralization in Organizing the Controller's Department, New York 1954.

versorgung dar.[60] Da es sich bei der Kostenrechnung um eine überwiegend kurzfristige Rechnung auf der Basis gegebener Kapazitäten handelt,[61] eignen sich ihre Informationen insbesondere als **Input der operativen Planung**, die einen Planungshorizont von bis zu einem Jahr aufweist und in der Regel von konstanten Kapazitäten ausgeht.

Im Rahmen der **Controllingorganisation** oder -institution werden die Controllingaufgaben auf Organisationseinheiten, wie Stellen und Abteilungen, verteilt. In diesem Zusammenhang ist vor allem die zu beobachtende, mit zunehmender Unternehmensgröße einsetzende Dezentralisation von Führungsaufgaben von Interesse, mit der häufig auch eine **Dezentralisation von Controllingaufgaben** einhergeht. Sie führt zu einer Aufspaltung der zentralen Controllingabteilung in mehrere spezialisierte Organisationseinheiten.[62] Die Notwendigkeit einer Dezentralisierung der Controllingaufgaben resultiert aus den unterschiedlichen Führungsaufgaben in den einzelnen Unternehmenssubsystemen und den damit verbundene spezifischen Koordinationsproblemen im Bereich der Planung, Steuerung und Kontrolle sowie der Informationsversorgung.[63] In Abhängigkeit von den unternehmensindividuellen Gegebenheiten kann eine solche Differenzierung nach Funktionsbereichen, Objekten und/oder Regionen erfolgen.

---

60) Vgl. HUCH, Burkhard: Instrumente des operativen Controlling, in: PROBST, G. J. B. - SCHMITZ-DRÄGER, R. (Hrsg.): Controlling, S. 58; WEBER, Jürgen: Kostenrechnung als Controllinginstrument, in: krp, Sonderheft 1/85, S. 23.

61) Vgl. HUMMEL, S. - MÄNNEL, W.: Kostenrechnung 1, S. 9 f.; KILGER, W.: Plankostenrechnung S. 16.

62) Vgl. GAYDOUL, Peter: Controlling in der deutschen Unternehmenspraxis, Darmstadt 1980, S. 260.

63) Ähnlich auch HILLENBRAND, Karlheinz: Marketing-Controlling aus der Sicht des Controllers, in: GOETZKE, Wolfgang - SIEBEN, Günter (Hrsg.): Marketing-Controlling, Köln 1982, S. 54.

II. Einordnung der Vertriebskostenrechnung in ein umfassendes Marketing-Controllingkonzept

1. Begriff, Ziele und Aufgaben des Marketing-Controlling

Das **Marketing-Controlling** ist das Ergebnis einer **funktionsbereichsbezogenen Dezentralisation der Controllingaufgaben** eines Unternehmens. Aus diesem Grunde ist die Definition des Marketing-Controlling in ihren Grundzügen aus der oben dargelegten allgemeinen Controllingdefinition ableitbar. Marketing-Controlling ist demnach ein **Subsystem des Marketing-Management,** das das Marketingplanungs- und -kontrollsystem sowie das Marketing-Informationsversorgungssystem untereinander und darüber hinaus - unmittelbar aus der Dezentralisation der Controllingfunktion folgend - jene Subsysteme mit den entsprechenden Planungs-, Kontroll- und Informationsversorgungssystemen des Gesamtunternehmens systembildend und systemkoppelnd koordiniert.[64)]

Ziel des Marketing-Controlling ist es, das **Marketing-Management** bei der Erfüllung seiner **Koordinationsaufgaben zu unterstützen.** Aus dieser Zielsetzung ergibt sich bereits, daß durch das Marketing-Controlling keine neuen Führungsaufgaben im Marketing entstehen, sondern daß es sich vielmehr um eine Umverteilung schon bestehender, bisher beim Marketing-Management liegender Aufgaben handelt.[65)] Ein organisatorisch verselbständigtes

---

64) Vgl. HORVATH, Péter - STARK, Heinz: Controlling für das Marketingmanagement, in: Marketing, 4. Jg. (1982), H. 3, S. 185. Ähnlich auch KIENER, Joachim: Marketing-Controlling, Darmstadt 1980, S. 28.

65) Vgl. MEFFERT, Heribert: 16 Meffert-Thesen zu Marketing und Controlling, in: asw, Jg. 1982, H. 9, S. 100.

Marketing-Controlling[66] ist erst dann erforderlich, wenn die Beziehungen des Unternehmens zu seinen Absatzmärkten zum einen sehr zahlreich und heterogen, zum anderen starken Veränderungen im Zeitablauf unterworfen sind. Unter diesen Umständen erweist sich das für ein gesamtunternehmensbezogenes Controlling geschaffene Instrumentarium eines Zentralcontrollers als zu grob. Da er organisatorisch und fachlich zu weit vom Marketingbereich entfernt ist, ist er nur in beschränktem Maße in der Lage, den Informationsbedarf des Marketing und die Möglichkeiten der Informationsversorgung richtig abzuschätzen und zu koordinieren.

In der Literatur finden sich mehr oder minder umfangreiche Aufzählungen der Aufgaben, die das Marketing-Controlling

---

66) Auf die Marketing-Controllingorganisation und die dort wichtige Frage der Einbindung des Marketing-Controlling in die Organisationsstruktur eines Unternehmens im Spannungsfeld zwischen Zentralcontrolling und Marketing soll, da im Rahmen dieser Arbeit nicht relevant, nicht näher eingegangen werden. Vgl. hierzu im Detail ESCHENBACH, Rolf: Die Eingliederung des Marketing-Controllers in die Unternehmensorganisation, in: DERS. (Hrsg.): Marketing-Controlling, Österreichischer Controllertag 1985, Wien 1986, S. 44 ff.; KÖHLER, Richard: Marketing-Controlling, in: DBW, 42. Jg. (1982), H. 2, S. 207 ff.

zu erfüllen hat.[67] Analog der allgemeinen Controllingaufgaben lassen sich diese Aufgaben den Gebieten Marketingplanung, -steuerung und -kontrolle einerseits sowie der Marketing-Informationsversorgung[68] andererseits zuordnen. In Abbildung 2-5 sind die wesentlichen **Aufgaben des Marketing-Controlling** in systematischer Form zusammengestellt.

---

67) Ein sehr ausführlicher und tief gegliederter Aufgabenkatalog findet sich bei KIENER, J.: Marketing-Controlling, S. 174 ff. u. S. 289 ff. Vgl. dazu ferner HORVATH, P. - STARK, H.: Controlling, S. 186 ff.; SCHMITZ-DRÄGER, Ralph: Marketing-Controlling in einem mittelständigen Unternehmen, in: PROBST, G. J. B. - SCHMITZ-DRÄGER, R. (Hrsg.): Controlling, S. 116 ff.; LIEBL, Walter F.: Marketing-Controlling, in: CM, 6. Jg. (1981), H. 1, S. 17; KOTLER, P.: Marketing-Management, S. 689; GLOCK, Karl - SCHRÖDER, Ernst F.: Nutzungsmöglichkeiten des Rechnungswesens für das Marketing-Controlling, insbesondere Operationalisierung strategischer Pläne, in: GOETZKE, W. - SIEBEN, G. (Hrsg.): Marketing-Controlling, S. 92; SCHOSTEK, Lothar: Marketing-Controlling-Checklist, in: CM, 3. Jg. (1978), H. 4, S. 161; GEML, Richard: Marketing-Controlling, in: GEISBÜSCH, Hans-Georg - WEESER-KRELL, Lothar M. - GEML, Richard (Hrsg.): Marketing, Landsberg am Lech 1987, S. 176 f.; LANGE, Manfred. Konjunktur für Controller, in: asw, Jg. 1975, H. 3, S. 46 ff.; ESCHENBACH, R.: Eingliederung, S. 44.

68) Insbesondere in der Marketingliteratur ist auch der Begriff Marketing-Informationssystem gebräuchlich, so beispielsweise bei DILLER, Hermann: Produkt-Management und Marketing-Informationssysteme, Berlin 1975, S. 7; HEINZELBECKER, Klaus: Marketing-Informationssysteme, Stuttgart u. a. 1985, S. 15 f. Abweichend davon KIENER, der das Marketing-Informationsversorgungssystem als Subsystem des Marketing-Informationssystems begreift. (Vgl. KIENER, J.: Marketing-Controlling, S. 70.) Dieser Auffassung soll hier nicht gefolgt werden.

Abbildung 2-5
Aufgaben des Marketing-Controlling

AUFGABEN DES MARKETING-CONTROLLING IM RAHMEN DER MARKETINGPLANUNG, -STEUERUNG UND -KONTROLLE

ENTWURF UND IMPLEMENTATION DES MARKETINGPLANUNGS- UND -KONTROLLSYSTEMS

- Ermittlung der Marketingplanungs- und -kontrollparameter
- Entwicklung geeigneter Marketingplanungsinstrumente
- Entwurf der Aufbau- und Ablauforganisation des Marketingplanungs- und -kontrollsystems
- Integration des Marketingplanungs- und -kontrollsystems in das Planungs- und Kontrollsystem des Gesamtunternehmens
- Dokumentation der Marketingplanung

BERATUNG UND UNTERSTÜTZUNG BEI DER DURCHFÜHRUNG VON MARKETINGPLANUNG, -STEUERUNG UND -KONTROLLE

- Auf die spezifischen Planungs-, Steuerungs- und Kontrollprobleme abstellende Erläuterung und, falls nötig, Modifikation von Marketingplanungsinstrumenten
- Darstellung der qualitativen und quantitativen Konsequenzen der geplanten Marketingaktivitäten und Aufstellen von Alternativplänen unter Bewertung der zu erwartenden Risiken
- Konsistenzprüfung von Marketingplänen mit Marketingzielen
- Koordination der Marketingplanung mit der Planung des Gesamtunternehmens
- Laufende Überwachung des zeitlichen Ablaufs der Marketingplanung, -steuerung und -kontrolle
- Überprüfung der Planungsprämissen auf ihre Realitätsnähe
- Mitwirkung bei der Kontrolle (teil-)realisierter Marketingaktivitäten und Beratung bei zu ergreifenden Steuerungsmaßnahmen

PFLEGE UND WEITERENTWICKLUNG DES MARKETINGPLANUNGS- UND -KONTROLLSYSTEMS

AUFGABEN DES MARKETING-CONTROLLING IM RAHMEN DER INFORMATIONSVERSORGUNG

ENTWURF UND IMPLEMENTATION DES MARKETINGINFORMATIONSVERSORGUNGSSYSTEMS

- Ermittlung des Informationsbedarfs
- Auswahl und Bestimmung der internen und externen Informationsquellen
- Koordination der externen und internen Informationsquellen
- Sicherstellung einer benutzer- und auswertungsgerechten Speicherung der marketingrelevanten Informationen
- Gestaltung der Informationsübermittlung
- Entwicklung geeigneter Marketinginformationsversorgungsinstrumente für Informationsbeschaffung, -aufbereitung und -übermittlung
- Integration des Marketinginformationsversorgungssystems in das Informationssystem des Gesamtunternehmens
- Dokumentation des Marketinginformationssystems

BEREITSTELLUNG VON MARKETINGINFORMATIONEN ALS INPUT DES MARKETINGPLANUNGS- UND -KONTROLLSYSTEMS

- Sicherstellung der laufenden Informationsversorgung durch Betreiben des Marketinginformationsversorgungssystems
- Laufende Durchführung von Soll-Ist-Vergleichen und Abweichungsanalysen
- Deckung von spezifischen, fallweise auftretenden Informationsbedarfen
- Koordination der laufenden Informationen aus externen und internen Informationsquellen
- Beseitigung situationsabhängiger Störungen im Rahmen des bestehenden Marketinginformationsversorgungssystems
- Beseitigung systemimmanenter Informationslücken

Aus den in Abbildung 2-5 aufgeführten einzelnen Teilaufgaben sind die **Besonderheiten des Marketing-Controlling** gegenüber dem Controlling des Gesamtunternehmens ersichtlich. Zum einen entsteht aus der Dezentralisation der Controllingfunktion ein **zusätzlicher Koordinationsbedarf** zwischen Marketing-Controlling und Zentralcontrolling. Zum anderen resultieren die besonderen Aufgabenstellungen des Marketing-Controlling aus der unterschiedlichen Ausrichtung des Marketing auf der einen Seite, das primär extern auf die Absatzmärkte hin orientiert ist, und des Controlling auf der anderen Seite, das sich mit unternehmensinternen Koordinationsproblemen unter dem Aspekt der Erfolgssteuerung beschäftigt.[69] Marketingplanung, -steuerung und -kontrolle benötigen zusätzlich zu den unternehmensinternen Informationen eine Reihe spezifischer marktbezogener Detailinformationen, etwa nach Marktsegmenten differenzierte Daten über Kunden und Konkurrenten, über Absatzwege oder über die Wirkung absatzpolitischer Instrumente.[70] Die **Abstimmung und Verknüpfung interner,** aus dem Rechnungswesen stammender **Informationen mit externen Marktinformationen** bildet einen Aufgabenschwerpunkt des Marketing-Controlling. Beispielsweise müssen Zusammenhänge zwischen Vertriebskosteninformationen und Daten der Marktforschung oder zwischen Kundenumsatzanalysen und Außendienstberichten hergestellt werden.

---

69) Vgl. HORVATH, Péter: Die Aufgaben des Marketing-Controllers, in: ESCHENBACH, R. (Hrsg.): Marketing-Controlling, S. 12.

70) Eine ausführliche Darstellung der Informationsbedarfe von Marketingplanung und -kontrolle findet sich bei KIENER, J.: Marketing-Controlling, S. 103 ff.

2. Instrumente des Marketing-Controlling

a) Planungs- und Informationsversorgungsinstrumente im Überblick

Wie auch die Instrumente des Zentralcontrolling lassen sich die Marketing-Controllinginstrumente grob in **Planungs- und Informationsversorgungsinstrumente** einteilen.

Gegenstand der strategischen Marketingplanung sind unter anderem die Festlegung langfristiger qualitativer und quantitativer Marketingziele und die Entwicklung von Rahmenrichtlinien für den Einsatz der absatzpolitischen Instrumente.[71] Ausgangspunkt und wichtigste Aufgabe der strategischen Marketingplanung ist die Festlegung des zukünftigen Produkt-Markt-Konzeptes des Unternehmens. In diesem Punkt ergeben sich sehr weitgehende Überschneidungen mit der strategischen Planung des Gesamtunternehmens. Jedoch hat die strategische Marketingplanung besonders die Kundenstruktur und die Konkurrenzsitiuation in den derzeitigen und zukünftigen Marktsegmenten abzuschätzen und in die Planung einzubringen. So wird verständlich, daß die **Controllinginstrumente der strategischen Marketingplanung** häufig die gleichen wie die des Zentralcontrolling sind, bei ihrem Aufbau und Einsatz aber marketingspezifische Probleme Berücksichtigung finden. Besonders deutlich wird dies an der **Portfolio-Analyse.** Als Planungsinstrument des Marketing-Controlling müssen zur Bestimmung der strategischen Position des Unternehmens die Kunden und die Konkurrenz als wesentliche Faktoren berücksichtigt und hierzu eingehende Kundenstruktur- und Konkur-

---

71) Zu den Aufgabengebieten der strategischen Marketingplanung vgl. insbesondere KÖHLER, Richard: Grundprobleme der strategischen Marketingplanung, in: GEIST, Manfred - KÖHLER, Richard (Hrsg.): Die Führung des Betriebes, Stuttgart 1981, S. 264.

renzanalysen durchgeführt werden.[72] Weitere, im Rahmen der strategischen Marketingplanung häufig eingesetzte Controllinginstrumente sind die **Lückenanalyse** und das **Lebenszykluskonzept.**[73] Die mittel- bis kurzfristig orientierte **taktisch-operative Marketingplanung** bewegt sich in sachlicher und zeitlicher Dimension innerhalb des von der strategischen Marketingplanung abgesteckten Rahmens. Die taktisch-operative Marketingplanung hat die detaillierte Ressourcen- und Maßnahmenplanung, vor allem aber die Auswahl und konkrete Ausgestaltung der absatzpolitischen Instrumente zum Gegenstand, mit dem Ziel, diese so zu kombinieren und aufeinander abzustimmen, daß ein Marketing-Mix entsteht, das die Erreichung der Marketingziele ermöglicht.[74] Als **Controllinginstrumente** werden unter anderem die **Netzplantechnik,** verschiedene **mathematische Modelle** zur Abschätzung der Wirkung alternativer absatzpolitischer Aktivitätsniveaus und, da im Vertrieb ein großer Gemeinkostenblock existiert, **Verfahren der Gemeinkostenplanung und -kontrolle** eingesetzt. Wichtigstes Controllinginstrument der taktisch-operativen Marketingplanung sind die in der Regel für ein Jahr aufgestellten **Budgets,** die die Marketingplanung durch die Abbildung der Pläne in Wertgrößen konkretisieren und somit zur Koordination der Teilpläne beitragen. Dabei beschränken sich die Budgets nicht nur auf Kostenvorgaben für Vertriebskostenstellen, sondern es werden auch Budgets für andere Organisationseinheiten wie Produktsparten festgelegt, für die zusätzlich bestimmte Umsätze oder zu erreichende Marktanteile vorgeben werden können.[75]

Die **Informationsversorgungsinstrumente des Marketing-Controlling** haben die Aufgabe, sowohl für die strategische

---

72) Vgl. KÖHLER, R.: Marketing-Controlling, S. 203.

73) Vgl. REICHMANN, T.: Controlling, S. 316 ff.

74) Vgl. NIESCHLAG, R. u. a.: Marketing, S. 833.

75) Vgl. NIESCHLAG, R. u. a.: Marketing, S. 855.

als auch für die taktisch-operative Marketingplanung und -kontrolle Informationen zu liefern. Der **Informationsbedarf der strategischen Marketingplanung** gleicht prinzipiell dem der strategischen Gesamtunternehmensplanung, weshalb auch die dort bereits erwähnten Informationsversorgungsinstrumente eingesetzt werden können. Allerdings müssen sich die Instrumente bei dem Aufspüren von Chancen und Risiken auf die Absatzmärkte konzentrieren und dort insbesondere die Bedarfs- und Wettbewerbssituation analysieren. Ebenso ist die Analyse der Stärken und Schwächen des Unternehmens auf den Absatzbereich zu beschränken.

Gegenüber dem Instrumentarium des Zentralcontrolling ergibt sich bei den Instrumenten, die überwiegend der **Informationsversorgung der taktisch-operativen Marketingplanung** dienen, die Besonderheit, daß nicht nur die unternehmensinterne Informationen liefernde Kostenrechnung in der Ausprägung einer ausgebauten **Vertriebskostenrechnung**, sondern auch unternehmensexterne Daten liefernde Informationsversorgungsinstrumente eine wichtige Rolle spielen. Daher stellen **Berichtssysteme des Außendienstes**[76) und die **Marktforschung** weitere bedeutende Controllinginstrumente dar. Im Gegensatz zur Vertriebskostenrechnung werden diese Controllinginstrumente zwar in aller Regel nicht vom Marketing-Controlling selbst betrieben, sondern von der Außendienstabteilung respektive der Marktforschungsabteilung, ihre Informationen aber werden vom Marketing-Controlling herangezogen, untereinander und mit den Informationen anderer Informationsversorgungsinstrumente - insbesondere mit denjenigen der Vertriebskostenrechnung - abgestimmt und unter Umständen miteinander verknüpft. Diese Abstimmung und Verknüpfung der Daten aus Marktforschung, Außendienstberichten und Vertriebskostenrechnung, die - wie bereits im vorhergehenden Abschnitt erwähnt - eine wichtige Aufgabe des Marketing-

---

76) Vgl. hierzu im einzelnen HEINZELBECKER, K.: Marketing-Informationssysteme, S. 114 ff.

Controlling bildet, kann als Basis für den Aufbau eines **Kennzahlensystems für den Absatzbereich,** eines weiteren Controllinginstruments, genutzt werden. Insbesondere die Marktforschung mit ihren vielfältigen Erhebungsinstrumenten[77)] ergänzt die aus der Vertriebskostenrechnung stammenden Daten, da sie in der Lage ist, sehr verschiedenartige Informationen, vor allem auch nichtmonetärer und qualitativer Art, zu liefern. Hierzu gehören beispielsweise Angaben über Marktpotentiale, Marktvolumina, über eigene Marktanteile und die der Konkurrenz, über Wiederkaufsraten für Produkte, aber auch Daten über die Konsumenten, ihre Emotionen, Motive und Einstellungen. Schließlich lassen sich auch die nichtmonetären Konsequenzen der Gestaltung einzelner Elemente des Marketing-Mix ermitteln, man denke beispielsweise an die zahlreichen Verfahren der Werbewirkungsforschung.

b) Möglichkeiten und Grenzen des Einsatzes der Vertriebskostenrechnung als Informationsversorgungsinstrument des Marketing-Controlling

Trotz der aus dem Wesen des Marketing entspringenden Notwendigkeit, auch Marktdaten im Marketing-Controlling zu berücksichtigen, wird die Vertriebskostenrechnung häufig als das dominierende Marketing-Controllinginstrument angesehen.[78)] Dies wird verständlich, wenn man sich vor Augen hält, daß im Marketing seit jeher das intuitive Handeln und das Umsatzdenken im Vordergrund stand, Kostenaspekte eher vernachlässigt wurden und nun das Marketing-Controlling mit der Vertriebskostenrechnung ein neues Instrument zur Verfügung stellt, das das tendenziell

---

77) Vgl. hierzu etwa BEREKOVEN, L. u. a.: Marktforschung, S. 100 ff.

78) So beispielsweise LANGE, M.: Konjunktur, S. 52; HERZOG, Ernst: Vertriebscontrolling, in: krp, Sonderheft 1/85, S. 44; REICHMANN, T.: Controlling, S. 323, dessen Controllingansatz primär am Rechnungswesen orientiert ist.

intuitive Handeln um ein "rationales Element"[79] ergänzt und auf diese Weise eine wirtschaftliche Verwendung der Ressourcen im Absatzbereich ermöglicht.

Soll die **Vertriebskostenrechnung** ihre Aufgabe **als Marketing-Controllinginstrument** erfüllen, die im wesentlichen in der Bereitstellung von Kosteninformationen für die Marketingplanung, -steuerung und -kontrolle im taktisch-operativen Bereich besteht, müssen bestimmte **Anforderungen** an die Gestaltung einer Vertriebskostenrechnung gestellt werden.

Der eine Teil der Anforderungen wurde bereits im Zusammenhang mit den Rechnungszwecken der Vertriebskostenrechnung erwähnt. So ist unmittelbar einleuchtend, daß die Vertriebskostenrechnung sowohl **Plan- als auch Istwerte** zu liefern und zudem **entscheidungsrelevante Kosten** bereitzustellen hat, die sich nur aus einer als Teilkostenrechnung aufgebauten Vertriebskostenrechnung generieren lassen.[80] Da die taktisch-operative Marketingplanung in erster Linie das absatzpolitische Aktivitätsniveau festlegt, wird nicht nur auf Kostenstellen- und Produktebene geplant, sondern auch für die Absatzsegmente Kunden, Absatzgebiete und Absatzwege sowie für die absatzpolitischen Instrumente und konkrete Marketingprojekte. Die Vertriebskostenrechnung muß für diese Planungs- und Kontrollobjekte Informationen liefern können und ist daher auch unter dem Aspekt des Marketing-Controlling **mehrdimensional** aufzubauen.[81]

---

79) So LANGE, M.: Konjunktur, S. 48.

80) Die einschlägige allgemeine Controllingliteratur weist immer wieder darauf hin, daß ein den Bedürfnissen des Controlling gerecht werdendes Kostenrechnungssystem als Plankostenrechnung auf Teilkostenbasis aufzubauen ist. Vgl. etwa SERFLING, K.: Controlling, S. 120 ff. und HORVATH, P.: Controlling S. 489.

81) Vgl. KIENER, J.: Marketing-Controlling, S. 155.

Der andere Teil der Anforderungen an die Gestaltung der Vertriebskostenrechnung präzisiert und ergänzt die aus den Rechnungszwecken abgeleiteten Anforderungen. Den Kern des sich mit den Problemen der taktisch-operativen Planung beschäftigenden **operativen Controlling** bildet die **Steuerung des Unternehmensprozesses mit Hilfe von Abweichungen** im Sinne eines (idealtypischen) Regelkreises.[82)]

Voraussetzung für eine solche Steuerung ist zunächst, im Zuge der bereits eingehend erörterten Differenzierung des Vertriebs auch die Einrichtung von **Organisationseinheiten als selbständige Verantwortungsbereiche** mit einem Entscheidungsträger als Verantwortlichen vorzusehen. Für diese Verantwortungsbereiche werden die Kosten und - wenn möglich - die Erlöse geplant und kontrolliert. Ist eine Zurechnung von Erlösen auf Stellen oder Abteilungen nicht möglich - wie dies beispielsweise auf die Marktforschungs- oder Werbeabteilung zutrifft -, können die Verantwortungsbereiche lediglich als Cost-Centers geführt werden,[83)] für die nur die Kosten geplant und kontrolliert werden. Können hingegen den Verantwortungsbereichen zusätzlich zu den Kosten auch Erlöse zugerechnet werden, handelt es sich um Profit-Centers. Die Einrichtung von Profit-Centers ist dann realisierbar, wenn der betreffende Verantwortungs-

---

82) Vgl. BRAMSEMANN, R.: Controlling, S. 55; HUCH, Burkhard: Informationssysteme im operativen Controlling - Rechnungswesen und Berichtswesen, in: krp, Jg. 1984, H. 3, S. 103; EBERT, Günter - KOINECKE, Jürgen - PEEMÖLLER, Volker: Controlling in der Praxis, Landsberg am Lech 1985, S. 19.

83) ANTHONY unterscheidet folgende, von ihm als resposibility centers bezeichnete Verantwortungsbereiche: Expense-Centers, Profit-Centers und Investment-Centers. Vgl. ANTHONY, Robert N.: Management Accountig Principles, Homewood Ill. 1965, S. 251 f.

bereich selbständig am Markt agiert und ihm für seine Leistungen Erlöse zufließen. Solche Verhältnisse sind häufig in divisional organisierten Unternehmen anzutreffen. Unabhängig davon, ob die Verantwortungsbereiche als Profit-Centers oder als Cost-Centers eingerichtet sind, ist darauf zu achten, daß eine möglichst weitgehende Kongruenz zwischen Verantwortungsbereich und dem Bereich der Einflußnahme besteht.[84)] Darauf hat im Zusammenhang mit der Kostenkontrolle schon RIEBEL hingewiesen. Danach sind innerhalb eines Verantwortungsbereiches nur diejenigen Einzelkosten des Verantwortungsbereiches kontrollierbar, die dort unmittelbar beeinflußt werden können.[85)]

Um nun eine Steuerung des Vertriebs mit Hilfe von Abweichungen zu verwirklichen, muß neben der Einrichtung von selbständigen Verantwortungsbereichen die Vertriebskostenrechnung so aufgebaut sein, daß Plan-Ist-Vergleiche für die einzelnen Verantwortungsbereiche möglich sind. Die Plan-Ist-Vergleiche sollten soweit wie möglich als **Soll-Ist-Vergleiche** durchgeführt werden. Dies bedeutet, daß den Istkosten Sollkosten gegenübergestellt werden. Sollkosten sind Plankosten, die sich an die tatsächlich vorliegende Ist-Beschäftigung anpassen lassen. Voraussetzung für die Ermittlung von Sollkosten ist eine Kostenspaltung, die die Kosten eines Verantwortungsbereiches danach trennt, ob sie sich in Abhängigkeit von der Beschäftigung verändern oder

---

84) Vgl. HEIGL, A.: Controlling, S. 125.

85) Vgl. RIEBEL, Paul: Die Gestaltung der Kostenrechnung für Zwecke der Betriebskontrolle und Betriebsdisposition, in: ZfB, 26. Jg. (1956), H. 5, S. 279 ff., wieder abgedruckt in: DERS.: Deckungsbeitragsrechnung, S. 12 ff.

nicht.[86] Die sich aus den Soll-Ist-Vergleichen ergebenden **Abweichungen** sind differenziert nach den unterschiedlichen Verantwortungsbereichen auf ihre **Ursachen** hin zu untersuchen, um in den einzelnen Verantwortungsbereichen gezielte Steuerungsmaßnahmen ergreifen zu können, die nach Möglichkeit das Einhalten von vorgegebenen Planwerten gewährleisten sollen. Das Marketing-Controlling liefert die **Anregungsinformationen für mögliche Steuerungsmaßnahmen** und berät, welche Maßnahmen unter den gegebenen Umständen problemadäquat erscheinen. Die Entscheidungen über die einzuleitenden Gegensteuerungsmaßnahmen werden aber entweder im Sinne einer dezentralen Selbststeuerung in den Verantwortungsbereichen selbst getroffen oder von übergeordneten Fachabteilungen. Das Steuern des Vertriebs mittels Abweichungen erfordert zudem eine schnell arbeitende Vertriebskostenrechnung. Die Soll-Ist-Abweichungen sollten mindestens monatlich ermittelt werden und spätestens Mitte des Folgemonats zur Verfügung stehen, damit rechtzeitig auf Fehlentwicklungen reagiert werden kann.[87]

Die Implementierung einer spezifisch auf die Bedürfnisse des Marketing und des Marketing-Controlling abgestimmten Vertriebskostenrechnung führt zweifellos zu einer verbreiterten Informationsbasis für Marketing-Entscheidungen, da die "weichen" qualitativen Informationen um "harte",

---

86) Zur Kostenspaltung im Vertrieb vgl. die Ausführungen in Abschnitt D.II. des 4. Kapitels. Führt man im Vertrieb eine Kostenspaltung durch, so ist es möglich, im Zuge der Kostenplanung nicht nur starre Budgets vorzugeben, sondern auch flexible Budgets, die es erlauben, die Budgetvorgaben laufend an Beschäftigungsänderungen anzupassen. Vgl. dazu AGTHE, Klaus: Das Rechnen mit Budgets, in: BOBSIN, R. (Hrsg.): Handbuch, S. 152 ff.

87) Vgl. MÄNNEL, Wolfgang: Zukünftige Herausforderungen des internationalen Wettbewerbs an Management, Rechnungswesen und Informationstechnologie, in: krp, Sonderheft 1/85, S. 7.

monetäre Konsequenzen abbildende quantitative Informationen ergänzt werden. Es ist jedoch wichtig, vor dem Hintergrund des Marketing-Controllingkonzeptes und der Stellung, die die Vertriebskostenrechnung darin einnimmt, die **Bedeutung der Vertriebskostenrechnung als Marketing-Controllinginstrument** richtig einzuschätzen. Es wäre verfehlt, Marketing-Entscheidungen alleine auf Grundlage der aus der Vertriebskostenrechnung stammenden quantitativen Informationen zu treffen.

Generell **nimmt die Bedeutung der Vertriebskostenrechnung ab,** je längerfristiger und dauerhafter die Konsequenzen sind, die aus der Marketing-Entscheidung resultieren.[88)] Unternehmensexterne und qualitative Daten gewinnen dann zunehmend an Gewicht. Solche Entscheidungssituationen sind charakteristisch für die **strategische Marketingplanung.** So sind programmpolitische Entscheidungen über ein langfristig angelegtes Produkt-Markt-Konzept primär mit Hilfe der oben erwähnten strategischen Planungs- und Informationsversorgungsinstrumente zu treffen. Auch Kostenrechnungsinformationen über Produktergebnisse dienen in diesem strategischen Entscheidungszusammenhang, selbst wenn sie sich über mehrere Abrechnungsperioden erstrecken und als Zeitreihe aufbereitet werden, allenfalls der Untermauerung der Entscheidung. Für eine grundlegende Änderung des Produkt-Markt-Konzeptes ist die Vertriebskostenrechnung jedoch in aller Regel kaum ausschlaggebend, sondern vor allem die Einschätzung der langfristigen Bedarfs- und Wettbewerbsstrukturen.

Differenzierter sind hingegen kurz- bis mittelfristige Entscheidungsprobleme der taktisch-operativen Marketingplanung zu betrachten. Da die **Vertriebskostenrechnung** eine überwiegend kurzfristig ausgerichtete Rechnung darstellt,

---

88) Vgl. HAAG, Jürgen: Marketing-Controlling aus der Sicht des Marketing-Managers, in: GOETZKE, W. - SIEBEN, G. (Hrsg.): Marketing-Controlling, S. 69.

eignen sich ihre **Informationen** hauptsächlich **zur Lösung taktisch-operativer Entscheidungsprobleme.** Allerdings ergeben sich **Einschränkungen** aus einem weiteren Wesensmerkmal der Vertriebskostenrechnung, die als Bestandteil des internen Rechnungswesens wirtschaftlich relevante Prozesse innerhalb des Vertriebs in quantitativen Größen abbildet.[89] Taktisch-operative Marketing-Entscheidungen, die sich im besonderen Maße auf den **Absatzmarkt** auswirken und die sich zudem in der **Veränderung qualitativer Größen** niederschlagen, können nicht alleine unter Rückgriff auf die Informationen der Vertriebskostenrechnung getroffen werden, sondern es sind ergänzend weitere Informationen - beispielsweise der Marktforschung oder des Außendienstes - heranzuziehen. Entscheidungen über alternative Transportwege im Rahmen der Marketing-Logistik etwa dürften, sofern sich keine Beeinträchtigung der Lieferbereitschaft ergibt, aufgrund von Kostenvergleichen getroffen werden. Hat man dagegen über die Art und Ausgestaltung einer Werbekampagne zu entscheiden, reichen die Werbekosten und die voraussichtlichen Umsatzzuwächse als Beurteilungsmaßstab nicht aus, selbst wenn man von den bei der Messung des ökonomischen Werbeerfolges auftretenden Problemen der sachlichen und zeitlichen Interdependenzen und den Einflüssen exogener Störgrößen abstrahiert. Vielmehr müssen als weitere Beurteilungskriterien psychologische Wirkungen der Werbebotschaft, wie beispielsweise empirisch ermittelte Werte einer Sloganpenetration, berücksichtigt werden.

Nicht nur im Zuge der Marketingplanung, sondern auch im Rahmen der Kontrolle von Marketingmaßnahmen und der sich unter Umständen daran anschließenden Steuerung sind die Informationen aus der Vertriebskostenrechnung kritisch auf ihre Aussagekraft zu prüfen. Da die **Wirkung mancher Marketingmaßnahmen mit zeitlicher Verzögerung** eintritt

---

89) Zu den zwingenden Merkmalen der Kostenrechnung vgl. HUMMEL, S. - MÄNNEL, W.: Kostenrechnung 1, S. 7 ff.; KILGER, W.: Plankostenrechnung, S. 15 f.

und sie sich folglich erst sehr spät in entsprechenden Ergebnissen niederschlägt, lassen sich in solchen Fällen zwar die entsprechenden Fehlentwicklungen aus den Daten der Vertriebskostenrechnung ablesen, der richtige Zeitpunkt für erfolgversprechende Korrekturmaßnahmen ist dann jedoch häufig verpaßt.[90] Es tritt auch der Fall auf, daß Fehlentwicklungen durch die Vertriebskostenrechnung zwar rechtzeitig angezeigt werden, bei Berücksichtigung der **Kontextfaktoren** aber möglicherweise eine **andere Beurteilung** zutrifft. Dies läßt sich anhand der Analyse des Produktprogramms mit Hilfe von Produktergebnissen verdeutlichen. Weist ein Produkt über mehrere Perioden hinweg einen negativen Deckungsbeitrag auf, deutet das nicht zwangsläufig auf eine Produktelimination hin. So kann das Produkt positive Ausstrahlungseffekte auf das restliche Produktprogramm haben (sog. Spill-over-Effekt)[91] oder es handelt sich um einen "Muß-Artikel", der unbedingt im Absatzprogramm verbleiben muß. Ebenso ist zusätzlich zu prüfen, ob sich das Produkt in der Einführungsphase befindet und deshalb mit Anlaufverlusten zu rechnen ist oder ob für das Produkt bisher bewußt keine besonderen absatzpolitischen Anstrengungen unternommen wurden und darauf der negative Deckungsbeitrag zurückzuführen ist.[92] Informationen dieser Art kann die Vertriebskostenrechnung nicht liefern, ihre Ergebnisse müssen demnach unter Hinzuziehung weiterer Informationsquellen überprüft werden.

---

90) Vgl. MEFFERT, H.: Thesen, S. 102 f.

91) Vgl. DICHTL, Erwin: Grenzen der Deckungsbeitragsrechnung, in: BÖCKER, F. - DICHTL, E. (Hrsg.): Erfolgskontrolle, S. 74 f.

92) Vgl. DICHTL, E.: Grenzen, S. 75 ff.

Zusammenfassend ist festzustellen, daß eine entsprechend aufgebaute **Vertriebskostenrechnung** ein **wichtiges Marketing-Controllinginstrument** darstellt. In ihr "das zentrale Instrument für die Durchführung eines wirksamen Vertriebscontrolling"[93] zu sehen und dabei weitere Instrumente gar nicht zu erwähnen,[94] greift jedoch zu kurz und engt die Möglichkeiten des Marketing-Controlling unnötig ein. Je nach **Entscheidungssituation** ist der Stellenwert der aus der Vertriebskostenrechnung stammenden Informationen neu zu bestimmen. In Abhängigkeit davon sind dann weitere Marketing-Controllinginstrumente einzusetzen. Die Implementierung einer Vertriebskostenrechnung stellt somit eine **notwendige, aber keine hinreichende Bedingung** für ein erfolgreiches Marketing-Controlling dar.

---

93) HERZOG, E.: Vertriebscontrolling, S. 44.

94) So bei HERZOG, E.: Vertriebscontrolling, S. 44 ff.

3. KAPITEL:
ERFASSUNG DER VERTRIEBSKOSTEN

A. BEGRIFF DER KOSTENERFASSUNG UND DEREN STELLUNG IM ABRECHNUNGSGANG DER VERTRIEBSKOSTENRECHNUNG

Unter **Kostenerfassung** versteht man die **Kennzeichnung einzelner Kostenbeträge** im Rahmen der Uraufschreibungen mit bestimmten Merkmalen und die sich daran anschließenden **Aufbereitungsprozesse,** die zu einer Verdichtung der in den Urbelegen dokumentierten einzelnen Kostenbeträge im Hinblick auf ihre Merkmale führen.[1]

Auch wenn man der **Kostenartenrechnung** nicht nur die Aufgabe zuweist, die Kosten einer Periode nach einzelnen Kostenarten gegliedert zu erfassen, sondern es als eine Hauptaufgabe der Kostenartenrechnung betrachtet festzuhalten, wie die einzelnen Kostenartenbeträge im System der Kostenrechnung auf Kostenstellen und Kostenträger weiterzuverrechnen sind,[2] ist der Begriff der Kostenerfassung weiter gefaßt als der der Kostenartenrechnung und eine - früher weitgehend übliche - Gleichsetzung beider Begriffe[3] nicht zutreffend. Im Zuge der Uraufschreibungen wird ein bestimmter Kostenbetrag nicht nur mit dem Merkmal Kostenart und den für die Weiterverrechnung wichtigen Merkmalen Kostenstelle und Kostenträger gekennzeichnet. Es ist vielmehr darüber hinausgehend eine Vielzahl von

---

1) Vgl. HUMMEL, Siegfried: Wirklichkeitsnahe Kostenerfassung, Berlin 1970, S. 59 f.

2) Vgl. KILGER, W.: Einführung, S. 69.

3) Vgl. etwa KOSIOL, Erich: Kostenrechnung, Wiesbaden 1964, S. 131; MELLEROWICZ, Konrad: Kosten und Kostenrechnung, Bd. II, 1. Teil, 4. Aufl., Berlin 1966, S. 234.

Merkmalen denkbar, die in den Uraufschreibungen festgehalten werden können. So kann beispielsweise zusätzlich festgehalten werden, für welchen Kunden in welchem Absatzgebiet ein bestimmter Kostenbetrag angefallen ist.[4)]

Chronologisch betrachtet steht die **Kostenerfassung** am **Anfang des Abrechnungsganges** der Kostenrechnung. Ausgehend von dem betrieblichen Werteverzehr werden die auf den Urbelegen festgehaltenen einzelnen Kostenbeträge zunächst mit all jenen Merkmalen gekennzeichnet, für die Verdichtungen und Auswertungen vorgenommen werden sollen.[5)] Welche Merkmale zur näheren Kennzeichnung eines Kostenbetrags konkret aus der Vielzahl der möglichen Merkmale selektiert werden sollen, kann jedoch prinzipiell nur im Hinblick auf die späteren **Auswertungsinteressen** entschieden werden. Merkmale, die im Verlauf der Uraufschreibung nicht festgehalten werden, sind verloren und stehen für spätere Auswertungen nicht mehr zur Verfügung. Daher bilden für die materielle Ausgestaltung der Kostenerfassung die Auswertungsinteressen den Ausgangspunkt der Überlegungen.[6)]

Im Anschluß an die Uraufschreibung werden die einzelnen, nun mit Kontierungsmerkmalen versehenen Kostenbeträge verdichtet. Als **Ergebnis der Verdichtung** und als Endpunkt des Prozesses der Kostenerfassung erhält man die

---

4) Zu den Merkmalstypen und Merkmalen vgl. im einzelnen die Ausführungen in Abschnitt B.I. dieses Kapitels.

5) Vgl. HUMMEL, S.: Kostenerfassung, S. 119.

6) KOSIOL unterstellt in bezug auf den Aufbau und die Gestaltung der Kostenrechnung eine Finaldetermination, wenn er schreibt: "Während sich die zeitliche Ablauffolge in der Richtung Erfassung, Verteilung, Auswertung der Kosten vollzieht, muß die Zweck-Mittel-Folge in umgekehrter Richtung (Auswertung, Verteilung, Erfassung) gesehen werden." (KOSIOL, Erich: Leistungsrechnung, S. 7, im Original z.T. kursiv.)

Grundrechnung der Kosten.[7] In älteren Publikationen wurde die Grundrechnung als ein Tabellenwerk in Form eines erweiterten Betriebsabrechnungsbogens interpretiert. So charakterisierte RIEBEL die Grundrechnung als eine "kombinierte Kostenarten-, Kostenstellen- und Kostenträgerrechnung."[8] Heute begreift man die Grundrechnung der Kosten ganz allgemein als einen **Datenspeicher**, der Kosteninformationen in der Form bereithält, daß sie für eine möglichst große Zahl von Auswertungsfragestellungen verwendbar sind.[9] Damit die Grundrechnung ihre Funktion als vielfältig auswertbare Datenbasis erfüllen kann, müssen

---

7) Zu den einzelnen Phasen der Kostenerfassung vgl. im Detail HUMMEL, S.: Kostenerfassung S. 63 ff. Für WEDEKIND/ORTNER stellt jede Verdichtung von Zahlen strenggenommen bereits eine Auswertungsrechnung dar. Auch wenn sie zugestehen, daß Verdichtungen dann der Grundrechnung zugeordnet werden können, wenn an der Information des Einzelbelegs kein Interesse besteht, sollte nach ihrer Ansicht die Grundrechnung weitgehend auf Aggregationen verzichten und stattdessen lediglich die möglichen Zuordnungen der Kostenelemente festhalten. Vgl. WEDEKIND, Hartmut - ORTNER, Erich: Der Aufbau einer Datenbank für die Kostenrechnung, in: DBW, 37. Jg. (1977), H. 4, S. 534 f.

8) RIEBEL, Paul: Der Aufbau der Grundrechnung im System des Rechnens mit relativen Einzelkosten und Deckungsbeiträgen, in: Zeitschrift der Buchhaltungsfachleute "Aufwand und Ertrag", 10. Jg. (1964), S. 84, wieder abgedruckt in: DERS.: Deckungsbeitragsrechnung, S. 149.

9) Vgl. RIEBEL, Paul: Gestaltungsprobleme, S. 888. Im Zusammenhang mit der vielfältigen Auswertbarkeit der Grundrechnung spricht HUMMEL von der Zweckneutralität der Grundrechnung. (Vgl. HUMMEL, S.: Kostenerfassung, S. 109.) Da jedoch, wie bereits ausgeführt, die Kostenerfassung stets im Hinblick auf mögliche Auswertungsinteressen zu gestalten ist, erscheint es sinnvoller, anstelle von einer zweckneutralen von einer zweckpluralen Grundrechnung zu sprechen. Vgl. MÄNNEL, Wolfgang: Die Einzelkosten- und Deckungsbeitragsrechnung - Ein Konzept zur Abbildung der Realität durch das Rechnungswesen, in: ZfB, 53. Jg. (1983), H. 12, S. 1191.

bei Erfassung und Verdichtung der Kostenelemente folgende, von RIEBEL teilweise in Anlehnung an GOETZ[10)] formulierten **Grundregeln** beachtet werden:[11)]

1. In der Grundrechnung dürfen **keine heterogenen Kostenelemente** zusammengefaßt werden, die für Auswertungszwecke gesondert vorliegen müssen.
2. Es ist verboten, echte **Gemeinkosten** auf Kalkulationsobjekte zu schlüsseln.
3. In der Grundrechnung müssen Kosten jeweils für das **unterste, speziellste Kalkulationsobjekt** ausgewiesen werden, für das sich der betreffende Kostenbetrag gerade noch als Einzelkosten erfassen läßt. Um alle Kosten als Einzelkosten zurechnen zu können, müssen die Kalkulationsobjekte in eine hierarchische Ordnung gebracht werden, so daß Beträge, die auf der untersten Ebene einer Hierarchie nicht als Einzelkosten direkt zurechenbar sind, auf einer höheren Hierarchieebene als Einzelkosten ausgewiesen werden können.[12)]
4. In den Uraufschreibungen sind all jene für Auswertungen bedeutsamen **Merkmale** festzuhalten.

Eine **Verdichtung** des in den Urbelegen dokumentierten Zahlenmaterials zur Grundrechnung ist aus Gründen der Übersichtlichkeit und Wirtschaftlichkeit, aber auch wegen der Zugriffsmöglichkeiten und -zeiten auf für Auswertungs-

---

10) Vgl. GOETZ, Billy E.: Management Planning and Control, A Managerial Approach to Industrial Accounting, o. O. 1949, S. 137 f.

11) Vgl. zum Folgenden RIEBEL, P.: Gestaltungsprobleme S. 863 ff.

12) Diese Grundregel stellt das zentrale, systembestimmende Prinzip der von RIEBEL konzipierten Einzelkosten- und Deckungsbeitragsrechnung dar. Grundlage bildet die Relativierung des Einzelkostenbegriffs. Danach sind Einzelkosten jene Kosten, die einem Kalkulationsobjekt eindeutig zurechenbar sind, weil die Entstehung der Kosten und die Existenz des betrachteten Kalkulationsobjektes auf die gleiche Entscheidung zurückzuführen sind. Vgl. RIEBEL, P.: Deckungsbeitragsrechnung, S. 517.

zwecke benötigte Kosteninformationen erforderlich.[13]
Der Grad der Aggregation bleibt offen. Grundsätzlich ist mit einer Verdichtung der einzelnen Kostenelemente ein **Informationsverlust** verbunden, wenn Kostenelemente verdichtet werden, die nicht in allen ihren Merkmalen übereinstimmen.[14] Jene zwar in den Urbelegen festgehaltenen, aber bei der Aggregation nicht berücksichtigten Merkmale sind aus der Grundrechnung nicht mehr entnehmbar. Sie gehen unter und sind für die auf die Grundrechnung zurückgreifenden Auswertungsrechnungen verloren. Unter diesem Aspekt ist das Aggregationsniveau in Abhängigkeit der aus den Rechnungszwecken abgeleiteten **Auswertungszwecken** zu bestimmen. Ein weiterer Einflußfaktor des Aggregationsniveaus ist die verfügbare **Informationstechnologie.** Grundrechnungen in Tabellenform oder auf Lochkarten als Speichermedium zurückgreifende Grundrechnungen müssen stärker verdichtet sein als Grundrechnungen, die als Datenbanken aufgebaut sind. Als Datenbank organisierte Grundrechnungen lassen sich in urbelegsnaher,

---

13) Vgl. HUMMEL, S.: Kostenerfassung, S. 119.

14) Man spricht in diesem Zusammenhang auch von heterogener oder selektiver Verdichtung, im Gegensatz zur homogenen Verdichtung, bei der nur Elemente zusammengefaßt werden, die in allen Merkmalen übereinstimmen. Vgl. RIEBEL, P.: Gestaltungsprobleme, S. 885.

im Extrem prinzipiell sogar in urbelegsgleicher Form realisieren.[15)]

Die bisherigen Ausführungen hatten die vergangenheitsbezogene Kostenerfassung mit einer vergangenheitsbezogenen Grundrechnung als Endpunkt zum Gegenstand. Für die Erfüllung der Rechnungszwecke Planung, Steuerung und Kontrolle des Vertriebs ist eine lediglich vergangenheitsbezogene Ist-Grundrechnung nicht ausreichend. Vielmehr bedarf es des Aufbaus einer **zukunftsbezogenen Plan-Grundrechnung.** Sie unterscheidet sich von einer Ist-Grundrechnung in mancherlei Hinsicht.

---

15) Der Gedanke, die Grundrechnung als Datenbank zu organisieren und die Programme für auf diese Datenbasis zugreifende Auswertungsrechnungen in einer Methodenbank zusammenzufassen, entstand - angeregt durch die Weiterentwicklung der DV-Technik - Ende der siebziger Jahre. WEDEKIND/ORTNER führten den Gedanken der Realisierung der Grundrechnung als relationale Datenbank ein. (Vgl. WEDEKIND, H. - ORTNER, E.: Datenbank, S. 533 ff.) Weitere Veröffentlichungen griffen diese Idee auf und verfeinerten das Konzept einer als relationale Datenbank organisierten Grundrechnung. (Vgl. etwa SINZIG, Werner: Datenbankorientiertes Rechnungswesen, Berlin u. a. 1983; PUHL, Werner: Entwurf und Realisierung eines Kosten- und Erlösinformationssystems auf der Basis einer Datenbank und einer Methodensammlung, Diss. Nürnberg 1983; HAUN, Peter: Daten- und methodenbankgestütztes entscheidungsorientiertes Rechnungswesen, Berlin u. a. 1987.) Einschränkend muß allerdings bemerkt werden, daß eine daten- und methodenbankgestützte Kostenrechnung gegenwärtig bei großen Datenmengen noch Probleme bezüglich des Speicherplatzbedarfes und der Antwortzeiten aufwirft. Deshalb empfiehlt WEBER gleichsam als Übergangslösung, für jedes wichtige Kalkulationsobjekt - beispielsweise für eine Kostenstelle - separate Teil-Grundrechnungen einzurichten. Vgl. WEBER, Jürgen: Kosten-Grundrechnung im entscheidungsorientierten Rechnungswesen - Konzept und Entwicklungsmöglichkeiten (II), in: wisu, 12. Jg. (1983), H. 12, S. 550.

Eine Plan-Grundrechnung weist in aller Regel ein **höheres Aggregationsniveau** als eine Ist-Grundrechnung auf. Das läßt sich am besten anhand einer urbelegsnahen Grundrechnung der Istkosten demonstrieren. Den dort stark differenziert, teilweise auf Belegebene erfaßten und gespeicherten Istkosten lassen sich keine entsprechend differenzierten Planwerte gegenüberstellen. Zum einen stößt die Detaillierung von Plänen an Grenzen, da mit zunehmendem Detaillierungsgrad die Prognosesicherheit tendenziell abnimmt,[16)] so daß ab einem gewissen Detaillierungsgrad keine aussagekräftigen Planwerte mehr vorgegeben werden können. Zum anderen sprechen Wirtschaftlichkeitsüberlegungen und mögliche negative motivationale Aspekte, die auf den durch zu detaillierte Planvorgaben eingeengten Aktionsspielraum der Planungsträger zurückzuführen sind, gegen eine zu starke Differenzierung der Pläne. Für den im Rahmen des Marketing-Controlling wichtigen Soll-Ist-Vergleich muß die Ist-Grundrechnung auf das gleiche Aggregationsniveau wie die Plan-Grundrechnung gebracht werden, damit Abweichungen ermittelt werden können.

Ein weiterer Unterschied zwischen Plan- und Ist-Grundrechnung liegt im **chronologischen Ablauf** einer Ist- und einer Plankostenrechnung begründet. Steht die Erfassung der Istkosten und ihre Verdichtung zu einer Ist-Grundrechnung am Anfang des Abrechnungsganges einer Istkostenrechnung, bildet die Plan-Grundrechnung den **Endpunkt der Kostenplanung,** die ihrerseits auf den Absatzplänen beruht.[17)]

16) Vgl. RIEBEL, Paul: Zum Konzept einer zweckneutralen Grundrechnung, in: ZfbF, 31. Jg. (1979), H. 11, S. 794, wieder abgedruckt in: DERS.: Deckungsbeitragsrechnung, S. 439.

17) Vgl. KILGER, Wolfgang: Die Konzeption der Grundrechnung als Grundlage einer datenbankorientierten Kostenrechnung, in: KILGER, W. - SCHEER, A.-W. (Hrsg.): 5. Saarbrücker Arbeitstagung, S. 422 ff.

Im operativen Marketing- oder Absatzplan sind unter anderem die geplanten Marketingmaßnahmen festgehalten. Ausgehend davon werden die Kosten differenziert nach Kostenarten für die Vertriebskostenstellen, aber auch für Produkte, Kunden und Absatzgebiete, geplant. Die Ergebnisse der Kostenplanungen für die verschiedenen absatzrelevanten Kalkulationsobjekte werden abschließend in eine Plan-Grundrechnung eingestellt. Auf diese Weise erhält man einen Datenspeicher mit Planwerten, die zu Kostenstellenplänen und Budgets für andere Bezugsobjekte zusammengefügt werden können.

Für die Erfüllung des Rechnungszwecks "Differenzierte Abbildung des Vertriebs" ist das Konzept eines vielfältig auswertbaren Datenspeichers in Form einer **zweckpluralen Grundrechnung der Ist- und Plankosten** besonders geeignet, weil es explizit die Möglichkeit beinhaltet, eine über die üblichen Merkmale Kostenart, Kostenstelle und Kostenträger hinausgehende **absatzmarktorientierte Kennzeichnung von Kosten** vorzunehmen.[18] Grundsätzlich stellt sich die Frage, ob man die für spätere vertriebsspezifische Auswertungen benötigten Merkmale im Rahmen einer **gesamtunternehmensbezogenen Grundrechnung** festhält oder aber eine eigene **Grundrechnung für die Vertriebskosten** vorsieht. Die stark voneinander abweichenden Aus-

---

18) Auf die Notwendigkeit des Aufbaus einer Grundrechnung als Voraussetzung für die Befriedigung der vielfältigen Auswertungsinteressen im Marketing weisen auch die angloamerikanischen Veröffentlichungen hin, die in diesem Zusammenhang meist von einer "modular data base" sprechen. Vgl. SIMON, Sanford R.: Managing Marketing Profitability, o. O. 1969, S. 32 u. S. 39; MOSSMAN, Frank H. - FISCHER, Paul M. - CRISSY, W. J. E.: New Approaches to Analyzing Marketing Profitability, in: JoM, 38. Jg. (1974), Nr. 2, S. 44; DIES.: Financial Dimensions of Marketing Management, New York u. a. 1978, S. 39 f., DUNNE, P. M. - WOLK, H. J.: Analysis, S. 83.

wertungsinteressen der einzelnen betrieblichen Funktionalbereiche - man denke etwa an den primär nach innen gerichteten Blick der Produktion im Gegensatz zu dem nach außen auf die Absatzmärkte gerichteten Blick des Absatzes - bedingen, daß in einer gesamtunternehmensbezogenen Grundrechnung eine Vielzahl, auf die unterschiedlichsten Auswertungen abstellende Merkmale festgehalten werden müssen. Ist die Grundrechnung als relationale Datenbank organisiert, verlängern sich mit höherem Differenzierungsgrad der Grundrechnung die Antwortzeiten der gewünschten Auswertungen.[19] Im Hinblick darauf, aber auch unter dem Aspekt der Bedeutung der Vertriebskosten insbesondere in Unternehmen der Konsumgüterindustrie ist eine gesonderte Grundrechnung der Vertriebskosten zu empfehlen.[20]

B. KENNZEICHNUNG DER EINZELNEN KOSTENDATEN MIT KLASSIFIKATIONSMERKMALEN

I. Grundsätzliche Möglichkeiten der Kostendatenkennzeichnung

Wie bereits im vorausgegangenen Abschnitt erwähnt, werden im Zuge der Uraufschreibungen die einzelnen Kostendaten mit Merkmalen versehen, mit deren Hilfe sie sich voneinander abgrenzen und identifizieren, aber auch verdich-

---

19) Vgl. HAUN, P.: Rechnungswesen, S. 172.

20) So bereits RIEBEL, der sogar empfahl "zur Analyse der Vertriebskosten von vornherein zwei oder mehrere nach verschiedenen Gesichtspunkten gegliederte Grundrechnungen aufzubauen." (RIEBEL, P.: Absatzanalyse, S. 608.) Die Empfehlung, mehrere Grundrechnungen für den Vertrieb einzurichten, beruhte auf den wegen des damaligen Standes der Informationsverarbeitungstechnologie stärker verdichteten Grundrechnungen, die zu einer Reduktion der Auswertungsmöglichkeiten führten. Auch PUHL unterscheidet eine Grundrechnung des Absatzbereiches und eine Grundrechnung des Produktionsbereiches. Vgl. PUHL, W.: Entwurf, S. 61 u. S. 135 f.

ten und auswerten lassen. Die Kostendaten werden abstrakt auch als **elementare Informationsbausteine** oder als Informationselemente bezeichnet.[21)]

Den wichtigsten, weil unabdingbaren Teil eines Informationsbausteins stellt der **Informationskern** dar.[22)] Dort sind zumindest die Istkosten aufgeführt. Grundsätzlich können hier auch Plankosten eingestellt werden, sofern die Kostenplanungen so detailliert betrieben werden, was in der Regel kaum der Fall ist. Soweit sinnvoll, können die Kosten zusätzlich getrennt nach Verbrauchsmenge und Wert ausgewiesen werden.

Die den Informationskern ergänzend kennzeichnenden Merkmale nennt man auch **Klassifikationsmerkmale**[23)] oder Deskriptoren[24)], die sich ihrerseits weiter in Klassifikationsobjekte und -kategorien untergliedern lassen.[25)]

Unter einem **Klassifikationsobjekt** versteht man "jedes Objekt, für das Kostengrößen erfaßt und verdichtet (gesammelt) und in der Grundrechnung ausgewiesen werden können."[26)] An dieser Definition wird deutlich, daß sich der Begriff des Klassifikationsobjektes weitgehend mit dem des Kalkulationsobjektes deckt, weshalb im folgenden beide Begriffe synonym verwendet werden.[27)] Als Klassifikations-

---

21) Vgl. RIEBEL, P.: Gestaltungsprobleme, S. 866 f.

22) Vgl. HUMMEL, S.: Kostenerfassung, S. 117 f.

23) So HUMMEL, S.: Kostenerfassung, S. 119.

24) So MERTENS, Peter - HANSEN, Klaus - RACKELMANN, Günter: Selektionsentscheidungen im Rechnungswesen - Überlegungen zu computergestützten Kosteninformationssystemen, in: DBW, 37. Jg. (1977), H. 1, S. 79.

25) Vgl. HUMMEL, S.: Kostenerfassung, S. 120.

26) HUMMEL, S.: Kostenerfassung, S. 124.

27) Abweichend davon HUMMEL, S.: Kostenerfassung, S. 124 f.

objekte kommen all jene Objekte in Betracht, für die der betreffende Kostenbetrag Einzelkosten darstellt. Im Absatzbereich sind dies die in Abschnitt A.II.2.c) des zweiten Kapitels erörterten **absatzrelevanten Kalkulationsobjekte.** Welche davon zur näheren Kennzeichnung der Kostendaten herangezogen werden, läßt sich nur im Hinblick auf die konkreten Auswertungsinteressen des betreffenden Unternehmens entscheiden.

Unter **Klassifikationskategorien** sind alle weiteren Merkmale zu verstehen, die zur Beschreibung und Abgrenzung eines Kostendatums dienen.[28] Als wichtigste Klassifikationskategorien sind die **Kostenart** und die **Kostenkategorien**[29] anzusehen. Die Kennzeichnung der Kostenbelege mit der Kostenartenbezeichnung und der Kostenartennummer wird seit jeher auch in traditionellen Kostenrechnungssystemen vorgenommen.

Die Sinnhaftigkeit der zahlreichen Kriterien zur Bildung von Kostenkategorien und die Möglichkeit diese im Rahmen der Uraufschreibungen auch festzuhalten, soll hier nicht im einzelnen diskutiert werden.[30] Vielmehr soll sich der Blick auf das wichtigste Kriterium der Kostenkategorienbildung, die **Abhängigkeit der Kosten von ihren Haupteinflußgrößen,** beschränken. In der Literatur wird die Meinung vertreten, daß sich diese Merkmale bereits in den **Uraufschreibungen** festhalten lassen.[31] Das ist jedoch nur

---

28) Vgl. RIEBEL, P.: Gestaltungsprobleme, S. 870 ff.

29) RIEBEL versteht unter Kostenkategorien "nach dem Verhalten gegenüber wichtigen Einflußfaktoren, nach der Erfassungsweise, der Zurechenbarkeit und des Ausgabencharakters, der Zahlungsweise und anderen Kriterien gebildete Gattungen von Kosten, in die die üblichen (nach Güterarten gebildeten) Kostenarten, teils unter Aufspaltung, eingefügt werden." (RIEBEL, P.: Deckungsbeitragsrechnung, S. 519.)

30) Vgl. hierzu die Ausführungen bei HUMMEL, S.: Kostenerfassung, S. 123.

31) Vgl. HUMMEL, S.: Kostenerfassung, S. 124.

realisierbar, wenn jede Kostenart eindeutig einer Kostenkategorie zugeordnet werden kann.[32] Sind innerhalb einer Kostenart Zuordnungen zu verschiedenen Kostenkategorien möglich, ist die Kostenerfassung überfordert. Will man die Zugehörigkeit einzelner Kostenbeträge zu bestimmten Kostenkategorien im Zuge der Kostenerfassung festhalten, muß die Kostenartendifferenzierung demnach so gewählt werden, daß mit der Zugehörigkeit zu einer bestimmten Kostenart gleichzeitig die Kostenkategorie determiniert ist.[33] Dieser Weg kann allerdings **nur bei bestimmten Kostenkategorien** beschritten werden. In allen anderen Fällen ist die Dokumentation der Zugehörigkeit eines Kostenbetrages zu einer Kostenkategorie in den Uraufschreibungen nicht durchführbar.

Betrachtet man die im System der Grenzplankostenrechnung verwendeten und auch in der Praxis weitverbreiteten Kategorien **beschäftigungsfixe** und **beschäftigungsvariable bzw. -proportionale Kosten,** ist eine Einordnung der Kosten im Zuge der Uraufschreibungen in eine der beiden Kategorien nicht möglich. Die Gründe hierfür liegen vor allem in der **Abhängigkeit vom Fristigkeitsgrad der Kostenplanung** dieser Kategorien.[34] In der Grenzplankostenrechnung werden die Kosten, die nicht direkt den Kostenträgern zugerechnet werden, für jede einzelne Kostenstelle und dort wiederum differenziert nach den einzelnen Kostenarten geplant.[35] Für jede Kostenart einer

---

32) Vgl. HORVATH, Péter - KLEINER, Franz - MAYER, Reinhold: Zweckneutrale Kostenerfassung in der flexiblen Montage mit Hilfe von Datenbanken, in: krp, Jg. 1987, H. 3, S. 95.

33) Ein entsprechend aufgebauter Kostenartenplan findet sich bei HORVATH, P. u. a.: Kostenerfassung, S. 96.

34) Vgl. HORVATH, P. u. a.: Kostenerfassung, S. 94.

35) Vgl. PLAUT, Hans-Georg: Die Grenzplankostenrechnung, in: ZfB, 23. Jg. (1953), H. 6, S. 348 ff.; KILGER, W.: Plankostenrechnung, S. 313 ff.

Kostenstelle wird gesondert darüber entschieden, wie sie sich in Abhängigkeit vom Beschäftigungsmaßstab der Kostenstelle verändert.[36] Kosten, die innerhalb des vorgegebenen Anpassungszeitraums, in der Grenzplankostenrechnung meist ein Jahr, an die Beschäftigung angepaßt werden sollen, werden den proportionalen Kosten zugeordnet.[37] Als fixe Kosten verbleiben dann jene Kosten "die auch dann noch anfallen sollen, wenn die Beschäftigung einer Kostenstelle gegen Null tendiert, die Betriebsbereitschaft zur Realisierung der Planbezugsgröße aber beibehalten wird."[38] Wählt man einen kürzeren Anpassungszeitraum, setzt man also den Fristigkeitsgrad der Kostenplanung niedriger an, ist ein geringerer Teil der Kosten den proportionalen Kosten zuzuordnen. Der Fristigkeitsgrad der Kostenplanung wird von der Unternehmensleitung unter Berücksichtigung betriebsindividueller Gegebenheiten festgelegt; er ist demnach dispositionsbestimmt.[39] Die Ergebnisse dieser auf einer planmäßigen Kostenspaltung beruhenden analytischen Kostenplanung können in einer entsprechend stark verdichteten Plan-Grundrechnung ausgewiesen werden, die die Vertriebskostenstellen als eine Verdichtungsrichtung aufweist. Wegen der hier kurz skizzierten Fristigkeitsgrad- bzw. Dispositionsabhängigkeit der Kostenspaltung ist die Grenzplankostenrechnung in ihrer ursprünglichen Form in der Regel jedoch nicht in der Lage, die Istkosten nach fixen und proportionalen Bestand-

---

36) Vgl. KILGER, W.: Plankostenrechnung, S. 361.

37) Vgl. KILGER, W.: Plankostenrechnung, S. 365.

38) KILGER, W.: Plankostenrechnung, S. 362, im Original z. T. kursiv.

39) Zu den Grundsätzen der Festlegung des Fristigkeitsgrades und den Bedingungen, unter denen ein Abweichen von dem in der Plankostenrechnung üblichen Fristigkeitsgrad von einem Jahr in Betracht zu ziehen ist, vgl. KILGER, W.: Plankostenrechnung, S. 364 f.

teilen zu unterscheiden.[40] Einzelne Kostendaten können daher im Zuge der Uraufschreibung **nicht mit der Klassifikationskategorie fix oder variabel bzw. proportional gekennzeichnet werden.**

Geht man von der dispositions- und fristigkeitsgradabhängigen Kategorisierung ab und orientiert sich an der "automatischen", vom Fristigkeitsgrad losgelösten Abhängigkeit der Kosten vom Leistungsprogramm, indem man mit RIEBEL zwischen **Leistungskosten** und **Bereitschaftskosten** unterscheidet, ist eine Zuordnung der Kosten zu diesen beiden Kategorien bereits bei den Uraufschreibungen möglich, falls die Kostenartendifferenzierung so vorgenommen wird, daß jede Kostenart eindeutig einer Kostenkategorie zugeordnet werden kann. Im Gegensatz zu den Bereitschaftskosten, die "auf Grund von Planungen und Erwartungen disponiert [werden]",[41] hängen Leistungskosten "vom tatsächlich realisierten Leistungsprogramm ab und ändern sich "automatisch" mit Art, Menge und Wert der Leistungen und "Leistungsportionen" (Aufträge, Chargen, Lose, Partien usw.) sowie den Bedingungen des Beschaffungs-, Produktions- oder Absatzprozesses."[42] Kostenbeträge, die in Kostenarten einzuordnen sind, die sich stets automatisch mit dem Leistungsprogramm verändern, lassen sich **im Zuge der Uraufschreibungen** der Istkosten problemlos **als Leistungskosten klassifizieren.** Im Vertrieb sind insbesondere die in der traditionellen Kostenrechnung als Sondereinzelkosten des Vertriebs[43]

---

40) Vgl. KILGER, W.: Plankostenrechnung, S. 539.

41) RIEBEL, Paul: Deckungsbeitrag und Deckungsbeitragsrechnung, in: GROCHLA, Erwin - WITTMANN, Waldemar (Hrsg.): Handwörterbuch der Betriebswirtschaft, Bd. 1, 4. Aufl., Stuttgart 1974, Sp. 1144, wieder abgedruckt in: RIEBEL, P.: Deckungsbeitragsrechnung, S. 392.

42) RIEBEL, P.: Deckungsbeitrag, Sp. 1145.

43) Vgl. hierzu die Ausführungen in Abschnitt B.I.1. des 5. Kapitels.

bezeichneten Kosten für Provisionen, absatzbezogene Lizenzen, Ausgangsfrachten und Verpackungsmaterial in die Kostenkategorie Leistungskosten einzuordnen.

Die **Bereitschaftskosten** sind innerhalb gewisser Zeitintervalle disponibel und daher abbaubar. Insbesondere unter dem Aspekt der Entscheidungsorientierung der Kostenrechnung wird konsequenterweise gefordert, die zeitabhängige Abbaubarkeit der Bereitschaftskosten in der Grundrechnung in Form von Kategorien wie Monats-, Quartals-, Halbjahres- und Jahreseinzelkosten abzubilden.[44] Zurecht wird jedoch darauf hingewiesen, daß eine solch **differenzierte Kennzeichnung im Rahmen der Uraufschreibungen kaum praktikabel** ist, weil sich die zeitliche Abbaubarkeit innerhalb der einzelnen Kostenarten unterscheidet und sich daraus zu hohe Anforderungen an die Kostenerfassung ergeben.[45] Deshalb kann in den Uraufschreibungen nur nach den Kategorien einmalig anfallende Bereitschaftskosten (z. B. Kosten für die Konzeption einer Werbestrategie) und zeitlich wiederkehrende Bereitschaftskosten differenziert werden, die entweder zeitlich ungebunden (z. B. Heizung für das Verwaltungsgebäude) oder zeitlich gebunden (z. B. Versicherungsprämien) sein können.[46] Die Vereinfachung resultiert daraus, daß sich jede Kostenart als Ganzes in eine dieser Bereitschaftskostenkategorien einordnen läßt. Weitergehende zeitliche Differenzierungen der Bereitschaftskosten werden nicht in den Uraufschreibungen erfaßt, sondern - weil die zeitliche Disponierbarkeit häufig

---

44) Vgl. hierzu im Detail die Ausführung in Abschnitt E.I.1. des 4. Kapitels.

45) Vgl. HORVATH, Péter - KLEINER, Franz - MAYER, Reinhold: Differenzierte Kosteninformationen zur Entscheidungsunterstützung in der flexiblen Montage, in: krp, Jg. 1986, H. 4, S. 139; DIES.: Kostenerfassung, S. 95.

46) Vgl. HORVATH, P. u. a.: Kostenerfassung, S. 95.

von der Gestaltung von Verträgen und ähnlichen rechtlichen Verpflichtungen abhängt - vertragsspezifisch in einer Vertragsdatei festgehalten.[47)]

Zusammenfassend ist festzuhalten, daß im Rahmen der Kostenerfassung die Möglichkeit, einzelne Kostenbeträge hinsichtlich ihrer Zugehörigkeit zu einer Kostenkategorie zu kennzeichnen, **stark eingeschränkt** ist und daher nach Alternativen gesucht werden muß, damit eine differenzierte Abbildung der Kostenkategorien in der Vertriebskostenrechnung gewährleistet ist.

II. Organisatorische Aspekte der Kostendatenkennzeichnung

Ergaben sich aus dem vorangehenden Abschnitt insbesondere Einschränkungen hinsichtlich der Kennzeichnung mit Klassifikationskategorien, so werden im folgenden **Probleme der Kennzeichnung der Kostendaten mit Klassifikations- bzw. Bezugsobjekten** behandelt.

Die Vertriebskostenrechnung übernimmt den überwiegenden Teil ihrer Istkosten entweder unverändert, wie im Falle der aufwandsgleichen Grundkosten, oder, wie im Falle der Anderskosten, modifiziert aus den **vorgelagerten Rechenkreisen** der Finanzbuchhaltung und ihren Nebenbuchhaltungen Lohn- und Gehaltsbuchhaltung, Materialbuchhaltung und Anlagenbuchhaltung. Nur für kalkulatorische Kostenarten, die sich nicht aus den in der Finanzbuchhaltung erfaßten Geschäftsvorfällen ableiten lassen, wie dies etwa auf die Vertriebswagnisse zutrifft, müssen

---

47) Vgl. HORVATH, P. u. a.: Kostenerfassung, S. 95 u. S. 100 ff.

speziell für die Vertriebskostenrechnung **Sonderrechnungen** durchgeführt werden.[48)]

Die Übernahme der meisten Kosten aus der Finanzbuchhaltung bedingt, daß bereits dort im Zuge der Verbuchung auf den **einzelnen Belegen** festgehalten werden muß, wie der Betrag in der Vertriebskostenrechnung einzuordnen und weiterzuverrechnen ist. In der Praxis werden in der Regel die eingehenden und zu bezahlenden Rechnungen vom Einkauf in Zusammenarbeit mit der betreffenden Abteilung, auf deren Bedarfsmeldung hin in den meisten Fällen die Beschaffung erfolgte, **geprüft** und **kontiert.** Dies trifft auf die Reisespesenabrechnung und die Treibstoffkosten des Außendienstes ebenso zu wie auf für das Fertigwarenlager entstandene Fremdinstandhaltungskosten oder auf Kosten für Ausgangsfrachten. Interne Belege, die beispielsweise dann entstehen, wenn der Versand Materialentnahmescheine für Verpackungsmaterial ausfüllt, werden von der verbrauchenden Abteilung oder Kostenstelle vorkontiert und von der Kostenrechnung oder auch der Buchhaltung geprüft und gegebenenfalls ergänzt.

Dieses Procedere ist problemlos, solange ein Beleg lediglich mit Kostenartennummer, Kostenartenbezeichnung und - je nachdem, ob es sich um Kostenträgereinzelkosten oder -gemeinkosten handelt - Auftragsnummer respektive Kostenstellennummer gekennzeichnet wird. Zur differenzierten Abbildung des Vertriebsbereiches müssen aber zusätzlich **weitere absatzrelevante Kalkulationsobjekte** bei der Kontierung berücksichtigt werden. Dadurch wird der **Kontierungsprozeß komplexer,** so daß die bisher übliche Arbeitsteilung zur Überforderung der einzelnen Stellen führt und eine **gesonderte Stelle** geschaffen werden muß, die die vieldimensionale Kontierung der Kostenbeträge des

---

48) Zur Übernahme von Kosten aus vorgelagerten Rechenkreisen vgl. im Detail HUMMEL, S. - MÄNNEL, W.: Kostenrechnung 1, S. 128 u. S. 138 ff.

Vertriebs vornimmt.[49] Voraussetzung ist, daß der Stelleninhaber, der organisatorisch in die Kostenrechnung oder in das Marketing-Controlling eingebunden sein kann, einen Gesamtüberblick über den Vertriebsbereich besitzt. Aus Gründen der Wirtschaftlichkeit und um Fehlerquellen zu vermeiden, ist die Zahl der Bezugsobjekte auf das von den relevanten Auswertungsinteressen determinierte Maß zu beschränken. Eine gewisse Komplexitätsreduktion tritt dadurch ein, daß manche Bezugsobjekte sich aus anderen ableiten lassen. Am Beispiel des Bezugsobjektes Kunde wird dies besonders deutlich. Ein Kostenbetrag, der für einen bestimmten Kunden angefallen ist, kann unter Rückgriff auf die entsprechenden Felder des Kundenstammsatzes sofort den weiteren Bezugsobjekten Kundengruppe, Absatzgebiet und unter Umständen dem Absatzweg zugeordnet werden.

C. BILDUNG VON KOSTENARTEN IM VERTRIEB

Die Strukturierung der im Vertrieb anfallenden primären Kosten nach Kostenarten stellt eine erste wichtige **Verdichtungsrichtung der Grundrechnung** dar.[50] Die Kostenartenstruktur dient zum einen der Untergliederung und damit der **Transparenz** der für ein Kalkulationsobjekt ausgewiesenen Kosten, sei es eine Vertriebskostenstelle, eine Kundengruppe oder ein Absatzgebiet. Zum anderen erfüllt die in Kostenartenplänen festgehaltene Kostenartengliederung durchaus auch **eigene Rechnungszwecke** in der Gestalt einer kostenartenbezogenen Planung, Steuerung und Kontrolle der Vertriebsaktivitäten im Sinne eines Einsatzgüter- oder Kostenarten-Controlling.[51] Allerdings

---

49) Ähnlich auch KROPFBERGER, D.: Erfolgsrechnung II, S. 114 f.

50) Vgl. HUMMEL, S.: Kostenerfassung, S. 130.

51) Zu den Rechnungszwecken der Kostenartenrechnung im allgemeinen vgl. HUMMEL, S. - MÄNNEL, W.: Kostenrechnung 1, S. 128 f.; WEBER, J.: Controllinginstrument, S. 24.

können solche Vertriebskostenanalysen nur erste Einblicke in die Zusammensetzung der Vertriebskosten und die Bedeutung einzelner Vertriebskostenarten liefern. Für detailliertere Analysen ist eine rein kostenartenbezogene Vertriebskostenanalyse nicht hinreichend.[52)]

I. Grundsätze und Kriterien der Bildung von Kostenarten im Vertrieb

Für die Gliederung der Kostenarten im Vertrieb sind im wesentlichen **zwei Grundsätze** zu beachten. Erstens müssen möglichst reine oder **saubere Kostenarten,** die in sich einheitlich sind, gebildet werden.[53)] Kostenarten wie Kraftfahrzeugkosten, Messekosten oder Reisekosten bestehen selbst wieder aus verschiedenen Kostenarten. So setzen sich etwa die Reisekosten aus Spesen, Übernachtungs- und Fahrtkosten zusammen. Diese Informationen gehen verloren, wenn man gemischte oder unsaubere Kostenarten bildet. Der zweite Grundsatz, eine an den Auswertungsbedürfnissen ausgerichtete, entsprechend weitgehende **Differenzierung der Kostenarten** vorzunehmen, hängt mit dem ersten Grundsatz eng zusammen. Strebt man möglichst reine Kostenarten an, steigt auch die Zahl der zu unterscheidenden Kostenarten. Grenzen sind der Tiefe der Kostenartengliederung von seiten der Übersichtlichkeit und des allgemeinen Wirtschaftlichkeitspostulats gesetzt. Für Auswertungszwecke irrelevante und quantitativ unbedeutende Kosten-

---

52) Vgl. hierzu auch HECKERT/MINER, die dazu Folgendes ausführen: "Analysis by nature of cost items is sufficient only when there are no problems as to the efficiency of particular distribution operations; or as to what territories to cover, what commodities to sell, what sales methods to employ, etc. There are few concerns in which these conditions prevail." (HECKERT, J. B. - MINER, R. B.: Distribution, S. 17.)

53) Vgl. NORDEN, Helmut: Saubere Kostenarten, in: Der praktische Betriebswirt, 20. Jg. (1949), Nr. 12, S. 582; HENZEL, Friedrich: Die Kostenrechnung, 4. Aufl., Essen 1964, S. 45.

arten sind zu größeren, dann allerdings gemischten Kostenartengruppen zusammenzufassen.

Um möglichst reine Kostenarten zu erhalten, muß als vorrangiges Gliederungskriterium die **Art der verbrauchten oder eingesetzten Produktionsfaktoren** herangezogen werden.[54] Bei strikter produktionsfaktororientierter Kostenarteneinteilung erhält man die in Abbildung 3-1 aufgeführten Kostenartenhauptgruppen.[55]

Abbildung 3-1
Kostenartenhauptgruppen bei produktionsfaktororientierter Kostenartengliederung

PERSONALKOSTEN
ANLAGENKOSTEN
MATERIALKOSTEN
DIENSTLEISTUNGSKOSTEN
KAPITALKOSTEN
BEITRÄGE, GEBÜHREN, ZÖLLE UND KOSTENSTEUERN

54) Vgl. KOSIOL, E.: Leistungsrechnung, S. 176; KILGER, W.: Einführung, S. 69 f.

55) In Anlehnung an KLOOCK, Josef - SIEBEN, Günter - SCHILDBACH, Thomas: Kosten- und Leistungsrechnung, 2. Aufl., Düsseldorf 1981, S. 73 ff.

Die quantitativ bedeutsamste Kostenartenhauptgruppe im Vertrieb sind die **Personalkosten.**[56] Eine wichtige Rolle spielen auch die aus der Inanspruchnahme von Dienstleistungen anderer Unternehmen resultierenden Dienstleistungs- oder Fremdleistungskosten, da diese neben anderen im Vertriebsbereich anfallenden Dienstleistungskosten sämtliche Kosten für fremdbezogene Vertriebsleistungen enthalten, wie Kosten für Werbemaßnahmen und Marktforschungsstudien. Hieraus können erste Anhaltspunkte für Kostenvergleiche zwischen selbsterstellten und fremdbezogenen Vertriebsleistungen generiert werden.

Für eine aussagefähige Kostenartengliederung müssen die Kostenartenhauptgruppen weiter untergliedert werden. Um möglichst reine Kostenarten zu erhalten, hat man sich wiederum an das primäre Gliederungskriterium Art der eingesetzten Kostengüter zu orientieren. Als zusätzliche, **ergänzende Kriterien** kommen in erster Linie die Wertkomponente der Kosten und der Verzehrscharakter der Produktionsfaktoren in Betracht.[57] Die häufig auch genannten unternehmensbereichs-, kostenstellen- und kostenträgerbezogenen Gliederungskriterien sind zwar als nachgeordnete Kriterien grundsätzlich verwendbar, jedoch letztlich überflüssig, da die entsprechenden Informationen aus der Kostenstellen- bzw. Kostenträgerrechnung gewonnen werden können.[58]

---

56) Darauf haben bereits LONGMAN/SCHIFF 1955 hingewiesen. (Vgl. LONGMAN, D. R. - SCHIFF, M.: Distribution, S. 126.) In Anbetracht der seitdem kontinuierlich angestiegenen Personalkosten dürfte die Bedeutung der Personalkosten heute noch größer sein.

57) Vgl. HUMMEL, S. - MÄNNEL, W.: Kostenrechnung 1, S. 132 f.; KOSIOL, E.: Leistungsrechnung, S. 176 f.

58) Vgl. hierzu auch die Ausführungen in Abschnitt D. dieses Kapitels.

II. Kostenarten im Vertrieb

Die im Vertriebsbereich anfallenden Kostenarten lassen sich danach unterscheiden, ob sie ausschließlich im Vertrieb vorkommen oder aber prinzipiell auch in anderen Funktionalbereichen vorzufinden sind. Im ersten Fall soll von **spezifischen Vertriebskostenarten,**[59] im zweiten Fall von **unspezifischen Vertriebskostenarten** gesprochen werden.

1. Spezifische Vertriebskostenarten

Als typische spezifische Vertriebskostenarten sind die **Sondereinzelkosten des Vertriebs** anzusehen, die sich in der Regel für den einzelnen Kostenträger erfassen lassen. Unter den Sondereinzelkosten des Vertriebs werden in der Literatur und in der Kalkulationspraxis - teilweise nicht ganz korrekt[60] - Verpackungsmaterialkosten, absatzbezogene Lizenzen, die auf Stück-, Umsatz- oder Erfolgsbasis berechnet werden,[61] Provisionen für freie Handelsvertreter und Reisende, Verkaufsprämien, Transportversicherungen und Ausgangsfrachten subsumiert. Letztere können, soweit es die Auswertungsinteressen geboten erscheinen lassen, weiter untergliedert werden. Nimmt man eine Differenzierung nach Verkehrsträgern vor, erhält man Kosten für Lkw-Transport sowie Kosten für Bahn-, Schiffs- und Luftfrachten als Unterkostenarten der Ausgangsfrach-

---

59) In der Literatur ist auch die Bezeichnung "reine Vertriebskostenarten" gebräuchlich. So etwa HESSENMÜLLER, B.: Erfolgsrechnung, S. 12.

60) Dieser Gesichtspunkt soll, da in diesem Zusammenhang nicht relevant, hier nicht weiterverfolgt werden. Vgl. dazu die Ausführungen in Abschnitt B.I.1. des 5. Kapitels.

61) Absatzbezogene Pauschallizenzen, eine weitere Erscheinungsform der Lizenzen, sind zwar keine Sondereinzelkosten des Vertriebs, dennoch handelt es sich dabei um eine spezifische Vertriebskostenart.

ten.[62] Weiterhin werden als Sondereinzelkosten die Zölle und die Exportkreditversicherung[63] genannt. Diese beiden Kostenarten repräsentieren nur einen Teil der im Exportgeschäft auftretenden Kostenarten. Daher sind im Zusammenhang mit dem Export alle **Exportsondereinzelkosten**[64] aufzuführen, deren Höhe je nach Lieferbedingungen für die einzelnen Exportaufträge verschieden ist. Einen Überblick über die verschiedenen Kostenarten, die in Abhängigkeit von den ausgehandelten Lieferbedingungen anfallen, gibt Abbildung 3-2, die sich an den Incoterms orientiert.[65]

Neben den Sondereinzelkosten des Vertriebs existieren noch weitere **spezifische Vertriebskostenarten**, insbesondere im Bereich der **Kommunikationspolitik** und der **Marktforschung**. So lassen sich Kosten für fremdbezogene Werbe-, Verkaufsförderungs-, Public Relations- und Marktforschungsleistungen unterscheiden. Innerhalb dieser Kostenarten sind weitere Differenzierungen möglich, wie das Beispiel der Kosten für Werbeleistungen zeigt. Man kann in einem ersten

62) Zu weiteren Differenzierungen vgl. WEBER, J.: Logistikkostenrechnung, S. 148.

63) Die Zuordnung der Exportkreditversicherung zu den Sondereinzelkosten des Vertriebs ist nur dann korrekt, wenn ein einzelnes Ausfuhrgeschäft versichert wird und nicht eine sogenannte Ausfuhr-Pauschal-Gewährleistung besteht, bei der ein Mantelvertrag für eine Vielzahl von Forderungen aus Lieferungen an verschiedene ausländische Abnehmer geschlossen wird. Im Falle einer Ausfuhr-Pauschal-Gewährleistung handelt es sich zwar nicht um Sondereinzelkosten, dennoch stellt diese Variante der Exportkreditversicherung eine spezifische Vertriebskostenart dar.

64) Zu dem Begriff Exportsondereinzelkosten vgl. WAHLE, Otto: Auf Flexibilität getrimmt, in: asw, Jg. 1983, H. 2, S. 61. Ähnlich auch DILLER, der von Exportsonderkosten spricht. Vgl. DILLER, Hermann: Die Preispolitik der internationalen Unternehmung, in: WiSt, 16. Jg. (1987), H. 6, S. 273.

65) Unter den International Commercial Terms (Incoterms) sind "Internationale Regeln für die Auslegung der handelsüblichen Vertragsformeln" im internationalen Warenhandel zu verstehen, die von der Internationalen Handelskammer erstmals 1936 aufgestellt und seitdem mehrfach angepaßt und erweitert wurden.

Abbildung 3-2
Überblick über aus den Incoterms abgeleitete Exportsondereinzelkosten

Kosten für Exportverpackung	Seefrachtkosten
Kosten für Ausfuhrdokumente	Kontraktabwicklungskosten
Transportkosten zum Verschiffungshafen	Versicherungskosten
Kosten für Zwischenlagerung im Verschiffungshafen	Entladekosten
Verladekosten	Gebühren für Einfuhrbewilligung und Einfuhrabgaben
Hafenspeditionskosten	Zoll
Kosten für Ausfuhrzollabfertigung und Exportlizenzen	Kosten für Zwischenlagerung im Bestimmungshafen
	Transportkosten zum Abnehmer

Schritt die Agenturkosten für die Erarbeitung einer langfristigen Werbestrategie oder eines Grundkonzeptes für eine Werbekampagne von den Kosten für einzelne Werbemittel[66)] trennen. Für die Werbemittel ist etwa eine Aufteilung der Kosten nach Kosten für Fernseh- und Rundfunkspots, Anzeigen, Plakate, Prospekte, Kataloge, Werbebriefe, Flugblätter, Schaufensterdekorationen, Tragetaschen und Werbegeschenke denkbar. Die Kosten lassen sich - sofern die Werbeleistungen nicht vollständig von Full-Service-Agenturen erstellt werden - weiter danach differenzieren, ob es sich um Kosten für konzeptionelle Leistungen, wie der Erstellung eines Konzeptes für einen Fernsehspot, oder um Kosten für ausführende Leistungen, wie der Produktion und Sendung des Spots, handelt. Eine so weitgehende Differenzierung ist jedoch nur bei vom Kostenvolumen bedeutsamen Werbemitteln zu empfehlen. Auch die Kosten für Verkaufsförderungsleistungen sind weiteren Untergliederungen zugänglich, etwa nach Kosten für Preisausschreiben und Kosten für Propagandisten. Ebenso kann die Transparenz der Marktforschungskosten erhöht werden, wenn man die Kosten

---

66) Werbemittel sind konkrete Werbebotschaften, die mit Hilfe von Wort, Bild, Text, Ton, Farbe usw. gestaltet und technisch fixiert werden. Vgl. BEREKOVEN, L.: Grundlagen, S. 122; KAISER, W.: Werbung, S. 4 f.

für die einzelnen Erhebungsinstrumente getrennt ausweist. Auf diese Weise wird z. B. nach Kosten für Handelspanels, Verbraucherpanels, Produkttests, Markttests und psychologische Testverfahren unterschieden. Aber auch für selbsterstellte Vertriebsleistungen im Bereich der Kommunikationspolitik existieren spezifische Vertriebskostenarten in Form von Werbe- und Displaymaterialkosten, die dann entstehen, wenn sich das Unternehmen entschließt, bestimmte Werbemittel und Verkaufshilfen selbst zu produzieren.

Für das Beschicken von Messen fallen spezifische Vertriebskostenarten an, die unter der Vertriebskostenart **Messekosten** subsumiert werden können. Um unsaubere Kostenarten zu vermeiden, sind darin keine Übernachtungs- oder Bewirtungskosten enthalten, sondern lediglich die Standgebühren und die Auf- und Abbaukosten des Messestandes.

Innerhalb der Versicherungskosten stellen die Kosten für die **Warenkreditversicherung**[67] eine weitere spezifische Vertriebskostenart dar. Dies trifft auch auf **Delkredereprovisionen**, die an Einkaufsverbände für die Übernahme des Inkassos und des Delkredererisikos zu entrichten sind, und auf **Factoringkosten** zu, die im Falle eines Verkaufs von Forderungen entstehen.

Eine Differenzierung der kalkulatorischen Zinsen auf das Umlaufvermögen führt zu den spezifischen Vertriebskostenarten **kalkulatorische Zinsen für Fertigwarenbestände** und

---

67) Diese deckt nur das Kreditrisiko inländischer Umsätze ab. Strenggenommen setzen sich die Kosten für die Warenkreditversicherung aus der Versicherungsprämie für die Überwälzung des Delkredererisikos, der Prüfungsgebühr für die Bonitätsprüfung der zu versichernden Kunden des Versicherungsnehmers und 5% Versicherungssteuer zusammen. Die Versicherungsprämie kann entweder als Umsatzprämie ausgestaltet sein, bei der der Jahres- oder Monatsumsatz als Berechnungsgrundlage dient, oder als Saldenprämie, die auf Basis der Debitorenbestände am Monatsultimo berechnet wird.

kalkulatorische Zinsen für Forderungsbestände. Letztere sind, wie Warenkreditversicherungskosten. Delkredereprovisionen und Factoringkosten auch, mit der finanziellen Abwicklung des Absatzes verbundene Kosten. Je längere Zahlungsziele die Kunden in Anspruch nehmen, desto höher sind die Zinskosten des Unternehmens, da das Kapital in den Forderungen länger gebunden ist. Daher fließt in die Berechnung der Forderungsbestände auch die Verweildauer der Forderungen mit ein.[68)]

Im Rahmen der kalkulatorischen Kosten sind noch die **kalkulatorischen Vertriebswagnisse** als spezifische Vertriebskostenart zu erwähnen. Kosten für kalkulatorische Vertriebswagnisse sind nur dann anzusetzen, wenn die bestehenden Einzelrisiken nicht durch Versicherungen abgedeckt sind. Unter solchen Umständen werden die kalkulatorischen Vertriebswagnisse in Beständewagnisse für Schwund, Zerstörung, Verderb, Qualitätsminderung, Veraltern usw. von Fertigwaren, Gewährleistungswagnisse für verspätete Lieferung oder die Lieferung mängelbehafteter Produkte und Kundenwagnisse für Forderungsausfälle und Wechselkursveränderungen unterschieden.[69)]

---

68) Durch eine einfache Umformung der allgemeinen Formel zur Berechnung des Debitorenumschlags läßt sich der durchschnittliche Forderungsbestand wie folgt berechnen:

$$\text{Durchschnittlicher Forderungsbestand} = \text{Jahresumsatz} \times \frac{\text{Ø Verweildauer}}{360}$$

Zur Berechnung der durchschnittlichen Verweildauer der Forderungen im Unternehmen vgl. im Detail LANGEN, Heinz: Die Prognose von Zahlungseingängen, in: ZfB, 34. Jg. (1964), H. 5, S. 300 ff.

69) Vgl. HESSENMÜLLER, B.: Erfolgsrechnung, S. 33 f. Anzumerken ist, daß Gewährleistungswagnisse, die sich in Preisnachlässen, Konventionalstrafen und Schadensersatzzahlungen niederschlagen, und Kundenwagnisse in manchen Publikationen - richtigerweise - zu den Erlösschmälerungen gezählt werden. Vgl. MÄNNEL, W.: Erlösschmälerungen, S. 38 ff.; KLOOCK, J. u.a.: Leistungsrechnung, S. 72 u. S. 153 f. und die Ausführungen in Abschnitt B.II. des 1. Kapitels.

Die zuweilen vorzufindende Klassifikation der Kosten für Übernachtungen, Bewirtung, Repräsentation und Spesen als spezifische Vertriebskostenarten ist nicht zutreffend, da diese Kostenarten nicht ausschließlich im Vertriebsbereich, sondern auch - etwa im Rahmen von Beschaffungsprozessen - in anderen Unternehmensbereichen entstehen.

Zusammenfassend bleibt festzuhalten, daß die spezifischen Vertriebskostenarten überwiegend für **fremdbezogene Vertriebsleistungen** anfallen. Aber auch in selbsterstellte Vertriebsleistungen gehen spezifische Vertriebskostenarten ein, etwa Kosten für Werbematerial, Versicherungskosten, Provisionen für Reisende und kalkulatorische Kosten.

2. Unspezifische Vertriebskostenarten

Neben den spezifischen Vertriebskostenarten existieren im Vertrieb noch weitere primäre Kostenarten, die jedoch auch in anderen Unternehmensbereichen vorzufinden sind. Daher fällt nur ein **Teil ihrer Gesamtsumme im Vertriebsbereich** an. Deutlich wird dies am Beispiel der Personalkosten. Der Lohn für einen gewerblichen Arbeitnehmer, der im Versand beschäftigt ist, wird ebenso der Kostenart Lohnkosten zugeordnet wie die Lohnzahlungen an einen im Rohstofflager arbeitenden Arbeitnehmer. Ähnliches gilt für die Gehälter des Marketingleiters und des Produktionsleiters. Abschreibungen, Instandhaltungskosten, Kosten für Büromaterial und sonstige Hilfs- und Betriebsstoffe, Energiekosten, Postkosten und Kostensteuern sind weitere unspezifische Vertriebskostenarten.

Prinzipiell ist es möglich, sämtliche unspezifischen Vertriebskostenarten bereits in der Kostenartenrechnung als Vertriebskosten zu identifizieren, indem man als ergänzendes Kriterium der Kostenartengliederung den **funktionalen Entstehungsbereich der Kosten** angibt. Auf diese Weise erhält man beispielsweise die Kostenartengruppen Personalkosten/Beschaffung, Personalkosten/Produktion und Personalkosten/Vertrieb.[70)]

Den unspezifischen Vertriebskostenarten ist gemeinsam, daß sie im Zuge der **Selbsterstellung von Vertriebsleistungen** und dem damit verbundenen Bereithalten von Vertriebspotentialen entstehen. Sie werden in den entsprechenden Vertriebskostenstellen dokumentiert. Obgleich in der Kostenartenrechnung nur primäre Kostenarten erfaßt werden, sei der Vollständigkeit halber erwähnt, daß für selbsterstellte Vertriebsleistungen neben primären Kosten auch sekundäre Kosten auf der leistungserstellenden Vertriebskostenstelle festgehalten werden. Die Kosten fallen im Verlauf des innerbetrieblichen Leistungsaustausches an, der sowohl zwischen verschiedenen Vertriebskostenstellen als auch zwischen Vertriebskostenstellen und Kostenstellen anderer Unternehmensbereiche stattfinden kann.

III. Zum Problem der periodengerechten Abgrenzung der Vertriebskosten

Bei der Überführung von Aufwendungen in Kosten besteht neben der Ausgrenzung des neutralen Aufwandes und dem Hinzufügen der kalkulatorischen Kosten das Problem der zeitlichen oder **periodengerechten Abgrenzung der Kosten von den Aufwendungen.** Dies ist auf die unterschiedliche Länge der Abrechnungsperioden zurückzuführen, die für die Aufwands- und Ertragsrechnung des externen Rechnungswesens aufgrund gesetzlicher Bestimmungen zwölf Monate, für die Kostenrechnung regelmäßig nur einen Monat beträgt.

---

70) Zu den Folgen dieser Vorgehensweise für die Aufstellung von Kostenartenplänen vgl. die Ausführungen in Abschnitt D. dieses Kapitels.

Die **unterjährige Abgrenzungsproblematik** zwischen Aufwand und Kosten tritt dann auf, wenn Aufwendungen für mehrere Monate gemeinsam anfallen, etwa für ein Quartal oder ein Jahr, wie das bei Aufwendungen für Versicherungen, Mieten, Energie und Pauschallizenzen der Fall sein kann. In Abhängigkeit davon, ob der zeitliche Anfall des Aufwandes vor oder nach der betrachteten Abrechnungsperiode der Kostenrechnung anfällt, sind unterjährige Abgrenzungen entweder **transitorisch** oder **antizipativ** vorzunehmen. Auch mit monatlich anfallenden, aber stark schwankenden Aufwendungen - man denke an die Urlaubs- und Feiertagslöhne - sind Abgrenzungsprobleme verbunden, die häufig durch den Ansatz von **Normalkosten,** eventuell unter Berücksichtigung saisonaler Schwankungen, gelöst werden. Diese Abgrenzungsfälle sind kein vertriebsspezifisches, sondern ein gesamtunternehmensbezogenes Phänomen, das in der Kostenrechnungsliteratur bereits ausführlich diskutiert wurde.[71] Daher wird auf eine tiefergehende Erörterung verzichtet.

Ein **vertriebsspezifisches Abgrenzungsproblem** existiert im Bereich der Absatzvorbereitung, Absatzanbahnung und der Erhaltung der Absatzbeziehungen,[72] die auch unter dem Begriff **akquisitorische Funktionen des Vertriebs** zusammengefaßt werden.[73] Hier können Ausgaben entstehen, die zwar keinen Aufbau von Kapazitäten bewirken, aber "zeitungebundene Nutzungspotentiale"[74] schaffen. Diese **Nutzungspotentiale** stiften für das Unternehmen über einen längeren

---

71) Vgl. etwa SEICHT, Gerhard: Moderne Kosten- und Leistungsrechnung, 5. Aufl., Wien 1986, S. 71 ff.; HUMMEL, S. - MÄNNEL, W.: Kostenrechnung 1, S. 139 ff.; KILGER, W.: Einführung, S. 107 ff.

72) Vgl. hierzu auch Abbildung 1-1.

73) So FISCHER, K.-P.: Vertriebskostenrechung, S. 37 f.

74) KILGER, W.: Einführung, S. 52. KILGER bezeichnet die mit dem Aufbau zeitungebundener Nutzungspotentiale verbundenen Kosten als Vorleistungskosten und sieht diese als eine gesonderte Kostenkategorie an. Vgl. EBD.

Zeitraum hinweg Nutzen, der sich in Erlösen späterer Perioden niederschlägt. Konkret bedeutet das, daß Ausgaben für Werbung, Verkaufsförderung, Öffentlichkeitsarbeit, Kunden- und Außendienst, aber auch Ausgaben für Marktforschung möglicherweise erst in nachfolgenden Perioden sukzessiv zu Erlösen führen. **Handels- und steuerrechtlich** werden solche Ausgaben in der Regel als Aufwand der Periode behandelt, in der sie angefallen sind. Nur unter bestimmten, eng umgrenzten Bedingungen[75] ist eine Aktivierung und eine Verteilung des Aufwandes über mehrere Perioden mittels Abschreibungen möglich, entsprechend dem dynamischen Bilanzierungsziel, Aufwendungen jenen Perioden zuzurechnen, in denen sie Erträge auslösen. Für die Vertriebskostenrechnung ist nun die Frage zu klären, wie die mit der Schaffung akquisitorischer Nutzungspotentiale verbundenen, nicht aktivierten Aufwendungen in Kosten zu überführen ist.

---

75) Grundsätzlich ist zunächst zu klären, ob überhaupt - etwa im Falle von Aufwendungen für eine Werbeaktion - im handelsrechtlichen Sinne ein Vermögensgegenstand oder im steuerrechtlichen Sinne ein Wirtschaftsgut vorliegt. Dies ist strittig. (Vgl. hierzu TIEDTKE, Klaus: Einkommensteuer- und Bilanzsteuerrecht, Berlin - New York 1983, S. 250 ff. und die dort angegebene Literatur.) Selbst wenn man das Vorliegen eines Vermögensgegenstandes oder Wirtschaftsgutes bejaht, ist gem. § 248 Abs. 2 HGB und § 5 Abs. 2 EStG der entgeltliche Erwerb von Dritten Voraussetzung für die Aktivierung als immaterieller Vermögensgegenstand bzw. immaterielles Wirtschaftsgut des Anlagevermögens. Verneint man hingegen das Vorliegen eines Vermögensgegenstandes bzw. Wirtschaftsgutes, ist handelsrechtlich gem. § 269 HGB allenfalls eine Aktivierung im Rahmen der Bilanzierungshilfe "Aufwendungen für die Ingangsetzung und Erweiterung des Geschäftsbetriebes" möglich, wenn es sich um eine wesentliche Erweiterung oder Umstellung des Absatzpotentials - z. B. in Form der Erschließung neuer Märkte - handelt und die sofortige erfolgswirksame Verbuchung der Aufwendungen hierfür zu einem erheblich unter dem sonst möglichen Niveau liegenden Gewinn führen würde. Vgl. COENENBERG, Adolf G.: Jahresabschluß und Jahresabschlußanalyse, 10. Aufl., Landsberg am Lech 1988, S. 94 f.

Werden Maßnahmen zum Aufbau akquisitorischer Potentiale **regelmäßig innerhalb gewisser Zeitintervalle,** die ein Jahr nicht (wesentlich) übersteigen sollten, in einem nicht zu stark schwankendem Umfange ergriffen, können die hierfür anfallenden **Ausgaben bzw. Aufwendungen als Vertriebskosten** übernommen werden. Allenfalls wird hier die eingangs geschilderte Problematik der Abgrenzung von für mehrere Monate gemeinsam entstehenden Aufwand virulent. Diese Vorgehensweise läßt sich wie folgt begründen. Im Rahmen einer kalkulatorischen Vermögens- und Kapitalrechnung[76] ist es möglich, die mit dem Aufbau der Nutzungspotentiale verbundenen Aufwendungen zu aktivieren und sie entsprechend ihren "Leistungsabgaben" kalkulatorisch abzuschreiben und auf diese Weise in Vertriebskosten zu überführen. Die Abschreibungen dürften in der Regel jedoch ungefähr jenen Beträgen entsprechen, die sich aus einer laufenden Verrechnung jener Ausgaben bzw. Aufwendungen als Vertriebskosten ergeben.[77] Die entstehenden Abweichungen erscheinen, sofern sie sich auf längere Sicht nicht sowieso **ausgleichen,** unter Abwägung zwischen Genauigkeit und Wirtschaftlichkeit hinnehmbar. Die Aufwendungen für den **Außendienst** und den **Kundendienst** sind daher stets sofort als Vertriebskosten anzusetzen, da im ersten Fall die Kunden regelmäßig besucht werden und im zweiten Fall Reklamationen und Schadensfälle über einen längeren Zeitraum betrachtet auch ein gleichbleibendes Grundmuster aufweisen. **Verkaufsförderungsmaßnahmen** sollen keine langfristigen Wirkungen erzielen, sondern - dem Wesen der Verkaufsförderung entsprechend - kurzfristig zusätzliche Kaufanreize schaffen. Deshalb verbietet sich eine Verteilung des Aufwandes hierfür über mehrere Perioden. Ausgaben bzw. Aufwendungen für **Werbung, Öffentlichkeitsarbeit** und **Marktforschung** sind nur dann im Jahre

---

76) Vgl. hierzu WEBER, H. K.: Rechnungswesen, S. 294 ff.

77) Vgl. FISCHER, K.-P.: Vertriebskostenrechnung, S. 21; ADELBERGER, H.: Vertriebskostenrechnung, S. 35.

ihres Anfalls als Vertriebskosten zu behandeln, wenn die korrespondierenden Maßnahmen in einer gewissen Regelmäßigkeit durchgeführt werden. Dies ist etwa bei Markenartikelherstellern, die auf wettbewerbsintensiven Konsumgütermärkten tätig sind und daher auf kontinuierliche Werbung kaum verzichten können, oder bei der Chemischen Industrie der Fall, deren auf eine Imageverbesserung zielende Öffentlichkeitsarbeit derzeit mit Hilfe von regelmäßig geschalteten Anzeigenkampagnen betrieben wird.

Jener Teil der **Werbung, Öffentlichkeitsarbeit und Marktforschung,** der **aperiodisch** und in **stark schwankendem Umfang** durchgeführt wird, muß differenzierter betrachtet werden. Am anschaulichsten läßt sich das am Beispiel der Werbung demonstrieren. Außerordentliche Werbeaufwendungen fallen etwa dann an, wenn es um die Erarbeitung einer strategischen Werbekonzeption geht, die auf längere Sicht die Grundlage für die werbliche Kommunikation bilden soll. Eine **Selbsterstellung** ist nur für den Fall vorhandener personaler Kapazitäten in Betracht zu ziehen, da eine Aufstockung des Personalbestandes aufgrund arbeitsrechtlicher Bestimmungen nur schwer wieder rückgängig zu machen ist. Somit greift das Unternehmen auf vorhandene personale Kapazitäten zurück, deren Löhne und Gehälter regelmäßig als Kosten zum Zeitpunkt ihres Anfalls verrechnet werden. Die zusätzlichen, auf die Selbsterstellung der Werbekonzeption zurückzuführenden Ausgaben bzw. Aufwendungen für Büro- und Werbematerial, aber auch für unterstützende Tätigkeiten von Werbeagenturen könnten zwar aktiviert und über die voraussichtliche Wirkungsdauer abgeschrieben werden, doch sind sie im Vergleich zu den regelmäßig in der die Leistung erstellenden Werbekostenstelle anfallenden Vertriebskosten zu gering, so daß sich aus Wirtschaftlichkeitsgründen eine sofortige **Verrechnung als Vertriebs-**

kosten unter Verzicht auf eine zeitliche Verteilung empfiehlt.[78]

Wird dagegen mit der Erarbeitung der Werbekonzeption eine **Werbeagentur** beauftragt, liegt der zusätzliche Aufwand beträchtlich höher als im Falle der Selbsterstellung. Wenn man die Ermittlung aussagefähiger und miteinander vergleichbarer Periodenergebnisse und damit das Normalisierungsstreben der Kostenrechnung in den Vordergrund stellt, erweist es sich als sinnvoll, den Aufwand für die Konzipierung einer Werbestrategie durch eine Werbeagentur mittels einer **kalkulatorischen Aktivierung** und anschließender **sukzessiver Abschreibung als Vertriebskosten** über die geschätzte Wirkungs- und Einsatzdauer zu verteilen.[79] Zweifelsohne stellt die Festlegung des Abschreibungszeitraums das größte Problem dar, da eine Prognose über die Dauer und Intensität des Nutzens, den das akquisitorische Potential in zukünftigen Perioden zu stiften vermag, mit einer Vielzahl von Unsicherheitsfaktoren - etwa unvorhergesehenen Marktreaktionen - behaftet ist. Die bisherige Argumentation zu den außerordentlichen Werbeaufwendungen gilt analog für entsprechende Aktivitäten im Bereich der Öffentlichkeitsarbeit und der Marktforschung.

Im Rahmen der Werbung, aber auch der Öffentlichkeitsarbeit ist jedoch eine **Besonderheit** zu beachten. Hier werden bewußt in unregelmäßigen, längeren Zeitabständen konzentrierte Aktionen durchgeführt, wie das häufig bei der Einführungswerbung zu beobachten ist. Die Werbebotschaft wird

---

78) Diese Vorgehensweise schließt nicht aus, daß eine Projektabrechnung für diese Werbekonzeption durchgeführt wird, die die projektvariablen Kosten, die unter Umständen auch projektvariable Personalkosten umfassen können, einer kalkulatorischen Deckungskontrolle unterzieht. Vgl. KILGER, W.: Plankostenrechnung, S. 291.

79) Vgl. FISCHER, K.-P.: Vertriebskostenrechnung, S. 21.

innerhalb eines fest umrissenen Zeitraums geballt in mehreren Medien gleichzeitig plaziert. Sicherlich ist auch in solchen Fällen der Weg einer zeitlichen Verteilung des Aufwandes gangbar, sofern man aus den Periodenergebnissen außerodentliche Einflüsse eliminieren will. Beabsichtigt man hingegen, diesen konzentrierten Mitteleinsatz und seine Auswirkung auf die Erlöse der gleichen Periode abzubilden, wird man auf eine zeitliche Verteilung der Aufwendungen verzichten und sie sofort als Vertriebskosten ansetzen.[80)]

Zusammenfassend ist festzuhalten, daß die mit dem Aufbau akquisitorischer Nutzungspotentiale verbundenen Ausgaben bzw. Aufwendungen nur bei **unregelmäßigen Maßnahmen** über ihre prospektive Nutzungsdauer verteilt werden sollten. Selbst in solchen Fällen ist allerdings zu prüfen, welche **Rechnungszwecke** man verfolgt. Einen abschließenden Überblick über die Problematik der periodengerechten Abgrenzung der Vertriebskosten gibt Abbildung 3-3.

D. SYSTEMATISIERUNG VON VERTRIEBSKOSTENARTEN

Die von einem Unternehmen unterschiedenen Kostenarten werden in einem **Kostenartenplan** in systematischer Form festgehalten. Die Kostenartenpläne für Industriebetriebe sind primär auf die Bedürfnisse des Fertigungsbereichs zugeschnitten. Daher finden dort nur wenige spezifische Vertriebskostenarten in der Kostenartengliederung Berücksichtigung. Deutlich wird dies, wenn man die Kostenartensystematik der Kontenklasse 4 des Gemeinschaftskostenrahmens der Industrie und die am Gemeinschaftskontenrahmen angelehnten Kontenrahmen und Kontenpläne einzelner Wirtschaftszweige und die dort vorgeschlagenen Kostenartendifferenzierungen analysiert. Grundsätzlich

---

80) Vgl. ADELBERGER, H.: Vertriebskostenrechnung. S. 36.

Abbildung 3-3
Zusammenfassender Überblick über die Behandlung von Aufwendungen für den Aufbau akquisitorischer Nutzungspotentiale

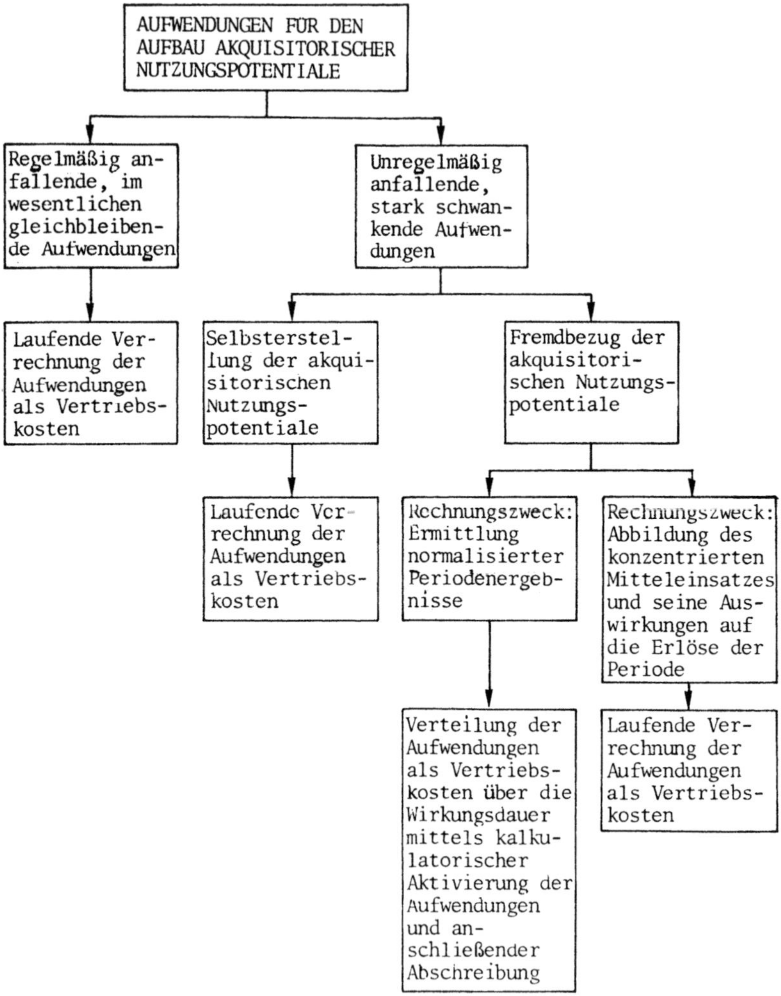

bestehen **zwei Möglichkeiten,** Vertriebskostenarten differenzierter als bisher in Kostenartenplänen abzubilden. Zum einen können innerhalb des **gesamtunternehmensbezogenen Kostenartenplans** verstärkt vertriebsspezifische Differenzierungen vorgesehen werden, zum anderen ist auch der Aufbau **separater Kostenartenpläne** für den Vertrieb denkbar.

In Abbildung 3-4 ist ein **gesamtunternehmensbezogener Kostenartenplan** dargestellt, der in seiner Untergliederung die oben näher erläuterten spezifischen und unspezifischen Vertriebskostenarten weitgehend berücksichtigt.[81] Sie sind im Kostenartenplan der Abbildung 3-4 jeweils auf der untersten Gliederungsebene entsprechend gekennzeichnet. Um möglichst reine Kostenarten bilden zu können, ist der Kostenartenplan in erster Linie **produktionsfaktor- und herkunftsorientiert** strukturiert, sieht man einmal von den als gesonderte Kostenartenhauptgruppe aufgeführten kalkulatorischen Wagnissen, die sich auch unter den einzelnen Güterarten subsumieren ließen,[82] und manchen Kostenartendifferenzierungen auf nachgelagerten, tieferen Gliederungsebenen ab. Auf Grundlage dieses Kostenartenplans können dann **Umgruppierungen** hin zu einem auf die Besonderheiten des betreffenden Unternehmens und die dort verfolgten Rechnungszwecke ausgerichteten Kostenartenplan vorgenommen werden. So wird man häufig die Energiekosten wegen ihrer Bedeutung aus den Materialkosten ausgliedern. Auch wird man die Kostenartenhauptgruppe Dienstleistungskosten auflösen und aus ihr mehrere homogenere Kostenartengruppen bilden, da in ihr so wesensmäßig verschiedene Dienstleistungskosten wie Fremdinstandhaltungskosten und Messekosten zusammengefaßt sind. In letzter Zeit wird auch eine

---

81) Von weiteren, auf andere Funktionalbereiche abstellende Differenzierungen, etwa die tiefere Untergliederung von primär in der Produktion anfallenden Kostenarten, wurde, da in diesem Zusammenhang nicht relevant, abgesehen.

82) So bei KLOOCK, J. u. a.: Leistungsrechnung, S. 70 ff.

Abbildung 3-4
Beispiel für einen gesamtunternehmensbezogenen Kostenartenplan unter Berücksichtigung vertriebsspezifischer Kostenarten

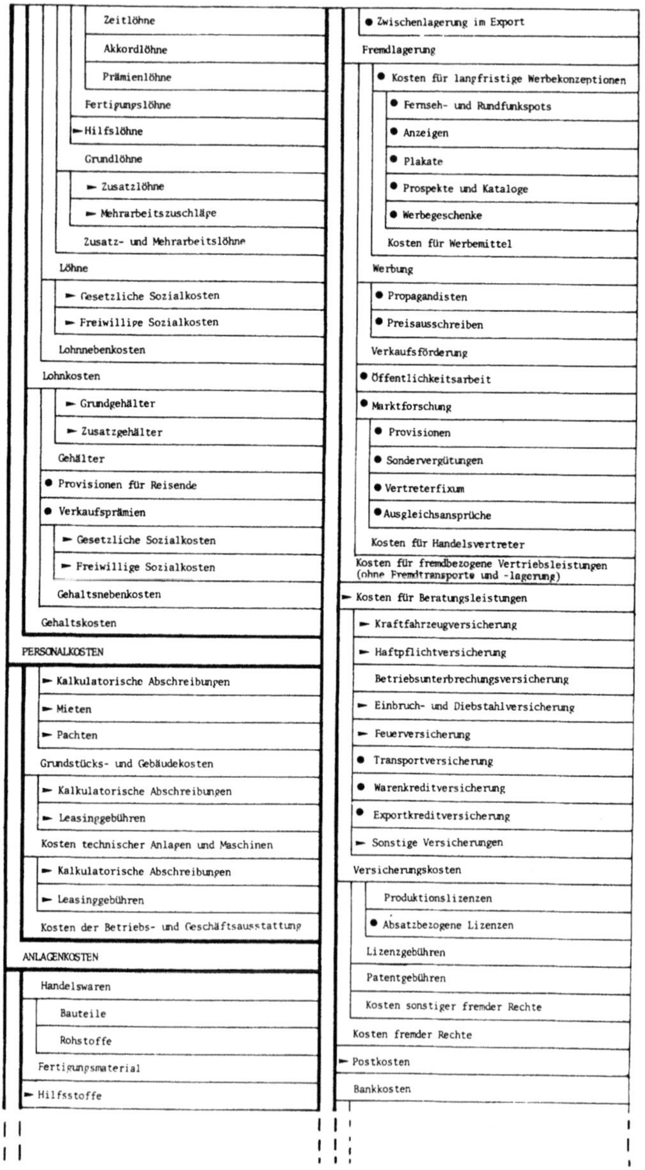

Fortsetzung der Abbildung 3-4

- ► Instandhaltungsmaterial
- ► Strom
- ► Wasser
- ► Brennstoffe
- ► Treibstoffe
- Energiekosten
- ► Büromaterial
- ► Fachzeitschriften und -bücher
- ● Exportverpackungsmaterial
- ● Transportübliches Verpackungsmaterial
- Verpackungsmaterial
- ● Werbematerial
- ● Displaymaterial
- ► Sonstige Materialien
- MATERIALKOSTEN
- Fremdfertigung
- ► Fremdinstandhaltung
- Fremdbezogene Forschnugs-, Entwicklungs- und Konstuktionsleistungen
- Eingangsfrachten
- Zwischenfrachten
- ● Lkw-Frachten
- ● Bahnfrachten
- ● Schiffsfrachten
- ● Luftfrachten
- ● Postpaketverkehr
- Ausgangsfrachten
- ● Aus- und Umladungskosten
- Fremdtransporte
- Lagerung von Roh-, Hilfs- und Betriebsstoffen
- ● Lagerung von Fertigwaren

- ► Spesen
- ► Übernachtungskosten
- ► Fahrtkosten
- Reisekosten
- ► Bewirtungs- und Repräsentationskosten
- ● Standgebühren
- ● Auf- und Abbaukosten
- Messekosten
- ● Delkredereprovisionen und Factoringkosten
- ► Sonstige Dienstleistungen
- DIENSTLEISTUNGSKOSTEN
- ► Kalkulatorische Zinsen auf das Anlagevermögen
- Kalkulatorische Zinsen auf Roh-, Hilfs- und Betriebsstoffe
- ● Kalkulatorische Zinsen auf Fertigwarenbestände
- ● Kalkulatorische Zinsen auf Forderungsbestände
- ► Kalkulatorische Zinsen auf sonstige Gegenstände des Umlaufvermögens
- Kalkulatorische Zinsen auf das Umlaufvermögen
- KAPITALKOSTEN
- Beschaffungswagnisse
- Produktionswagnisse
- Entwicklungswagnisse
- ● Vertriebswagnisse
- KALKULATORISCHE WAGNISSE
- ► Beiträge
- Straßenreinigung und Müllabfuhr
- Kanalgebühren
- ● Gebühren für Ausfuhrdokumente
- ● Gebühren für Einfuhrbewilligung und Einfuhrabgaben
- ● Sonstige Exportgebühren
- Exportgebühren
- Sonstige Gebühren
- Gebühren
- Einfuhrzölle (Import)
- ● Einfuhrzölle (Export)
- Zölle
- ► Vermögensteuer
- ► Gewerbekapitalsteuer
- Gewerbeertragsteuer
- Gewerbesteuer
- Grundsteuer
- ► Kraftfahrzeugsteuer
- ► Sonstige Kostensteuern
- Kostensteuern
- BEITRÄGE, GEBÜHREN, ZÖLLE UND KOSTENSTEUERN

Legende:
● = Spezifische Vertriebskostenarten
► = Unspezifische Vertriebskostenarten

hinkunftsorientierte Strukturierung des Kostenartenplans diskutiert, die vorsieht, daß man sämtliche für wichtige Produktionsfaktoren anfallenden primären Kostenarten auch dort ausweist.[83] Dies führt beispielsweise dazu, daß unter die Anlagenkosten neben den Abschreibungen auch die die Anlagen betreffenden Instandhaltungskosten, Versicherungsprämien und Kapitalkosten fallen.

Die **Differenzierungsmöglichkeiten** der Vertriebskosten sind in einem gesamtunternehmensbezogenen Kostenartenplan durch die zu fordernde Übersichtlichkeit begrenzt, zumal dort auch die Untergliederungserfordernisse anderer Funktionalbereiche berücksichtigt werden müssen. Dieser Begrenzung kann zum Teil dadurch begegnet werden, indem man eine **Maximalaufspannung** des Kostenartenplans vorhält, für die einzelnen Funktionalbereiche jedoch **Verdichtungen** derart vornimmt, daß in vertriebsbezogenen Rechnungen die Vertriebskostenarten in ihrer maximalen Aufspannung, die Kostenarten anderer Unternehmensbereiche lediglich in aggregierter Form ausgewiesen werden.

Zuweilen wird in Erwägung gezogen, als ergänzendes Gliederungskriterium des Kostenartenplans den **funktionalen Entstehungsbereich** der Kosten heranzuziehen. Auf diese Weise könnten bereits in der Kostenartenrechnung sämtliche unspezifische Vertriebskostenarten als Vertriebskosten identifiziert werden.[84] Allerdings erscheint die daraus zwangsläufig resultierende weite Aufspannung des gesamtunternehmensbezogenen Kostenartenplans wenig sinnvoll. Zum einen entsteht eine Vielzahl von Kostenarten, die zunehmend schwerer zu überblicken ist. Zum anderen wird diese wachsende **Unübersichtlichkeit** nicht durch die zusätzlichen Analysemöglichkeiten aufgewogen, da sich Informationen über die Bedeutung bestimmter Kostenarten in ein-

---

83) Vgl. HUMMEL, S. - MÄNNEL, W.: Kostenrechnung 1, S. 135 f.; WEBER, J.: Controllinginstrument, S. 24 f.

84) Vgl. hierzu auch die Ausführungen in Abschnitt C.II.2. dieses Kapitels.

zelnen Funktionalbereichen auch aus der Kostenstellenrechnung durch Summierung der in den Kostenstellen des zu analysierenden Funktionalbereichs ausgewiesenen Kostenartenbeträge generieren lassen.

In Abbildung 3-5 ist ein **separater Kostenartenplan für den Vertrieb** dargestellt, der primär produktionsfaktorbezogen untergliedert ist und nur die in diesem Funktionalbereich anfallenden Kosten aufnimmt. Somit können beispielsweise die Personalkosten des Vertriebs unmittelbar aus dem Kostenartenplan entnommen werden. Die Gliederung der einzelnen Vertriebskostenarten kann in einem gesonderten Kostenartenplan wesentlich tiefer als in einem gesamtunternehmensbezogenen Kostenartenplan erfolgen, da der **Gliederungstiefe** von seiten der Übersichtlichkeit keine so engen Grenzen gesetzt sind. Wie aus Abbildung 3-5 ersichtlich, sind die Vertriebskostenarten so angeordnet, daß die Kostenarten, die im Zuge der **Selbsterstellung von Vertriebsleistungen** entstehen, getrennt von jenen aufgeführt sind, die für **fremdbezogene Vertriebsleistungen** anfallen. Auf diese Weise liefert bereits der Kostenartenplan erste Hinweise auf den Anteil von fremdbezogenen Vertriebsleistungen, der aufgrund der vielfältigen Fremdbezugsmöglichkeiten insbesondere im Bereich der Kommunikationspolitik eine beträchtliche Höhe aufweisen kann.

Der Aufbau eines separaten Vertriebskostenartenplans ist nur dann in Erwägung zu ziehen, wenn man sich für die Implementierung einer Vertriebskostenrechnung als **gesonderte Funktionskostenrechnung** entschieden hat. Anderenfalls ist davon aus Gründen der Wirtschaftlichkeit abzusehen, weil die mit Einrichtung und Pflege des Vertriebskostenartenplans verbundene Mehrarbeit und der erhöhte **Arbeitsaufwand** für die Koordination mit dem gesamtunternehmensbezogenen Kostenartenplan in keiner vertretbaren Relation zu den zusätzlichen Analysemöglichkeiten stehen, die zudem - wie im Rahmen des gesamtunternehmensbezogenen Kostenartenplans ausgeführt - teilweise über den Umweg der Kostenstellenrechnung bereits existieren.

Abbildung 3-5
Beispiel für einen separaten Kostenartenplan für den Vertrieb

Hilfslöhne
Grundlöhne
Zusatzlöhne
Mehrarbeitszuschläge
Zusatz- und Mehrarbeitslöhne
Löhne
Gesetzliche Sozialkosten
Freiwillige Sozialkosten
Lohnnebenkosten
Lohnkosten
Grundgehälter
Zusatzgehälter
Gehälter
Provisionen für Reisende
Verkaufsprämien
Gesetzliche Sozialkosten
Freiwillige Sozialkosten
Gehaltsnebenkosten
Gehaltskosten
PERSONALKOSTEN
Kalkulatorische Abschreibungen
Mieten
Pachten
Grundstücks- und Gebäudekosten
Kalkulatorische Abschreibungen
Leasinggebühren
Kosten technischer Anlagen und Maschinen
Kalkulatorische Abschreibungen
Leasinggebühren
Kosten der Betriebs- und Geschäftsausstattung
ANLAGENKOSTEN
Hilfsstoffe
Instandhaltungsmaterial
Strom
Wasser
Brennstoffe
Treibstoffe
Energiekosten
Büromaterial

Kalkulatorische Zinsen auf das Anlagevermögen
Kalkulatorische Zinsen auf Fertigwarenbestände
Kalkulatorische Zinsen auf Forderungsbestände
Kalkulatorische Zinsen auf sonstige Gegenstände des Umlaufvermögens
Kalkulatorische Zinsen auf das Umlaufvermögen
KAPITALKOSTEN
Beständewagnisse
Gewährleistungswagnisse
Kundenwagnisse
KALKULATORISCHE VERTRIEBSWAGNISSE
Beiträge
Gebühren für Ausfuhrdokumente
Gebühren für Einfuhrbewilligung und Einfuhrabgaben
Sonstige Exportgebühren
Exportgebühren
Sonstige Gebühren
Gebühren
Einfuhrzölle (Export)
Kostensteuern
BEITRÄGE, GEBÜHREN, ZÖLLE UND KOSTENSTEUERN
MIT DER SELBSTERSTELLUNG VON VERTRIEBSLEISTUNGEN VERBUNDENE KOSTEN
Lkw-Frachten
Bahnfrachten
Postpaketverkehr
Ausgangsfrachten Inland
Lkw-Frachten
Bahnfrachten
Schiffsfrachten
Luftfrachten
Postpaketverkehr
Ausgangsfrachten Ausland
Aus- und Umladungskosten
Fremdtransporte
Lagerung von Fertigwaren
Zwischenlagerung im Export
Fremdlagerung
Kosten für langfristige Werbekonzeptionen
Kosten für konzeptionelle Leistungen
Kosten für ausführende Leistungen

Fortsetzung der Abbildung 3-5

- Fachzeitschriften und -bücher
    - Exportverpackungsmaterial
    - Transportübliches Verpackungsmaterial
- Verpackungsmaterial
- Werbematerial
- Displaymaterial
- Sonstige Materialien

MATERIALKOSTEN

- Fremdinstandhaltung
- Kosten für Beratungsleistungen
    - Kraftfahrzeugversicherung
    - Haftpflichtversicherung
    - Einbruch- und Diebstahlversicherung
    - Feuerversicherung
    - Transportversicherung
    - Warenkreditversicherung
    - Exportkreditversicherung
    - Sonstige Versicherungen
- Versicherungskosten
    - Absatzmengen- und -wertabhängige Lizenzen
    - Pauschallizenzen
- Absatzbezogene Lizenzen
- Postkosten
    - Spesen
    - Übernachtungskosten
    - Fahrtkosten
- Reisekosten
- Bewirtungs- und Repräsentationskosten
    - Standgebühren
    - Auf- und Abbaukosten
- Messekosten
- Sonstige Dienstleistungen

DIENSTLEISTUNGSKOSTEN

- Fernseh- und Rundfunkspots
    - Kosten für konzeptionelle Leistungen
    - Kosten für ausführende Leistungen
- Anzeigen
- Plakate
- Prospekte und Kataloge
- Werbegeschenke

Kosten für Werbemittel

Werbung

- Propagandisten
- Preisausschreiben

Verkaufsförderung

Öffentlichkeitsarbeit

- Handelspanels
- Verbraucherpanels
- Produkt- und Markttest

Marktforschung

- Provisionen
- Sondervergütungen
- Vertreterfixum
- Ausgleichsansprüche

Kosten für Handelsvertreter

Delkredereprovisionen und Factoringkosten

Kosten für sonstige fremdbezogene Vertriebsleistungen

MIT DEM FREMDBEZUG VON VERTRIEBSLEISTUNGEN VERBUNDENE KOSTEN

4. KAPITEL:
KOSTENSTELLENRECHNUNG IM VERTRIEB

A. ZWECKE DER KOSTENSTELLENRECHNUNG IM VERTRIEB

Als **Kostenstellen** werden diejenigen betrieblichen Teilbereiche bezeichnet, in denen die Kosten entstehen und die in der Kostenrechnung als **selbständige Einheiten** abgerechnet werden.[1] Die Kostenstellenrechnung gibt Auskunft darüber, wo im Unternehmen welche Kosten in welcher Höhe angefallen sind.[2] Sie stellt eine sehr wichtige **Verdichtungsrichtung der Grundrechnung** der Kosten dar.[3]

Als wesentliche Zwecke der Kostenstellenrechnung sind zum einen die Wirtschaftlichkeitskontrolle, zum anderen die Weiterverrechnung der in den Kostenstellen erfaßten Kosten auf Kostenträger zu nennen, die der Inanspruchnahme der Kostenstellen zu entsprechen hat.[4] Die beiden Rechnungszwecke sind auch für die vertriebsbezogene Kostenstellenrechnung bedeutsam, wenngleich der zweite Rechnungszweck weiter gefaßt werden muß.

---

1) Vgl. SCHWEITZER, M. - KÜPPER, H.-U.: Systeme, S. 155; KILGER, W.: Einführung, S. 154.

2) Vgl. HUMMEL, S. - MÄNNEL, W.: Kostenrechnung 1, S. 19.

3) Ähnlich auch WEBER, der vorschlägt, für jedes wesentliche Bezugsobjekt gesonderte Teil-Grundrechnungen einzurichten und dabei insbesondere an die Implementierung separater kostenstellenbezogener Grundrechnungen denkt. Vgl. WEBER, J.: Kosten-Grundrechnung (II), S. 550.

4) Zu diesen und weiteren Rechnungszwecken vgl. etwa HABERSTOCK, Lothar: Grundzüge der Kosten- und Erfolgsrechnung, München 1975, S. 82 f.; HUMMEL, S. - MÄNNEL, W.: Kostenrechnung 1, S. 193 ff.; SCHWEITZER, M. - KÜPPER, H.-U.: Systeme, S. 155 f.

Die Vertriebskostenstellen bilden die zentralen Ansatzpunkte zur **Überwachung der Wirtschaftlichkeit des Vertriebsprozesses.**[5] Um eine aussagekräftige Wirtschaftlichkeitskontrolle durchführen zu können, müssen zunächst die Vertriebskostenstellen so weit untergliedert werden, daß Maßgrößen zur Messung der Kostenstellenleistung gefunden werden können. Sie ermöglichen die Ermittlung von Sollkosten, die zur Überprüfung der Wirtschaftlichkeit der Leistungserstellung den Istkosten gegenübergestellt werden.[6]

Sofern die Leistungsmaßstäbe eine direkte Beziehung zu den Kostenträgern aufweisen, dienen sie auch der Weiterverrechnung der kostenstellenbezogen erfaßten variablen Kosten auf die Kostenträger. Eine vertriebsspezifische Erweiterung des Rechnungszweckes **Weiterverrechnung der Kostenstellenkosten** ergibt sich daraus, daß die zunächst nicht weiterverrechneten kostenstellenbezogen erfaßten fixen Vertriebskosten häufig fixe Einzelkosten anderer absatzrelevanter Kalkulationsobjekte darstellen. Deshalb muß der Aufbau der Kostenstellenrechnung im Vertrieb auch eine Möglichkeit zur Weiterverrechnung der fixen Einzelkosten auf die betreffenden Kalkulationsobjekte vorsehen, ohne eine Proportionalisierung von fixen Kosten vorzunehmen.

---

5) Vgl. zur Begründung die Ausführungen in Abschnitt A.II.3. des 2. Kapitels.

6) Der Quotient Istkosten durch Sollkosten wird gemeinhin als wertmäßige Wirtschaftlichkeit bezeichnet. Zu diesem und anderen Wirtschaftlichkeitsbegriffen vgl. WÖHE, G.: Einführung, S. 48 f. und die dort angegebene Literatur.

B. BILDUNG VON VERTRIEBSKOSTENSTELLEN

I. Bedeutsame Kriterien der Bildung von Vertriebskostenstellen

1. Funktionale Gliederung der Vertriebskostenstellen

Die Bildung von Kostenstellen erfolgt im allgemeinen nach Funktionsbereichen, räumlichen Gesichtspunkten, Verantwortungsbereichen und Kostenträgergesichtspunkten.[7] Im Vertriebsbereich repräsentieren die Vertriebsfunktionen das zentrale Gliederungskriterium zur Kostenstellenbildung. Unter **Vertriebsfunktionen** versteht man in sich hinreichend homogene Aufgaben und Tätigkeiten, die im Rahmen der Absatzfunktion des Unternehmens erfüllt und ausgeübt werden, um die Marketingziele zu erreichen.[8] Unter Rückgriff auf die Vertriebstätigkeiten und ihre Ergebnisse können Maßgrößen für vertriebliche Teilleistungen gewonnen werden. Außerdem hängt von der Art und dem Aktivitätsniveau der ausgeübten Vertriebsfunktionen Struktur und Höhe der Vertriebskosten ab. Wenn daher die

---

7) Vgl. HUMMEL, S. - MÄNNEL, W.: Kostenrechnung 1, S. 196 f. Ähnlich auch KOSIOL, E.: Kostenrechnung, S. 181 f.

8) Vgl. HESSENMÜLLER, B.: Erfolgsrechnung, S. 46; MELLEROWICZ, Konrad: Neuzeitliche Kalkulationsverfahren, 6. Aufl., Freiburg 1977, S.58. Dieses Begriffsverständnis entspricht weitgehend dem der angloamerikanischen Literatur, die in diesem Zusammenhang von marketing oder distribution functions spricht. Vgl. etwa die folgende Definition von LONGMAN: "A marketing function is an activity that is performed by a distributor... and that encompasses details of work of the same general kind."(LONGMAN, D. R.: Distribution, S. 42 f., im Original kursiv.) Ähnlich auch HECKERT, J. B. - MINER, R. B.: Distribution, S. 18; MOSSMAN, F. H. u. a.: Dimensions, S. 26.

Vertriebskostenstellen nach Vertriebsfunktionen gegliedert werden,[9] lassen sich am ehesten Maßstäbe zur Messung der von den Kostenstellen erbrachten Vertriebsleistungen finden, die - wie bereits erwähnt - Wirtschaftlichkeitskontrollen und unter bestimmten Umständen die Weiterverrechnung der variablen Kosten ermöglichen. Aus diesen Gründen stellen die Vertriebsfunktionen das in der Regel primäre, in jedem Fall aber **unabdingbare Gliederungskriterium der Vertriebskostenstellen** dar.

Zur Bildung von Vertriebskostenstellen nach funktionalen Kriterien kann man sich auf die **Schäfer'schen Teilfunktionen des Absatzes** stützen,[10] aber auch auf die umfangreichen Funktionskataloge in der angloamerikanischen Literatur zurückgreifen.[11] SCHÄFER faßt die Teilfunktionen zu zwei Funktionsgruppen zusammen: den Akquisitionsfunktionen einerseits, die die Absatzvorbereitung, die Absatzanbahnung, die Vorratshaltung und die Erhaltung der Absatzbeziehungen umfassen, und den Funktionen der

---

9) Im Zusammenhang mit der Gliederung der Vertriebskostenstellen nach Funktionen finden sich in der Literatur auch die Termini Funktionsstellen (vgl. GAU, E.: Kalkulation, S. 38) und Funktionskostenstellen (vgl. GEIST, M.: Absatzpolitik, S. 60). HESSENMÜLLER hingegen wendet sich scharf gegen den Begriff der Kostenstelle und spricht stattdessen lediglich von Funktionen. Vgl. HESSENMÜLLER, B.: Erfolgsrechnung, S. 46 f.

10) Zu den Teilfunktionen des Absatzes vgl. Abbildung 1-1. Zur Eignung der Teilfunktionen zur Kostenstellenbildung vgl. SCHÄFER, E.: Absatzwirtschaft, S. 146; SCHENK, Hans-Otto: Absatztheorie, funktionale, in: TIETZ, B. (Hrsg.): HWA, Sp. 115.

11) Vgl. etwa die 59 Teilfunktionen bei LONGMAN, D. R.: Distribution, S. 44; vgl. weiterhin HECKERT, J. B. - MINER, R. B.: Distribution, S. 18; SEVIN, C. H.: Marketing, S. 13 ff.

Absatzausführung andererseits, die sich aus dem Verkaufsabschluß, der Absatzdurchführung und der finanziellen Durchführung des Absatzes zusammensetzen.[12] Diese Zweiteilung findet sich auch in angloamerikanischen Publikationen, die zwischen order-filling und order-getting functions unterscheiden.[13] In der deutschsprachigen Vertriebskostenliteratur hat sich eine **Dreiteilung der Funktionen** in

- akquisitorische Funktionen bzw. Funktionen der Nachfragegewinnung,
- Funktionen der Verkaufsabwicklung bzw. Nachfragebefriedigung und
- Funktionen der Vertriebsführung

durchgesetzt.[14] Diese Funktionsgruppen stellen gleichzeitig **Vertriebskostenstellengruppen** dar.

---

12) Vgl. SCHÄFER, E.: Absatzwirtschaft, S. 145.

13) So etwa SIMON, S. R.: Managing, S. 22 f.; HORNGREN, C. T.: Cost Accounting, S. 365.

14) Vgl. HESSENMÜLLER, Bruno: Erfassung und Auswertung der Vertriebskosten, in: VEREIN DEUTSCHER INGENIEURE (Hrsg.): VDI-Taschenbuch Industrieller Vertrieb, Düsseldorf 1957, S. 159; FISCHER, K.-P.: Vertriebskostenrechnung, S. 37; JUCKER, W. R.: Budgetierung, S. 12; GEIST, M.: Absatzpolitik, S. 61 u. S. 91.

Abbildung 4-1 zeigt beispielhaft eine **funktionsorientierte Vertriebskostenstellengliederung**, wobei die Kostenstellen den Kostenstellengruppen Vertriebsführung, akquisitorische Kostenstellen und Kostenstellen der Verkaufsabwicklung zugeordnet wurden. Diese Dreiteilung ist allerdings nicht vollkommen trennscharf. So werden regionale Verkaufsbüros nicht nur akquisitorische Funktionen wahrnehmen, sondern durchaus auch Tätigkeiten übernehmen, wie sie in den Kostenstellen der Verkaufsabwicklung vorzufinden sind. Dennoch erscheint jene Differenzierung sinnvoll, da sich die Tätigkeiten in den akquisitorischen Kostenstellen von denjenigen in den Kostenstellen der Verkaufsabwicklung im wesentlichen dadurch unterscheiden, daß in ersteren Vertriebsleistungen erbracht werden, die nicht zwangsläufig zu Umsätzen führen, in letzteren hingegen die Vertriebsleistungen überwiegend an konkrete Kundenaufträge gebunden sind. Daraus ergeben sich Konsequenzen für die Weiterverrechnung der kostenstellenbezogen erfaßten variablen Vertriebskosten.

2. Absatzmarktorientierte Gliederung der Vertriebskostenstellen

a) Inhalt und Bedeutung der absatzmarktorientierten Vertriebskostenstellengliederung

Neben der grundsätzlichen Gliederung der Vertriebskostenstellen nach funktionalen Gesichtspunkten, die auch bei der Kostenstellengliederung anderer Unternehmensbereiche eine dominierende Rolle spielen, sind ergänzend dazu **absatzmarktorientierte Gliederungskriterien** relevant, die zum Teil von den in der gesamtunternehmensbezogenen Kostenrechnung üblichen Gliederungskriterien abweichen. Die zusätzliche absatzmarktspezifische Differenzierung der funktionalen Vertriebskostenstellen orientiert sich an ihren auf bestimmte Ausschnitte des Absatzmarktes be-

Abbildung 4-1
Beispiel für eine Gliederung der Vertriebskostenstellen nach Vertriebsfunktionen

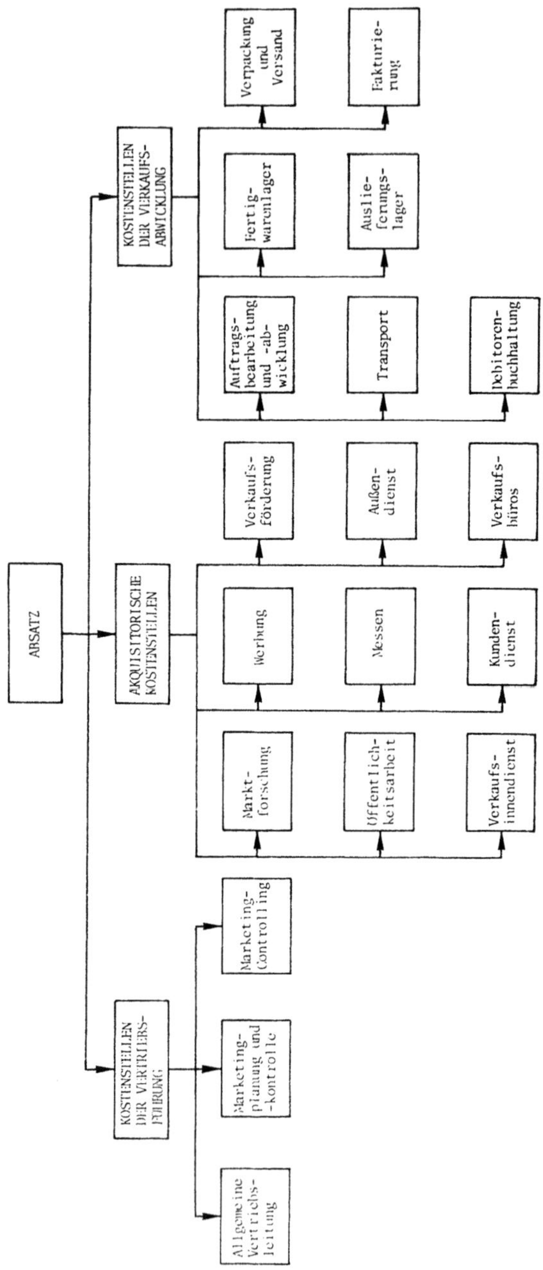

zogenen Aktivitätsfeldern bzw. Tätigkeitsbereichen. **Ziel** dieser ergänzenden Untergliederung ist es, aus einer Funktionskostenstelle mehrere **parallele Kostenstellen gleicher Funktion** zu bilden, die sich dadurch unterscheiden, daß ihre annähernd identischen Tätigkeiten auf unterschiedliche Ausschnitte des Absatzmarktes ausgerichtet sind. So sind beispielsweise regionale Verkaufsbüros für bestimmte Absatzgebiete zuständig oder die Auftragsbearbeitung wird differenziert nach einzelnen Kundengruppen durchgeführt. Die tiefergehende Untergliederung der Vertriebskostenstellen erfolgt aus Gründen der **Zurechenbarkeit der in den Kostenstellen erfaßten Fixkosten auf weitere Kalkulationsobjekte,**[15] wodurch sich die Analyse- und Auswertungsmöglichkeiten in bezug auf jene Kalkulationsobjekte verbessern, auf die eine Zurechnung der Fixkosten erfolgt. Gleichzeitig wirkt sich die tiefere Kostenstellengliederung positiv auf die kostenstellenbezogene Planung, Steuerung und Kontrolle aus.

b) Absatzrelevante Kalkulationsobjekte als Ausgangspunkt einer absatzmarktorientierten Gliederung der Vertriebskostenstellen

Zur Beantwortung der Frage, welche **absatzmarktorientierten Gliederungskriterien** konkret in Betracht zu ziehen sind, kann auf die im Absatzbereich relevanten Kalkulationsobjekte zurückgegriffen werden.[16] Aus der Menge der Kalkulationsobjekte kommen nur solche als Kriterien für die Vertriebskostenstellengliederung in Frage, die es ermöglichen, parallel arbeitende Funktionskostenstellen mit unterschiedlichen, auf spezifische Marktausschnitte

---

15) Vgl. hierzu im Detail die Ausführungen in Abschnitt E.II.1. dieses Kapitels.

16) Zu den absatzrelevanten Kalkulationsobjekten vgl. die Ausführungen in Abschnitt A.II.2.c) des 2. Kapitels.

gerichteten Tätigkeitsbereichen zu schaffen. Unter diesem Gesichtspunkt können nur die **Absatzsegmente** als absatzmarktorientierte Gliederungskriterien herangezogen werden, da der Absatzsegmentierung explixit der Gedanke der Aufteilung des Absatzmarktes in mehrere Teilbereiche zugrunde liegt. Allerdings erweist sich das Absatzsegment **Aufträge** als ein wenig ergiebiges Kriterium, weil die Tätigkeitsbereiche der Funktionskostenstellen nur in den seltensten Fällen auf bestimmte Auftragsgrößen oder -arten beschränkt sind. Dagegen ist das Absatzsegment **Absatzwege** zwar grundsätzlich als Gliederungskriterium sinnvoll, doch können die sich auf verschiedene Absatzwege beziehenden Tätigkeitsbereiche bereits mit einer entsprechenden Untergliederung nach Kunden und Kundengruppen abgedeckt werden.[17)] Somit verbleiben als ergänzende absatzmarktorientierte Gliederungskriterien der Vertriebskostenstellen die Absatzsegmente **Produkte, Kunden und Absatzgebiete.** Daß diesen Differenzierungen auch erhebliche praktische Bedeutung zukommt, zeigen die neueren Marketing-Organisationsformen des Produkt-Management und des Key Account-Management,[18)] die letztlich zu einer produkt- bzw. kundenorientierten Vertriebskostenstellengliederung führen. Schon seit jeher bedeutsam ist die Gliederung nach Absatzgebieten, die sich etwa in regionalen Verkaufsniederlassungen widerspiegelt.

---

17) Das gilt auch für Auswertungen nach verschiedenen Absatzwegen. Entsprechend aufgebaute Kundengruppenanalysen schließen die Untersuchung verschiedener Absatzwege mit ein. Vgl. hierzu auch die Ausführungen in Abschnitt C.II.3. des 6. Kapitels.

18) Das Key Account-Management stellt eine kundenorientierte Organisationsform dar, die dadurch gekennzeichnet ist, daß ein Kunden-Manager für die Betreuung nur noch eines einzigen, allerdings für das Unternehmen sehr bedeutenden Kunden zuständig ist. Vgl. hierzu beispielsweise EBERT, Heinz - LAUER, Herman: Key Account-Management, Bamberg 1988, S. 7 u. S. 20 ff.

3. Vertriebskostenstellenbildung unter dem Gesichtspunkt der Kostenzurechnung

Neben funktionalen und absatzmarktorientierten Gliederungskriterien ist bei der Bildung von Vertriebskostenstellen auch das Problem der **Zurechnung der Vertriebskosten auf die Vertriebskostenstellen** zu berücksichtigen. Wie in der Literatur mehrfach nachgewiesen wurde, führt die Schlüsselung von echten Gemeinkosten jeder Art zu Kosteninformationen, die als Entscheidungsgrundlage ungeeignet sind.[19] Damit die Vertriebskostenstellenrechnung für Marketing-Entscheidungen relevante Kosteninformationen liefern kann, dürfen daher keine Schlüsselungen von Vertriebskostenstellengemeinkosten vorgenommen, sondern den Vertriebskostenstellen ausschließlich ihre **Einzelkosten** zugerechnet werden. Die Bildung der Vertriebskostenstellen muß demnach so erfolgen, daß eine Zurechnung der Kosten als Einzelkosten möglich ist.[20]

Abgesehen von den Umlagen der Kosten der Vorkostenstellen, tritt das Problem der Kostenstellengemeinkosten im Vertrieb insbesondere dann auf, wenn ein Unternehmen seine funktionalen Vertriebskostenstellen weiter nach absatzmarktorientierten Kriterien differenziert. Als Beispiel soll ein Unternehmen dienen, dessen Auftragsbearbeitung in drei Kostenstellen erfolgt, die jeweils die Aufträge einer bestimmten Kundengruppe bearbeiten. Die Gehaltskosten des für alle Kundengruppen zuständigen Leiters der Auftragsbearbeitung und die sonstigen Kosten seines Büros stellen in bezug auf die einzelnen, nur eine Kundengruppe betreuenden Auftragsbearbeitungskostenstellen Gemeinkosten

---

19) Vgl. hierzu insbesondere die Ausführungen von RIEBEL, P.: Entscheidungen, S. 1 ff.; HUMMEL, S. - MÄNNEL, W.: Kostenrechnung 2, S. 21 ff.

20) Für die Kostenstellenbildung allgemein fordert dies auch MENRAD, Siegfried: Rechnungswesen, Göttingen 1978, S. 81.

dar. In der Praxis wird das Zurechnungsproblem häufig dadurch gelöst, indem man die durchschnittliche Zeit schätzt, die sich der Leiter der Auftragsbearbeitung mit den einzelnen Kundengruppen beschäftigt. Diese **Tätigkeitsanteile** dienen dann als Schlüssel zur Aufteilung der Kosten des Leiters der Auftragsbearbeitung auf die einzelnen Kostenstellen. Eine solche Gemeinkostenschlüsselung ließe sich vermeiden, wenn man eine gröbere Kostenstelleneinteilung wählt, also in diesem Beispiel auf eine kundenbezogene Differenzierung der Auftragsbearbeitung verzichtet und sich mit einer einzigen Kostenstelle begnügt. Aus Gründen der Kalkulationsgenauigkeit und der Kostenkontrolle scheidet ein solches Vorgehen jedoch aus. Vielmehr ist eine zusätzliche Kostenstelle, die Kostenstelle Auftragsbearbeitung (Leitung), einzurichten, für die die Kosten des Leiters der Auftragsbearbeitung Einzelkosten darstellen.

Das Streben, in der Kostenstellenrechnung alle Kosten als Einzelkosten durch die Bildung zusätzlicher Kostenstellen oder Kostenstellenbereiche zu erfassen und auszuweisen, führt zu einer **hierarchischen Ordnung der Kostenstellen,** da so Beträge, die Gemeinkosten für Kostenstellen unterer Ebenen darstellen, als Einzelkosten Kostenstellen einer höheren Hierarchieebene direkt zurechenbar sind. Innerhalb einer solchen Kostenstellenhierarchie ist es zweckmäßig, neben den operativen Kostenstellen reine Verrechnungs- oder Summationskostenstellen einzurichten. **Operative Kostenstellen** sind Kostenstellen, die Vertriebsleistungen erbringen und für die daher auch laufend Kosten erfaßt und ausgewiesen werden, wohingegen **Summationskostenstellen** nicht kontinuierlich bebucht werden. In ihnen werden lediglich die Kosten der in der Kostenstellenhierarchie darunter angeordneten operativen Kostenstellen und Summationskostenstellen summiert. Die Trennung in operative Kostenstellen und Summationskostenstellen empfiehlt sich aus Gründen der besseren Transparenz des Rechnungsstoffes. Würde man auf eine solche Trennung verzichten, würden Kostenstellen höherer Hierarchieebenen sowohl Kostenbeträge enthalten, die für diese Kostenstellen laufend erfaßt werden, als auch Kostenbeträge, die auf eine bloße Addition der Kostenstellen unterer Ebenen zurückgehen.

Abbildung 4-2
Beispielhafte Darstellung eines Ausschnittes aus einer nach operativen Kostenstellen und Summationskostenstellen differenzierenden Kostenstellenhierarchie

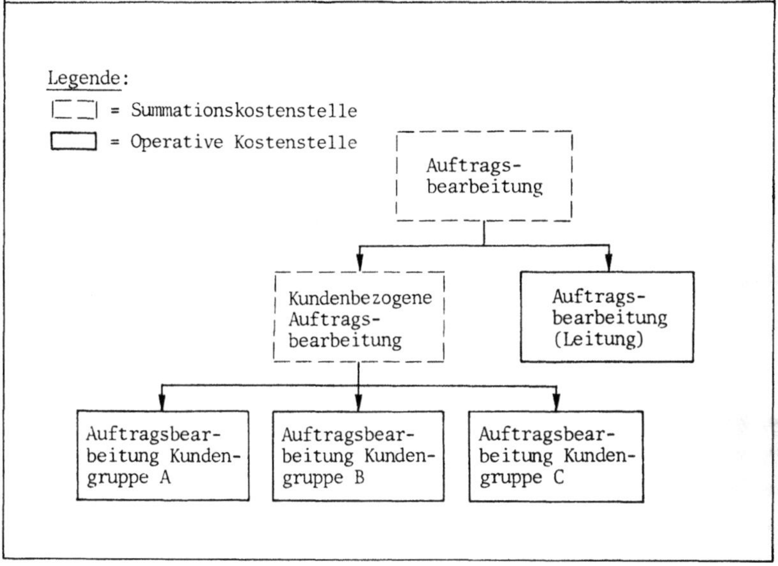

Abbildung 4-2 verdeutlicht diese Zusammenhänge anhand des obigen Beispiels der Kostenstellen der Auftragsbearbeitung. Die Kosten der drei operativen Kostenstellen für die Auftragsbearbeitung der Kundengruppen A, B und C werden in der darüber angeordneten Summationskostenstelle Kundenbezogene Auftragsbearbeitung zusammengefaßt. Auf der gleichen Ebene der Kostenstellenhierarchie ist auch die operative Kostenstelle Auftragsbearbeitung (Leitung) angesiedelt. Die Beträge der auf der gleichen Hierarchieebene liegenden Summationskostenstelle und der operativen Kostenstelle werden anschließend in einer darüber angeordneten weiteren Summationskostenstelle, der Auftragsbearbeitung, addiert.

4. Marketing-controllingorientierte Vertriebskostenstellengliederung

Bei der Gliederung der Vertriebskostenstellen muß auch darauf geachtet werden, daß die **Vertriebskostenstellenrechnung** im Rahmen des Marketing-Controllingkonzepts als **Controllinginstrument** eingesetzt werden kann.[21] Den Kernpunkt des operativen Marketing-Controlling bildet die Steuerung des Vertriebsprozesses mit Hilfe von Abweichungen. Die Vertriebskostenstellen sind als das zentrale Kalkulationsobjekt zur Durchführung eines Soll-Ist-Vergleiches mit anschließender Analyse der Abweichungsursachen anzusehen. Ein solcher **kostenstellenbezogener Soll-Ist-Vergleich** bietet nur dann einen Ansatzpunkt für wirkungsvolle **Gegensteuerungsmaßnahmen**, wenn die Vertriebskostenstellen als **selbständige Verantwortungs-**

---

21) Vgl. hierzu und zum Folgenden die Ausführungen in Abschnitt B.II. des 2. Kapitels.

bereiche eingerichtet sind.[22] Das bedeutet, daß jede Vertriebskostenstelle einen Kostenstellenleiter hat, der für die Kostenstelle verantwortlich ist. Er ist einerseits im Rahmen der Wirtschaftlichkeitskontrolle für all jene Kosten- und Leistungsabweichungen in der Kostenstelle verantwortlich, die er beeinflussen kann. So ist beispielsweise der Leiter des Fertigwarenlagers zwar in der Lage, Einfluß auf die Personalkosten, die Hilfs- und Betriebsstoffkosten und die Instandhaltungskosten zu nehmen, nicht jedoch auf die kalkulatorischen Abschreibungen und Zinsen auf das Anlagevermögen seiner Kostenstelle, da die zugrundeliegenden Investitionsentscheidungen meist nicht von ihm getroffen werden. Andererseits ist der Kostenstellenleiter auch für die Durchsetzung beschlossener Steuerungsmaßnahmen in der Kostenstelle zuständig. Unter Controllingaspekten muß folglich bei der Gliederung nach Verantwortungsbereichen zusätzlich berücksichtigt werden, daß der Verantwortungsbereich des Kostenstellenleiters möglichst weitgehend mit seinem **Einflußbereich** übereinstimmt.[23]

II. Aufbau einer differenzierten, mehrdimensionalen Kostenstellenhierarchie des Vertriebs

Nachdem im vorausgegangenen Abschnitt das Wesen und die Funktion der unterschiedlichen Gliederungskriterien zur Vertriebskostenstellenbildung erläutert wurden, kann nun ein umfassender Vertriebskostenstellenplan aufgestellt

---

22) Die Forderung, Kostenstellen nach Verantwortungsbereichen zu bilden, wurde bereits sehr frühzeitig in der Kostenrechnungsliteratur erhoben. (Vgl. etwa MICHEL, Eduard: Handbuch der Plankostenrechnung, Berlin 1937, S. 59.) In der angloamerikanischen Literatur spricht man in diesem Zusammenhang auch von responsibility accounting. Vgl. HORNGREN, C. T.: Cost Accounting, S. 266 f.

23) Vgl. HEIGL, A.: Controlling, S. 125.

werden, der sich in einer **Vertriebskostenstellenhierarchie** abbilden läßt. Eine differenzierte Kostenstellenhierarchie des Vertriebs hat **möglichst alle Gliederungskriterien** zu berücksichtigen, da die verschiedenen Kriterien - wie oben gezeigt wurde - unterschiedliche Funktionen erfüllen. Welche Kriterien im Vordergrund stehen, hängt zum einen von den im Einzelfall primär verfolgten **Rechnungszwecken,** zum anderen von der **Aufbauorganisation** des Unternehmens und seines Absatzbereiches ab.[24] Weist ein Unternehmen eine funktionale Organisation auf, werden ergänzende absatzmarktorientierte Untergliederungen der Vertriebskostenstellen zunächst nur in beschränktem Umfange vorliegen, da diese Organisationsform eine Spezialisierung nach Sachfunktionen vorsieht.[25] Selbst wenn, ausgehend von einer weiter unten in diesem Abschnitt näher erläuterten Analyse des Leistungsflusses im Vertrieb, eine weitergehende absatzmarktorientierte Differenzierung vorgenommen wird, sind ihr doch aufgrund der funktionalen Organisationsstruktur Grenzen gesetzt. Ist hingegen ein Unternehmen divisional organisiert,[26] sind die Kostenstellen bereits von vorneherein nach dem einen oder anderen absatzmarktorientierten Kriterium ergänzend unterteilt, je nachdem, ob die Arbeitsteilung auf Produktsparten, Absatzgebiete oder Kundengruppen ausgerichtet ist. Dadurch wird eine gezielte Zurechnung der kostenstellenbezogen erfaßten fixen Kosten auf absatzrelevante Kalkulationsobjekte erheblich erleichtert.

---

24) Auf den Zusammenhang zwischen Organisationsstruktur und Kostenstellengliederung verweist WEBER, H. K.: Rechnungswesen, S. 319.

25) Zur funktionalen Organisation vgl. GROCHLA, Erwin: Unternehmensorganisation, Reinbek bei Hamburg 1972, S. 181 ff.

26) Zur divisionalen Organisation vgl. GROCHLA, E.: Unternehmensorganisation, S. 187 ff.

Um eine Kostenstellenhierarchie des Vertriebs aufzubauen, die insbesondere tiefergehende absatzmarktorientierte Untergliederungen vorsieht, bedarf es im wesentlichen **dreier Schritte.** Da Vertriebskostenstellen für unterschiedliche Teilbereiche der Absatzsegmente Produkte, Kunden und Absatzgebiete zuständig sein können, ist es für eine exakte Zuordnung der Vertriebskostenstellen zu ihren Tätigkeitsbereichen erforderlich, in einem **ersten Schritt** die Absatzsegmente weiter in ihre **Teilabsatzsegmente** zu untergliedern. Damit später die fixen Kosten der Kostenstellen als Einzelkosten des betreffenden Teilabsatzsegmentes ausgewiesen werden können, müssen die drei Absatzsegmente und ihre Teilbereiche in eine **hierarchische Struktur** gebracht werden, wie es in Abbildung 4-3 beispielhaft dargestellt ist.

In einem **zweiten Schritt** werden die einzelnen Vertriebskostenstellen den Elementen der drei Zurechnungshierarchien zugeordnet. Die Zuordnung ist auf die operativen Vertriebskostenstellen beschränkt, da nur sie Vertriebsleistungen erbringen und eine Zuordnung von Summationskostenstellen zwangsläufig zu einer Doppelverrechnung von Kosten führen würde. Um eine **Zuordnung der operativen Vertriebskostenstellen** vornehmen zu können, muß festgestellt werden, für welche Elemente der Zurechnungshierarchien eine Vertriebskostenstelle ausschließlich tätig ist. Zur Analyse des **Tätigkeitsbereiches der Vertriebskostenstellen** muß der Leistungsfluß im Vertrieb untersucht werden. Dazu ist zu ermitteln, wo, d. h. in welchen Kostenstellen, welche Arten von Vertriebsleistungen erstellt und für welche Kalkulationsobjekte sie erbracht werden. Erstreckt sich der Tätigkeitsbereich einer Vertriebskostenstelle auf mehrere Kalkulationsobjekte der gleichen Hierarchiestufe, darf diese Vertriebskostenstelle nicht - wie das in der Praxis häufig der Fall ist - mit Hilfe von Schlüsseln, z. B. Tätigkeitsanteilen, auf jene Kalkulationsobjekte aufgeteilt werden. Sie kann nur einem Kalkulationsobjekt der nächst höheren Stufe zugeordnet werden. Auf diese Weise wird eine verursachungsgerechte

Abbildung 4-3
Beispiele für den Aufbau einer Produkthierarchie, einer Hierarchie der Kunden und einer Hierarchie der Absatzgebiete

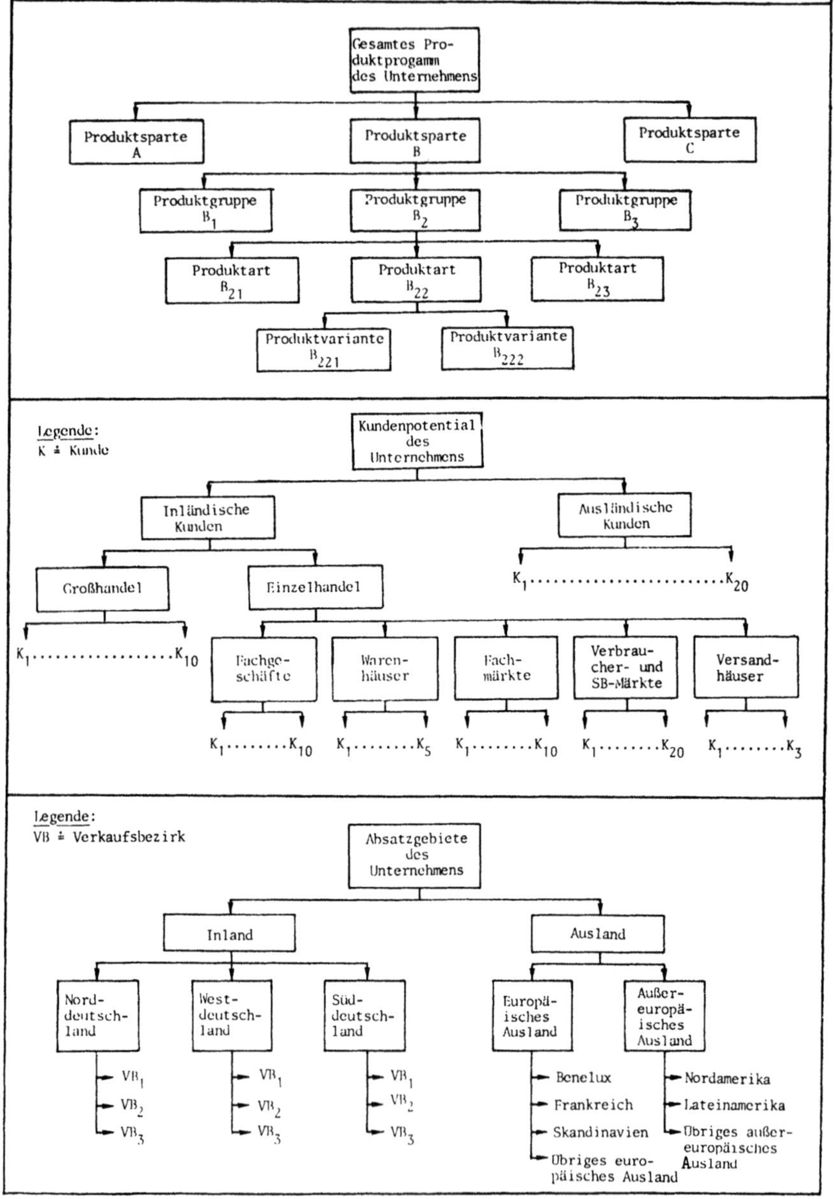

Zurechnung der fixen Kosten der Kostenstellen als Einzelkosten auf die einzelnen Elemente der Zurechnungshierarchien erreicht und damit eine Gemeinkostenschlüsselung vermieden.

Die Zuordnung der Vertriebskostenstellen kann mittels einer **Verknüpfungsmatrix** vorgenommen werden, in der auf der Vertikalen die einzelnen Vertriebskostenstellen und auf der Horizontalen die hierarchisch strukturierten Kalkulationsobjekte abgetragen werden. Die Matrixfelder ermöglichen schließlich die Darstellung der Verknüpfung zwischen Vertriebskostenstellen und den Zurechnungshierarchien. Abbildung 4-4 zeigt eine Verknüpfungsmatrix für ein Beispielunternehmen. Die untersten Hierarchieebenen wurden teilweise weggelassen, weil - so wird unterstellt - keine Vertriebskostenstelle ausschließlich für derartig kleine Segmente der Hierarchie tätig ist. Weiterhin wurde auf eine detaillierte Darstellung der beiden Kostenstellenbereiche Außendienst Inland und Außendienst Ausland verzichtet, obwohl sich beide Bereiche aus einer Leitungskostenstelle und mehreren, für bestimmte Gebiete zuständigen Vertretern, die als separate Kostenstellen geführt werden, zusammensetzen. Die Punkte kennzeichnen die Teilbereiche der Hierarchie, für die eine Vertriebskostenstelle aussschließlich zuständig ist. Wie aus der Abbildung zu entnehmen ist, läßt sich eine Kostenstelle jeder Hierarchie zuordnen, wenngleich auf unterschiedlichen Ebenen. Auf den zugrundeliegenden Leistungsfluß soll an dieser Stelle nicht näher eingegangen werden. Es sei lediglich erwähnt, daß eine funktionale Organisationsstruktur unterstellt wird. Deshalb dominieren in der Kostenstellengliederung funktionale Kriterien, wenngleich manche Kostenstellen ergänzend nach Absatzgebieten und Kundengruppen untergliedert sind. Daraus erklären sich auch die relativ detaillierten Zurechnungsmöglichkeiten auf die Kunden- und Absatzgebietehierarchien. Dagegen können der Produkthierarchie die Vertriebskostenstellen fast durchgängig nur auf der obersten Hierarchieebene zugeordnet werden.

Abbildung 4-4
Beispiele für eine Verknüpfungsmatrix zur Darstellung der Verknüpfung zwischen Vetriebskostenstellen und verschiedenen Zurechnungshierarchien

KOSTEN-STELLEN \ ZURECHNUNGS-HIERARCHIEN	Produkt-programm	Sparte A	Sparte B	Sparte C	Kunden-potential	Inland	Großhandel	Einzel-handel	Fachge-schäfte	Waren-häuser	Fach-märkte	Verbrau-chermärkte	Versand-handel	Ausland	Absatz-gebiete	Inland	Nord	VB 1	VB 2	VB 3	West	VB 1	VB 2	VB 3	Süd	VB 1	VB 2	VB 3	Ausland	Europa	Benelux	Frank-reich	Skandi-navien	Übriges Europa	Außereurop. Ausland	Nord-amerika	Latein-amerika	Sonstige
Vertriebsleitung	●				●										●																							
Werbung	●					●										●																						
Marktforschung	●					●										●																						
Verkaufsförderung			●						●								●				●				●													
Außendienst Inland	●					●										●		●	●	●		●	●	●		●	●	●										
Außendienst Ausland	●													●															●		●	●	●			●	●	
Verkauf Inland Großhandel	●						●									●																						
Verkauf Inland Einzelhandel	●							●								●																						
Verkauf Ausland	●													●															●									
Auftragsbearbeitung Inland	●					●										●																						
Auftragsbearbeitung Ausland	●													●															●									
Fertigwarenlager	●				●										●																							
Versand	●				●										●																							
Auslieferungslager Nord	●					●											●																					
Auslieferungslager West	●					●															●																	
Auslieferungslager Süd	●					●																			●													
Zahlungsverkehrs-abwicklung	●				●										●																							

Die Verknüpfungsmatrix und die ihr vorausgehende Analyse des Leistungsflusses im Vertrieb sind nicht nur Instrumente zur Dokumentation des Istzustandes, sondern bilden gleichzeitig den **Anknüpfungspunkt für eine differenziertere absatzmarktorientierte Kostenstellengliederung.** Indiziert die Matrix nur unzureichende Zurechnungsmöglichkeiten in der Form, daß Verknüpfungen zwischen Vertriebskostenstellen und den Zurechnungshierarchien nur auf den oberen Hierarchieebenen bestehen, muß untersucht werden, ob innerhalb der Vertriebskostenstellen Bereiche existieren, deren Tätigkeit sich ausschließlich auf ein (Teil-)Absatzsegment bezieht. Diese Teilbereiche sind dann als gesonderte Kostenstellen abrechnungstechnisch zu verselbständigen. So kann etwa im Falle des Beispielunternehmens aus Abbildung 4-4 eine eingehende Analyse der Tätigkeitsbereiche der Vertriebskostenstelle Auftragsbearbeitung Inland ergeben, daß einzelne Sachbearbeiter für bestimmte Kundengruppen zuständig sind und daher diese Kostenstelle in mehrere, nach dem ergänzenden Kriterium Kundengruppe zu bildende Vertriebskostenstellen aufzuteilen ist.

Nach der Zuordnung der Kostenstellen zu den absatzmarktorientierten Zurechnungshierarchien wird in einem **dritten und letzten Schritt** eine alle Gliederungskriterien berücksichtigende **Kostenstellenhierarchie des Vertriebs** aufgebaut. Da eine Vertriebskostenstelle gleichzeitig in mehreren Zurechnungshierarchien "hängt" und sich das in der Kostenstellenhierarchie niederschlägt, kann man auch von einer mehrdimensionalen Kostenstellenhierarchie sprechen. In Abbildung 4-5 ist eine solche Kostenstellenhierarchie für das Beispielunternehmen dargestellt. Gegenüber der Verknüpfungsmatrix aus Abbildung 4-4, die den Istzustand dokumentiert und - so wird angenommen - den Ausgangspunkt für eine tiefere Vertriebskostenstellengliederung bildete, wurden sowohl gänzlich neue Kostenstellen eingerichtet, bespielsweise wurden die Messen als selbständige Kostenstellen etabliert, als auch bestehende Kostenstellen in mehrere kleinere Kostenstellen aufgespalten, wie dies für den Verkauf und die Auftragsbearbeitung geschah. Zudem wurden zahlreiche Leitungskostenstellen für bestimmte Kostenstellenbereiche

Abbildung 4-5
Beispiel für eine mehrdimensionale Kostenstellenhierarchie des Vertriebs

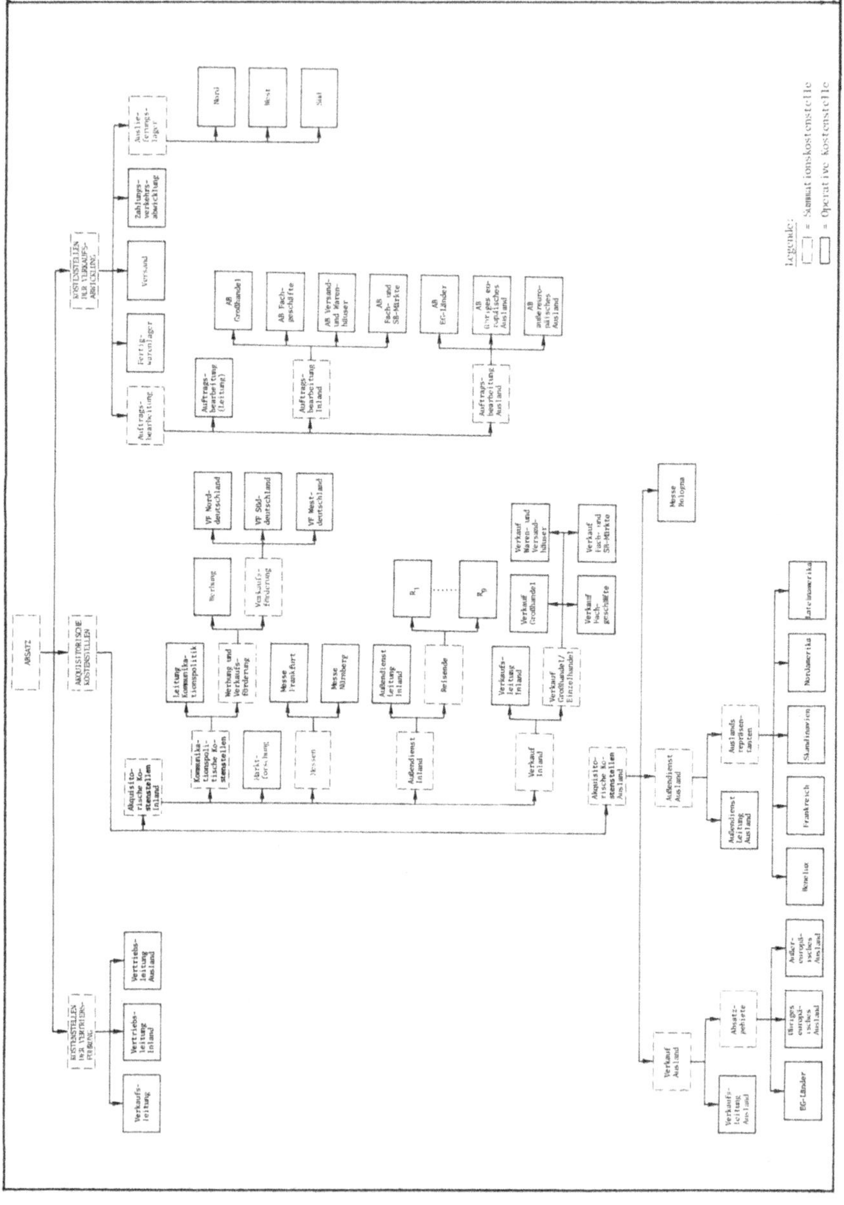

gebildet. Zusammen mit den Summationskostenstellen, die aus Gründen der Kostentransparenz auch in anderen Zweigen der Kostenstellenhierarchie eingerichtet wurden, ermöglichen sie einen Einblick in die Verantwortungsbereiche und ihre Kosten. Ansonsten orientiert sich die Kostenstellenhierarchie in erster Linie an den Vertriebsfunktionen, berücksichtigt daneben aber auch Absatzgebiete und Kunden als Gliederungskriterien, wie aus der Differenzierung der akquisitorischen Kostenstellen bzw. des Verkaufs Inland und der Auftragsbearbeitung Inland ersichtlich ist.

Unternehmensspezifische Organisationsstrukturen und damit zusammenhängende Auswertungsinteressen können es geboten erscheinen lassen, anstelle einer Kostenstellenhierarchie, die versucht, alle Gliederungskriterien ausgewogen zu berücksichtigen, **mehrere parallele Kostenstellenhierarchien** einzurichten, die jeweils ein bestimmtes Kriterium in den Vordergrund stellen.[27] Ein nach Produktsparten gegliedertes Unternehmen, das innerhalb der Sparten nach funktionalen und ergänzend nach regionalen Gesichtspunkten organisiert ist, wird im wesentlichen diese Organisationsstruktur für seine "übliche" Kostenstellengliederung übernehmen. Möchte das Unternehmen auch die Kosten gleichartiger Vertriebskostenstellen über die Sparten hinweg miteinander vergleichen, ist es ratsam, die Kostenstellen "umzusortieren" und eine zweite Hierarchie aufzubauen, die primär funktional und erst nachgeordnet nach produktspezifischen Aspekten gegliedert ist. Unter Umständen sind mehr als zwei Vertriebskostenstellenhierarchien parallel vorzuhalten. Beispielsweise muß aufgrund gewachsener Organisationsstrukturen die Kostenstelleneinteilung nicht mit den Kompetenz- und Verantwortungsbereichen im Vertrieb übereinstimmen, so daß man

---

27) Vgl. MÄNNEL, Wolfgang: Weiterentwicklung der Kosten-, Leistungs-, Erlös- und Ergebnisrechnung für die Praxis, in: krp, Sonderheft 1/85, S. 34.

unter Controllingaspekten eine weitere Hierarchie, die die verschiedenen Verantwortungsbereiche explizit berücksichtigt, implementiert.

C. ERFASSUNG VON LEISTUNGEN DER VERTRIEBSKOSTENSTELLEN

I. Begriff der Vertriebsleistung

Um den Begriff der Vertriebsleistung definieren zu können, ist zunächst zu klären, von welcher Interpretation des allgemeinen Leistungsbegriffes im folgenden ausgegangen wird. Wie bereits im ersten Kapitel im Zusammenhang mit dem Erlösbegriff erwähnt, soll nicht der wertmäßige Leistungsbegriff, der im Rechnungswesen häufig das Pendant zu den Kosten bildet, verwandt werden. Vielmehr wird hier der **allgemeine betriebswirtschaftliche Leistungsbegriff** zugrunde gelegt und Leistung mengenorientiert interpretiert.[28)] Danach bezeichnet der Begriff Leistung zum einen eine betriebliche Tätigkeit, zum anderen das Ergebnis einer betrieblichen Tätigkeit.[29)] Leistung wird in dieser Begriffsfassung einerseits dynamisch als Transformationsprozeß von Input in Output und andererseits statisch als Prozeßergebnis verstanden. Zwischen prozeßbezogenem und ergebnisbezogenem Leistungsbegriff besteht ein enger Zusammenhang derart, daß die ergebnisbezogene

---

28) LEHMANN hat schon frühzeitig auf die Bedeutung des mengenorientierten Leistungsbegriffs im Rahmen der Kostenrechnung hingewiesen. Vgl. LEHMANN, M. R.: Industriekalkulation, S. 54 f. u. S. 64 ff.

29) Vgl. MELLEROWICZ, Konrad: Leistung, in: SEISCHAB, Hans - SCHWANTAG, Karl (Hrsg.): Handwörterbuch der Betriebswirtschaft, Bd. 3, 3. Aufl., Stuttgart 1960, Sp. 3774. So auch ENGELHARDT, der den Begriff des Tätigkeitsergebnisses weiter präzisiert, indem er darunter nicht das erstellte Gut in seiner Ganzheit, sondern nur die durch die Betriebstätigkeit bewirkte Veränderung des Gutes versteht. Vgl. ENGELHARDT, Werner: Grundprobleme der Leistungslehre, dargestellt am Beispiel der Warenhandelsbetriebe, in: ZfbF, 18. Jg. (1966), S. 159 f.

Begriffsfassung der prozeßbezogenen übergeordnet ist.[30] So ist ein Tätigkeitsergebnis zwar ohne vorheriges Tätigwerden nicht denkbar, doch führt eine Tätigkeit nicht notwendigerweise zu dem angestrebten Ergebnis. Von dem verwendeten Leistungsbegriff hängt ab, welche Maßgrößen zur Leistungserfassung herangezogen werden können. Die Leistung einer Maschine etwa läßt sich - vereinfacht dargestellt - prozeßbezogen mittels der Laufzeit und -geschwindigkeit, ergebnisbezogen mittels der ausgebrachten Stückzahl messen. Nicht zuletzt wegen der leichteren Erfaßbarkeit kommt dem ergebnisbezogenen Leistungsbegriff größere praktische Bedeutung zu.[31] Eine lediglich an den Endprodukten orientierte Leistungserfassung wäre unvollständig und zu wenig differenziert. Deshalb muß die Leistungserfassung an den Orten der Leistungsentstehung, den Kostenstellen, ansetzen.[32]

Anknüpfend an dem allgemeinen betriebswirtschaftlichen Leistungsbegriff und seinen beiden Interpretationen werden im folgenden unter **Vertriebsleistungen** jene in **Mengengrößen** im weitesten Sinne ausgedrückten **Tätigkeiten und Tätigkeitsergebnisse**[33] verstanden, die in den zum Absatzbereich eines Unternehmens gehörenden Kostenstellen ausge-

---

30) Vgl. WEBER, J.: Logistikkostenrechnung, S. 111.

31) Vgl. MELLEROWICZ, K.: Leistung, Sp. 3775. Vgl. in diesem Zusammenhang auch die ausschließlich am Tätigkeitsergebnis orientierte Leistungsdefinition von MENRAD, Siegfried: Kosten und Leistung, in: GROCHLA, E. - WITTMANN, W. (Hrsg.): HWB, Bd. 2, 4. Aufl., Sp. 2288.

32) Vgl. KUBE, Volker, Leistungserfassung im Industriebetrieb, in: JACOB, Herbert (Hrsg.): Neuere Entwicklungen in der Kostenrechnung (I), Schriften zur Unternehmensführung, Bd. 21, Wiesbaden 1976, S. 45 f.

33) Mit "Mengengrößen im weitesten Sinn" soll zum Ausdruck gebracht werden, daß es sich bei Vertriebsleistungen nicht nur um mengenmäßige Leistungen im strengen Sinn, wie etwa die ausgebrachte Stückzahl einer Fertigungskostenstelle, handelt. Vielmehr bestehen Vertriebsleistungen häufig auch in Ideen und Konzepten, die lediglich schriftlich fixiert werden.

führt bzw. erzielt werden. Die Vertriebsleistung ist als Ganzes nicht erfaßbar, weil der Absatzbereich eines Unternehmens eine Vielzahl sehr unterschiedlicher Teilleistungen erbringt, die sich nicht in einer Größe ausdrücken lassen.[34] Zöge man etwa den Umsatz als Maßstab für die Vertriebsleistung als Ganzes heran, würden die Leistungen der akquisitorischen Vertriebskostenstellen nur ungenügend berücksichtigt werden, da dort Leistungen erstellt werden, die teilweise erst später, teilweise nie zu Umsätzen führen. Daher muß - wie in der Definition bereits angedeutet - die Leistungserfassung an den in den verschiedenen Vertriebskostenstellen erbrachten **vertrieblichen Teilleistungen** ansetzen. Sie wird wesentlich erleichtert, wenn die Vertriebskostenstellen neben anderen Kriterien konsequent nach Vertriebsfunktionen gegliedert sind.[35]

II. Bedeutsame Kategorien von Vertriebsleistungen und Möglichkeiten ihrer Erfassung

Unter dem Aspekt sowohl der Wirtschaftlichkeitskontrolle als auch der Weiterverrechnung der in den Vertriebskostenstellen erfaßten variablen Kosten auf die Kostenträger ist es von zentraler Bedeutung, zwei Kategorien von Vertriebsleistungen zu unterscheiden: zum einen die **repetitiven Vertriebsleistungen,** zum anderen die **innovativen Vertriebsleistungen.** Dieser Unterscheidung liegt - wie noch zu zeigen sein wird - das Kriterium **Homogenitätsgrad der Vertriebsleistungen** zugrunde. Beide Kategorien sind in der Regel jeweils an bestimmte Vertriebskostenstellen gebunden. Das bedeutet, daß in den einzelnen Kostenstellen entweder Vertriebsleistungen mit

---

34) Ähnlich argumentieren auch FISCHER, K.-P.: Vertriebskostenrechnung, S. 49; MELLEROWICZ, K.: Kalkulationsverfahren, S. 60.

35) Vgl. hierzu die Ausführungen in Abschnitt B.I.1. dieses Kapitels.

überwiegend repetitivem Charakter oder Vertriebsleistungen mit primär innovativem Charakter erbracht werden.

1. Repetitive Vertriebsleistungen

Repetitive Vertriebsleistungen sind weitgehend **homogene, standardisierbare Vertriebsleistungen** mit **routineartigem Wiederholcharakter.** Sie sind durch im wesentlichen konstante Produktionsfaktorverbräuche je erstellter Leistungseinheit gekennzeichnet, die sich wegen der Dominanz des Produktionsfaktors Arbeit im Vertrieb insbesondere im Verbrauch an Arbeitszeit widerspiegeln. Allerdings können an die Homogenität der Leistungen im Vertrieb keine so strengen Maßstäbe angelegt werden wie in der Produktion. Vertriebsleistungen werden in den seltensten Fällen vollständig gleichartig sein, wie das etwa auf die Leistungen einer Fertigungskostenstelle zutrifft, die ein Produkt herstellt.[36)] Vielmehr muß man sich mit einer **annähernden Homogenität** der repetitiven Vertriebsleistungen begnügen. Dies ist auch ausreichend, da die Unterschiede, falls sie nicht zu gravierend sind, sich über das Gesetz der großen Zahl über die Abrechnungsperiode hinweg ausgleichen. Ist keine hinreichende Gleichartigkeit der Vertriebsleistungen gegeben, sondern existieren mehrere sich voneinander unterscheidende, in sich aber weitgehend homogene Leistungsgruppen, kann man entweder die verschiedenen Leistungsgruppen über **Äquivalenzziffern** oder **Standardzeiten** pro Leistungseinheit gleichnamig machen oder aber von vorneherein **mehrere Leistungsarten** unterscheiden.[37)]

---

36) Ähnlich auch KUBE, V.: Leistungserfassung, S. 59 f.

37) Vgl. hierzu allgemein KILGER, W.: Plankostenrechnung, S. 337; auf den Vertrieb bezogen vgl. HESSENMÜLLER, B.: Erfolgsrechnung, S. 76 f. Zur Ermittlung von Standardzeiten vgl. VIKAS, Kurt: Controlling im Dienstleistungsbereich mit Grenzplankostenrechnung, Wiesbaden 1988, S. 37 f.

Am Beispiel der **Vertriebskostenstelle Fakturierung** lassen sich die eben dargestellten Zusammenhänge verdeutlichen. Die Leistungen dieser Kostenstelle, die im Ausstellen der Ausgangsrechnungen bestehen, sind normalerweise annähernd homogen. Sicherlich gleicht nicht jeder Vorgang der Rechnungserstellung dem anderen. Bei manchen Rechnungen sind zum Beispiel Rückfragen beim Verkauf notwendig oder besondere Zahlungskonditionen zu berücksichtigen, so daß der Zeitbedarf pro Rechnungserstellung variiert. Schwankt der Zeitbedarf nicht zu stark und sind "Ausreißer" relativ selten, kann die Leistung dieser Kostenstelle mittels der Anzahl der ausgestellten Rechnungen gemessen werden.[38] Es sind jedoch auch andere Bedingungskonstellationen denkbar, die dazu führen, daß verschiedene Rechnungstypen mit signifikant voneinander abweichenden Produktionsfaktorverbräuchen existieren. Das trifft beispielsweise auf Inlands- und Exportfakturen zu, da letztere häufig Zolldeklarationen erfordern und vom Inlandsgeschäft abweichende Zahlungsmodalitäten und -konditionen aufweisen. Vergleichbares gilt für verschiedene inländische Kundengruppen. So wird das Ausstellen einer Rechnung an einen Einzelhändler, der einem Einkaufsverband angehört, der die Inkassofunktion übernimmt, wegen der längerfristig gültigen Liefer- und Zahlungsbedingungen und dem daraus folgenden Routinecharakter weniger Zeit in Anspruch nehmen als die Ausstellung der Rechnung an einen nicht organisierten Einzelhändler, der darüber hinaus nur sporadisch einkauft. Man kann den unterschiedlichen Faktorverbrauch der Rechnungstypen zum einen dadurch berücksichtigen, indem man sie gleichnamig macht. Dies geschieht entweder über die Generierung einer fiktiven "Einheitsrechnung" mit Hilfe von den unterschiedlichen Faktorverbrauch widerspiegelnden Äquivalenzziffern oder über die Ermittlung von Standardbearbeitungszeiten für jeden Rechnungstyp. Zum anderen ist es möglich, für die Vertriebskostenstelle Fakturierung mehrere Unterleistungs-

---

38) Vgl. JUCKER, W. R.: Budgetierung, S. 90 f.

arten, beispielsweise Inlandsrechnung und Exportrechnung, einzuführen.

Wie bereits aus dem Beispiel ersichtlich, sind repetitive Vertriebsleistungen einer **quantitativen Erfassung** zugänglich und **prinzipiell meßbar.** Das liegt an ihrer weitgehenden Homogenität und ihrer daraus resultierenden Vergleichbarkeit, die eine Addition der einzelnen Leistungseinheiten ermöglicht. Wie leicht repetitive Vertriebsleistungen erfaßt werden können, hängt von der Größe ab, mit der die Leistung gemessen wird. Bei der Auswahl der Maßgrößen zur Messung der Vertriebsleistungen sind **zwei Grundsätze** zu beachten, die auch für die Leistungserfassung innovativer Vertriebsleistungen Gültigkeit haben. Erstens müssen die Maßgrößen mit **wirtschaftlich vertretbaren Kosten** als Istgrößen erhoben werden können. Zweitens dürfen Leistungsmessungen keine **dysfunktionalen Auswirkungen auf die Leistungsbereitschaft** der Mitarbeiter haben, die häufig deshalb auftreten, weil das Personal im Vertrieb - im Gegensatz zu dem in der Produktion - mit Leistungsmessungen nicht vertraut ist. Setzt die Messung am Tätigkeitsergebnis an, indem die Anzahl der ausgeführten Tätigkeiten registriert wird, ist die Erfassung einfach durchführbar. Um die Anzahl ausgeführter Tätigkeiten zu ermitteln, ist es meist nicht erforderlich, von den Mitarbeitern umfangreiche Aufzeichnungen erstellen zu lassen. Vielmehr kann hierzu häufig auf fortlaufende **Nummernsysteme** wie Rechnungs- und Auftragsnummern zurückgegriffen und anhand der Nummern die Anzahl der bearbeiteten Vorgänge bestimmt werden. Entscheidet man sich bei mehreren Leistungsarten pro Kostenstelle für die Verwendung von Äquivalenzziffern oder Standardbearbeitungszeiten für jede Leistungsart, liegt ebenfalls eine ergebnisbezogene Leistungsmessung vor, die jedoch den Einsatz von **Verfahren der Zeitermittlung**[39] voraussetzt, um den unterschiedlichen Zeitbedarf für die einzelnen Leistungsarten ermitteln zu können. Im Hinblick auf

---

39) Einen guten Überblick über die Verfahren der Zeitermittlung geben PFEIFFER, W. u. a.: Menschliche Arbeit, S. 214 ff.

die beiden obengenannten Grundsätze sollte man so weit wie möglich auf detaillierte Zeitstudien verzichten und sich stattdessen mit Schätzungen begnügen.[40] Wie unten aus der Abbildung 4-6 entnehmbar, werden in manchen Vertriebskostenstellen die Leistungen prozeßbezogen etwa in Zeit- oder Entfernungseinheiten gemessen. Grundsätzlich ist eine prozeßbezogene Leistungserfassung aufwendiger als eine ergebnisbezogene Leistungserfassung. Hinzu kommen häufig negative Auswirkungen auf die Leistungsbereitschaft der Mitarbeiter, die jedoch dadurch gemildert werden können, daß man Sinn und Zweck der Leistungsmessung erläutert, der weniger in der individuellen Leistungskontrolle der Mitarbeiter mit Folgen für die Lohnhöhe als im Aufbau einer entscheidungsorientierten Vertriebskostenrechnung liegt.

Repetitive Vertriebsleistungen werden vor allem in den **Kostenstellen der Verkaufsabwicklung** erbracht. Hier dominieren **Vertriebsleistungen mit routineartigem Wiederholcharakter,** die im Zuge des verstärkten Einsatzes von EDV-Systemen in der Verwaltung insbesondere in den Kostenstellen Auftragsbearbeitung, Fakturierung und Debitorenbuchhaltung

---

40) Die Ermittlung von Standardzeiten erfolgt exakter, wenn man anstelle von Schätzungen Zeitstudien durchführt, wie es LONGMAN/SCHIFF am Beispiel der Kostenstelle Schreibdienst demonstrieren. Aus 100 Beobachtungen wurde die Zeitdauer für das Tippen einer Briefzeile berechnet. Zusätzlich wurde für jeden "Brieftyp" ein konstanter "basic handling standard" ermittelt. (Vgl. LONGMAN, D. R. - SCHIFF, M.: Distribution, S. 389 ff.) Eine ähnliche Vorgehensweise befürwortet VIKAS, indem er vorschlägt, die im Industriebetrieb bewährten Zeitstudien auf den Dienstleistungsbereich zu übertragen. (Vgl. VIKAS, K.: Controlling, S. 55.) Da Zeitstudien jedoch umfangreiche Untersuchungen erfordern und auf Erfahrungen basierende Schätzungen der Mitarbeiter hinreichend genaue Ergebnisse liefern, kann auf detaillierte Zeitstudien in der Regel verzichtet werden.

tendenziell sogar zunehmen.[41] Anpassungen an Veränderungen der marketingrelevanten Umwelt sind in der Verkaufsabwicklung nicht laufend, sondern in größeren Zeitintervallen vorzunehmen, so daß in diesem Kostenstellenbereich eine gewisse Konstanz des Leistungserstellungsprozesses vorliegt. In Abhängigkeit von den unternehmensspezifischen Bedingungskonstellationen können auch in manchen **akquisitorischen Kostenstellen** überwiegend repetitive Vertriebsleistungen erstellt werden.[42] Grundsätzlich kommen hierfür die Kostenstellen Außendienst, Verkaufsinnendienst und Kundendienst in Frage. Entscheidendes Prüfkriterium ist, ob die Leistungen der genannten Vertriebskostenstellen gleichartig sind oder ob es sich um individuelle, komplexe Leistungen handelt.

In Abbildung 4-6 sind diejenigen Kostenstellen, die **repetitive Vertriebsleistungen** erstellen können, deren Kostenstellenleistungen und die korrespondierenden **Maßgrößen zur Messung der Kostenstellenleistungen** aufgelistet. Letztere lassen sich auch, wie noch auszuführen sein wird, als Bezugsgrößen bezeichnen. Die Vertriebskostenstellen sind ausschließlich nach Vertriebsfunktionen gegliedert. Ergänzende absatzmarktorientierte Kriterien würden an der Gültigkeit der Aussagen zu den Vertriebsleistungen nichts ändern. Es wird im folgenden unterstellt, daß in den Kostenstellen ausführende Tätigkeiten vorherrschen und kaum Führungsaufgaben wahrzunehmen sind. Anderenfalls würden die in der Abbildung aufgeführten Kostenstellenleistungen das Leistungsspektrum der betreffenden Kostenstelle nicht hinreichend genau bezeichnen. Leitungskostenstellen erbringen, auch wenn sie im Bereich der Verkaufsabwicklung oder der akquisitorischen Kostenstellen tätig sind, grundsätzlich innovative Vertriebsleistungen und sind daher mit den Kostenstellen der Vertriebsführung vergleichbar.

---

41) Zu den Einsatzmöglichkeiten von EDV-Systemen in der Verwaltung vgl. KARCHER, Harald Bernhard: Büro der Zukunft, 6. Aufl. Baden-Baden 1984, insbes. S. 258 ff.

42) Vgl. RÖHRENBACHER, H.: Leistungsrechnung, S. 72.

Abbildung 4-6
Maßgrößen zur Messung der Leistungen von Vertriebskostenstellen

	KOSTENSTELLE	KOSTENSTELLEN-LEISTUNG(EN)	MASSGRÖSSE(N) ZUR MESSUNG DER KOSTEN-STELLENLEISTUNG(EN)
KOSTENSTELLEN DER VERKAUFSABWICKLUNG	Auftragsbearbeitung und -abwicklung	Ausschreiben von Kundenaufträgen	Anzahl der bearbeiteten Kundenaufträge
	Fakturierung	Ausstellen der Ausgangsrechnungen	Anzahl der ausgestellten Rechnungen
	Debitorenbuchhaltung	- Verbuchung der Ausgangsrechnungen und der Zahlungseingänge - Kontrolle der Debitorenkonten - Ausstellen von Mahnungen	- Anzahl der Buchungen - Anzahl der laufend zu überwachenden Debitorenkonten - Anzahl der Mahnfälle
	Fertigwarenlager	Einlagerung, Lagerhaltung und Auslagerung der fertigen Erzeugnisse	- Anzahl der Lagerbewegungen - Gelagerte Menge - Lagerwert - Lagerdauer
	Verpackung und Versand	Versandfertiges Verpacken der Erzeugnisse	Anzahl der abgewickelten Versandaufträge
	Transport	- Transport der Erzeugnisse von den Lagern zum Bestimmungsort - Be- und Entladen des Transportmittels	- Zurückgelegte Entfernung - Transportgewicht oder -volumen - Anzahl der durchgeführten Transporte - Fahrt- und Ladezeit
AKQUISITORISCHE KOSTENSTELLEN	Außendienst	- Besuch (potentieller) Kunden - Beratung - Auftragsakquisition	- Anzahl der Kundenbesuche - Zurückgelegte Entfernung
	Verkaufsinnendienst	- Kommunikation mit (potentiellen) Kunden - Beratung - Auftragsakquisition	- Anzahl der abgegebenen Angebote - Anzahl der Verkaufsgespräche (telefonisch und persönlich)
	Kundendienst	Wartung und Reparatur bereits verkaufter Erzeugnisse	- Anzahl der bearbeiteten Wartungs- und Reparaturaufträge - Bearbeitungzeit

Auf die in Abbildung 4-6 wiedergegebenen Maßgrößen zur Messung der jeweiligen Kostenstellenleistungen soll im folgenden kurz eingegangen werden. Die Leistungsmessung von **Auftragsbearbeitung und Fakturierung** erfolgt mit Hilfe der Anzahl der Aufträge bzw. Rechnungen. Die häufig vorgeschlagene Erfassung der Zeilen je Auftrag bzw. Rechnung[43)] ist kaum praktikabel und mit hohem Aufwand verbunden, der in keiner wirtschaftlich vertretbaren Relation zu den zusätzlich gewonnenen Informationen steht. Bei nicht hinreichender Homogenität der Aufträge bzw. Rechnungen stehen die oben beschriebenen Möglichkeiten der Einführung von Äquivalenzziffern, Zeitstandards oder getrennten Leistungsarten offen.
Das gilt sinngemäß auch für die Maßgröße der Leistung der Kostenstelle **Verpackung und Versand;** so erfordern beispielsweise seefeste Verpackungen einen höheren Zeit- und Materialeinsatz als etwa Inlandssendungen, die mit dem eigenen Lkw transportiert werden. Gewichts- oder Volumeneinheiten als Leistungsmaßstäbe zu verwenden,[44)] scheidet wegen des hohen Erfassungsaufwandes aus. Die **Debitorenbuchhaltung** ist durch eine gewisse Komplexität der Leistungsstruktur gekennzeichnet, so daß von vorneherein parallel mehrere Maßstäbe zur Leistungsmessung herangezogen werden müssen.[45)] Die Leistungen des **Fertigwarenlagers** und des **Transports** sind ebenfalls sehr vielschichtig.[46)] Für das Fertigwarenlager wird man wohl

---

43) So etwa FISCHER, K.-P.: Vertriebskosten, S. 52; JUCKER, W. R.: Budgetierung, S. 91.

44) So etwa HESSENMÜLLER, B.: Erfolgsrechnung S. 54.

45) HECKERT/MINER schlagen für die Debitorenbuchhaltung zahlreiche weitere Leistungsmaßstäbe vor, deren Erfassung jedoch unpraktikabel und unwirtschaftlich ist. Vgl. HECKERT, J. B. - MINER, R. B.: Distribution, S. 258 f.

46) Zu den Leistungen des Fertigwarenlagers vgl. JÜNEMANN, Reinhard: Lagerhaltung, Technik und Steuerung der, in: KERN, Werner (Hrsg.): Handwörterbuch der Produktionswirtschaft, Stuttgart 1979, Sp. 1075; zu den dort verwendeten Leistungsmaßstäben vgl. KILGER, W.: Plankostenrechnung, S. 338. Zu den Leistungen und Leistungsmaßstäben des Transports vgl. QUEISSNER, Eberhard: Kostentheoretische Grundlagen und Entscheidungsmodelle zur Gütertransportplanung, Diss. Saarbrücken 1978, S. 94 ff.

zur exakten Leistungsmessung alle in Abbildung 4-6 aufgeführten Maßgrößen parallel einsetzen, wenngleich die Praxis im Zuge einer vereinfachten Leistungserfassung stets bestrebt ist, möglichst wenige Maßgrößen zu verwenden. Welche Maßgrößen in der Transportkostenstelle Anwendung finden, hängt von den betriebsindividuellen Gegebenheiten ab. Kommen unterschiedliche Transportmittel zum Einsatz, muß die Leistungsmessung für diese getrennt erfolgen. Sind Fahrtstrecken und -bedingungen weitgehend gleichbleibend, genügt die Anzahl der durchgeführten Transporte als Maßstab. Die zurückgelegte Entfernung ist dann als Maßgröße ausreichend, wenn die Transportgewichte nur geringfügig schwanken, anderenfalls muß das Gewicht zusätzlich, etwa in der kombinierten Größe Tonnenkilometer, berücksichtigt werden.

Unter bestimmten Bedingungen weisen die Leistungen in den **akquisitorischen Kostenstellen Außendienst, Verkaufsinnendienst und Kundendienst,** wobei hier nur der technische Kundendienst angesprochen ist, repetitiven Charakter auf. Solche **Bedingungen** liegen für den Außen- und den Verkaufsinnendienst vor, wenn sie im wesentlichen passiv verkaufen, indem der Außendienst im Rahmen der Kundenbesuche im Normalfall nur Aufträge "abholt" und der Verkaufsinnendienst den Kunden überwiegend Standardangebote - sei es schriftlich oder mündlich - unterbreitet und Aufträge entgegennimmt.[47] Beratung und individuelles Eingehen auf Kundenbedürfnisse erfolgt unter diesen Bedingungen in der Regel nicht, so daß die Kontaktdauer weitgehend konstant ist. Als Maßgrößen eignen sich dann die Zahl der Kontakte, im Falle des Außendienstes zur Berücksichtigung unterschiedlicher Gebietsstrukturen unter Umständen ergänzt um die zurückgelegte Entfernung. Im Bereich des technischen Kundendienstes handelt es sich dann

---

47) HECKERT/MINER sehen im "repetitive selling" den Regelfall. (Vgl. HECKERT, J. B. - MINER, R. B.: Distribution, S. 218.) Dem stehen neuere Entwicklungen insbesondere im Außendienst entgegen. Der Außendienstmitarbeiter erbringt in zunehmendem Maße Beratungsleistungen. Hinzu kommen - besonders in der Lebensmittelbranche weit verbreitet - zusätzliche Serviceleistungen wie Regalpflege und Preisauszeichnung.

um repetitive Vertriebsleistungen, wenn sich Wartung und Reparatur auf einige Standardarbeiten beschränken und darüber hinaus keine aufwendige Fehlersuche und keine kundenindividuellen technischen Beratungsleistungen erforderlich sind. Als Maßgrößen eignen sich im einfachsten Fall die Zahl der bearbeiteten Aufträge - unter Umständen verfeinert durch die Verwendung von Äquivalenzziffern, Standardbearbeitungszeiten oder Standardauftragstypen - oder aber als prozeßbezogene Größe die für die einzelnen Wartungs- und Reparaturaufträge erforderliche tatsächliche Bearbeitungszeit, die auf den Auftragsscheinen sowieso dokumentiert ist.

Liegen die eben geschilderten Bedingungskonstellationen in den drei akquisitorischen Kostenstellen nicht vor, haben die Leistungen dieser Kostenstellen keinen repetitiven, sondern einen innovativen Charakter, so daß sinngemäß die nachfolgenden Ausführungen zu den innovativen Vertriebsleistungen zutreffen.

2. Innovative Vertriebsleistungen

Innovative Vertriebsleistungen sind **individuelle, komplexe Vertriebsleistungen,** zu deren Erstellung vor allem geistig-schöpferische Arbeit erforderlich ist. Sie weisen signifikante **qualitative Unterschiede** auf, deren Ursache in den unterschiedlichen Produktionsfaktorverbräuchen - insbesondere an menschlicher Arbeit - je erstellter Leistungseinheit und in den unterschiedlichen Wirkungen auf Leistungsempfänger und/oder Unternehmensumwelt liegt.[48)]

---

48) Vgl. GORNAS, Jürgen: Grundzüge einer Verwaltungskostenrechnung, Baden-Baden 1976, S. 201 f. Die Ausführungen von GORNAS beziehen sich zwar auf Verwaltungsleistungen, sind aber auf innovative Vertriebsleistungen übertragbar. Die unterschiedlichen externen Wirkungen der Vertriebsleistungen auf Leistungsempfänger und Unternehmensumwelt sind unter Kostenrechnungsaspekten weniger relevant, für umfassende Marketingkontrollen dagegen sehr wichtig, wenn man beispielsweise an die unterschiedlichen psychologischen Wirkungen verschiedener Werbebotschaften bei den Konsumenten denkt.

In den **Kostenstellen der Vertriebsführung**, zu denen die Allgemeine Vertriebsleitung und die sie unterstützenden Kostenstellen wie Marketingplanung und -kontrolle und Marketing-Controlling zählen, dominieren innovative Vertriebsleistungen. In bezug auf die vorherrschende Leistungskategorie sind die **Leitungskostenstellen der Bereiche Nachfragegewinnung und Verkaufsabwicklung** den Kostenstellen der Vertriebsführung gleichzustellen. Die Leistungen jener Kostenstellen bestehen, allgemein formuliert, in der Ausübung der Führungsfunktionen und der Sicherstellung der Koordination im Vertrieb. Für diese "Führungsleistung" läßt sich - wie unmittelbar einsichtig ist - kein Leistungsmaßstab finden. Stellt man hingegen auf die einzelnen Teilleistungen der Kostenstellen ab, gelangt man zu sehr vielschichtigen Tätigkeiten. Sie reichen von Kontakten mit wichtigen Kunden über Mitarbeiterführung, Erarbeitung und Beurteilung von Marketingkonzepten bis hin zum Aufbau und Betreiben des Marketing-Informationsversorgungssystems. Daran wird bereits deutlich, daß die Leistungen der Kostenstellen der Vertriebsführung und der sonstigen Leitungskostenstellen sehr **heterogen** sind; jede einzelne Leistung stellt letztlich ein Unikat dar, das einen individuellen Leistungserstellungsprozeß mit spezifischem Faktoreinsatz, insbesondere an geistig-schöpferischer Arbeit, erfordert. Eine quantitative Erfassung dieser vielfältigen Einzelleistungen ist schon aus praktischen Gründen nicht durchführbar, weil sie sich kaum zu größeren Leistungsgruppen zusammenfassen lassen. Abgesehen von der mangelnden Praktikabilität wäre eine mengenmäßige Erfassung der Leistungen - sei es ergebnisbezogen mittels der Anzahl der verschiedenen Tätigkeitsergebnisse oder prozeßbezogen mittels der für die Tätigkeiten aufgewandten Zeiteinheiten - wenig aussagekräftig, da die Einzelleistungen wegen ihrer ausgeprägten Heterogenität in keiner Weise miteinander vergleichbar sind und daher auch nicht addiert werden dürfen. Ein **Zählen oder Messen der innovativen Vertriebsleistungen des Kostenstellen-**

bereiches Vertriebsführung und der Leitungskostenstellen der anderen Kostenstellenbereiche scheidet deshalb aus.[49)]

Etwas anders sind die **akquisitorischen Kostenstellen Marktforschung, Werbung, Verkaufsförderung und Öffentlichkeitsarbeit** zu betrachten.[50)] Auch dort werden überwiegend innovative Vertriebsleistungen erbracht. Die Leistungen der einzelnen Kostenstellen bestehen in der Erstellung und Auswertung von Marktforschungsberichten und der Planung, Realisation und Kontrolle von Werbekonzepten bzw. von Sales Promotion- und Public Relations-Aktionen. Bei näherer Betrachtung wird deutlich, daß sich die **Leistungen** innerhalb der einzelnen Kostenstellen **erheblich voneinander unterscheiden,** wie das Beispiel der Werbekostenstelle zeigt. Hinter der Leistung Planung von Werbekonzepten verbirgt sich eine Vielzahl von Einzelfällen. Handelt es sich um ein neues, bisher nicht beworbenes Produkt, bedarf es zur Erstellung eines Werbekonzeptes einer Zielplanung, einer Budgetplanung, einer Mediaplanung und einer Planung der Werbemittelgestaltung.[51)] Wird hingegen lediglich eine bestehende Werbebotschaft variiert, sind die Faktorverbräuche an Arbeitskraft, Materialien und Dienstleistungen - etwa in Form der Inanspruchnahme von Werbeagenturen - wesentlich niedriger. Darüber hinaus existieren zahlreiche weitere Einflußfaktoren, wie zum Beispiel die Zielgruppen oder die Wettbewerbsintensität, die dazu führen, daß für die Leistung Erstellung eines Werbekonzeptes unter Umständen sehr stark voneinander abweichende Faktorverbräuche vorliegen.

---

49) Ähnlich argumentiert auch RÖHRENBACHER, H.: Leistungsrechnung, S. 73.

50) Die folgenden Ausführungen zu den Möglichkeiten und Grenzen der Leistungserfassung dieser Kostenstellen sind singgemäß auch auf die Kostenstellen Außendienst, Verkaufsinnendienst und Kundendienst übertragbar, sofern sie keine repetitiven Vertriebsleistungen, wie das für bestimmte Bedingungskonstellationen zutrifft, sondern innovative Vertriebsleistungen erstellen.

51) Zu den einzelnen Phasen der Werbeplanung vgl. KAISER, A.: Werbung, S. 118 ff.

Im Unterschied zu den innovativen Vertriebsleistungen der Kostenstellen der Vertriebsführung lassen sich jedoch die innovativen Vertriebsleistungen der hier betrachteten Kostenstellen **zu größeren Leistungsgruppen zusammenfassen.** So können die heterogenen Planungen von Werbekonzepten unter der Gruppe Erarbeitung von Werbekonzepten subsumiert werden oder im Rahmen der Realisation von Werbekonzepten Gruppen wie verschickte Werbebriefe und Prospekte oder geschaltete Anzeigen gebildet werden. Ähnliches gilt auch für die heterogenen Einzelleistungen der Kostenstellen Marktforschung, Verkaufsförderung und Öffentlichkeitsarbeit. Durch die in gewissen Grenzen mögliche Zusammenfassung der heterogenen Einzelleistungen ist eine **ergebnisbezogene Erfassung der Kostenstellenleistungen** praktikabel, indem man beispielsweise auf die Anzahl der ausgewerteten Marktforschungsberichte, der erarbeiteten Werbekonzepte, der verteilten Werbebriefe, der geschalteten Anzeigen sowie der durchgeführten Sales Promotion- und Public Relations-Aktionen abstellt.[52] Besser, weil explizit den unterschiedlichen Zeitaufwand berücksichtigend, ist die **prozeßbezogene Erfassung der Leistungen** mit Hilfe von Stundenaufschreibungen für einzelne Studien, Projekte, Konzepte und Aktionen, die diese Vertriebskostenstellen durchführen, wobei aus Praktikabilitäts- und Wirtschaftlichkeitsüberlegungen eine solche Erfassung nur für größere, bedeutendere Objekte in Betracht zu ziehen ist. Allerdings sind die bereits oben im Zusammenhang mit den repetitiven Vertriebsleistungen erwähnten, mit der Leistungserfassung verbundenen möglichen negativen Auswirkungen auf die Leistungsbereitschaft zu beachten. Gerade in den "kreativen" Kostenstellen werden Widerstände auftreten, die nur durch ausführliche Gespräche mit den Betroffenen über den Zweck der Leistungserfassung abgebaut werden können.

---

52) Zu weiteren Maßgrößen der Kostenstellenleistung von Werbung und Verkaufsförderung vgl. HECKERT, J. B. - MINER, R. B.: Distribution, S. 222 ff.

Eine quantitative Erfassung der Kostenstellenleistungen, so wie sie eben beschrieben wurde, kann **nicht als Leistungsmessung im strengen Sinne** bezeichnet werden. Da innovative Vertriebsleistungen aufgrund ihrer ausgeprägten qualitativen Unterschiede prinzipiell nicht addierbar sind, darf ihre Erfassung nicht mit der oben beschriebenen Leistungsmessung repetitiver Vertriebsleistungen gleichgesetzt werden. Deshalb unterscheidet MARSHALL zwischen dem Messen (to measure) und dem Zählen (to count) von Leistungen.[53)] Von einer Messung kann nur dann gesprochen werden, wenn qualitative Unterschiede zwischen Leistungen entweder unerheblich oder quantitativ ausdrückbar sind.[54)] Liegen diese Bedingungen nicht vor, handelt es sich um ein bloßes Zählen von Leistungen. In diesem Sinne ist die Erfassung der innovativen Vertriebsleistungen der akquisitorischen Kostenstellen Marktforschung, Werbung, Verkaufsförderung und Öffentlichkeitsarbeit als **Leistungszählung** zu bezeichnen.

Wie die Ausführungen erkennen lassen, bilden solche Leistungszählungen keine zuverlässige Basis für die exakte Beurteilung der Kostenstellenleistung und die Einschätzung der Wirtschaftlichkeit der Leistungserstellung. Sie können in dieser Hinsicht allenfalls als grobe **Orientierungsgrößen** interpretiert werden. Dennoch liefern Leistungszählungen eine Reihe wichtiger Anhaltspunkte im Rahmen einer Vertriebskostenrechnung. Darauf wird unten in Abschnitt D.IV. dieses Kapitels eingegangen werden.

Der Leistungsumfang **regionaler Verkaufsbüros** ist in der Praxis unterschiedlich weit gespannt. Er kann vom bloßen Verkaufen über Kundendienstleistungen bis hin zur Lagerhaltung und Auslieferung reichen. Abhängig vom konkreten Einzelfall ist zu bestimmen, welche Teilleistungen vorliegen und ob es

---

53) Vgl. MARSHALL, Arthur Hedley: Costing in Local Government, in: SOLOMONS, David (Hrsg.): Studies in Costing, London 1952, S. 614.

54) Vgl. MARSHALL, A. H.: Costing, S. 614.

sich um repetitive oder - dies wird der Regelfall sein - um innovative Vertriebsleistungen handelt. In Abhängigkeit vom Leistungsspektrum kann auf die Ausführungen zu den Kostenstellen Außendienst, Verkaufsinnendienst, Kundendienst, Fertigwarenlager und Transport verwiesen werden.

Die aus Gründen der exakten Erfassung von Messekosten eingerichtete **Kostenstelle Messen** ist einer Leistungsmessung oder -zählung nicht zugänglich, da dort neben dem Einholen von Kundenaufträgen so unterschiedliche und kaum quantifizierbare Leistungen wie die Präsentation des Produktprogramms und die Herstellung und Pflege von Kundenkontakten vorherrschen.

Insgesamt betrachtet sind innovative Vertriebsleistungen bestimmter Vertriebskostenstellen **innerhalb gewisser Grenzen einer quantitativen Erfassung zugänglich.** Allerdings sind die durch eine Leistungszählung gewonnenen Größen in ihrer Aussagekraft begrenzt und bedürfen der Interpretation.

D. ABHÄNGIGKEIT DER VERTRIEBSKOSTEN VON DEN VERTRIEBSLEISTUNGEN

I. Abhängigkeitsbeziehungen zwischen Vertriebskosten, Kostenstellenleistung und Absatzvolumen[55)]

Im vorangegangenen Abschnitt wurden die Leistungen der einzelnen Vertriebskostenstellen identifiziert und kategorisiert. Um den Umfang der Kostenstellenleistung ermitteln zu können, war es erforderlich, dort, wo dies möglich war, Maßstäbe zur Messung oder zum Zählen der Kostenstellenleistung festzulegen. Solche Maßgrößen werden auch als Bezugsgrößen

55) Absatzvolumen soll hier als Oberbegriff für den Umsatz und für die Absatzmenge verwendet werden. Vgl. MEFFERT, H.: Marketing, S. 216.

bezeichnet.[56] An **Bezugsgrößen** werden im wesentlichen **vier Anforderungen** gestellt:[57]

1. Die Bezugsgröße soll ein **Maßstab der Kostenverursachung** sein, d. h. zwischen Kostenstellenkosten und der Bezugsgröße muß ein funktionaler Zusammenhang existieren.[58] Viele Kostenrechnungssysteme, wie beispielsweise die Grenzplankostenrechnung, gehen von einer linearen Kostenfunktion mit einer Steigung größer gleich Null aus.[59]

2. Wie bereits erwähnt, soll die Bezugsgröße ein **Maßstab der Kostenstellenleistung** und damit auch ein Indikator für die Beschäftigung der Kostenstelle sein. Zwischen Kostenstellenleistung und Bezugsgröße soll eine proportionale Beziehung bestehen.

3. Die Bezugsgröße soll eine **direkte Beziehung zu den Kostenträgern** derart aufweisen, daß die Bezugsgröße eine lineare Funktion additiv verknüfter Produktmengen darstellt. Auf diese Weise ist eine kalkulatorische Weiterverrechnung der leistungsabhängigen Kostenstellenkosten auf Kostenträger möglich.

---

56) MEDICKE definiert die Bezugsgröße als "eine zahlenmäßig erfaßbare Leistungsgröße mit proportionalem Verhalten zum Beschäftigungsverlauf der Kostenstelle. Sie repräsentiert die Leistung der Kostenstelle." (MEDICKE, Werner: Die Gemeinkosten in der Plankostenrechnung, Berlin 1956, S. 36.)

57) Vgl. zum Folgenden DELLMANN, Klaus: Produktionstheorie und Kostenplanung, in: krp, Jg. 1982, H. 3, S. 129; vgl. auch AGTHE, Klaus: Kostenplanung, S. 39.

58) Solche Bezugsgrößen bezeichnet man als direkte Bezugsgrößen. Von indirekten Bezugsgrößen spricht man, wenn diese keine unmittelbare Beziehung zur Kostenverursachung und Leistung der Kostenstelle aufweisen. Vgl. KILGER, W.: Plankostenrechnung, S. 327.

59) Zur Begründung vgl. KILGER, W.: Plankostenrechnung, S. 148 ff., insbes. S. 156.

4. Bezugsgrößen müssen einer **quantitativen Erfassung** zugänglich sein und zudem mit wirtschaftlich vertretbarer Nutzen-Kosten-Relation erhoben werden können.[60]

Die vierte Anforderung wurde im vorangegangenen Abschnitt ausführlich erörtert. Im Gegensatz zur vierten Anforderung, die regelmäßig erfüllt sein muß, weisen Bezugsgrößen die Eigenschaften eins bis drei häufig nur zum Teil auf.[61]

So kann eine Bezugsgröße Maßstab der Kostenverursachung sein, ohne gleichzeitig als Maßstab der Kostenstellenleistung herangezogen werden zu können. Wählt man beispielsweise für eine Lagerkostenstelle die Bezugsgröße Außentemperatur, so steht sie zwar in einem funktionalen Zusammenhang zur Kostenart Energiekosten, doch spiegelt sie nicht die Leistung bzw. Beschäftigung der Kostenstelle wider. Von dieser Problematik soll im folgenden abstrahiert werden, da die in Abbildung 4-6 aufgeführten Bezugsgrößen Maßstäbe sowohl der Kostenverursachung als auch der Kostenstellenleistung darstellen. Demnach verändern sich die leistungs- bzw. beschäftigungsabhängigen Kosten der Vertriebskostenstellen in Abhängigkeit von den dort verwendeten Bezugsgrößen.

Wegen des fehlenden Endproduktbezugs bestimmter Vertriebsleistungen erfüllen die Bezugsgrößen mancher Vertriebskostenstellen nicht die dritte Anforderung, eine **direkte**

---

60) Vgl. KILGER, W.: Plankostenrechnung, S. 327.

61) Vgl. hierzu insbesondere die Ausführungen von DELLMANN, K.: Produktionstheorie, S. 129 ff.

Beziehung zu den Kostenträgern aufzuweisen.[62] Dabei ist der Begriff des Kostenträgers im Vertrieb etwas weiter als in der Kostenrechnung üblich zu fassen. Wie in Abschnitt A. des fünften Kapitels noch ausgeführt wird, sind neben den Endprodukten auch die Kundenaufträge als Kostenträger zu interpretieren. Liegen solche Bezugsgrößen vor, verändern sich die Leistungen der betroffenen Vertriebskostenstellen und damit auch ihre leistungsabhängigen Kosten nicht in Abhängigkeit vom Absatzvolumen. Im Vertrieb kann durchaus die Beschäftigung in bestimmten Kostenstellen ansteigen, obwohl der Absatz stagniert oder gar rückläufig ist.

Daß die Leistungen der **Kostenstellen der Vertriebsführung** und der Leitungskostenstellen der anderen Kostenstellenbereiche nicht unmittelbar vom Absatzvolumen abhängen, ist evident, obwohl dies wegen ihrer mangelnden Quantifizierbarkeit nicht exakt festgehalten werden kann.

In den **akquisitorischen Kostenstellen** tritt in der Regel ebenfalls eine **Entkoppelung von Kostenstellenleistung und Absatzvolumen** auf, die aufgrund der Zählbarkeit bzw. Meßbarkeit der meisten Leistungen auch quantitativ erfaßt werden kann. In diesen Kostenstellen werden überwiegend Leistungen erbracht, die dem Kaufakt bzw. dem Kundenauftrag vorgelagert sind[63] und die nicht zwingend zu Um-

---

62) KILGER schreibt dazu: "Für diese Stellen gilt nicht die für den Fertigungsbereich typische Identität zwischen Kostenverursachungsmaßstab und Kalkulationsbezugsgröße." (KILGER, W.: Plankostenrechnung, S. 337, im Original teilweise kursiv.) Er lehnt mit diesem Argument die Verwendung direkter Bezugsgrößen im Vertrieb ab und fordert die Verwendung indirekter Bezugsgrößen. Vgl. EBD.

63) Eine Ausnahme bildet lediglich der technische Kundendienst, der dem Kaufakt nachgelagert ist. Normalerweise werden Kundendienstleistungen tendenziell mit dem Absatzvolumen zunehmen. Allerdings besteht kein enger, funktionaler Zusammenhang, wenn man einmal von dem Fall absieht, daß regelmäßige Wartungsintervalle einzuhalten sind.

sätzen führen. So zielen die Leistungen der Werbung zwar darauf ab, die umworbenen Zielpersonen zu einem Kaufentschluß zu bewegen, doch wird ein Umworbener das betreffende Werbeobjekt normalerweise nicht sofort kaufen. Er durchläuft idealtypisch zunächst mehrere Werbewirkungsstufen im Sinne einer psychologischen Hinstimmung zum Kaufakt.[64)] Ob es dann letztlich zu einer Kaufentscheidung kommt, ist keineswegs sicher. Sofern Außendienst, Verkaufsbüros und Verkaufsinnendienst nicht nur mit der bloßen Entgegennahme von Aufträgen befaßt sind,[65)] führen auch deren Aktivitäten nicht zwangsläufig zu Umsätzen. Im Falle von rückläufigen Umsätzen wird man die Verkaufsbemühungen sogar steigern, indem man von einem eher passiven Verkaufen zu einem aktiven Verkaufen übergeht. Die Besuchshäufigkeit des Außendienstes wird erhöht, die Verkaufsbüros und der Innendienst kontaktieren ohne Kundenanfrage potentielle Nachfrager.[66)] Die Leistungen und damit die leistungsabhängigen Kosten dieser Kostenstellen steigen, trotz oder gerade wegen des rückläufigen Absatzvolumens.[67)]

---

64) Einen guten Überblick über die in der Literatur unterschiedenen Stufen der Werbewirkung gibt FRETER, Hermann: Mediaselektion. Informationsgewinnung und Entscheidungsmodelle für die Werbeträgerauswahl, Wiesbaden 1974, S. 39.

65) Vgl. hierzu die Ausführungen in Abschnitt C.II. dieses Kapitels.

66) Im Hinblick auf diese Argumentation ist sehr sorgfältig zu überlegen, ob man selbst im Falle von repetitiven Vertriebsleistungen, die zudem eine direkte Beziehung zu den Kostenträgern aufweisen, eine Weiterverrechnung der Kosten dieser Kostenstellen vornimmt, da eine Änderung der Verkaufspolitik sofort zu einer Entkoppelung der Kostenstellenleistung vom Absatzvolumen führen kann.

67) So auch HESSENMÜLLER, B.: Erfolgsrechnung, S. 28.

Die Bezugsgrößen der **Kostenstellen der Verkaufsabwicklung** weisen hingegen **überwiegend eine direkte Beziehung zu den Kostenträgern** auf. Die leistungsabhängigen Kosten dieser Kostenstellen verändern sich zum großen Teil in Abhängigkeit vom Absatzvolumen.[68] Der Grund hierfür liegt darin, daß ihre Leistungen an konkrete Kundenaufträge gebunden sind, wie sich dies an der Kostenstelle Auftragsbearbeitung leicht nachvollziehen läßt. Etwas differenzierter sind lediglich die Kostenstellen **Debitorenbuchhaltung** und **Fertigwarenlager** zu betrachten. Die von der Debitorenbuchhaltung bearbeiteten Mahnfälle sind nicht direkt vom Absatzvolumen bzw. den Kundenaufträgen abhängig, weil nicht jeder Auftrag eine Mahnung zur Folge hat. Wenngleich die Bezugsgrößen des Fertigwarenlagers letztlich auf die gelagerten fertigen Erzeugnisse bezogen sind, ist darauf hinzuweisen, daß nicht nur die abgesetzten Mengen die Kosten des Fertigwarenlagers beeinflussen, sondern auch die produzierten Mengen.[69]

Sofern eine Bezugsgröße die **Anforderungen eins, zwei und vier** erfüllt und - wie hier angenommen wird - zwischen Bezugsgröße und Kosten ein linearer funktionaler Zusammenhang besteht, lassen sich **Verrechnungssätze** für die Kostenstellen bestimmen, indem man die Kostenstellenkosten einer Abrechnungsperiode durch die Summe der Bezugsgrößeneinheiten dividiert. Nach dem Zeitbezug der verwendeten Rechengrößen können Ist- und Planverrechnungssätze, nach dem Umfang der in die Verrechnungssätze einbezogenen Kostenstellenkosten Voll- und Teilkostensätze jeweils parallel ermittelt werden. Durch die Bildung von Verrechnungssätzen wird eine Bewertung der bisher nur mengenmäßig erfaßten einzelnen Leistungseinheiten der Vertriebskostenstellen und damit auch das Aufstellen von Kosten-

---

68) Vgl. JUCKER, W. R.: Budgetierung, S. 81.

69) Dies wird deutlich, wenn man sich vergegenwärtigt, daß der Lagerbestand als eine wichtige Kosteneinflußgröße sich aus Anfangsbestand + Produktionsmenge - Absatzmenge ergibt.

standards für Vertriebsleistungen möglich. Dort, wo die Bezugsgrößen **zusätzlich die dritte Eigenschaft** in Form einer direkten Beziehung zu den Kostenträgern aufweisen, kann über die Verrechnungssätze eine kalkulatorische **Weiterverrechnung der Kostenstellenkosten** auf die Kostenträger vorgenommen werden.

Exakte Verrechnungssätze in dem Sinne, daß pro Leistungseinheit zusätzliche Kosten in Höhe der leistungsabhängigen Kosten anfallen, liegen nur bei jenen Bezugsgrößen vor, die **repetitive Vertriebsleistungen** messen, da repetitive Vertriebsleistungen pro Leistungseinheit weitgehend konstante Produktionsfaktorverbräuche aufweisen. Bezugsgrößen, die **innovative Vertriebsleistungen** zählen, erfüllen ihre Aufgabe als Kostenverursachungs- und Leistungsmaßstab nur ungenügend. **Verrechnungssätze,** die mittels solcher Bezugsgrößen gebildet werden, stellen - wie die Ausführungen in Abschnitt D.IV. dieses Kapitels zeigen werden - nur **grobe Orientierungshilfen** dar, weil wegen der Verschiedenartigkeit innovativer Vertriebsleistungen die leistungsabhängigen Kosten pro Leistungseinheit nicht konstant sind, obwohl der Verrechnungssatz das unterstellt.

Die eben verbal dargelegten Zusammenhänge sind in Abbildung 4-7 zusammengefaßt. In der Horizontalen sind die Leistungskategorien und die verschiedenen Bezugsgrößen abgetragen, wobei **drei Bezugsgrößentypen** unterschieden werden. **Typ I** dient zum Zählen innovativer Vertriebsleistungen und kann daher als Kostenverursachungs- und Leistungsmaßstab sowie zur Verrechnungssatzbildung nur sehr bedingt herangezogen werden. **Typ II** hingegen eignet sich als Kostenverursachungs- und Leistungsmaßstab und folglich auch zur Verrechnungssatzbildung. **Typ III** hat im Vergleich zu Typ II die zusätzliche Eigenschaft der direkten Beziehung zu den Kostenträgern. In der Vertikalen sind die rein nach funktionalen Kriterien gegliederten Vertriebskostenstellen aufgeführt, wobei zu ergänzenden absatzmarktorientierten Kriterien sowie zur Einrichtung

Abbildung 4-7
Zusammenfassender Überblick über Leistungskategorien und Bezugsgrößentypen von Vertriebskostenstellen

VERTRIEBS-KOSTEN-STELLEN-GRUPPEN	KOSTENSTELLEN	VERTRIEBSLEI-STUNGSKATEGORIE		BEZUGSGRÖSSENTYP		
		Innovativ	Repetitiv	Typ I	Typ II	Typ III
KOSTENSTELLEN DER VERTRIEBSFÜHRUNG	Allgemeine Vertriebsleitung	●				
	Marketingplanung und -kontrolle	●				
	Marketing-Controlling	●				
AKQUISITORISCHE KOSTENSTELLEN	Marktforschung	●		●		
	Werbung	●		●		
	Verkaufsförderung	●		●		
	Öffentlichkeitsarbeit	●		●		
	Messen	●				
	Verkaufsbüros	●	×	●	×	(×)
	Außendienst	●	×	●	×	(×)
	Verkaufsinnendienst	●	×	●	×	(×)
	Kundendienst	●	×	●	×	
KOSTENSTELLEN DER VERKAUFSABWICKLUNG	Auftragsbearbeitung		●			●
	Fakturierung		●			●
	Debitorenbuchhaltung		●		●	(●)
	Fertigwarenlager		●		●	(●)
	Verpackung und Versand		●			●
	Transport		●			●

zusätzlicher Leitungskostenstellen im Rahmen der akquisitorischen Kostenstellen und der Kostenstellen der Verkaufsabwicklung die im Zusammenhang mit Abbildung 4-6 getroffenen Aussagen Gültigkeit haben. Die Kreuze deuten an, daß unter bestimmten Bedingungen jene Kostenstellen auch repetitive Vertriebsleistungen mit entsprechenden Auswirkungen auf den Bezugsgrößentyp erbringen können. In Klammern gesetzte Kreuze oder Punkte signalisieren eine nicht zwingende oder alleinige Abhängigkeit der Kosten vom Absatzvolumen, wie oben bereits ausgeführt wurde.

II. Abbildung der Abhängigkeitsbeziehungen in Kostenkategorien

Die Abhängigkeitsbeziehungen zwischen Vertriebskosten, Vertriebsleistungen und Absatzvolumen lassen sich in Kostenkategorien abbilden. Mit der Bildung von **Kostenkategorien** ist stets eine Reduktion des Komplexitätsgrades der Abhängigkeitsbeziehungen verbunden, da weniger wichtige Kosteneinflußgrößen keine Berücksichtigung finden. Daher sind manche Autoren bemüht, weitere, über die in den modernen Kostenrechnungssystemen vorherrschende Zweiteilung in variable und fixe Kosten bzw. Leistungs- und Bereitschaftskosten hinausgehende Vertriebskostenkategorien zu unterscheiden.[70] Wie die nachfolgenden Aus-

---

70) HECKERT/MINER unterscheiden variable costs, semivariable costs, die sowohl fixe als auch variable Kosten umfassen, und fixed costs. (Vgl. HECKERT, J. B. - MINER, R. B.: Distribution, S. 20 f.) HAHN unterteilt in variable Kosten, fixe Kosten und spezielle entscheidungsrelevante Kosten, die im Unterschied zu den fixen Kosten von Fall zu Fall innerhalb der operativen Planung im Zusammenhang mit der Budgetierung festgelegt werden, wie etwa Kosten für Werbung und Verkaufsförderung. (Vgl. HAHN, D.: Planungs- und Kontrollrechnung, S. 317 ff.) DE VOS unterscheidet sogar fünf Kostenkategorien, wobei teilweise Abhängigkeitsaspekte mit Zurechnungsaspekten vermischt werden. Vgl. im Detail DE VOS, H. u. a.: Analysis, S. 304.

führungen zeigen werden, ist es allerdings ausreichend, nach variablen und fixen Vertriebskosten zu differenzieren und innerhalb dieser Kategorien Unterkategorien vorzusehen.

Voraussetzung für die korrekte Separierung von variablen und fixen Kosten in der Kostenstellenrechnung ist die Durchführung einer **planmäßigen Kostenspaltung.** Als zentralen Punkt sieht sie vor, jede Kostenart einer Kostenstelle, unter Umständen sogar noch weiter differenzierend jede Kostenart eines Kostenplatzes, gesondert darauf zu untersuchen, wie sie sich in Abhängigkeit von Veränderungen der Kostenstellenleistung verhält.[71)]

1. Variable Vertriebskosten

Im folgenden werden unter variablen Vertriebskosten jene Vertriebskosten verstanden, die sich **in Abhängigkeit von den Vertriebsleistungen und/oder dem Absatzvolumen verändern.**[72)] Der Terminus Leistungskosten wird bewußt nicht verwandt, weil er auf "automatische" Änderungen der Kosten in Abhängigkeit vom Leistungsvolumen abstellt. Der Begriff variable Kosten hingegen ist weiter gefaßt, weil er eine

---

71) Zur planmäßigen Kostenspaltung vgl. im Detail insbesonder MÄNNEL, Wolfgang: Grundzüge einer aussagefähigen Kostenspaltung, in: krp, Jg. 1972, H. 3, S. 111 ff.; DERS.: Kostenspaltung, in: Management Enzyklopädie, Bd. 5, 2. Aufl., Landsberg am Lech 1983, S. 725 ff.; KILGER, W.: Plankostenrechnung, S. 360 ff.

72) Diese Definition umfaßt nicht nur die in diesem Kapitel behandelten kostenstellenbezogen erfaßten variablen Vertriebskosten, sondern auch die im 5. Kapitel erläuterten kostenträgerbezogen erfaßten variablen Vertriebskosten. Für die kostenstellenbezogen erfaßten variablen Vertriebskosten werden im folgenden lineare Kostenfunktionen unterstellt, so daß man exakter auch von proportionalen Vertriebskosten sprechen könnte.

fristigkeitsgradabhängige Kategorisierung darstellt.[73)] Deshalb eignet er sich - wie am Beispiel der Personalkosten deutlich werden wird - besser zur Abbildung der Abhängigkeitsbeziehungen im Vertrieb als der engere Begriff der Leistungskosten. Konsequenterweise werden Vertriebskosten, die unabhängig von den Vertriebsleistungen anfallen, als fixe Vertriebskosten bezeichnet.

Wie Abbildung 4-6 zeigt, existieren sowohl Vertriebskostenstellen, die eine Leistungsart oder ähnliche, auf eine Leistungsart zurückführbare Leistungen erstellen, als auch Vertriebskostenstellen, für die von vorneherein mehrere unterschiedliche Leistungsarten auseinandergehalten werden müssen. Im ersten Fall genügt es, in der Kostenstelle eine **einzige Bezugsgröße** zu verwenden, zu der sich alle leistungsabhängigen Kosten proportional verhalten, wie das auf die Auftragsbearbeitung und die Fakturierung zutrifft. Im zweiten Fall dagegen sind parallel **mehrere Bezugsgrößen pro Kostenstelle** erforderlich, um die Abhängigkeitsbeziehungen zwischen den verschiedenen Vertriebsleistungen und den Kostenstellenkosten korrekt abbilden zu können, da jede Leistungsart unterschiedliche Kostenfunktionen aufweist.[74)] In den Kostenstellen Debitorenbuchhaltung, Fertigwarenlager und Transport liegen solche Verhältnisse vor.

In Abhängigkeit davon, welche Bezugsgrößentypen in den jeweiligen Vertriebskostenstellen Verwendung finden, ist die **"Qualität" der kostenstellenbezogen erfaßten variablen**

---

73) Zu den Termini variable und fixe Kosten sowie Leistungs- und Bereitschaftskosten vgl. im Detail die Ausführungen in Abschnitt B.I. des 3. Kapitels.

74) Man spricht in diesem Zusammenhang auch von heterogener Kostenverursachung im Gegensatz zur homogenen Kostenverursachung. (Vgl. KILGER, W.: Plankostenrechnung, S. 142 ff.) Im Falle einer heterogenen Kostenverursachung wird man die Zahl der verwendeten Bezugsgrößen pro Kostenstelle aus Wirtschaftlichkeitsgründen auf die wichtigsten beschränken.

Vertriebskosten zu beurteilen. Liegen **Bezugsgrößen vom Typ I** vor, die lediglich zum Zählen innovativer Vertriebsleistungen geeignet sind und daher auch nicht als zuverlässige Kostenverursachungs- und Leistungsmaßstäbe herangezogen werden können, liefert die darauf aufbauende Aufspaltung in variable und fixe Kosten keine exakten Ergebnisse; sie ist mit Ungenauigkeiten und Fehlern behaftet und gibt deshalb nur einen groben, interpretationsbedürftigen Orientierungsrahmen ab. Bilden dagegen **Bezugsgrößen der Typen II und III** die Grundlage für die Kostenspaltung, erhält man variable Vertriebskosten, die mit hinreichender Genauigkeit den tatsächlichen Kostenverläufen entsprechen. Je nachdem, ob sich die variablen Vertriebskosten nur in Abhängigkeit von der Kostenstellenleistung (Typ II) oder zudem in Abhängigkeit vom Absatzvolumen (Typ III) verändern, kann ein Teil der variablen Vertriebskosten über Verrechnungssätze auf Kostenträger weiterverrechnet werden.

Die vor allem in der angloamerikanischen Literatur vorzufindende strikte Trennung im Rahmen der Kostenstellenrechnung in produktabhängige (z. B. Kosten des Fertigwarenlagers), kundenabhängige (z. B. Kosten der Debitorenbuchhaltung) und gemischt kunden- und produktabhängige (z. B. Frachtkosten) Vertriebskosten[75] ist aus abrechnungstechnischer Sicht nicht erforderlich und führt überdies zur Inflexibilität der Kostenstellenrechnung, da die Weiterverrechnungsmöglichkeiten der Kostenstellenkosten unnötig eingeschränkt werden. Es ist vollkommen ausreichend, wie hier geschehen, **kostenstellenleistungsabhängige und kostenstellenleistungsunabhängige Kosten** zu unterscheiden und zusätzlich festzuhalten, ob eine direkte Beziehung zwischen Kostenstellenleistung und Kostenträger besteht. Ob und, falls ja, in welchem Umfang man kostenstellenleistungsabhängige Kosten auf weitere Absatzseg-

---

75) Vgl. SEVIN, C. H.: Marketing, S. 19 f.; LONGMAN, D. R. - SCHIFF, M.: Distribution, S. 176 ff.

mente wie Kunden oder Absatzgebiete weiterverrechnet, hängt von der Leistungsinanspruchnahme der betreffenden Kostenstellen durch die jeweiligen Absatzsegmente ab.[76)]

Innerhalb der kostenstellenbezogen erfaßten variablen Vertriebskosten werden im folgenden **zwei Unterkategorien** unterschieden: zum einen variable Vertriebskosten, die sich automatisch in Abhängigkeit von kleinsten Änderungen der Bezugsgrößen verändern, zum anderen variable Vertriebskosten, die vom Fristigkeitsgrad der Kostenplanung abhängen, der von der Unternehmensleitung prinzipiell frei gewählt werden kann, mithin also dispositionsbestimmt ist. Dabei wird der in der Grenzplankostenrechnung übliche Fristigkeitsgrad von einem Jahr unterstellt. Die erste Unterkategorie wird nachfolgend als **fristigkeitsgradunabhängige oder sofort variable Vertriebskosten**, die zweite Unterkategorie als **fristigkeitsgradabhängige variable Vertriebskosten** bezeichnet. Die fristigkeitsgradabhängigen Vertriebskosten weisen strenggenommen den Charakter von Fixkosten auf und könnten daher auch der Kategorie der fixen oder, genauer, der sprungfixen Kosten zugeordnet werden.[77)] Begründen läßt sich das damit, daß bei den fristigkeitsgradabhängigen Kosten letztlich nach ihrer Disponierbarkeit und nicht nach ihrer Abhängigkeit von einer Einflußgröße gefragt wird.[78)] Dennoch sollen hier die fristigkeitsgradabhängigen Kosten als variable Vertriebskosten klassifiziert werden, wie weiter unten noch ausgeführt werden wird.

In Abbildung 4-8 ist festgehalten, welche Kostenarten in den einzelnen funktional gegliederten Vertriebskostenstellen ganz oder teilweise den **fristigkeitsgradunab-**

---

76) Vgl. hierzu im Detail die Ausführungen in Abschnitt C.II. des 6. Kapitels.

77) Vgl. SEICHT, G.: Leistungsrechnung, S. 201.

78) Vgl. RIEBEL, Paul: Diskussionsbeitrag zum Referat von KILGER, Wolfgang, in: CHMIELEWICZ, K. (Hrsg.): Entwicklungslinien, S. 82.

Abbildung 4-8
Überblick über kostenstellenbezogen erfaßte fristigkeitsgradunabhängige variable Vertriebskosten

KOSTENARTEN \ KOSTENSTELLEN	Markt-forschung	Werbung	Verkaufs-förderung	Öffentlich-keitsarbeit	Messen	Verkaufsbüros	Außendienst	Verkaufs-innendienst	Kundendienst	Auftrags-bearbeitung	Fakturierung	Debitoren-buchhaltung	Fertig-warenlager	Verpackung und Versand	Transport
Grundlöhne															
Zusatz- und Mehrarbeitslöhne									●				●	●	●
Löhne															
Lohnnebenkosten									●				●	●	●
Lohnkosten															
Grundgehälter															
Zusatzgehälter	●	●	●	●		●	●	●	●	●	●	●	●	●	●
Gehälter															
Gehaltsnebenkosten	●	●	●	●		●	●	●	●	●	●	●	●	●	●
Gehaltskosten															
PERSONALKOSTEN															
Kalkulatorische Abschreibungen							●		●				●	●	●
Mieten, Pachten, Leasinggebühren															
ANLAGENKOSTEN															
Hilfsstoffe									●				●	●	●
Instandhaltungs-material							●		●				●	●	●
Büromaterial	●	●	●	●		●	●	●		●	●	●			
Werbe- und Displaymaterial		●	●	●											
MATERIALKOSTEN															
ENERGIEKOSTEN							●		●				●		●
Fremdinstandhaltung							●		●				●		●
Fremdlagerung															
Werbung															
Marktforschung															
Kosten für Handelsvertreter															
Kosten für fremdbezogene Vertriebsleistungen i.e.S.															
Versicherungskosten												●	●		
Postkosten	●	●	●	●		●	●	●		●	●	●		●	
Reisekosten							●								●
Bewirtungskosten							●	●							
Messekosten															
DIENSTLEISTUNGSKOSTEN															
Kalkulatorische Zinsen auf das Anlagevermögen															
Kalkulatorische Zinsen auf das Umlaufvermögen												●	●		
KAPITALKOSTEN															
KALKULATORISCHE WAGNISSE												●	●		
BEITRÄGE UND GEBÜHREN															
KOSTENSTEUERN															

hängigen Vertriebskosten zuzuordnen sind. Die Kostenartengliederung basiert auf dem in Abbildung 3-4 dokumentierten Kostenartenplan, wobei nur die über die Vertriebskostenstellen geführten Kostenarten aufgenommen und überdies Aggregationen vorgenommen wurden. Die Kostenstellen der Vertriebsführung wurden in der Abbildung nicht berücksichtigt, da dort wegen der fehlenden Bezugsgrößen keine Kostenspaltung vorgenommen werden kann. Die Punkte deuten jeweils auf der untersten Ebene an, welche Kostenarten ganz oder teilweise als sofort variabel einzustufen sind. Allerdings repäsentieren die sofort variablen Vertriebskosten **keine homogene Gruppe.** Bestimmte Kostenarten verändern sich tatsächlich automatisch in Abhängigkeit von den jeweiligen Bezugsgrößen. Das trifft zum Beispiel auf die Mehrarbeitslöhne und -gehälter, das Büromaterial, die Treibstoffe sowie die Postkosten zu. Demgegenüber sind mit den Kosten für Potentialfaktoren und den kalkulatorischen Kosten für das Umlaufvermögen Probleme verbunden. Der Werteverzehr von Potentialfaktoren kann allein zeitbedigt, ausschließlich nutzungsbedingt oder aber sowohl zeit- als auch nutzungsbedingt sein. Im Falle eines reinen Gebrauchsverschleißes wird man die **kalkulatorischen Abschreibungen** und die **Instandhaltungskosten** den variablen Kosten zuordnen, die jedoch genaugenommen nur einen geschätzten mathematischen Durchschnittswert repräsentieren, da sich die Höhe der Abschreibungen und der Instandhaltungskosten nur exakt erfassen läßt, wenn der gesamte Nutzenvorrat des Potentials bekannt ist. Verschleißt sich ein Potentialfaktor nutzungs- und zeitbedingt, stellt sich das zusätzliche Problem der Aufspaltung der Abschreibung und der Instandhaltungskosten in variable und fixe Bestandteile. Da zwischen den Bestimmungsfaktoren der Abschreibungen komplexe Interdependenzen bestehen,[79] ist eine theoretisch exakte Aufspaltung der Abschreibungsbeträge kaum möglich. Man muß sich daher mit pragmatisch

---

79) Vgl. MAHLERT, Arno: Die Abschreibungen in der entscheidungsorientierten Kostenrechnung, Opladen 1976, S. 153 ff.

orientierten Nährungsverfahren begnügen, um eine gespaltene Abschreibung ermitteln zu können.[80] Sinngemäß gilt das auch für die Instandhaltungskosten. Im Umlaufvermögen sind vor allem die **kalkulatorischen Zinsen für Fertigwaren- und Forderungsbestände** und die **kalkulatorischen Vertriebswagnisse** kritisch zu betrachten. Erstere werden unter Rückgriff auf monatliche oder jährliche Durchschnittsbestände, letztere basierend auf Erfahrungswerten unter Berücksichtigung zukünftiger Entwicklungen ermittelt, so daß hier keine automatische Variabilität dieser Kostenarten im strengen Sinne vorliegt, sondern eine näherungsweise Anpassung an einen veränderten Beschäftigungsgrad der jeweiligen Vertriebskostenstellen.[81]

Zu den **fristigkeitsgradabhängigen variablen Vertriebskosten** zählen insbesondere die **Personalkosten** (mit Ausnahme der als sofort variabel einzustufenden Mehrarbeitszuschläge) als betragsmäßig wichtigste Kostenart im Vertrieb und Kostenarten, die auf Verträge mit zeitlich befristeten Laufzeiten zurückzuführen sind.[82] Hier sollen nur die Personalkosten den fristigkeitsgradabhängigen variablen Vertriebskosten zugerechnet werden, die Abbaubarkeit der vertraglich disponierten Kostenarten soll dagegen im Rahmen der Fixkosten differenziert abgebildet werden. Der Grund dafür liegt darin, daß sich im Gegensatz zu den vertraglich disponierten Kostenarten ein Teil der Personalkosten unter bestimmten Bedingungen leichter und

---

80) Vgl. KUBE, Volker: Die Grenzplankostenrechnung, Wiesbaden 1974, S. 107 f.; MELLEROWICZ, K.: Kostenrechnung, Bd. II, 1. Teil, S. 308 ff.

81) Dabei werden nicht die ganzen kalkulatorischen Zinsen und Wagnisse an die veränderte Beschäftigung der Vertriebskostenstellen angepaßt, da diese Kostenarten aufgrund "eiserner Bestände" auch aus fixen Beträgen bestehen.

82) Vgl. SEICHT, Gerhard: Zur Deckungsbeitragsrechnung - Versuch einer Weiterentwicklung, in: Organisation und Betrieb, 18. Jg. (1963), H. 10, S. 15 ff.

in kleineren "Kostensprüngen", zumeist ohne Berücksichtigung von Vertragslaufzeit und Kündigungsfristen, an **Beschäftigungsschwankungen anpassen** lassen. Im wesentlichen sind dies **drei Bedingungen:**

1. Die **Arbeitskräfte** müssen **vielseitig einsetzbar** sein. Dazu ist zum einen eine entsprechende Qualifikation der Mitarbeiter erforderlich, zum anderen müssen Kostenstellen mit ähnlichen oder verwandten Funktionen existieren. Unter solchen Umständen ist eine Umsetzung von Mitarbeitern von einer Kostenstelle in eine andere Kostenstelle möglich. Im Vertrieb ist eine Umsetzung insbesondere unter den Kostenstellen Werbung, Verkaufsförderung und Öffentlichkeitsarbeit sowie unter den Kostenstellen Auftragsbearbeitung, Fakturierung und Debitorenbuchhaltung realisierbar. Sie wird wesentlich erleichtert, wenn die Vertriebskostenstellen zusätzlich zur funktionalen Gliederung noch weiter nach absatzmarktorientierten Kriterien differenziert sind.

2. Die **Vertriebskostenstellen** müssen **gegenläufige Beschäftigungsentwicklungen** aufweisen. Nur dann ist eine Umsetzung von Mitarbeitern sinnvoll. Diese Bedingung ist am ehesten erfüllbar, wenn das Unternehmen auf vielen unterschiedlichen Absatzmärkten - sei es im rein geographischen Sinne oder im Sinne von unterschiedlichen Marktsegmenten - tätig ist.

3. Die **Altersstruktur des Personals** sollte **ausgewogen** sein. Bei rückläufiger Beschäftigung kann dann auf die Wiederbesetzung altersbedingt frei werdender Stellen verzichtet werden.[83)]

---

83) Selbstverständlich werden Arbeitsplätze auch aus anderen Gründen frei. Eine hohe Fluktuationsrate entspricht in der Regel jedoch nicht den personalpolitischen Zielsetzungen des Unternehmens.

Je besser diese Bedingungen erfüllt sind, um so kleiner sind die **"Kostensprünge"**, d. h. um so leichter lassen sich die Personalkosten an Beschäftigungsschwankungen in den einzelnen Vertriebskostenstellen anpassen. Allerdings führt die Umsetzung von Mitarbeitern nicht zu einer Reduktion des Kostenniveaus im Vertrieb insgesamt, sondern nur zu einer **Umschichtung von Kosten.**

Liegen die oben genannten Bedingungen nicht vor, muß bei einem nachhaltigen Rückgang der Beschäftigung in den Vertriebskostenstellen daran gedacht werden, die Personalkosten durch Einführung von **Kurzarbeit** und **Entlassungen** an die Beschäftigung anzupassen. Besonders im letzten Fall sind wegen des gesetzlichen Kündigungsschutzes und der gesetzlichen Kündigungsfristen[84)] die Informationen, die die Unterkategorie fristigkeitsgradabhängige variable Kosten liefert, für eine exakte Analyse der Abbaubarkeit zu ungenau. Hierzu ist es erforderlich, über den Kostenstellenstammsatz die in der betreffenden Kostenstelle beschäftigten Mitarbeiter zu ermitteln und anschließend aus den entsprechenden Personalstammsätzen die benötigten Daten zu entnehmen.

Nachdem die beiden Unterkategorien der variablen Vertriebskosten inhaltlich beschrieben wurden, ist abschließend zu begründen, warum diese Unterscheidung getroffen wurde und warum die fristigkeitsgradabhängigen Personalkosten nicht den Fixkosten zugeordnet wurden.

Der Grund für die **Differenzierung in fristigkeitsgradunabhängige und fristigkeitsgradabhängige variable Kosten** liegt in der **Generierung entscheidungsrelevanter Kosteninformationen.** Für laufende Entscheidungen, die für Zeit-

---

84) Für Angestellte beträgt die Normalfrist sechs Wochen zum Quartalsende, für Arbeiter zwei Wochen. Die Kündigungsfrist verlängert sich bei entsprechendem Alter und langer Betriebszugehörigkeit des Mitarbeiters für Angestellte auf bis zu sechs Monate, für Arbeiter auf bis zu drei Monate.

räume von unter einem Jahr zu treffen sind, wie etwa über die Annahme eines Zusatzauftrages, über die Selbsterstellung oder den Fremdbezug bestimmter Vertriebsleistungen oder über die Wahl von Reise- und Transportrouten, liefern variable Vertriebskosten, die auf einem Fristigkeitsgrad von einem Jahr basieren, wegen der zwangsläufigen Fixkostenproportionalisierung keine relevanten Kosteninformationen.[85] In solchen **kurzfristigen Entscheidungssituationen** sind grundsätzlich nur die fristigkeitsgradunabhängigen variablen Vertriebskosten relevant.[86] Auch wenn sich die fristigkeitsgradabhängigen Personalkosten unter den oben diskutierten Bedingungen annähernd im Gleichlauf mit den Bezugsgrößen verändern, handelt es sich bei genauer Betrachtung dennoch um Fixkosten, für deren Anpassung an Bezugsgrößenschwankungen zwingend Entscheidungen der jeweiligen Entscheidungsträger erforderlich sind. Für **jahresbezogene Entscheidungen,** die in Konsumgüterbetrieben häufig vorkommen, weil dort in der

---

85) Das Problem, entscheidungsrelevante Kosteninformationen für auf kürzere, unter einem Jahr liegende Zeiträume bezogene Entscheidungen bereitzustellen, hat KILGER in neueren Publikationen veranlaßt vorzuschlagen, bei der Kostenplanung nebeneinander mehrere Fristigkeitsgrade in bezug auf die Anpassung an Beschäftigungsschwankungen zu berücksichtigen. Er bezeichnet dieses System als dynamische Grenzplankostenrechnung. (Vgl. KILGER, Wolfgang: Die Entstehung und Weiterentwicklung der Grenzplankostenrechnung als entscheidungsorientiertes System der Kostenrechnung, in: JACOB, H. (Hrsg.): Entwicklungen, S. 36 ff.; DERS.: Plankostenrechnung, S. 109 ff.; DERS.: Grenzplankostenrechnung, in: CHMIELEWICZ, K. (Hrsg.): Entwicklungslinien, S. 69.) RIEBEL wendet zu Recht ein, daß letztlich eine Proportionalisierung von Fixkosten vorliegt und daher die verschiedenen Fristigkeitsgrade zu unpräzise Informationen liefern. (Vgl. RIEBEL, P.: Diskussionsbeitrag, S. 82.) Wie noch gezeigt werden wird, werden in dieser Arbeit nur die Personalkosten den fristigkeitsgradabhängigen variablen Vertriebskosten zum Zwecke der Steuerung des Personaleinsatzes zugerechnet. Alle übrigen fristigkeitsgradabhängigen Kosten werden als fix behandelt.

86) Vgl. bezogen auf Entscheidungen für das Gesamtunternehmen HUMMEL, S. - MÄNNEL, W.: Kostenrechnung 2, S. 51.

Regel das Produktprogramm und die Preise für ein Jahr geplant werden, sind jedoch neben den sofort variablen Vertriebskosten auch die innerhalb dieses Jahres abbaubaren Vertriebskosten entscheidungsrelevant. Die Kategorie fristigkeitsgradabhängige variable Vertriebskosten stellt einen Weg dar, diese Kosten zu berücksichtigen.

Die **fristigkeitsgradabhängigen Personalkosten** wurden, obwohl dies aufgrund ihres Wesens möglich wäre, nicht den fixen, sondern den variablen Vertriebskosten zugeordnet. Neben der bereits erwähnten im Vergleich zu anderen fixen Vertriebskosten schnellen Abbaubarkeit eines Teils der Personalkosten, liegt der Grund darin, daß man so für die quantitativ bedeutsamste Kostenart im Vertrieb eine gesonderte Kostenkategorie zur Verfügung hat, der man vor allem zwei wichtige Informationen entnehmen kann. Erstens liefern die fristigkeitsgradabhängigen Personalkosten Steuerungsinformationen für einen **flexiblen**, am Beschäftigungsgrad der jeweiligen Vertriebskostenstellen orientierten **Personaleinsatz.**[87)] Zweitens geben sie Aufschluß über den **Quantencharakter der Personalkosten.**[88)]

2. Fixe Vertriebskosten

Wie bereits ein Blick auf Abbildung 4-8 zeigt, ist der Anteil der Kostenarten, die als fristigkeitgradunabhängige variable Vertriebskosten gelten können, in den einzelnen Kostenstellen gering. Selbst wenn man einen Teil der Personalkosten innerhalb eines Jahres an die Beschäftigung anpassen kann, bleibt zu konstatieren, daß die fixen Vertriebskosten den **größeren Teil der kostenstellenbezogen erfaßten Vertriebskosten** ausmachen, zumal die Kosten-

---

87) Vgl. VIKAS, K.: Controlling, S. 43 u. S. 51.

88) Vgl. hierzu die Ausführungen in Abschnitt E.I.2. dieses Kapitels.

stellen der Vertriebsführung und andere Kostenstellen mit Leitungsfunktionen ausschließlich Fixkosten aufweisen.

Fixe Vertriebskosten[89)] verändern sich nicht in Abhängigkeit von den Vertriebsleistungen. Sie werden aufgrund von **Planungen und Erwartungen über das künftige Leistungsvolumen** der einzelnen Vertriebskostenstellen disponiert. Ihre Höhe ist **im Zeitablauf beeinflußbar** und ändert sich durch Entscheidungen über den **Auf- oder Abbau der Betriebsbereitschaft und/oder der Kapazität.**

Wegen des hohen Fixkostenanteils im Vertrieb muß eine entscheidungsorientierte Vertriebskostenrechnung besonderen Wert auf eine möglichst weit ins Detail gehende Differenzierung des **Fixkostenblocks** legen. Grundsätzlich sind **drei Differenzierungsdimensionen** relevant:
- die Abbaubarkeit der Fixkosten in der Zeitdimension,
- der Quantencharakter der Fixkosten und
- die Zurechenbarkeit von Fixkostenbeträgen auf Kalkulationsobjekte.

Diese Dimensionen werden unten in Abschnitt E. dieses Kapitels ausführlich erläutert werden. Deshalb unterbleibt an dieser Stelle eine weitergehende Erörterung.

III. Verrechnungssatzbildung in Kostenstellen mit repetitiven Vertriebsleistungen

1. Verrechnungssatzbildung in ausgewählten Vertriebskostenstellen

Um die Ausführungen in den vorangegangenen Abschnitten zu Leistungskategorien, Bezugsgrößen und Kostenkategorien zu verdeutlichen, soll im folgenden die **Bildung von Verrech-**

---

89) Zu den Eigenschaften fixer Kosten vgl. auch die Ausführungen in Abschnitt B.I. des 3. Kapitels.

nungssätzen anhand ausgewählter Vertriebskostenstellen **exemplarisch** dargestellt werden. Als Beispiele werden die Kostenstelle Auftragsbearbeitung und -abwicklung und die Kostenstelle Debitorenbuchhaltung herangezogen - erstere als Beispiel für homogene, letztere als Beispiel für heterogene Kostenverursachung. Die Kostenstellen Fertigwarenlager und Transport wurden bewußt nicht als Beispiele gewählt, weil dazu bereits eine Anzahl von Veröffentlichungen existiert.[90)]

Die in den Abbildungen 4-9 und 4-10 gezeigten **Kostenpläne** für die Kostenstellen Auftragsbearbeitung und -abwicklung/ Inland und Debitorenbuchhaltung wurden - wie in der Plankostenrechnung üblich - für eine **Planperiode von einem Jahr** erstellt und anschließend auf einen geplanten Durchschnittsmonat bezogen.[91)] Diese Vorgehensweise ist vor allem dann gerechtfertigt, wenn die Beschäftigungslage in den einzelnen Vertriebskostenstellen über das Jahr hinweg keine signifikanten Schwankungen aufweist. Allerdings ist damit im gewissen Umfang eine Schlüsselung von Periodengemeinkosten verbunden. Auf eine differenzierte Abbildung der Fixkosten in den Kostenplänen, die auch die Schlüsselung von Periodengemeinkosten weitgehend vermeidet, wurde an dieser Stelle verzichtet. Sie wird ausführlich in Abschnitt E. dieses Kapitels diskutiert werden. In den beiden Kopfzeilen der in den Abbildungen 4-9 und 4-10 dargestellten Kostenpläne ist zum einen der Bezugsgrößen-

---

90) Zur Kostenstelle Fertigwarenlager vgl. etwa WEBER, Jürgen: Logistikkostenrechnung - Aufgaben, Abgrenzung und Elemente einer Kosten- und Leistungsrechnung für die Logistik, in: RKW-Handbuch Logistik, Bd. 1, Berlin 1981, Rubrik 1610, S. 37 f.; DERS.: Logistikkostenrechnung, S. 181 ff. u. S. 203 ff. Zur Kostenstelle Transport vgl. etwa MÄNNEL, Wolfgang: Moderne Fahrzeugkostenrechnung I und II, in: krp, Jg. 1976, H. 5 u. H. 6, S. 197 ff. und S. 253 ff.; SCHOTT, Kornelius: Deckungsbeitragsrechnung in der Spedition, 2. Aufl., Hamburg 1975, S. 76 ff.; FISCHER, Edmund: Deckungsbeitragsrechnung im Fuhrbetrieb, in: krp, Jg. 1982, H. 6, S. 279 ff.

91) Vgl. KILGER, W.: Plankostenrechnung, S. 345.

Abbildung 4-9
Beispiel für einen Kostenplan der Kostenstelle Auftragsbearbeitung und -abwicklung / Inland

KOSTENPLAN Zeitraum: 1989	Kostenstellenbezeichnung: Auftragsbearbeitung und -abwicklung Inland Kostenstellen-Nr.: 531 Tätigkeitsbereich: Inland Kostenstellenleiter: Rabe	Blatt 1
Planbezugsgröße/Monat: 2.500 bearbeitete Kundenaufträge	Bezugsgrößentyp: III	Bezugsgr.-Zahl: 1 Bezugsgr.-Nr.: 1

Kostenarten	Plankosten (DM/Monat)			
	Gesamt	Variabel		Fix
		Fristigkeitsgrad-unabhängig	Fristigkeitsgrad-abhängig	
Grundgehälter	15.200		7.400	7.800
Zusatzgehälter	900	900		
Gehälter	16.100	900	7.400	7.800
Gehaltsnebenkosten	6.440	360	2.960	3.120
PERSONALKOSTEN	22.540	1.260	10.360	10.920
Kalkulatorische Abschreibungen	420			420
Mieten, Pachten, Leasinggebühren				
ANLAGENKOSTEN	420			420
Instandhaltungsmaterial	90			90
Büromaterial	520	410		110
Werbe- und Displaymaterial				
MATERIALKOSTEN	610	410		200
ENERGIEKOSTEN	128			128
Fremdinstandhaltung	150			150
Kosten für fremdbezogene Vertriebsleistungen i.e.S.	1.783	1.426		357
Postkosten				
Reisekosten				
Bewirtungskosten				
Versicherungskosten				
DIENSTLEISTUNGSKOSTEN	1.933	1.426		507
Kalkulatorische Zinsen auf das Anlagevermögen	72			72
Kalkulatorische Zinsen auf das Umlaufvermögen				
KAPITALKOSTEN	72			72
KALKULATORISCHE WAGNISSE				
SEKUNDÄRE KOSTEN	1.254	135		1.119
PLANKOSTENSUMME	26.957	3.231	10.360	13.366
PLAN-VERRECHNUNGSSÄTZE (DM/Bezugsgröße)	10,78	1,29	4,14	5,35

typ festgehalten, zum anderen der Tätigkeitsbereich der Kostenstellen. Diese Informationen sind für die Weiterverrechnungsmodalitäten der variablen bzw. - wie noch zu zeigen sein wird - der fixen Kosten wichtig.

Für die **Kostenstelle Auftragsbearbeitung und -abwicklung/ Inland** in Abbildung 4-9 wurde angenommen, daß die zu bearbeitenden Aufträge weitgehend gleichartig sind, so daß die Verwendung von Äquivalenzziffern, Standardbearbeitungszeiten oder gar die Unterscheidung mehrerer Leistungsvarianten nicht erforderlich ist. In der Kostenstelle sind - so wird weiterhin unterstellt - vier Mitarbeiter beschäftigt, die zum Teil bei dem geplanten Leistungsvolumen Überstunden leisten müssen. Diese sind ebenso wie ein Teil der Post- und Büromaterialkosten sofort variabel, da bei einem Rückgang in der Zahl der zu bearbeitenden Aufträge automatisch die Überstunden, aber auch der Büromaterialverbrauch und die Portokosten für das Erstellen und Versenden von Auftragsbestätigungen zurückgehen. Zwei Mitarbeiter werden als "umsetzbar" eingestuft. Deren Grundgehälter sind dann den fristigkeitsgradabhängigen variablen Kosten zuzuordnen.

Die **Kostenstelle Debitorenbuchhaltung** in Abbildung 4-10 erbringt neben der Verbuchung der Ausgangsrechnungen und Zahlungseingänge weitere Leistungen in Form der Kontrolle der Debitorenkonten und dem Abwickeln von Mahnfällen. Demzufolge sind drei Bezugsgrößen auseinanderzuhalten. Fünf Mitarbeiter, so wird angenommen, erledigen die Buchungen, zwei überwachen die Debitorenkonten und einer ist für das Mahnwesen zuständig. Die Mitarbeiter sind teilweise "umsetzbar". So wird zum Beispiel davon ausgegangen, daß bei einem starken Beschäftigungsrückgang die Bearbeitung der Mahnfälle von den Mitarbeitern der Debitorenkontenkontrolle übernommen werden kann. Daher werden für die Bezugsgröße Mahnfälle die Personalkosten als fristigkeitsgradabhängige variable Kosten angesetzt. Als Besonderheit sind die kalkulatorischen Zinsen auf die Forderungsbestände und die kalkulatorischen Kundenwagnisse anzu-

Abbildung 4-10
Beispiel für einen Kostenplan der Kostenstelle Debitorenbuchhaltung

KOSTENPLAN Zeitraum: 1989	Kostenstellenbezeichnung: Debitorenbuchhaltung Kostenstellen-Nr.: 533 Tätigkeitsbereich: Gesamtunternehmen Kostenstellenleiter: Weitmann	Blatt 1
Planbezugsgröße/Monat: 30.000 Buchungen	Bezugsgrößentyp: III	Bezugsgr.-Zahl: 3 Bezugsgr.-Nr.: 1

Kostenarten	Plankosten (DM/Monat)			
	Gesamt	Variabel		Fix
		Fristigkeitsgrad-unabhängig	Fristigkeitsgrad-abhängig	
Grundgehälter	16.300		5.800	10.500
Zusatzgehälter	1.200	1.200		
Gehälter	17.500	1.200	5.800	10.500
Gehaltsnebenkosten	7.000	480	2.320	4.200
PERSONALKOSTEN	24.500	1.680	8.120	14.700
Kalkulatorische Abschreibungen	520			520
Mieten, Pachten, Leasinggebühren				
ANLAGENKOSTEN	520			520
Instandhaltungsmaterial	75			75
Büromaterial	360	142		218
Werbe- und Displaymaterial				
MATERIALKOSTEN	435	142		293
ENERGIEKOSTEN	244			244
Fremdinstandhaltung	170			170
Kosten für fremdbezogene Vertriebsleistungen i.e.S.				
Postkosten	520	56		464
Reisekosten				
Bewirtungskosten				
Versicherungskosten	13.770	13.320		450
DIENSTLEISTUNGSKOSTEN	14.460	13.376		1.084
Kalkulatorische Zinsen auf das Anlagevermögen	82			82
Kalkulatorische Zinsen auf das Umlaufvermögen	10.330	7.748		2.582
KAPITALKOSTEN	10.440	7.748		2.664
KALKULATORISCHE WAGNISSE	6.450	4.840		1.610
SEKUNDÄRE KOSTEN	1.622	158		1.464
PLANKOSTENSUMME	58.643	27.944	8.120	22.579
PLAN-VERRECHNUNGSSÄTZE (DM/Bezugsgröße)	1,95	0,93	0,27	0,75

Fortsetzung der Abbildung 4-10

KOSTENPLAN Zeitraum: 1989	Kostenstellenbezeichnung: Debitorenbuchhaltung Kostenstellen-Nr.: 533 Tätigkeitsbereich: Gesamtunternehmen Kostenstellenleiter: Weilmann			Blatt 2
Planbezugsgröße/Monat: 3.000 Kundenkonten		Bezugsgrößentyp: III		Bezugsgr.-Zahl: 3 Bezugsgr.-Nr.: 2

Kostenarten	Plankosten (DM/Monat)			
	Gesamt	Variabel		Fix
		Fristigkeitsgrad-unabhängig	Fristigkeitsgrad-abhängig	
Grundgehälter	5.560		2.670	2.890
Zusatzgehälter				
Gehälter	5.560		2.670	2.890
Gehaltsnebenkosten	2.224		1.068	1.156
PERSONALKOSTEN	7.784		3.738	4.046
Kalkulatorische Abschreibungen	126			126
Mieten, Pachten, Leasinggebühren				
ANLAGENKOSTEN	126			126
Instandhaltungsmaterial	40			40
Büromaterial	84	16		68
Werbe- und Displaymaterial				
MATERIALKOSTEN	124	16		108
ENERGIEKOSTEN	24			24
Fremdinstandhaltung	86			86
Kosten für fremdbezogene Vertriebsleistungen i.e.S.				
Postkosten	42			42
Reisekosten				
Bewirtungskosten				
Versicherungskosten				
DIENSTLEISTUNGSKOSTEN	128			128
Kalkulatorische Zinsen auf das Anlagevermögen	36			36
Kalkulatorische Zinsen auf das Umlaufvermögen				
KAPITALKOSTEN	36			36
KALKULATORISCHE WAGNISSE				
SEKUNDÄRE KOSTEN	126	20		106
PLANKOSTENSUMME	**8.348**	**36**	**3.738**	**4.574**
PLAN-VERRECHNUNGSSÄTZE (DM/Bezugsgröße)	**2,78**	**0,01**	**1,25**	**1,52**

Fortsetzung der Abbildung 4-10

KOSTENPLAN Zeitraum: 1989	Kostenstellenbezeichnung: Debitorenbuchhaltung Kostenstellen-Nr.: 533 Tätigkeitsbereich: Gesamtunternehmen Kostenstellenleiter: Weilmann			Blatt 3
Planbezugsgröße/Monat: 200 Mahnfälle		Bezugsgrößentyp: II		Bezugsgr.-Zahl: 3 Bezugsgr.-Nr.: 3
Kostenarten	Plankosten (DM/Monat)			
	Gesamt	Variabel Fristigkeitsgrad-unabhängig	Variabel Fristigkeitsgrad-abhängig	Fix
Grundgehälter	2.800		2.800	
Zusatzgehälter				
Gehälter	2.800		2.800	
Gehaltsnebenkosten	1.120		1.120	
PERSONALKOSTEN	3.920		3.920	
Kalkulatorische Abschreibungen	40			40
Mieten, Pachten, Leasinggebühren				
ANLAGENKOSTEN	40			40
Instandhaltungsmaterial	23			23
Büromaterial	110	84		26
Werbe- und Displaymaterial				
MATERIALKOSTEN	133	84		49
ENERGIEKOSTEN	10			10
Fremdinstandhaltung	38			38
Kosten für fremdbezogene Vertriebsleistungen i.e.S.				
Postkosten	134	120		14
Reisekosten				
Bewirtungskosten				
Versicherungskosten				
DIENSTLEISTUNGSKOSTEN	172	120		52
Kalkulatorische Zinsen auf das Anlagevermögen	14			14
Kalkulatorische Zinsen auf das Umlaufvermögen				
KAPITALKOSTEN	14			14
KALKULATORISCHE WAGNISSE				
SEKUNDÄRE KOSTEN	83	16		67
PLANKOSTENSUMME	4.372	220	3.920	232
PLAN-VERRECHNUNGSSÄTZE (DM/Bezugsgröße)	21,86	1,10	19,60	1,16

sprechen, die der Debitorenbuchhaltung für den gesamten Vertriebsbereich zugerechnet werden. Genaugenommen variieren diese Beträge zum Teil mit dem Umsatz, werden hier jedoch, da die Buchungen als Bezugsgrößen verwendet werden und eine positive Korelation zwischen Buchungszahlen und Umsatz besteht, vereinfacht als abhängig von den Buchungszahlen betrachtet.

2. Möglichkeiten und Grenzen der Verrechnungssatzbildung in Kostenstellen mit repetitiven Vertriebsleistungen

Die Bildung von Verrechnungssätzen ermöglicht die Bewertung von repetitiven Vertriebsleistungen und, je nach Bezugsgrößentyp, die Weiterverrechnung der kostenstellenbezogen erfaßten Vertriebskosten auf Kostenträger. Aus der Differenzierung nach den verschiedenen Kostenkategorien ergeben sich für jede der Kategorien separate Verrechnungssätze, mit deren Hilfe **Parallelrechnungen** durchgeführt werden können, indem man nebeneinander mit **Teilkostensätzen** und **Vollkostensätzen** rechnet. Je nach Rechnungszweck finden unterschiedliche Verrechnungssätze Anwendung. Für kurzfristige Entscheidungen sind nur die sofort variablen Vertriebskosten zu berücksichtigen, wohingegen bei längerfristigen Entscheidungen, die überdies den Personaleinsatz in wirtschaftliche Verwendungsrichtungen lenken wollen, die fristigkeitsgradabhängigen variablen Vertriebskosten zusätzlich mit einzubeziehen sind. Auch Vollkostensätze liefern trotz ihrer mangelnden Entscheidungsrelevanz nützliche Informationen. Sie kommen zum einen dem Bedürfnis der Praxis entgegen, die vollen Kosten eines Kalkulationsobjektes zu kennen, das dem Erfordernis entspringt, langfristig die gesamten Kosten durch Erlöse decken zu müssen. Zum anderen benötigt ein Unternehmen Vollkostensätze, wenn es zur Kalkulation öffentlicher Aufträge Selbstkostenpreise zu ermitteln hat.

Darüber hinaus können die verschiedenen Verrechnungssätze zur Bildung von kostenorientierten **zwischenbetrieblichen**

Verrechnungspreisen und Konzern-Verrechnungspreisen herangezogen werden. Auch hier ist es entscheidend, welchen Zwecken die Verrechnungspreise dienen. Bezweckt man primär die Lenkung dezentraler Entscheidungen in Teilbereichen des Unternehmens, verwendet man in der Regel Teilkostensätze, steht dagegen die Erfolgsermittlung einzelner Unternehmenseinheiten im Vordergrund, werden häufig Vollkostensätze zugrunde gelegt.[92)]

Die für die Verrechnungssatzbildung erforderliche detaillierte kostenstellenbezogene Planung von repetitiven Vertriebsleistungen und deren Messung als Istwerte schafft zunächst eine gewisse **Leistungstransparenz im Vertrieb.** Die Unterschreitung von bestimmten Leistungsmengen in einer Kostenstelle, etwa der Anzahl der bearbeiteten Aufträge, kann zum Anlaß genommen werden, über einen Kapazitätsabbau in dieser Stelle, beispielsweise in Form von weniger Personal, nachzudenken. Hält man zudem noch die zwischen den Vertriebskostenstellen und anderen absatzrelevanten Kalkulationsobjekten fließenden Leistungsströme

---

92) Zu diesen und weiteren Zwecken der Verrechnungspreisbildung und den zweckentsprechenden Kostensätzen vgl. COENENBERG, Adolf G.: Verrechnungspreise zur Steuerung divisionalisierter Unternehmen, in: WiSt, 2. Jg. (1973), H. 8/9, S. 374 ff.

fest, hat man die Grundlage zum Aufbau einer Leistungsrechnung des Vertriebs.[93)]

Weiterhin dient die Leistungsplanung und -messung als wichtige **Planungsgrundlage.** Die Planleistung der nächsten Abrechnungsperiode wird aus dem Absatzplan abgeleitet, wobei die Istleistungen vergangener Perioden unter Berücksichtigung zukünftiger Entwicklungen eine wichtige Hilfe darstellen. Liegt die Planleistung fest, lassen sich die Plankosten bestimmen, die zur Realisierung der Planleistung bei wirtschaftlichem Handeln erforderlich sind.

Schließlich können, aufbauend auf einer planmäßigen Kostenspaltung, mit Hilfe der Leistungsmessung **Sollkosten** für die einzelnen Vertriebskostenstellen ermittelt werden, die einen geeigneten Maßstab zur Beurteilung der Höhe der Istkosten abgeben, weil sie sich auf den gleichen Beschäftigungsgrad beziehen. Durch die Gegenüberstellung von Ist- und Sollkosten wird die Wirtschaftlichkeit der Leistungserstellung in den Vertriebskostenstellen kontrolliert. Werden signifikante Abweichungen festgestellt,

---

93) Einen ähnlichen, auf der Erfassung von Leistungen aufbauenden Ansatz wählt ein neues Kostenrechnungskonzept, das in den Vereinigten Staaten entwickelt wurde und als activity-based costing bezeichnet wird. Das activity-based costing sieht als zentralen Punkt vor, in jenen Bereichen des Unternehmens, in denen überwiegend Gemeinkosten entstehen, die dort erstellten Leistungen, activities oder transactions genannt, zu ermitteln. Anschließend dividiert man die Kosten dieser Unternehmensbereiche durch die Zahl der activities und erhält so die vollen Kosten einer Leistungseinheit. Schließlich stellt man fest, wieviele activities ein bestimmtes Produkt in einer Abrechnungsperiode in Anspruch nimmt und rechnet ihm die Kosten für die "verbrauchten" activities zu. Vgl. KAPLAN, Robert S.: One Cost System Isn't Enough, in: HBR, 66. Jg. (1988), Januar/Februar, S. 64 f.; COOPER, Robin - KAPLAN, Robert S.: Measure Costs Right: Make the Right Decisions, in: HBR, 66. Jg. (1988), September/Oktober, S. 99; MILLER, Jeffrey G. - VOLLMANN, Thomas E.: Die verborgene Fabrik, in: Harvard Manager, Jg. 1986, H. 1, S. 85 ff.

werden diese analysiert und gegebenenfalls entsprechende Steuerungsmaßnahmen ergriffen. Auf diese Weise kann die Kostenstellenrechnung im Vertrieb als ein wichtiges Instrument des operativen Marketing-Controlling genutzt werden.

Allerdings handelt es sich bei der Wirtschaftlichkeitsbetrachtung mittels Daten aus der Kostenrechnung aufgrund des Aufbaus der Kostenrechnung stets um eine **isolierte Wirtschaftlichkeitsbetrachtung,** weil letztlich die Input-Output-Situation für jede Vertriebskostenstelle getrennt beurteilt wird. Der Leistungszusammenhang mit den übrigen Teilbereichen des Unternehmens wird so nicht berücksichtigt, was eine gesamtunternehmensbezogene Wirtschaftlichkeitsbetrachtung verhindert.[94)] Für eine gesamtunternehmensbezogene Wirtschaftlichkeitsbetrachtung eignen sich insbesondere die verschiedenen **Verfahren der Gemeinkostensenkung,** wie die administrative Wertanalyse, die Gemeinkosten-Wertanalyse und das Zero-Base Budgeting, wenn auch

---

94) Zur Gefahr der Nichtberücksichtigung des gesamtunternehmensbezogenen Leistungszusammenhangs und weiteren mit der isolierten Wirtschaftlichkeitsbetrachtung verbundenen Gefahren vgl. PICOT, Arnold: Rationalisierung im Verwaltungsbereich, in: ZfB, 49. Jg. (1979), H. 12, S. 1156 f. PICOT schlägt daher ein mehrstufiges Konzept zur Beurteilung der Wirtschaftlichkeit vor, das zwar auf den Verwaltungsbereich bezogen ist, jedoch auf den Vertrieb übertragbar ist. Vgl. EBD., S. 1160 ff.

in unterschiedlichem Maße.[95] Bei allen Unterschieden ist den genannten Verfahren gemeinsam, daß die Kosten für die zur Disposition stehenden einzelnen Leistungen und Leistungsniveaus geschätzt werden müssen. Unter diesem Aspekt erleichtert eine Vertriebskostenrechnung, die standardmäßig kostenstellenbezogen Leistungen plant, erfaßt und auch laufend mittels Verrechnungssätzen bewertet, die Durchführung von Verfahren zur Gemeinkostensenkung im Vertrieb.[96]

Bei allen eben erwähnten Möglichkeiten sind jedoch der Verwendung von Verrechnungssätzen auch **Grenzen** gesetzt. Jene kostenstellenbezogen erfaßten variablen Vertriebskosten, die sich grundsätzlich zur Weiterverrechnung auf Kostenträger eignen, weisen im Vergleich zu den in den Fertigungskostenstellen erfaßten variablen Kosten die Besonderheit auf, daß sie im allgemeinen nicht direkt von

---

95) Einen guten Gesamtüberblick über die verschiedenen Verfahren zur Gemeinkostensenkung, verbunden mit einer kritischen Würdigung, geben LETSCH, Markus: Methoden und Verfahren der Gemeinkostensenkung, Diss. St. Gallen 1984, S. 11 ff.; WEGMANN, Manfred: Gemeinkosten-Management - Möglichkeiten und Grenzen der Steuerung industrieller Verwaltungsbereiche, München 1982, S. 100 ff. Zur administrativen Wertanalyse im Vertrieb vgl. BERNSKÖTTER, Hanns: Leistungs-Lifting im Vertrieb, in: asw, Jg. 1983, H. 11, S. 86 ff. Zur Gemeinkosten-Wertanalyse im allgemeinen vgl. MC DONALD, John G. - ROEVER, Michael: Runter mit den Gemeinkosten, in: MM, 5. Jg. (1975), H. 11, S. 69 ff.; ROEVER, Michael: Gemeinkosten-Wertanalyse, in: krp, Jg. 1985, H. 1, S. 19 ff. Zur Gemeinkosten-Wertanalyse im Vertrieb vgl. OERTLE, Heinz: Gemeinkostenwertanalyse im Marketing, in: Thexis, 1. Jg. (1984), H. 3, S. 15 ff. Zum Zero-Base Budgeting vgl. PHYRR, Peter A.: Zero-Base Budgeting, in: HBR, 48 Jg. (1970), November/Dezember, S. 111 ff.; MEYER-PIENING, Arnulf: Zero-Base Budgeting - Erprobte Technik zur Senkung der Gemeinkosten und zur Steigerung der Effizienz, in: ESCHENBACH, Rolf (Hrsg.): Das Management der Gemeinkosten, Wien 1982, S. 63 ff.

96) Ähnlich auch WÄSCHER, Dieter: Gemeinkostenmanagement - Eine Aufgabe mit Zukunft, in: CM, 11. Jg. (1986), H. 5, S. 242.

der einzelnen Leistungseinheit des absatzfähigen Endproduktes abhängen. Am ehesten ist diese Abhängigkeit noch in den Fertigwarenlagern und - mit Einschränkungen - in der Kostenstelle Transport gegeben. Da in der Transportkostenstelle häufig zusammengesetzte, gemischte Sendungen vorliegen, bedeutet eine Zurechnung der variablen Kostenstellenkosten auf die einzelnen Leistungseinheiten des Transportauftrages strenggenommen eine mit Fehlern behaftete Durchschnittsbildung, die aber aus Wirtschaftlichkeitsgründen in der Regel toleriert wird.[97] Die **fehlende direkte Abhängigkeit von den einzelnen Leistungseinheiten** wird besonders an den Kostenstellen Auftragsbearbeitung und Fakturierung deutlich, welche ihre variablen Kosten über Verrechnungssätze weiterverrechnen, die sich auf den bearbeiteten Auftrag oder die ausgestellte Rechnung beziehen. Die Kosten betreffen den Kundenauftrag insgesamt, der sich häufig aus mehreren verschiedenen Produktarten zusammensetzt. Eine Zurechnung auf einzelne Positionen des Kundenauftrages stellt eine Schlüsselung von Gemeinkosten dar. Wege zur Lösung der hier angesprochenen Problematik werden in Abschnitt B.II. des fünften Kapitels diskutiert werden.

Ein weiteres Problem besteht in den **niedrigen Verrechnungssätzen für sofort variable Vertriebskosten,** wie sie den in den Abbildungen 4-9 und 4-10 dargestellten Kostenplänen entnommen werden können. Betrachtet man beispielsweise den Verrechnungssatz der Debitorenbuchhaltung für die Kontrolle der Debitorenkonten in Abbildung 4-10, der 0,01 DM beträgt, so wird deutlich, daß es in solchen Fällen unwirtschaftlich wäre, mit einem so niedrigen und daher wenig aussagekräftigen Verrechnungssatz im System der Vertriebskostenrechnung weiterzurechnen. Für Kostenstellen, die erfahrungsgemäß sehr niedrige sofort variable Kosten aufweisen, empfiehlt es sich unter Umständen sogar,

---

97) Zur Durchschnittsbildung bei Frachtkostensätzen vgl. die Ausführungen in Abschnitt B.I.2.b) des 5. Kapitels.

von vorneherein auf die Ermittlung und die Dokumentation von sofort variablen Kosten zu verzichten und diese den fristigkeitsgradabhängigen variablen Kosten zuzuordnen.

IV. Bewertungsproblematik innovativer Vertriebsleistungen

Eine kostenorientierte Bewertung innovativer Vertriebsleistungen ist nur in solchen Vertriebskostenstellen möglich, deren Leistungen zählbar sind und für die sich daher eine Bezugsgröße finden läßt. In den **Kostenstellen der Vertriebsführung** und den übrigen **Kostenstellen mit Leitungsfunktionen** liegen solche Bedingungen nicht vor, so daß dort eine kostenorientierte Bewertung innovativer Vertriebsleistungen nicht durchführbar ist. Mangels Bezugsgrößen und mangels eines Mengengerüsts muß sich die Kostenplanung in diesen Kostenstellen mit Schätzungen begnügen. Wegen des **fehlenden Mengengerüsts** spricht man in solchen Fällen auch von **Budgetkosten** anstelle von Plan- oder Standardkosten, denen ein Mengengerüst zugrunde liegt.[98] Den budgetierten Kosten dieser Kostenstellen werden im Zuge der Budgetkontrolle die Istkosten gegenübergestellt. Eine solche Budgetkontrolle kann zwar Abweichungen konstatieren, aber keine Aussagen über Abweichungsursachen, wie etwa unwirtschaftliche Leistungserstellung, treffen, weil die Budgetkosten keinen zuverlässigen Maßstab zur Beurteilung der Höhe der Istkosten repräsentieren. Die Budgetkosten können im Gegensatz zu den Sollkosten nicht an die jeweils vorliegende Istbeschäftigung der Kostenstelle angepaßt werden. Folglich beziehen sich Budgetkosten und Istkosten nicht zwingend auf den gleichen Beschäftigungsgrad.

Für die meisten **akquisitorischen Kostenstellen** lassen sich - wie Abbildung 4-7 zeigt - **Bezugsgrößen vom Typ I** er-

---

98) Vgl. HUMMEL, S. - MÄNNEL, W.: Kostenrechnung 1, S. 114; HABERSTOCK, L.: Grundzüge, S. 116; SEICHT, G.: Leistungsrechnung, S. 363.

mitteln. Um den unterschiedlichen Zeitbedarf ungefähr wiederzugeben, werden meist die für Studien, Projekte, Konzepte und Aktionen aufgewandten Stunden als Bezugsgrößen verwandt. Wie bereits mehrfach erwähnt, ermöglichen Bezugsgrößen vom Typ I nur ein Zählen innovativer Vertriebsleistungen und können daher auch **nicht als zuverlässige Kostenverursachungs- und Leistungsmaßstäbe** gelten. Demzufolge ist auch die darauf aufbauende Kostenspaltung ungenau und fehlerhaft, was sich direkt auf die Verwendbarkeit der Verrechnungssätze als Bewertungsmaßstab für innovative Vertriebsleistungen auswirkt. Diese Verrechnungssätze dürfen keinesfalls im Rahmen von Entscheidungsrechnungen für eine Weiterverrechnung auf Kalkulationsobjekte herangezogen werden.

Es stellt sich die Frage, ob unter diesen Aspekten eine aufwendige Leistungsplanung und -zählung für innovative Vertriebsleistungen überhaupt **Nutzen** stiftet. Hierzu ist folgendes zu sagen. **Erstens** können die Verrechnungssätze als **grober Anhaltspunkt** und als Diskussionsgrundlage für die in solchen Fällen letztlich doch politische, im Ermessen der Entscheidungsträger liegende Bestimmung von **zwischenbetrieblichen Verrechnungspreisen und Konzern-Verrechnungspreisen** dienen, die zum Beispiel dann erforderlich ist, wenn die zentrale Werbeabteilung Leistungen für ein Tochterunternehmen erbringt.

Zweitens wird, wie im Falle der repetitiven Vertriebsleistungen auch, durch die kostenstellenbezogene Planung und Zählung der innovativen Vertriebsleistungen eine gewisse **Leistungstransparenz** geschaffen und überdies bei zusätzlicher Dokumentation der Leistungsströme die Grundlage für eine Leistungsrechnung im Vertrieb gelegt. Diesem Aspekt kommt im Zusammenhang mit den innovativen Vertriebsleistungen eine größere Bedeutung zu als im Zusammenhang mit repetitiven Vertriebsleistungen, weil eine Bewertung innovativer Vertriebsleistungen aus den oben genannten Gründen nur begrenzt aussagekräftig ist und man sich deshalb in erster Linie auf Mengeninformationen stützen muß.

Drittens stellt die Leistungserfassung eine wenn auch ungenaue **Planungshilfe** dar.[99] Indem man die Leistungsvolumina und die dafür angefallenen Kosten in den Vertriebskostenstellen analysiert und das Leistungsvolumen der zukünftigen Abrechnungsperiode abschätzt, erhält man zumindest einen ungefähren Rahmen für die festzulegenden Plankosten. Selbstverständlich handelt es sich dabei nicht um eine auf detaillierten Verbrauchsanalysen fußende und auf ein zuverlässiges Mengengerüst zurückgreifende Kostenplanung, wie sie in Kostenstellen mit repetitiven Vertriebsleistungen vorliegt. Dennoch besteht ein Orientierungsrahmen für die Kostenplanung, der die Qualität der Planung im Vergleich zur Vorgabe eines globalen Budgets wie im Falle der Kostenstellen der Vertriebsführung erheblich verbessert.

Viertens ergeben sich aus der Leistungsplanung und -zählung **verbesserte Kontrollmöglichkeiten.** Muß man sich bei einer global "budgetierten" Kostenstelle mit einer Gegenüberstellung von Budget- und Istkosten begnügen, können hier Sollkosten errechnet werden. Wegen der Eigenschaften der Bezugsgrößen vom Typ I bilden die auf ihrer Grundlage ermittelten Sollkosten allerdings keine zuverlässige Größe; sie eignen sich nur als mit Ungenauigkeiten und Fehlern behaftete Richtgrößen. Daher empfiehlt es sich, parallel dazu einen reinen Leistungs-Plan-Ist-Vergleich für die Vertriebskostenstellen zu implementieren.[100] Auf diese Weise ergeben sich Anhaltspunkte für die Wirtschaftlichkeit der Leistungserstellung in diesen Vertriebskostenstellen, wobei die Ergebnisse solcher "Wirtschaftlichkeitsanalysen" nur den Anstoß zu weiteren, über den Bereich der Vertriebskostenrechnung hinausreichenden quantitativen und vor allem qualitativen Analysen geben können. Hier ist insbesondere der Marketing-Controller gefor-

---

99) Vgl. FISCHER, K.-P.: Vertriebskostenrechnung, S. 55.

100) Vgl. DEYHLE, Alfred: Controller-Handbuch, Bd. 5, Gauting bei München 1974, S. 99 f.

dert, der problemadäquate Analyseinstrumente einsetzen und deren Ergebnisse auf ihre Kompatibilität überprüfen muß.

Fünftens ist schließlich noch darauf hinzuweisen, daß die für die Leistungszählungen erforderlichen **projekt- und aktionsbezogenen Stundenaufschreibungen** Aufschluß darüber geben, für welche Absatzsegmente die Kostenstellen tätig waren, wodurch eine differenzierte Zurechnung der Fixkosten möglich ist. Darauf wird in Abschnitt E.II. dieses Kapitels näher eingegangen.

Zusammenfassend ist festzuhalten, daß eine Leistungsplanung und -zählung in Kostenstellen mit innovativen, zählbaren Vertriebsleistungen einen zwar begrenzten, aber doch den Erhebungsaufwand rechtfertigenden Aussagewert besitzen. Um aus diesen Daten die richtigen Schlüsse ziehen zu können, bedürfen sie einer gründlichen Erörterung und Interpretation durch die Vertriebsführung und die Mitarbeiter der betroffenen Kostenstellen, wobei man sich stets die Funktion dieser Daten als **Anhaltspunkt und Orientierungsrahmen** vergegenwärtigen muß. Das Marketing-Controlling hat hier die wichtige Aufgabe der Initiierung und Moderation solcher Abstimmungs- und Kommunikationsprozesse und der Bereitstellung weiterer, die Ergebnisse der Vertriebskostenrechnung ergänzender Daten anderer Instrumente des Marketing-Controlling.

Vor dem Hintergrund der in diesem Abschnitt diskutierten "Qualität" der Daten ist der in Abbildung 4-11 dargestellte Kostenplan für die **Kostenstelle Werbung** zu betrachten. Der in der zweiten Kopfzeile dokumentierte Bezugsgrößentyp zeigt dem Benutzer an, daß es sich um eine Kostenstelle mit innovativen Vertriebsleistungen handelt, deren Kosten- und Leistungsdaten einen geringeren Aussagewert besitzen als diejenigen von Kostenstellen mit repetitiven Vertriebsleistungen.

Abbildung 4-11
Beispiel für einen Kostenplan der Kostenstelle Werbung

KOSTENPLAN Zeitraum: 1989	Kostenstellenbezeichnung: Werbung Kostenstellen-Nr.: 522 Tätigkeitsbereich: Gesamtunternehmen Kostenstellenleiter: Koller			Blatt 1
Planbezugsgröße/Monat: 640 Stunden		Bezugsgrößentyp: I		Bezugsgr.-Zahl: 1 Bezugsgr.-Nr.: 1
Kostenarten	Plankosten (DM/Monat)			
		Variabel		
	Gesamt	Fristigkeitsgrad-unabhängig	Fristigkeitsgrad-abhängig	Fix
Grundgehälter	17.100		8.050	9.050
Zusatzgehälter				
Gehälter	17.100		8.050	9.050
Gehaltsnebenkosten	6.840		3.220	3.620
PERSONALKOSTEN	22.940		11.270	12.670
Kalkulatorische Abschreibungen	288			288
Mieten, Pachten, Leasinggebühren				
ANLAGENKOSTEN	288			288
Instandhaltungsmaterial	40			40
Büromaterial	416	166		250
Werbe- und Displaymaterial	8.240	6.590		1.650
MATERIALKOSTEN	8.696	6.756		1.940
ENERGIEKOSTEN	114			114
Fremdinstandhaltung	42			42
Kosten für fremdbezogene Vertriebsleistungen i.e.S.	26.700			26.700
Postkosten	2.368	1.894		474
Reisekosten	150			150
Bewirtungskosten	280			280
Versicherungskosten				
DIENSTLEISTUNGSKOSTEN	29.540	1.894		27.646
Kalkulatorische Zinsen auf das Anlagevermögen	56			56
Kalkulatorische Zinsen auf das Umlaufvermögen				
KAPITALKOSTEN	56			56
KALKULATORISCHE WAGNISSE				
SEKUNDÄRE KOSTEN	1.054	122		932
PLANKOSTENSUMME	63.688	8.772	11.270	43,646
PLAN-VERRECHNUNGSSÄTZE (DM/Bezugsgröße)	99,51	13,71	17,61	68,20

E. DIFFERENZIERTE ABBILDUNG DER KOSTENSTELLENBEZOGEN ERFASSTEN FIXEN VERTRIEBSKOSTEN

Der bereits angesprochene geringe Anteil der variablen Kosten an den gesamten Vertriebskosten führt dazu, daß eine nur auf variablen Kosten basierende Deckungsbeitragsrechnung wegen des vergleichsweise geringen Anteils der erfaßten Kosten und dem Erfordernis, letztendlich alle Kosten durch Erlöse decken zu müssen, ihre Funktion als Instrument zur Fundierung von Marketing-Entscheidungen nur ungenügend wahrnehmen kann.[101] Daher müssen auch die fixen Kosten in Deckungsbeitragsrechnungen - allerdings ohne sie zu proportionalisieren - berücksichtigt werden. Dazu ist eine differenzierte Abbildung der kostenstellenbezogen erfaßten fixen Vertriebskosten entlang der in Abschnitt D.II.2. dieses Kapitels erwähnten drei Differenzierungsdimensionen erforderlich.

I. Differenzierung hinsichtlich der Beeinflußbarkeit der fixen Vertriebskosten

Die Beeinflußbarkeit der Fixkosten hängt zum einen von ihrer zeitlichen Disponierbarkeit, zum anderen von ihrem Quantencharakter ab.

1. Zeitliche Disponierbarkeit der fixen Vertriebskosten

Fixkosten sind **innerhalb bestimmter Zeitintervalle** und zudem häufig nur **zu bestimmten Zeitpunkten abbaubar.** Diese zeitliche Dimension der Fixkosten hat RIEBEL in seinem Kostenrechnungssystem der Einzelkosten- und Deckungsbeitragsrechnung bereits frühzeitig zunächst in Sonderrech-

---

101) Ähnlich auch BÖCKER, F.: Marketing-Kontrolle, S. 105 ff.

nungen, später dann in der Grundrechnung abgebildet.[102] Nach der Länge der Bindungs- oder Nutzungsdauer und der Lage zu den Kalenderperioden unterscheidet er zwischen **Monats-, Quartals-, Halbjahres- und Jahreseinzelkosten.**[103] Diesen Einzel- bzw. Gemeinkosten geschlossener Perioden stehen Gemeinkosten offener Perioden gegenüber, die dann entstehen, wenn die Nutzungsdauer eines Kostengutes unbestimmt ist.[104] Um einen Kostenbetrag einer der zeitbezogenen Fixkostenkategorien zurechnen zu können, muß Anfang und Ende der Bindungs- bzw. Nutzungsdauer innerhalb der betrachteten Periode liegen. Trifft dies zu, spricht man von **Periodeneinzelkosten**, anderenfalls von **Periodengemeinkosten.** Probleme sind mit gegenüber den Kalenderperioden **phasenverschobenen Bindungsdauern** verbunden. Ein extremes Beispiel mag dies verdeutlichen: Ein Mietvertrag über einen Pkw läuft vom 30.6. bis 1.7. des gleichen Jahres. Obwohl die Bindungsdauer nur zwei Tage beträgt, handelt es sich genaugenommen um Halbjahresgemeinkosten. RIEBEL schlägt vor, solche Kosten in einer separaten Zeitablaufrechnung auszuweisen.[105] Andere Vorschläge zielen auf eine Untergliederung der Fixkosten nach der Mindestdauer der Unveränderlichkeit[106] oder der Restbindungs-

---

102) Der Vollständigkeit halber sei erwähnt, daß vor allem in neuerer Zeit auch in der Grenzplankostenrechnung die zeitliche Dimension der Fixkosten Berücksichtigung findet, etwa in Form der stufenweisen Grenzkostenrechnung (vgl. SEICHT, Gerhard: Die stufenweise Grenzkostenrechnung, in: ZfB, 33. Jg. (1963), H. 12, S. 693 ff.), der von KILGER vorgeschlagenen, oben bereits erwähnten dynamischen Grenzplankostenrechnung und der fixkostenorientierten Plankostenrechnung (vgl. SCHOLL, Hans-Josef: Fixkostenorientierte Plankostenrechnung, Würzburg - Wien 1981, insbes. S. 134 ff.).

103) Vgl. RIEBEL, P.: Entscheidungen, S. 11.

104) Vgl. RIEBEL, P.: Entscheidungen, S. 11.

105) Vgl. RIEBEL, P.: Bereitschaftskosten, S. 385.

106) Vgl. LAYER, Manfred: Die Kostenrechnung als Informationsinstrument der Unternehmensleitung, in: JACOB, H. (Hrsg.): Entwicklungen, S. 118.

dauer zu einem bestimmten Auswertungszeitpunkt[107] ab.

Wie bereits der kurze Überblick zeigt, wurden die Abbildungsmöglichkeiten der zeitlichen Dimension der fixen Kosten und die damit verbundenen Probleme in der Literatur ausführlich diskutiert. Diese Diskussion soll im folgenden nicht fortgeführt, sondern eine auf den Einsichten RIEBELS aufbauende Möglichkeit der Dokumentation der zeitlichen Abbaubarkeit der kostenstellenbezogen erfaßten fixen Vertriebskosten skizziert werden. Eine Vertriebskostenrechnung, die relevante Kosteninformationen für Entscheidungen mit unterschiedlichen Zeitdimensionen liefern will, muß auf eine **Schlüsselung von Periodengemeinkosten weitgehend verzichten** bzw. eine solche Schlüsselung zumindest klar kennzeichnen. Zu diesem Zweck werden **monatsbezogene, quartalsbezogene und jahresbezogene Kostenpläne** für die einzelnen Vertriebskostenstellen aufgestellt, in die dann auch die bis dahin verfügbaren Istwerte eingestellt werden.

Auf den Monat bezogene Kostenstellenberichte sind unabdingbar, will die Kostenrechnung ihrem Charakter als kurzfristige Rechnung gerecht werden. Allerdings lassen sich nur jene Kosten dem einzelnen Monat direkt als Monatseinzelkosten zurechnen, deren Bindungs- oder Nutzungsdauer innerhalb dieses Monats liegt und die daher in diesem Monat abgebaut werden können. Hierzu zählen insbesondere die fixen Teile der Kosten für Repetierfaktoren, wie Büro- und Werbematerialkosten sowie Energiekosten, aber auch bestimmte Dienstleistungskosten, wie beispielsweise Post-, Reise- und Bewirtungskosten. Auch Kosten für Vertragspotentiale können Monatseinzelkosten darstellen, sofern die Vertragslaufzeit innerhalb des Monats liegt. Beschränkt man sich auf den Ausweis von Monatseinzelkosten, werden für den Monat nur Teilkosten ausgewiesen,

---

107) Vgl. HUG, Werner - WEBER, Jürgen: Zum Zeitbezug der Grundrechnung im entscheidungsorientierten Rechnungswesen, in: krp, Jg. 1980, H. 2, S. 90.

was dazu führt, daß die monatsbezogenen Kostenstellenberichte nicht einfach additiv zu jahresbezogenen Kostenstellenberichten zusammengefaßt werden können. Insbesondere die Praxis strebt jedoch nach periodenbezogenen Vollkostenrechnungen. Deshalb wird eine **Parallelrechnung** durchgeführt, in der die Fixkosten in den monatlichen Kostenplänen in zwei Spalten unterteilt werden. In der ersten Spalte werden die Monatseinzelkosten dokumentiert, in der zweiten Spalte die anteiligen, geschlüsselten Monatsgemeinkosten. Letztere bieten aber lediglich eine Orientierungshilfe für den Kostenrechner.

Für über den Monat hinausreichende Entscheidungen sind **quartalsbezogene Kostenpläne** vorgesehen. Dort werden die fixen Vertriebskosten nach drei Kategorien differenziert. Die erste Spalte zeigt die summierten Monatseinzelkosten, die zweite Spalte die Quartalseinzelkosten und die dritte Spalte die anteiligen Quartalsgemeinkosten. Als Quartalseinzelkosten kommen vor allem Kosten für Vertragspotentiale in Frage, deren Bindungs- oder Nutzungsdauer zwar nicht innerhalb einer der drei Monate, aber innerhalb des Quartals angesiedelt ist.

Der **jahresbezogene Kostenplan** ist zunächst - wie in Abschnitt D.III.1. dieses Kapitels bereits erwähnt - **Ausgangspunkt der Kostenplanung.** Aus ihm werden die quartals- und monatsbezogenen Kostenpläne für die einzelnen Vertriebskostenstellen abgeleitet, wobei bei diesem "Herunterbrechen" der Planung der periodenbezogene Einzelkostencharakter der Fixkosten zusätzlich beachtet werden muß. Konsequenterweise weist der jahresbezogene Kostenplan vier Spalten für die Fixkosten auf. In den ersten beiden Spalten sind die summierten Monats- und Quartalseinzelkosten aufgeführt, in der dritten Spalte die Jahreseinzelkosten und in der vierten Spalte die anteiligen Jahresgemeinkosten. Diese umfassen einerseits Kosten für zum Kalenderjahr phasenverschobene Fremdpotentiale, die - wie im externen Rechnungswesen auch - transitorisch oder antizipativ abgegrenzt werden, und andererseits die kalkulatorischen Abschreibungen für Eigentumspotentiale, aber auch für fremdbezogene akquisitorische Nutzungspotentiale.[108] Auf eine Darstellung der **Jahresgemeinkosten** in einer von RIEBEL vorgeschlagenen überjährigen Zeitablaufrechnung wird verzichtet, da auf diese Weise ein kompliziertes Gefüge ineinander geschachtelter Periodenrechnungen entstünde, das nur noch schwer interpretierbar wäre. Zudem ist das Wirtschaftsgeschehen im wesentlichen periodenbezogen, was schon ein Blick auf den gesetzlich vorgeschriebenen Jahresabschluß zeigt.[109] Aus Praktikabilitäts- und Operabilitätserwägungen, aber auch aus dem Abwägen zwischen Genauigkeit und Wirtschaftlichkeit heraus, wird die zeitliche Differenzierung der Kostenpläne mit den jahresbezogene Vollkosten ausweisenden Kostenplänen abgebrochen, allerdings unter Kennzeichnung der Jahresgemeinkosten.

Vorgelagerte Hilfsrechnungen ermöglichen eine tiefergehende Analyse der zeitlichen Abbaubarkeit einzelner Kostenarten in den Vertriebskostenstellen als die zeitlich differenzierten Kostenpläne, insbesondere im Hinblick auf Kosten mit gegenüber den Kalenderperioden phasenverschobenen Bindungsdauern. Voraussetzung hierfür ist, daß Softwarelösungen mit Schnittstellen zwischen Vertriebskostenstellenrechnung und den vorgelagerten Hilfsrechnungen oder Rechenkreisen existieren, die einen für den Anwender komfortablen Umstieg von einem Softwaremodul zum anderen erlauben. Darüber hinaus erleichtern vorgelagerte Hilfsrechnungen die Vorgabe von Planwerten und die Erfassung von Istwerten für die monats-, quartals- und jahresbezogenen Kostenstellenberichte.

---

108) Zu den akquisitorischen Nutzungspotentialen vgl. die Ausführungen in Abschnitt C.III. des 3. Kapitels.

109) Vgl. zu der Argumentation im Detail LASSMANN, Gert: Gestaltungsformen der Kosten- und Erlösrechnung im Hinblick auf Planungs- und Kontrollaufgaben, in: WPg, 26. Jg. (1973), H. 1, S. 15.

Für die fixen Kosten der Repetierfaktoren sind keine vorgelagerten Hilfsrechnungen erforderlich, weil sie normalerweise sehr kurzfristig innerhalb eines Monats disponibel sind. Im Falle der teilweisen fixen Personal- und Anlagenkosten - hier sind insbesondere die kalkulatorischen Abschreibungen angesprochen - bestehen solche vorgelagerten Rechenkreise in Form der **Personal- und Anlagenbuchhaltung.** Dort sind in den Personal- und Anlagenstammsätzen in der Regel jene Daten abgelegt, die nähere Angaben über die Disponierbarkeit dieser Kostenarten in den einzelnen Vertriebskostenstellen enthalten. Für die für **Fremdpotentiale** anfallenden fixen Kosten existieren solche Hilfsrechnungen nicht. Da die zeitliche Disponierbarkeit der fixen Kosten für Fremdpotentiale häufig von der Gestaltung von Verträgen und ähnlichen rechtlichen Verpflichtungen abhängt, schlagen HORVATH und Mitarbeiter die Implementation einer vorgelagerten **Vertragsdatei** vor, in der vertragsspezifisch die relevanten Merkmale zur Beschreibung vertraglich gebundener Kosten dokumentiert werden.[110] Insbesondere müssen Anfangs- und Endzeitpunkt der Bindungsdauer und die Dispositionstermine, beispielsweise Kündigungsfristen und -termine eines Mietvertrages, festgehalten werden.[111]

Die Einrichtung einer **Vertragsdatei** verbessert die **Planung der fixen Vertriebskosten** in ihrer zeitlichen Abbaubarkeit, da die Vertragsdatei in erheblichem Umfang vertraglich vordisponierte Plankosten enthält. Auch für die **Erfassung der Istkosten** ergeben sich positive Auswirkungen. Sie werden in der Vertragsdatei unter Berücksichtigung ihrer zeitlichen Disponierbarkeit differenziert nach den

---

110) Vgl. HORVATH, P. u.a.: Kostenerfassung, S. 95 u. S. 100 ff.

111) Zu weiteren Merkmalen vgl. KOCH, Jürgen: Ansätze zur Abbildung der zeitlichen Dimension von Entscheidungen in der Kostenrechnung, in: krp, Jg. 1986, H. 2, S. 54 ff.

einzelnen Potentialfaktoren erfaßt.[112] Zudem können vertragsspezifisch die **Planwerte durch Istwerte ersetzt** werden, so daß sich im Zeitablauf die geplanten Fixkosten den tatsächlichen Fixkosten annähern. Die differenzierte Erfassung der fixen Vertriebskosten erhöht überdies die Aussagefähigkeit der kostenstellenbezogen erfaßten **Abweichungen zwischen Soll- und Istkosten.** Die Grenzplankostenrechnung arbeitet mit der Prämisse, daß die geplanten Fixkosten den Ist-Fixkosten entsprechen.[113] Die sich aus der Differenz zwischen Soll- und Istkosten ergebende Abweichung wird in ihrer gesamten Höhe als die Wirtschaftlichkeit der Leistungserstellung widerspiegelnde Verbrauchsabweichung interpretiert, obwohl durchaus auch Fixkostenabweichungen hierfür teilweise verantwortlich sein können. Dieser Fehler ist um so gravierender, je höher der Fixkostenanteil innerhalb der Kostenarten in den Kostenstellen ist, wie das auf die Vertriebskostenstellen zutrifft. Deshalb ist zu fordern, die Fixkostenabweichungen so weit wie möglich gesondert auszuweisen. Das gelingt bei jenen Kostenarten, die sich unter Rückgriff auf die Vertragsdatei planen und erfassen lassen. Dies gilt auch für die vorgelagerten Rechenkreise Anlagen- und Personalbuchhaltung. Die Fixkostenabweichung kann dann in eine Preis- und eine Mengenabweichung aufgeteilt werden. Erstere entsteht beispielsweise dann, wenn die Kosten für einen Vertrag mit einer Werbeagentur von den ursprünglich geplanten Kosten abweichen, letztere, wenn für die Durchführung einer Werbeaktion ein zusätzlicher, in der Planung nicht vorgesehener Vertrag, etwa mit einem Graphik-Designer, geschlossen wird.

Insgesamt betrachtet werden durch die hier vorgeschlagene Differenzierung der kostenstellenbezogen erfaßten fixen Vertriebskosten die Auswertungs- und Analysemöglichkeiten

---

112) Zur Erfassung der Kosten vgl. im Detail HORVATH, P. u.a.: Kostenerfassung, S. 100 ff.

113) Vgl. KILGER, W.: Plankostenrechnung, S. 539.

erheblich verbessert. Es besteht die Möglichkeit, die zeitliche Abbaubarkeit von fixen Kosten in den einzelnen Vertriebskostenstellen durch die **sukzessive Analyse** der monats-, quartals- und jahresbezogenen **Kostenpläne** zu ermitteln. Für eine tiefergehende Analyse der Abbaubarkeit innerhalb einzelner Kostenarten kann in die **vorgelagerten Hilfsrechnungen umgestiegen** werden, in denen die zeitliche Disponierbarkeit der einzelnen Kostengüter dokumentiert ist. Hiermit verlieren auch zu den Kalenderperioden phasenverschobene Bindungsdauern ihre Bedeutung, da sie durch den Rückgriff auf die Hilfsrechnungen offengelegt werden.

2. Quantencharakter der fixen Vertriebskosten

Um zuverlässige Aussagen über die Abbaubarkeit der fixen Vertriebskosten bei einem Rückgang der Beschäftigung in einzelnen Kostenstellen treffen zu können, ist es nicht hinreichend, die zeitliche Disponierbarkeit der Fixkosten zu kennen, sondern es sind zudem Informationen über die **Teilbarkeit der Kostengüter** erforderlich. Beide Informationen müssen nicht zwingend in die gleiche Richtung weisen.[114] So sind Energiekosten zur Klimatisierung des Fertigwarenlagers zwar theoretisch sofort abbaubar, doch würde dies auch bei kleinen Lagermengen zur Qualitätsminderung der Ware führen. Andererseits erscheinen die mit dem Betreiben von mehreren Lastwagen verbundenen fixen Kosten in der Transportkostenstelle aufgrund der Zurechnung der Kosten zu der entsprechenden zeitlichen Fixkostenkategorie unter Umständen nur quartalsweise disponierbar, obwohl durch Ausmusterung eines Fahrzeuges und durch innerbetriebliche Umsetzung des Fahrpersonals eine kurzfristige Fixkostenreduktion und Fixkostenumlastung[115] möglich ist.

---

114) Vgl. WEBER, J.: Kosten-Grundrechnung (II), S. 552 f.

115) Vgl. zu dieser Terminologie CORSTEN, Hans: Fixkostenabbau bei schrumpfenden Unternehmungen, in: wisu, 14. Jg. (1985), H. 11, S. 533 f.

Es stellt sich die Frage, wie solche Informationen in die Kostenpläne integriert werden können. Der Quantencharakter der fixen Vertriebskosten kommt dann zum Tragen, wenn in einer Vertriebskostenstelle **gleichartige oder zumindest ähnliche Produktionsfaktoren** verbraucht oder vorgehalten werden. Tendenziell sind im Vertrieb wegen der besseren Teilbarkeit der Absatzinvestitionen die Fixkostensprünge kleiner als in der Produktion.[116)] Im überwiegenden Teil der Vertriebskostenstellen dominiert der Produktionsfaktor menschliche Arbeitskraft. Durch die Einführung der Kostenkategorie **fristigkeitsgradabhängige variable Vertriebskosten**, bei der es sich strenggenommen um sprungfixe Kosten handelt, wird die **Teilbarkeit des Produktionsfaktors menschliche Arbeitskraft** und damit der Quantencharakter der Kostenart Personalkosten in den Kostenstellen mit meß- oder zählbaren Vertriebsleistungen sichtbar. Damit ist der Quantencharakter der fixen Vertriebskosten zu einem großen Teil abgebildet. Für die übrigen Produktionsfaktoren, etwa für die im obigen Beispiel erwähnten Lastwagen der Transportkostenstelle, erscheint der Aufwand, eine zusätzliche Kostenkategorie beispielsweise in Form von sprungfixen Kosten[117)] einzurichten, nicht gerechtfertigt. Stehen Entscheidungen über den Abbau fixer Vertriebskosten an, kann auf die in den **vorgelagerten Hilfsrechnungen** hinterlegten zusätzlichen Informationen zurückgegriffen werden, die dort differenziert nach den einzelnen Potentialfaktoren vorliegen.

---

116) Vgl. KJAER-HANSEN, Max: Absatz, Markt und Nachfrage, Essen 1965, S. 213.

117) Dafür plädiert beispielsweise WEBER, J.: Kosten-Grundrechnung (II), S. 553.

II. Objektbezogene Differenzierung der fixen Vertriebskosten

Zusätzlich zur Differenzierung nach ihrer Beeinflußbarkeit sind die fixen Vertriebskosten nach ihrer Zurechenbarkeit auf absatzrelevante Kalkulationsobjekte aufzuspalten. Das geschieht sowohl durch **Zurechnung der Fixkosten ganzer Vertriebskostenstellen** als auch durch **Zurechnung einzelner Kostendaten** auf die Kalkulationsobjekte.

1. Auf der Analyse der Aktivitätsfelder der Vertriebskostenstellen beruhende Differenzierung

Im Zusammenhang mit dem Aufbau einer mehrdimensionalen Vertriebskostenstellenhierarchie wurden in Abschnitt B.II. dieses Kapitels die Vorgehensweise und die Grundsätze der Analyse der Aktivitätsfelder sowie die Bedeutung dieser Analyse im Rahmen der Zuordnung der Kostenstellen zu Absatzsegmenthierarchien bereits erläutert. Deshalb werden an dieser Stelle nur die besonders wichtigen Punkte herausgegriffen. Der Tätigkeitsbereich eines Großteils der operativen Vertriebskostenstellen erstreckt sich nicht auf den gesamten Absatzmarkt eines Unternehmens, sondern ist auf bestimmte Teilbereiche der hierarchisch strukturierten Absatzsegmente Produkte, Kunden und Absatzgebiete beschränkt. Mittels einer auf dem Leistungsfluß im Vertrieb aufbauenden **Analyse der Aktivitätsfelder der Vertriebskostenstellen** wird jede einzelne Vertriebskostenstelle jeweils genau dem Element in den drei Hierarchien zugeordnet, für das sie ausschließlich ihre Leistungen erbringt.

Mit der so vorgenommenen Zuordnung der operativen Vertriebskostenstellen erfolgt gleichzeitig eine dem Identitätsprinzip entsprechende **Zurechnung der fixen Vertriebskosten dieser Kostenstellen als Einzelkosten** auf die einzelnen Elemente der Produkt-, Kunden- und Absatzgebietehierarchien. Auf diese Weise werden die bereits gemäß ihrem Anfall in den Vertriebskostenstellen aufgespaltenen fixen Vertriebskosten zusätzlich hinsichtlich ihrer Zurechenbarkeit auf Absatzsegmente differenziert. Die Folge ist eine erhebliche Erweiterung der Analyse- und Auswertungsmöglichkeiten. Man ist nun in der Lage, für Produkte, Absatzgebiete, Kunden und daraus abgeleitet für Absatzwege entscheidungsrelevante Kosteninformationen und Deckungsbeiträge auszuweisen. Sie enthalten nicht mehr nur die vergleichsweise geringen und für viele Entscheidungssituationen nicht ausreichenden variablen Kosten der in den Absatzsegmenten abgesetzten Produkte, sondern zusätzlich verursachungsgerecht zugerechnete Fixkosten derjenigen Vertriebskostenstellen, die ausschließlich für das betreffende Kalkulationsobjekt tätig sind und deren fixen Kosten deshalb auch Einzelkosten dieses Kalkulationsobjektes darstellen.

Die zugerechneten Fixkosten sind aufgrund der oben beschriebenen Fixkostenkategorisierung nach ihrer **zeitlichen Abbaubarkeit** unterteilt, so daß je nach Zeithorizont der zu treffenden Marketing-Entscheidung die jeweils disponiblen Fixkostenbeträge berücksichtigt werden können. Für die **Kostenstellen mit innovativen Vertriebsleistungen** gilt, daß sämtliche Kostenstellenkosten den Kalkulationsobjekten zugerechnet werden müssen. Das trifft auch auf Kostenstellen mit zählbaren innovativen Vertriebsleistungen zu. Es sind demnach zusätzlich zu den fixen Kosten die gesamten variablen Kosten dieser Kostenstellen den Kalkulationsobjekten anzulasten. Eine Weiterverrechnung der variablen Kosten der Kostenstellen mit zählbaren innovativen Vertriebsleistungen mit Hilfe von Verrechnungssätzen verbietet sich wegen der Eigenschaften der zugrundeliegenden Bezugsgrößen vom Typ I. Trotzdem ist es ratsam, die sofort variablen und die fristigkeitsgradabhängigen variablen Kosten bei der Zurechnung der gesamten Kostenstellenkosten auf das Kalkulationsobjekt weiterhin vorzuhalten, weil aus ihnen Informationen über die Abbaubarkeit der Kosten entnehmbar sind. **Kostenstellen mit repetitiven Vertriebsleistungen** rechnen zunächst nur die fixen Kostenstellenkosten zu.[118] Ob die fristigkeitsgradabhängigen variablen Kosten über Verrechnungssätze auf Kostenträger weiterverrechnet oder aber zusammen mit den fixen Kosten der betreffenden Kostenstelle dem jeweiligen Kalkulationsobjekt zugeordnet werden, hängt vom gerade verfolgten Analysezweck ab.

Um eine **DV-gestützte Analyse** zu ermöglichen, sind die **Vertriebskostenstellen** - ähnlich dem Vorgehen im Rahmen der Kennzeichnung einzelner Kostendaten[119] - mit **Deskriptoren** zu versehen, die angeben, für welche **Segmente der Produkt-, Kunden- und Absatzgebietehierarchie** die einzelnen Vertriebskostenstellen tätig sind. Daneben kommen als weitere Deskriptoren die **absatzpolitischen Instrumente** in Betracht, deren Einsatz durch die Leistungen der verschiedenen Vertriebskostenstellen erst möglich wird. Soweit es die Gegebenheiten zulassen, werden den einzelnen Instrumenten und ihren Submixbereichen die Vertriebskostenstellen entsprechend dem Identitätsprinzip zugeordnet. Beispielsweise können die Kosten der Kostenstellen Außendienst und Verkaufsinnendienst dem Submixbereich persönlicher Verkauf zugerechnet werden. Man gewinnt so einen ersten Überblick, welche Kosten der Einsatz der einzelnen absatzpolitischen Instrumente insgesamt verursacht. Für die Identifizierung, ob es sich um eine Kostenstelle mit innovativen oder mit repetitiven Vertriebsleistungen handelt, und die damit zusammenhängenden Weiterverrechnungsmöglichkeiten der kostenstellenbezogen erfaßten

---

118) Eine Ausnahme bilden lediglich Vertriebskostenstellen mit Bezugsgrößen vom Typ II. Sofern keine Weiterverrechnung der variablen Kosten über Verrechnungssätze auf Kunden erfolgt, wie in Abschnitt C.II.1. des 6. Kapitels erläutert wird, müssen sämtliche Kostenstellenkosten den Kalkulationsobjekten zugerechnet werden. Hierbei werden die variablen Kosten mit der gleichen Argumentation wie bei den Kostenstellen mit zählbaren innovativen Vertriebsleistungen weiterhin getrennt von den Fixkosten vorgehalten.

119) Vgl. hierzu die Ausführungen in den Abschnitten A. und B.I. des 3. Kapitels.

Vertriebskosten ist als weiterer Deskriptor der **Bezugsgrößentyp** festzuhalten. Die Deskriptoren werden in den entsprechenden Feldern des Kostenstellenstammsatzes dokumentiert.

Entgegen der Vorgehensweise der Einzelkosten- und Dekkungsbeitragsrechnung werden bei diesem Vorschlag nicht die einzelnen Kostendaten mit zusätzlichen Klassifikationsobjekten gekennzeichnet, sondern **ganze Vertriebskostenstellen.** Im Zuge der Kostenerfassung sind als Klassifikationsobjekte nur die üblichen Merkmale Kostenart und Vertriebskostenstelle anzugeben. Die **Grundrechnung** weist sowohl im Ist als auch im Plan nur die **Verdichtungsrichtungen Kostenart und Kostenstelle** auf. Eine weitergehende Kennzeichnung mit den oben angesprochenen Deskriptoren, die eine verursachungsgerechte objektbezogene Zurechnung der fixen Vertriebskosten ermöglichen, erfolgt erst im Anschluß an die Verdichtung des Kostenstoffes nach Kostenstellen. Im wesentlichen sind damit **drei Vorteile** verbunden. **Erstens** ergeben sich nicht die **Probleme,** die mit einer urbelegsnahen, bereits die einzelnen Kostendaten **vieldimensional kennzeichnenden Grundrechnung** verbunden sind. Neben dem bereits in Abschnitt B. des dritten Kapitels angesprochenen Problem der Kennzeichnung der einzelnen Kostendaten mit Klassifikationskategorien und -objekten, bestehen sie DV-technisch in einem bedeutend erhöhten Speicherplatzbedarf, in langen Antwortzeiten und in einer damit verbundenen hohen Rechnerbelastung.[120)] **Zweitens** bildet die **Vertriebskostenstellenrechnung** die **Ausgangsbasis und den Kern** der mehrdimensionalen Zurechnungsmöglichkeiten, womit die traditionelle Dreiteilung der Kostenrechnung in Kostenarten-, Kostenstellen- und Kostenträgerrechnung teilweise beibehalten wird. Dadurch wird die Transparenz und die Operabilität des Kostenrechnungssystems für den Benutzer verbessert. **Drittens** sind

---

120) Zu den Problemen eines daten- und methodenbankgestützen Rechnungswesens vgl. HAUN, P.: Rechnungswesen, S. 168 ff.

keine vollständig neuartigen Softwarekonzepte erforderlich, sondern es kann auf **bestehenden Standardsoftwarekonzepten** aufgebaut werden. Diesen Vorteilen stehen bei ausreichender absatzmarktorientierter Differenzierung der Vertriebskostenstellen keine wesenlichen Informationsverluste gegenüber.

2. Kennzeichnung einzelner Kostendaten mit Klassifikationsobjekten

Neben der Zuordnung ganzer Vertriebskostenstellen wird ergänzend dazu für einen begrenzten Kostenstellenbereich eine **an den einzelnen Kostendaten ansetzende Kennzeichnung** mit Klassifikationsobjekten analog der Vorgehensweise der Einzelkosten- und Deckungsbeitragsrechnung vorgenommen.[121] Es handelt sich dabei um die **Kostenstelle Marktforschung und die kommunikationspolitischen Kostenstellen Werbung, Verkaufsförderung und Öffentlichkeitsarbeit.**[122] Jene Kostenstellen werden deshalb herausgegriffen, weil sie in erster Linie **projekt- und aktionsbezogene Vertriebsleistungen** erbringen. Für diesen Kostenstellenbereich läßt sich eine **aktionsorientierte Vertriebskostenrechnung**[123] realisieren, die einzelne Marketingmaßnahmen explizit als Kalkulationsobjekte vorsieht. Um die Kosten einzelner Projekte und Aktionen als Istwerte erfassen zu können, muß eine entsprechende Kennzeichnung der einzelnen Kostendaten erfolgen. Jeder Beleg wird dann nicht nur mit den Merkmalen Kostenart und Kostenstelle kontiert, sondern mit zusätzlichen Deskriptoren - wie etwa den bearbeiteten

---

121) Vgl. zur Kostenerfassung und zur Kennzeichnung der Kostendaten mit Klassifikationsmerkmalen die Ausführungen in den Abschnitten A. und B. des 3. Kapitels.

122) Einen ähnlichen Vorschlag unterbreitet auch GEIST. Vgl. GEIST, M.: Absatzpolitik, S. 88.

123) Zu dem Begriff aktionsorientiertes Rechnungswesen vgl. GÜMBEL, R.: Mobilität, S. 36 ff.

Projekten - versehen. Auch die Kostenplanung hat für diesen Kostenstellenbereich projekt- und aktionsbezogen zu erfolgen, damit im Sinne des Marketing-Controlling ein Soll-Ist-Vergleich der Kosten für bestimmte Marketingmaßnahmen durchgeführt werden kann.[124] Folglich weist die **Grundrechnung** für die Kosten dieser Vertriebskostenstellen entlang der zusätzlichen Deskriptoren im Ist wie im Plan über die Kostenarten und Vertriebskostenstellen **hinausgehende Verdichtungsrichtungen** auf, die eine objektbezogene Differenzierung der fixen Vertriebskosten darstellen. Würde man auf eine solche zusätzliche, am einzelnen Kostenbetrag ansetzende Kennzeichnung verzichten, gingen Informationen über die Kosten von Projekten und Aktionen in den jeweiligen Vertriebskostenstellen verloren. Zudem empfiehlt sich diese Vorgehensweise deshalb, weil gerade die hier angesprochenen Vertriebskostenstellen in der Praxis häufig als Zentralstellen geführt werden, die sich oftmals nur schwer tiefer nach absatzmarktorientierten Kriterien untergliedern lassen und sich daher einer weiteren objektbezogenen Differenzierung ihrer fixen Kosten entziehen.

Als **Klassifikationsobjekte,** mit denen die Kostendaten ergänzend zu kennzeichnen sind, sind zuerst die Aktionen und Projekte zu nennen, die ihrerseits wiederum auf bestimmte (Teil-)Absatzsegmente gerichtet sind. Die überwiegende Zahl der Marktforschungsprojekte hat, wenn auch unterschiedliche Erhebungsinstrumente mit verschiedenen Absatzmittlern und Probanden Anwendung finden, Produktarten und Produktgruppen als Analyseobjekt zum Gegenstand. Unter Um-

---

124) Konsequenterweise muß die Kontrolle des Mitteleinsatzes durch eine Kontrolle der Ergebnisse der Marketingmaßnahmen ergänzt werden. Zum einen kann es sich um eine Kontrolle ökonomischer Ergebnisse handeln, mit der große Probleme verbunden sind (vgl. BÖCKER, F.: Marketing-Kontrolle, S. 110 f.), zum anderen um die Kontrolle vor- bzw. außerökonomischer Ergebnisse. Vgl. BÖCKER, F.: Marketing-Kontrolle, S. 99 ff. u. S. 134 ff.; KÖHLER, R. u.a.: Nutzen Sie (4), S. 582.

ständen ergibt sich das Absatzgebiet als weiteres Differenzierungskriterium, wenn beispielsweise inländische oder ausländische Märkte untersucht werden. Auch die Werbung bezieht sich überwiegend auf das Absatzsegment Produkte bzw. auf Teile davon. Darüber hinaus ist eine Werbeaktion zuweilen auf bestimmte Kundengruppen beschränkt. Dies trifft in der Konsumgüterindustrie vor allem auf die Handelswerbung zu, wo zum Beispiel Anzeigen in bestimmten, vorwiegend von einer Kundengruppe gelesenen Fachzeitschrift plaziert oder gezielte Direktwerbung betrieben wird. Neben dem Produktbezug zeichnen sich Verkaufsförderungsaktionen dadurch aus, daß sie häufig auf abgegrenzte Kundengruppen, bisweilen sogar auf einzelne Kunden gerichtet sind, woraus in der Regel auch eine Zurechenbarkeit auf Absatzgebiete folgt. Der Kundenbezug ist unmittelbar einsichtig, wenn man die weitverbreiteten handelsorientierten Verkaufsförderungsmaßnahmen wie das Bereitstellen von Displaymaterial für den Handel oder den Einsatz von Propagandistinnen und Hostessen am Point of Sale betrachtet. Public Relations-Aktionen zielen in erster Linie auf die Schaffung und Pflege positiver Beziehungen zwischen dem Unternehmen und der Öffentlichkeit. Sie sind daher normalerweise kaum einem Absatzsegment zurechenbar, möglicherweise läßt sich zwischen auf das Inland gerichtete und auf ausländische Märkte gerichtete Aktionen unterscheiden. Man erhält demnach als Kassifikationsobjekte bzw. Deskriptoren für die Kostendaten der hier relevanten Kostenstellen die **Aktionen und Projekte** und darüber hinaus die **Elemente der Absatzsegmenthierarchien,** für die diese Aktionen und Projekte ausschließlich durchgeführt werden.

Da die **Grundrechnung** für den abgegrenzten Kostenstellenbereich Marktforschung, Werbung, Verkausförderung und Öffentlichkeitsarbeit **vieldimensional** ausgestaltet ist, also für das einzelne Kostendatum zusätzliche Deskriptoren und Verdichtungsrichtungen vorsieht, bestehen für diesen Bereich der Grundrechnung grundsätzlich die oben erwähnten allgemeinen Probleme einer urbelegsnahen, vieldimensionalen Grundrechnung des erhöhten Speicherplatzbedarfs, der langen Antwortzeiten und der hohen Rechnerbelastung. Allgemein fallen sie um so mehr ins Gewicht, je größer das Datenvolumen ist. Für kleinere Datenmengen hingegen ist das Konzept einer urbelegsnahen, vieldimensionalen Grundrechnung mit Hilfe von Daten- und Methodenbanken DV-technisch realisierbar.[125)] Da nur eine verglichen mit den Kostendaten des gesamten Absatzbereiches geringe Zahl von Kostenbeträgen vieldimensional kontiert wird und zudem die vieldimensionale Kennzeichnung auf betragsmäßig bedeutsame Aktionen beschränkt werden kann, dürften diese **Probleme nur in geringem Umfang** zu Tage treten. Allerdings muß unter Umständen jener Teil der Grundrechnung aus der gesamten Grundrechnung herausgelöst werden, weil er wegen der vieldimensionalen Aggregationsmöglichkeiten DV-technisch am besten mit Datenbankkonzepten abgerechnet wird, wohingegen der verbliebene Teil der Grundrechnung mit den üblichen Standardsoftwarekonzepten betrieben werden kann.

Die **Kontierung der Kostendaten** wird dadurch erleichtert, daß in den hier betrachteten Kostenstellen viele Vertriebsleistungen fremdbezogen werden. So wird ein Unternehmen Marktforschungsstudien normalerweise von einem Marktforschungsinstitut durchführen oder Werbekonzepte zum Teil von Werbeagenturen entwerfen lassen. Solche fremdbezogenen Vertriebsleistungen können insgesamt auf die jeweiligen Kalkulationsobjekte zugerechnet werden, weil sie in der Regel nur aus einem Kostenbetrag bestehen. Eine verursachungsgerechte Zurechnung der Kosten für selbsterstellte Studien und Aktionen ist dagegen schwieriger. Zum einen fällt eine Vielzahl von zu kontierenden Kostenbeträgen an. Zum anderen können die Personalkosten als wichtigste Kostenart wegen der vielfältigen Tätigkeitsbereiche der Mitarbeiter oftmals nur unter Verwendung von Schlüs-

---

125) Vgl. hierzu vor allem die Arbeit von HAUN, P.: Rechnungswesen, insbes. S. 53 ff.

seln, beispielsweise in Form von Zeitanteilen, einem Projekt angelastet werden und sind somit nicht verursachungsgerecht zurechenbar.

In den betrachteten Vertriebskostenstellen sind sowohl Kostenbeträge enthalten, die mit zusätzlichen Deskriptoren versehen und daher auch einzeln bestimmten Kalkulationsobjekten zurechenbar sind, als auch Kosten, die nicht weiter gekennzeichnet sind. Um **Doppelverrechnungen** zu vermeiden, dürfen bei einer Zuordnung der Fixkosten ganzer Kostenstellen auf ein Kalkulationsobjekt nur noch jene Kosten dem Kalkulationsobjekt zugerechnet werden, die nicht schon vorher projektbezogen einzeln auf bestimmte Kalkulationsobjekte weiterverrechnet wurden.

Zusammenfassend ist festzuhalten, daß die objektbezogene Differenzierung der fixen Vertriebskosten über die Zurechnung entsprechend tief untergliederter ganzer Vertriebskostenstellen einerseits und über die Zurechnung einzelner Kostendaten andererseits auf die absatzrelevanten Kalkulationsobjekte einen Weg darstellt, die vom theoretischen Standpunkt zu fordernde **verursachungsgerechte Zurechnung der fixen Kosten nach dem Identitätsprinzip auf eine praktisch handhabbare Weise zu realisieren.**

5. KAPITEL:
ZURECHNUNG DER VERTRIEBSKOSTEN AUF KOSTENTRÄGER

A. ZWECKE UND INHALT DER KOSTENTRÄGERRECHNUNG IM VERTRIEB

In weitgehender Übereinstimmung werden in der Kostenrechnungsliteratur die **zum Absatz bestimmten Wirtschaftsgüter** als **Kostenträger** bezeichnet.[1)] Die in der Kostenartenrechnung erfaßten, zum Teil über die Kostenstellen geführten Kosten werden in der Kostenträgerrechnung ganz- oder teilweise, je nachdem ob es sich um eine Voll- oder Teilkostenrechnung handelt, auf die einzelnen Produkte weiterverrechnet. In traditionellen Kostenrechnungssystemen repäsentiert die Kostenträgerrechnung das wichtigste Teilgebiet der Kostenrechnung, nicht zuletzt wegen des Strebens, mit ihrer Hilfe Selbstkosten-plus-Gewinnzuschlags-Preise zu ermitteln.[2)]

Von den **Rechnungszwecken der Kostenträgerrechnung**[3)] sind für das Marketing vor allem zwei von besonderer Bedeutung. Erstens liefert die Kostenträgerrechnung Kosteninformationen für die **Preispolitik** eines Unternehmens.[4)] Im Gegensatz zu den traditionellen Vollkostenrechnungssystemen steht bei entscheidungsorientierten Teilkostenrechnungssystemen nicht die Festlegung von Selbstkosten-plus-Gewinnzuschlags-Preisen im Mittelpunkt, sondern die

---

1) So etwa MELLEROWICZ, Konrad: Kosten und Kostenrechnung, Bd. I, 4. Aufl., Berlin 1963, S. 196; KOSIOL, E.: Kostenrechnung, S. 187.

2) MELLEROWICZ sieht in der Kostenträgerrechnung das "eigentliche Ziel der Kostenrechnung." (MELLEROWICZ, K.: Kostenrechnung, Bd. I, S. 196.)

3) Zu den Rechnungszwecken der Kostenträgerrechnung vgl. HUMMEL, S. - MÄNNEL, W.: Kostenrechnung 1, S. 258 f.

4) Zu den Verwendungsmöglichkeiten von Kosteninformationen für Entscheidungen im Rahmen des Marketinginstruments Preispolitik vgl. im Detail KÖHLER, R. - STÖLZEL, A.: Nutzen Sie (3), S. 485 ff.; DILLER, Hermann: Preispolitik, Stuttgart u.a. 1985, S. 150 ff.

Bestimmung von **kostenmäßigen Preisuntergrenzen** und die Beurteilung der **Auskömmlichkeit von Marktpreisen** für die einzelnen Produktarten, wobei die Beschäftigungslage und die Zeitdimension der Entscheidung berücksichtigt werden.[5] Zweitens finden Kosteninformationen der Kostenträgerrechnung bei Entscheidungen im Rahmen der **Produkt- und Programmpolitik** und hier insbesondere für die Planung, Steuerung und Kontrolle des Produktprogramms Verwendung.[6] Wie aus den Rechnungszwecken ersichtlich, stellt die Kostenträgerrechnung wichtige Informationen für das Marketing bereit. Die Vertriebskostenrechnung muß daher bemüht sein, möglichst viele Vertriebskosten den absatzfähigen Endprodukten als Einzelkosten zuzurechnen. Die Kostenträgerrechnung kann je nach verfolgtem Rechnungszweck sowohl als **Stückrechnung** als auch als **Periodenrechnung** in Form einer Kostenträgerzeitrechnung oder - unter Einbeziehung der Erlöse - einer Kostenträgerergebnisrechnung gestaltet werden.

Da der Vertrieb anders als die Produktion keinen so starken Endproduktbezug aufweist,[7] sind auch im Vergleich zur Produktion weniger Kosten den Produkten direkt zurechenbar. Allerdings lassen sich die in den Vertriebskostenstellen erfaßten variablen Vertriebskosten über Verrechnungssätze teilweise den Kundenaufträgen zurechnen. Auch entstehen manche üblicherweise direkt produktbezogen erfaßten variablen Vertriebskosten strenggenommen nur für die Kundenaufträge als Ganzes. Aus diesen Gründen wird in der Vertriebskostenrechnung der **Kostenträgerbegriff erweitert** und neben den absatzbestimmten Produkten auch die

---

5) Zur Ermittlung von Preisuntergrenzen vgl. im Detail HUMMEL, S. - MÄNNEL, W.: Kostenrechnung 2, S. 96 ff.

6) Zu weiteren Verwendungsmöglichkeiten von Kosteninformationen im Rahmen der Produkt- und Programmpolitik, etwa für strategische Entscheidungen über Produktinnovationen oder -eliminationen, vgl. KÖHLER, R. - UEBELE, H.: Nutzen Sie (2), S. 346 ff.

7) Vgl. die Ausführungen im Abschnitt A.II. des 1. Kapitels.

Kundenaufträge als Kostenträger interpretiert.[8] Ähnlich dem Fertigungsauftrag in der Produktion, der Kostenstellen- und Produkthierarchie miteinanader verknüpft, indem er bei seinem Weg durch die Kostenstellen die Kosten von den Kostenstellen entsprechend der Inanspruchnahme der Kostenstellen durch den Auftrag "abholt" und sich selbst anlastet, **verbindet** im Vertrieb der Kundenauftrag die **Vertriebskostenstellenhierarchie** mit der **Produkthierarchie.** Darüber hinaus **verknüpft** der Kundenauftrag auch die weiteren **Absatzsegmenthierarchien** der Kunden, der Absatzgebiete und der Absatzwege untereinander und mit den beiden anderen Hierarchien, da ein Auftrag, der sich aus einer oder mehreren **Produktart(en)** zusammensetzt, von einem bestimmten **Kunden** erteilt wird, der in einem abgegrenzten Absatzgebiet ansässig ist und auf einem bestimmten Absatzweg beliefert wird. Daran wird deutlich, daß die Kundenaufträge den Ausgangspunkt der Absatzsegmentanalysen bilden und häufig sogar den **kleinsten Baustein** in vertriebsbezogenen Deckungsbeitragsrechnungen darstellen.[9]

---

8) Vgl. GUTENBERG, E.: Der Absatz, 13. Aufl., S. 39. Ähnlich auch KÜSPERT und MELLEROWICZ, die im Kundenauftrag den alleinigen Kostenträger im Vertrieb sehen. (Vgl. KÜSPERT, E.: Vertriebskosten, S. 97 ff. bzw. MELLEROWICZ, K.: Kalkulationsverfahren, S. 56.) Zuweilen wird der Kostenträgerbegriff im Vertrieb auf alle Absatzsegmente ausgedehnt. (Vgl. SEICHT, G.: Leistungsrechnung, S. 318; SCHULZ, R.: Vertriebskosten, S. 633.) Dieser Auffassung soll hier nicht gefolgt werden.

9) GEIST schreibt: "Der Auftrag ist in der Absatzwirtschaft das Element, von dem eine Untersuchung über Kunden, Absatzgebiete, Absatzmethoden und Produkte häufig ausgeht oder zu dem eine solche Untersuchung hinführt." (GEIST, M.: Absatzpolitik, S. 115.)

So setzt beispielsweise eine Kundengruppenanalyse an den Aufträgen der einzelnen Kunden an. Diese Bedeutung des Kundenauftrages für die Absatzsegmentanalysen hat für die Kostenträgerrechnung im Vertrieb zur Folge, daß nicht nur den absatzfähigen Endprodukten, sondern auch den Kundenaufträgen möglichst viele Vertriebskosten als Einzelkosten zugerechnet werden müssen.

B. ZURECHNUNG DER VARIABLEN VERTRIEBSKOSTEN AUF KOSTENTRÄGER

Die **Zurechnung** der variablen Vertriebskosten auf Kostenträger, d. h. auf Produkte und Kundenaufträge, erfolgt auf **zweierlei Weise**. Ein Teil der Vertriebskosten wird **direkt** von der Kostenartenrechnung auf die Kostenträger weiterverrechnet, der andere Teil wird zunächst in die Vertriebskostenstellen übernommen und von dort aus über **Verrechnungssätze** den Kostenträgern zugerechnet.

I. Zurechnungsmöglichkeiten der kostenträgerbezogen erfaßten variablen Vertriebskosten

1. Zum Begriff der Sondereinzelkosten des Vertriebs

In **traditionellen Vollkostenrechnungssystemen** und in der Kalkulationspraxis werden unter **Einzelkosten** im Gegensatz zu dem dieser Arbeit zugrundeliegenden Begriffsverständnis häufig nur **stückbezogene Kostenträgereinzelkosten** verstanden, weil der Blick lediglich auf die Kalkulation gerichtet ist. Daraus abgeleitet lag dem Begriff Sondereinzelkosten des Vertriebs ursprünglich die Zielsetzung zugrunde, damit Vertriebseinzelkosten besonderer Art zu erfassen.[10] Allerdings werden heute in der Kalkulation unter den **Sondereinzelkosten des Vertriebs stückbezogene Kostenträgereinzelkosten des Vertriebs aller Art** subsumiert.[11] So zählen dazu insbesondere die Verpackungsmaterialkosten, die absatzbezogenen Lizenzen, die Provisionen und die Ausgangsfrachten.[12]

Terminologisch korrekt wäre es, den Begriff Sondereinzelkosten des Vertriebs jenen **stückbezogenen Produkt-Vertriebseinzelkosten** vorzubehalten, die **nicht für alle gleichartigen Produkte in gleicher Höhe anfallen.**[13] In diesem Sinne sind absatzbezogene Lizenzen und Provisionen, sofern letztere nicht gestaffelt sind, keine Sondereinzelkosten des Vertriebs, da sie für alle Einheiten einer Produktart gleichermaßen entstehen.[14] Hingegen stellen Verpackungsmaterialkosten, Ausgangsfrachten sowie Exportsondereinzelkosten Sondereinzelkosten des Vertriebs dar, wenn man zunächst von der Problematik abstrahiert, daß diese Kosten teilweise für Kundenaufträge anfallen und eine verursachungsgerechte Zurechnung auf einzelne Pro-

---

10) Vgl. RODENSTOCK, Rolf: Sonderkosten, in: SEISCHAB, H. - SCHWANTAG, K. (Hrsg.): HWB, Bd. 3, Sp. 4886 f.

11) Vgl. z. B. das allgemein übliche Schema der Zuschlagskalkulation bei KLOOCK, J. u. a.: Leistungsrechnung, S. 142.

12) Zu den Kostenarten, die üblicherweise zu den Sondereinzelkosten des Vertriebs gezählt werden, vgl. die Ausführungen in Abschnitt C.II.1. des 3. Kapitels.

13) Vgl. SEICHT, G.: Leistungsrechnung, S. 41. Ähnlich auch GUTENBERG und SCHULZ, die beide für eine strikte Trennung von Sondereinzelkosten des Vertriebs und Vertriebseinzelkosten plädieren. Vgl. GUTENBERG, E.: Der Absatz, 13. Aufl., S. 40 bzw. SCHULZ, R.: Vertriebskosten, S. 633.

14) Abweichend davon MELLEROWICZ, der gerade diese umsatzabhängigen Vertriebskosten als Sondereinzelkosten des Vertriebs bezeichnet. Vgl. MELLEROWICZ, K.: Kalkulationsverfahren, S. 56 f.

dukteinheiten mit Schwierigkeiten behaftet ist.[15] Jene Kosten sind innerhalb der gleichen Produktart unterschiedlich hoch. Ihre Höhe wird neben den Produkteigenschaften von Faktoren wie Bestimmungsort und Art des Transportmittels beeinflußt.

In einer **entscheidungsorientierten Vertriebskostenrechnung** ist jedoch wegen der mehrdimensionalen Zurechenbarkeit der Vertriebskosten auf absatzrelevante Kalkulationsobjekte eine **Relativierung des Einzelkostenbegriffs** zweckmäßig, so daß die Bezeichnung Sondereinzelkosten des Vertriebs genaugenommen noch nichts über das Bezugsobjekt aussagt. Selbst wenn man unter den Sondereinzelkosten des Vertriebs stückbezogene Vertriebseinzelkosten versteht, stellt der "Sonderfall" der ungleichmäßigen Belastung gleicher Produkte mit Vertriebskosten keinen Sonderfall, sondern eher den **Regelfall** dar, weil die Eigenart des Vertriebs unter anderem in der unterschiedlichen Inanspruchnahme von Vertriebsleistungen durch gleichartige Produkte besteht, die sich in unterschiedlichen Vertriebskosten für das gleiche Produkt niederschlägt.[16] Aus diesen Gründen erscheint der Begriff **Sondereinzelkosten des Vertriebs entbehrlich** zu sein. Im folgenden werden Vertriebskosten, die direkt für eine Endprodukteinheit oder für einen einzelnen Kundenauftrag erfaßbar sind, als **kostenträgerbezogen erfaßte variable Vertriebskosten** bezeichnet. Will man trotzdem am Begriff der Sondereinzelkosten des Vertriebs festhalten, sollte er terminologisch korrekt im oben beschriebenen Sinne verwendet werden.

---

15) Auf diesen Punkt wird in Abschnitt B.I.2. dieses Kapitels eingegangen werden.

16) Vgl. dazu auch die Ausführungen in Abschnitt A.II. des 1. Kapitels.

2. Arten von kostenträgerbezogen erfaßten variablen Vertriebskosten

a) Umsatzabhängige Kosten

Von der Höhe des Umsatzes abhängige Vertriebskosten lassen sich grundsätzlich als **Einzelkosten der einzelnen Produkteinheit** erfassen. Wie nachfolgend zu zeigen sein wird, ist das problemlos allerdings nur bei durchgehend umsatzproportional verlaufenden Kostenarten möglich.

Umsatzlizenzen fallen in Höhe eines konstanten Prozentsatzes vom Umsatz an und können daher für das einzelne Produkt ohne Schwierigkeiten als Einzelkosten geplant und als Istwerte erfaßt werden. Das trifft auch auf die **Provisionen** von Reisenden und freien Handelsvertretern zu, sofern sie auf Umsatzbasis gewährt werden und nicht innerhalb einer Produktart weiter nach Umsatzgrößenklassen, Kundengruppen und/oder Verkaufsbezirken gestaffelt sind. Liegen **gestaffelte Provisionssätze** vor, die **nicht zu stark voneinander abweichen,** erscheint es unter Abwägung von Genauigkeit und Wirtschaftlichkeit vertretbar, mit gewogenen **durchschnittlichen Provisionssätzen** zu kalkulieren.[17] Die Ermittlung von gewogenen durchschnittlichen Provisionssätzen muß auf der Basis detaillierter Umsatzpläne erfolgen, damit diese Durchschnittssätze den tatsächlichen Verhältnissen möglichst nahe kommen. Die gewogenen durchschnittlichen Provisionssätze sind in regelmäßigen Zeitabständen zu überprüfen, indem man die Istkostenbeträge den kalkulatorisch verrechneten Provisionen gegenüberstellt. Im Falle von sehr **unterschiedlichen Provisionssätzen** für einzelne Verkaufsbezirke und/oder Kundengruppen muß innerhalb einer Produktart mit **mehreren Provisionssätzen** kalkuliert werden, um die absatzgebiet- und kundengruppenspezifischen Kostenstrukturen sowohl im Ist als auch im Plan abbilden zu können, die bei der Ver-

---

17) Vgl. KILGER, W.: Plankostenrechnung, S. 295.

wendung von durchschnittlichen Provisionssätzen nicht zu Tage treten würden. So wird häufig nach Provisionen für Außendienstmitarbeiter im Inland und im Ausland differenziert, im Inland oft zusätzlich nach Verkaufsbezirken entsprechend der Kundendichte. Auch liegen in vielen Fällen die Provisionssätze für Einzelhandelsumsätze über denjenigen der Großhandelsumsätze, weil in der Regel ein größerer Arbeitseinsatz der Außendienstmitarbeiter erforderlich ist, um im Einzelhandel den gleichen Umsatz wie im Großhandel zu erzielen. Bei zusätzlich die Höhe des erzielten Gesamtumsatzes berücksichtigenden Provisionssystemen besteht zum einen die Möglichkeit, die Provisionssätze nach **Umsatzgrößenklassen** zu staffeln, zum anderen können **Verkaufsprämien** gewährt werden. Die Vertreter und Reisenden erhalten die Verkaufsprämien als Prozentsatz von dem den vorher festgelegten Planumsatz übersteigenden Restumsatz. Solche Verkaufsprämien sind strenggenommen den einzelnen Leistungseinheiten nicht zurechenbar, da sie erst ab einer bestimmten Umsatzhöhe anfallen. Soll auf eine Durchschnittsbildung verzichtet werden, können sowohl die nach Umsatzgrößenklassen gestaffelten Provisionssätze als auch die Verkaufsprämien nur im Wege einer **Marginalbetrachtung** in der Kalkulation berücksichtigt werden.[18)] Jede Leistungseinheit wird danach als die zuletzt hinzugekommene interpretiert. In der Kalkulation wird jene Provision bzw. Verkaufsprämie angesetzt, die die letzte zum Erreichen des Planumsatzes notwendige Leistungseinheit verursachen würde. Die Folge dieser Vorgehensweise ist allerdings, daß die geplanten Stückkosten nicht mehr zu den Gesamtkosten addierbar sind. Sofern der Istumsatz den Planumsatz nicht wesentlich übersteigt, werden auf diese Weise kalkulatorisch mehr Provisionen bzw. Verkaufsprämien verrechnet als im Ist tatsächlich anfallen.

---

18) Der Gedanke der Marginalbetrachtung stützt sich auf die Überlegungen von MÄNNEL zur Zurechenbarkeit von gestaffelten Mengenrabatten auf Leistungseinheiten bzw. Aufträge. Vgl. MÄNNEL, W.: Erlösrechnung, S. 137 ff.

Bisher war nur von umsatzabhängigen Provisionen die Rede, obwohl für eine gewinnorientierte Verkaufssteuerung eine Berechnung der Provisionen auf Basis der Produktdeckungsbeiträge notwendig ist.[19] **Deckungsbeitragsabhängige Provisionssätze** lassen sich jedoch problemlos in umsatzabhängige Provisionssätze umrechnen, so daß die bisherigen Aussagen ihre Gültigkeit behalten. Ohnehin erscheint es sinnvoll, eine solche Umrechnung vorzunehmen, um dem Außendienst wegen der Gefahr einer zu nachgiebigen Preispolitik nicht die Produktdeckungsbeiträge offenlegen zu müssen.

Werden **Prämien für Transportversicherungen** nach dem Frachtwert bemessen, ist eine Zurechnung dieser Kostenart auf einzelne Leistungseinheiten möglich.[20] In der Regel sind die Versicherungsprämien für Inlandssendungen und Exportsendungen, aber auch für verschiedene Transportmittel unterschiedlich hoch. Daher muß - will man eine Durchschnittsbildung vermeiden - je nach Bestimmungsort und Transportmittel ein unterschiedlicher Prozentsatz verwendet werden.

Die **Exportsondereinzelkosten** fallen zwar spezifisch für einen bestimmten Exportauftrag an, doch sind in ihnen auch umsatzabhängige Kosten enthalten, die Einzelkosten der einzelnen Produkteinheiten darstellen. Neben der bereits erwähnten Transportversicherung sind dies insbesondere die

---

19) Vgl. FINKENRATH, Rolf: Deckungsbeitragsorientierte Verkaufssteuerung mit Profit-Centers, in: krp, Jg. 1986, H. 6, S. 217 f.

20) Einschränkend ist anzumerken, daß sich die Versicherungsprämien häufig in erster Linie nach der Anzahl der Sendungen richten, pro Sendung demnach weitgehend konstant sind; der Frachtwert wird nur durch einige wenige "Prämienklassen" berücksichtigt, so daß in solchen Fällen keine strenge Umsatzabhängigkeit vorliegt. Teilweise sind Transportversicherungen auch in die Frachttarife integriert und werden somit nicht separat ausgewiesen.

Zölle, sofern es sich um **Wertzölle** handelt, und die **Exportkreditversicherung**, sofern die Ausfuhrgeschäfte einzeln versichert werden.[21] Zoll- und Versicherungstarife sind von Land zu Land verschieden, so daß mit länderspezifischen Prozentsätzen gerechnet werden muß.

Die mit der finanziellen Abwicklung des Absatzes verbundenen Warenkreditversicherungskosten, Delkredereprovisionen, Factoringkosten und kalkulatorischen Zinsen auf Forderungen sind überwiegend umsatzabhängig und daher auch prinzipiell den einzelnen Leistungseinheiten als Einzelkosten zurechenbar. **Factoringkosten** und **Delkredereprovisionen** verhalten sich umsatzproportional[22] und sollten daher direkt den Produkten angelastet werden. Da Delkredereprovisionen nur für solche Umsätze anfallen, die mit Einkaufsverbänden getätigt werden, die die entsprechende Dienstleistung erbringen, darf eine Provision nur bei jenen Produkten mit in die Kalkulation einbezogen werden, die an die Kunden dieses Einkaufsverbandes geliefert werden. Die Kosten für die **Warenkreditversicherung** sind aufgrund der Prüfungsgebühr für die Bonitätsprüfung der zu versichernden Kunden nicht vollständig vom Umsatz abhängig.[23] Deshalb werden sie häufig - wie auch in Abbildung 4-10 im Rahmen der Versicherungskosten geschehen - aus Vereinfachungsgründen in der Kostenstelle Debitorenbuchhaltung gesammelt und dort in einen variablen und fixen Anteil gespalten, obwohl die umsatzabhängigen Bestandteile auch direkt auf die Produkte verrechnet werden

---

21) Vgl. zur Exportkreditversicherung die Ausführungen in Abschnitt C.II.1. des 3. Kapitels.

22) Ein konkretes Beispiel zur Berechnung von Factoringkosten und Delkredereprovisionen findet sich bei BEYER, Horst-Tilo: Factoring, in: DERS.(Hrsg.): Finanzlexikon, München 1979, S. 118.

23) Vgl. zur Warenkreditversicherung die Ausführungen in Abschnitt C.II.1. des 3. Kapitels.

könnten. Die Einordnung der **kalkulatorischen Zinsen auf Forderungen** in die umsatzabhängigen Vertriebskosten ist nicht unproblematisch, da die Höhe der kalkulatorischen Zinsen auch von der Verweildauer der Forderungen beeinflußt wird.[24] Sie lassen sich als zusätzliche Kosten der Absatzfinanzierung, ähnlich wie die als Erlösschmälerungen behandelten Kundenskonti, einzelnen Produkten als Einzelkosten zurechnen.[25] Eine direkte Zurechnung auf die Produkte ist nur dann sinnvoll, wenn die Kunden entsprechend ihrem Zahlungsverhalten in Klassen eingeteilt werden, die aufgrund der verschiedenen Verweildauern der Forderungen mit unterschiedlichen Zinskosten belastet werden. Erscheint das zu arbeitsaufwendig oder unterscheiden sich die Kunden nicht signifikant in ihrem Zahlungsverhalten, empfiehlt sich eine Verrechnung der kalkulatorischen Zinsen über die Kostenstelle Debitorenbuchhaltung, wie das in Abbildung 4-10 der Fall ist.

Die Ausführungen zeigen, daß die umsatzabhängigen Vertriebskosten keineswegs innerhalb einer Produktart konstant sind. Vielmehr wird eine **Einheit einer Produktart** mit **unterschiedlichen Prozentsätzen** belastet, je nachdem welchen Ausschnitt der Absatzsegmenthierarchien der Umsatzakt betrifft. Prinzipiell ist es wünschenswert, mit möglichst vielen Prozentsätzen für eine Produktart zu rechnen, um die unterschiedlichen Auswirkungen des Absatzes von Produkten an bestimmte Kunden, in bestimmten Absatzgebieten mit verschiedenen Transportmitteln auf den Stückdeckungsbeitrag abbilden zu können. Allerdings sprechen **Wirtschaftlichkeitsgründe** häufig für die Verwen-

---

24) Vgl. zur Berechnung der kalkulatorischen Zinsen auf Forderungen die Ausführungen in Abschnitt C.II.1. des 3. Kapitels.

25) Vgl. MÄNNEL, Wolfgang: Kundenskonti im Rechnungswesen, Herne - Berlin 1971, S. 54 ff. Ähnlich auch HESSENMÜLLER, B.: Erfolgsrechnung, S. 86.

dung von **gewogenen Durchschnittssätzen.** Ob die damit verbundenen zwangsläufigen Ungenauigkeiten und Informationsverluste in Kauf genommen werden können, hängt letztlich von der quantitativen Bedeutung der Kostenart und vom Ausmaß der kunden- und absatzgebietsbezogenen Kostenunterschiede innerhalb der Produktart ab.

Aufgrund ihres Wesens können die kostenträgerbezogen erfaßbaren umsatzabhängigen Vertriebskosten für eine Leistungseinheit geplant werden bzw. die Planung, falls sie zunächst für größere Kalkulationsobjekte durchgeführt wird, **ohne Gemeinkostenschlüsselung** auf das einzelne Produkt heruntergebrochen werden. Die Istkostenerfassung erfolgt meist kundenauftragsbezogen. Auch hier ist es ohne Gemeinkostenschlüsselung möglich, die angefallenen umsatzabhängigen Kosten auf das einzelne Produkt umzurechnen. Wie bereits angesprochen, werden nicht alle kostenträgerbezogen erfaßbaren Kosten tatsächlich auch direkt kostenträgerbezogen erfaßt, sondern über die Vertriebskostenstellen abgerechnet. Dadurch wird die Kostenplanung und -erfasssung vereinfacht, wenngleich auf diesem Wege kaum mehr eine unterschiedliche Belastung von Leistungseinheiten der gleichen Produktart erfolgen kann, da die absatzmarktorientierte Gliederung der Vertriebskostenstellen in der Regel nicht so tief ist, daß entsprechend differenzierte Kostensätze zur Verfügung stehen.

b) Sonstige absatzabhängige Kosten

Die sonstigen absatzabhängigen Kosten setzen sich aus den absatzmengenabhängigen Kosten und den von mehreren Faktoren abhängigen auftragsindividuellen Kosten zusammen.[26)]

---

26) Vgl. RIEBEL, Paul: Deckungsbeitragsrechnung im Handel, in: TIETZ, B. (Hrsg.): HWA, Sp. 437 f. u. Sp. 441.

Die **absatzmengenabhängigen Kosten** sind bei proportionalem Verlauf ähnlich wie die umsatzabhängigen Kosten den Produkteinheiten als Einzelkosten zurechenbar, auch wenn sie auftragsweise erfaßt werden sollten. Zu den absatzmengenabhängigen Kosten zählen insbesondere **Stücklizenzen** und die im Rahmen der Exportsondereinzelkosten anfallenden länderspezifischen **Gewichtszölle;** teilweise werden auch die **Aus- und Umladungskosten** mengenproportional berechnet.

Die **von mehreren Faktoren abhängigen Vertriebskosten** entstehen in der Regel für den einzelnen Kunden-, Transport- oder Versandauftrag als Ganzes und sind daher den **Aufträgen als Einzelkosten**[27)] zurechenbar. Auf die einzelnen Leistungseinheiten bezogen, stellen diese Kosten, von einigen Sonderfällen abgesehen, Gemeinkosten dar. Unter die von mehreren Faktoren abhängigen Vertriebskosten sind vor allem die Kosten für Ausgangsfrachten und Verpackungsmaterial sowie ein Großteil der Exportsondereinzelkosten zu subsumieren.

Die Höhe der **Frachtkosten** für von außenstehenden Unternehmen erbrachte Transportleistungen hängt zunächst vom Transportmittel, dann aber vom Gewicht - manchmal auch vom Volumen der Sendung - und der Transportentfernung ab. Die Frachtkosten sind nur dann in die Kalkulation einzubeziehen, wenn sie den Kunden nicht gesondert in Rechnung gestellt werden, sondern Lieferung frei Haus vereinbart ist. Die Frachtsätze sind üblicherweise nach Gewichts- und Entfernungsklassen gestaffelt, so daß sich für die Frachtkosten in Abhängigkeit von Gewicht und Entfernung eine Treppenfunktion ergibt. Wenn die Produkte einzeln versandt werden, stellt dies kein Problem dar. Da der Transportauf-

---

27) RIEBEL bezeichnet solche Auftragseinzelkosten auch als originäre Auftragseinzelkosten oder als Einzelkosten des Auftrages "an sich". Vgl. RIEBEL, P.: Handel, Sp. 443 f.

trag nur ein Produkt umfaßt, sind die Frachtkosten Auftragseinzelkosten und zugleich Einzelkosten des einzelnen Produktes. Besteht hingegen ein **Transportauftrag** aus **mehreren Einheiten einer Produktart** oder verschiedener Produktarten, sind die Ausgangsfrachten aufgrund der Staffelung der Sätze nach Gewichts- und Entfernungsklassen nur dem **Auftrag als Ganzem**, nicht jedoch den einzelnen Leistungseinheiten als Einzelkosten zurechenbar.[28)]Allenfalls lassen sich bei entsprechendem Arbeitsaufwand die zusätzlichen Frachtkosten für weitere, eine gegebene Sendung ergänzende Produkteinheiten ermitteln, wobei diese zusätzlichen Kosten je nach Einzelfall sowohl über als auch unter den bisherigen Durchschnittskosten je Gewichtseinheit liegen, sogar Null betragen können, wenn in der betreffenden Gewichtsklasse noch Restkapazitäten bestehen.[29)] Trotz der im Falle von gemischten Aufträgen nicht gegebenen verursachungsgerechten Zurechenbarkeit der Ausgangsfrachten auf die Leistungseinheiten, sind sowohl Praxis als auch Theorie bestrebt, **durchschnittliche Frachtkosten je Gewichtseinheit** zu ermitteln,[30)] um in den für Entscheidungen über Preise oder die Programmstruktur notwendigen Stückdeckungsbeiträgen ohne größeren Arbeitsaufwand näherungsweise Frachtkosten zu berücksichtigen.[31)]

---

28) Umfaßt der Transportauftrag mehrere Einheiten einer Produktart, stellen die Ausgangsfrachten nicht nur Auftragseinzelkosten, sondern auch Einzelkosten der Produktart dar.

29) Vgl. RIEBEL, P.: Entscheidungen, S. 13.

30) Vgl. etwa die Beispiele aus der Praxis bei PAUL, Hermann: Erfolgsanalyse im Absatzbereich, Eschborn 1980, S. 114 ff. u. S. 138. Zur Forderung nach durchschnittlichen Frachtsätzen in der Theorie vgl. RIEBEL, P.: Absatzanalyse, S. 613 f.; DERS.: Entscheidungen, S. 13.

31) Um deutlich zu machen, daß die durchschnittlichen Frachtkosten den Leistungseinheiten nicht verursachungsgerecht zugerechnet werden können, bezeichnet RIEBEL den verbleibenden Überschuß nicht als Stückdeckungsbeitrag, sondern als Stück-Bruttogewinn. Vgl. RIEBEL, P.: Entscheidungen, S. 16.

Der Fehler, der durch das Rechnen mit durchschnittlichen Frachtkosten und die damit verbundene **Gemeinkostenschlüsselung** entsteht, fällt um so weniger ins Gewicht, je geringfügiger die Frachtkostenunterschiede sind oder je gleichmäßiger die einzelnen Produkte auf die verschiedenen zur Wahl stehenden Transportmittel sowie die Gewichts- und Entfernungsklassen verteilt sind. Eine weitere Verringerung des Kalkulationsfehlers kann erzielt werden, wenn die durchschnittlichen Frachtkosten je Gewichtseinheit nach Transportmitteln und/oder Absatzgebieten differenziert werden. Auf jeden Fall ist zur Überprüfung der Durchschnittssätze eine regelmäßige Gegenüberstellung der tatsächlich angefallenen Frachtkosten und der kalkulatorisch verrechneten Frachten erforderlich.

Zu den **Verpackungsmaterialkosten** zählen grundsätzlich alle Materialkosten, die im Zuge der versandfertigen Verpackung der Produkte entstehen, so etwa Kosten für Kisten, Kartons, Paletten, Packpapier, Folien usw. Unbedeutendere Materialien wie Schnüre oder Klebstoffe werden häufig aus Gründen der Wirtschaftlichkeit nicht direkt für die Kostenträger erfaßt, sondern als Hilfsstoffe über die Kostenstelle Verpackung und Versand abgerechnet. Die Verpackungsmaterialkosten werden neben der Art des zu versendenden Gutes von dem Gewicht, der Oberfläche und dem Bestimmungsort des Versandauftrages sowie von der Art des Transportmittels und unter Umständen von spezifischen Kundenwünschen beeinflußt. Sieht man einmal von der Form des Einzelversandes der Produkte ab, stellen die Verpackungsmaterialkosten **Einzelkosten des Auftrages,** aber Gemeinkosten der Produkteinheit dar. Eine die wirklichen Verhältnisse nicht zu stark verzerrende Schlüsselung der Verpackungsmaterialkosten auf die in einem Versandauftrag enthaltenen Produkteinheiten ist möglich, wenn **Standardverpackungen** - eventuell für verschiedene Versandarten und Auftragsgrößen - existieren, die im Regelfall mit einer konstanten Anzahl von Produkten einer Produktart bestückt sind. In einem solchen Fall können **Verpackungsmaterial-**

kosten pro Leistungseinheit angesetzt werden.[32] Auch hier ist wiederum ein Vergleich der kalkulatorisch verrechneten Kosten mit den Istkosten erforderlich. Liegen die eben geschilderten Bedingungen nicht vor, sollte auf eine Aufteilung der Verpackungsmaterialkosten auf einzelne Produkte aufgrund des größer werdenden Fehlers verzichtet werden. Bisweilen wird auch vorgeschlagen, die im Zuge der Verpackung anfallenden Lohnkosten direkt für den Kostenträger zu erfassen.[33] Diesem Vorschlag kann nicht gefolgt werden, weil damit, sofern es sich nicht um Mehrarbeitslöhne handelt, fristigkeitsgradabhängige variable Vertriebskosten in die kostenträgerbezogen erfaßten variablen Vertriebskosten eingehen, die ausnahmslos fristigkeitsgradunabhängig sind. Die Lohnkosten sind über die Kostenstelle Verpackung und Versand abzurechnen.

Die einzelnen Kostenarten der **Exportsondereinzelkosten** sind von einer Vielzahl von Faktoren abhängig, deren Ausprägung von Exportauftrag zu Exportauftrag sehr unterschiedlich sein kann. Ein Rechnen mit Durchschnittssätzen für Produkteinheiten wäre mit großen Fehlern verbunden. Deshalb werden jene Exportsondereinzelkosten, die nicht als umsatz- oder absatzmengenabhängige Kosten den Leistungseinheiten zugerechnet werden, als **Auftragseinzelkosten** behandelt. Eine Aufteilung auf Produkte wird nicht vorgenommen.

Kosten für Formulare, Briefumschläge, Porto usw. könnten als Einzelkosten den Kundenaufträgen direkt zugerechnet werden. Aus Gründen der Wirtschaftlichkeit werden diese Kosten in den Kostenstellen erfaßt, in denen sie anfallen, und über Verrechnungssätze auf die Kostenträger weiterverrechnet.

---

32) Vgl. KILGER, W.: Plankostenrechnung, S. 293; FISCHER, K.-P.: Vertriebskostenrechnung, S. 127.

33) So FISCHER, K.-P.: Vertriebskostenrechnung, S. 127.

Wie aus den Ausführungen hervorgeht, bedeutet eine Aufteilung der auftragsindividuellen Vertriebskosten auf einzelne Produkte eine **Schlüsselung von Gemeinkosten,** die zwangsläufig mit Fehlern behaftet ist. Diese sind um so **schwerwiegender,** je mehr sich **die einzelnen Aufträge voneinander unterscheiden.** Nimmt man eine solche Aufteilung vor, sind jene zugeschlüsselten Kostenbeträge in den Kalkulationen zu kennzeichnen, um sie so von den umsatz- und absatzmengenabhängigen Kosten abzuheben, die Einzelkosten der Produkteinheit darstellen.

Bisher wurde implizit von einer **Identität von Kunden-, Transport- und Versandauftrag** ausgegangen. Liegt eine solche Identität nicht vor, sind im wesentlichen zwei Fälle zu unterscheiden. Im ersten Fall umfaßt ein Kundenauftrag mehrere Transport- und Versandaufträge. Die transport- und versandauftragsindividuellen Kosten können addiert und dem Kundenauftrag verursachungsgerecht zugerechnet werden. Im zweiten Fall besteht ein Transportauftrag aus mehreren Kundenaufträgen.[34] Eine verursachungsgerechte Zurechnung auf die Kundenaufträge ist unter solchen Bedingungen nicht möglich, es sei denn, daß die Frachtkosten für die einzelnen belieferten Kunden getrennt ausgewiesen werden, wie dies Speditionsunternehmen tun.

3. Zusammenfassung

Die kostenträgerbezogen erfaßten Vertriebskosten sind **fristigkeitsgradunabhängig,** d. h. sie verändern sich automatisch in Abhängigkeit vom Absatzvolumen. Daher müssen sie in Entscheidungsrechnungen, die beispielsweise Preisuntergrenzen oder die Analyse der Programmstruktur zum Gegenstand haben, Eingang finden.

---

34) Von dem Fall, daß ein Versandauftrag aus mehreren Kundenaufträgen besteht, soll, da er kaum auftritt, abstrahiert werden.

Ob die unterschiedlichen Kostenbelastungen einzelner Produkteinheiten innerhalb einer Produktart und einzelner Kundenaufträge berücksichtigt oder im Wege der Durchschnittsbildung und Gemeinkostenschlüsselung eingeebnet werden sollen, hängt letztlich von der jeweiligen **Entscheidungssituation** ab.

Sollen zum Beispiel die Deckungsbeiträge wichtiger Kunden oder die Erfolgsträchtigkeit einer Produktart bei verschiedenen Kundengruppen analysiert werden, ist es unabdingbar, mit diesen **unterschiedlichen Kostenstrukturen** zu rechnen. Um einer Produkteinheit oder einem Kundenauftrag seine spezifischen kostenträgerbezogen erfaßten variablen Vertriebskosten zurechnen zu können, muß ermittelt werden, **auf welchen Wegen das Produkt oder der Auftrag die Absatzsegmenthierarchien** durchläuft. Auf seinem Weg durch die Hierarchien wird das Produkt bzw. der Auftrag mit den in die Hierarchien eingestellten Prozentsätzen und Kostenbeträgen belastet. Sinnvollerweise beginnt der Durchlauf bei der **Kundenhierarchie,** weil sich aus den Kundenmerkmalen in der Regel die weiteren relevanten Informationen wie Absatzgebiet und Absatzweg ableiten lassen. Ist das nicht der Fall, ist auch der Durchlauf des Produktes oder des Auftrages durch die übrigen Absatzsegmenthierarchien zu ermitteln. Eine weitere und wesentlich einfachere Möglichkeit besteht darin, aus den eindimensionalen Absatzsegmenthierarchien eine **mehrdimensionale integrierte Gesamthierarchie des Vertriebs** zu bilden, die es erlaubt, in einem Durchlauf dem Produkt oder dem Kundenauftrag seine spezifischen kostenträgerbezogen erfaßten variablen Vertriebskosten zuzurechnen.[35)]

Abgesehen von der Abwägung zwischen Genauigkeit und Richtigkeit einerseits und Wirtschaftlichkeit andererseits können auch manche Entscheidungssituationen dazu führen,

---

35) Zum Aufbau mehrdimensionaler integrierter Gesamthierarchien im Vertrieb vgl. die Ausführungen in Abschnitt C.III. des 6. Kapitels.

durchschnittliche oder gar auf Gemeinkostenschlüsselungen beruhende Kostensätze zu bilden. Das ist beispielsweise dann der Fall, wenn ein Unternehmen Kosteninformationen benötigt, um Anhaltspunkte für einen auf allen Märkten einheitlichen Verkaufspreis eines Produktes zu gewinnen. Solche Rechnungen werden häufig nicht im Rahmen der laufenden Kostenrechnung, sondern als Sonderrechnung durchgeführt.

Abschließend ist nochmals zu betonen, daß die kostenträgerbezogen erfaßten variablen Vertriebskosten **nicht durchwegs als Einzelkosten der einzelnen Leistungseinheiten** anzusehen sind, wie es ihre Behandlung als Sondereinzelkosten des Vertriebs in traditionellen Kostenrechnungskonzepten implizit unterstellt. Einen zusammenfassenden Überblick darüber, welche Kostenarten im Regelfall als Einzelkosten der Produkteinheit und welche als Auftragseinzelkosten anzusehen sind, gibt Abbildung 5-1. Mehrfachzuordnungen ergeben sich bei den Lizenzen und Zöllen, da diese sowohl auf Wert- als auch auf Mengenbasis berechnet werden können.

II. Zurechnung der kostenstellenbezogen erfaßten variablen Vertriebskosten mit Hilfe von Verrechnungssätzen

1. Erstellung von Leistungslisten

Im Zusammenhang mit der Zurechnung der kostenstellenbezogen erfaßten variablen Vertriebskosten auf die Kostenträger ist es hilfreich, den **Leistungsfluß zwischen Vertriebskostenstellenhierarchie und Produkthierarchie** zu

Abbildung 5-1
Überblick über die Arten kostenträgerbezogen erfaßter variabler Vertriebskosten

KOSTENARTEN	Einzelkosten der Produkteinheit		Auftragseinzelkosten
	Umsatzabhängige Kosten	Absatzmengenabhängige Kosten	Auftragsindividuelle Kosten
Absatzbezogene Lizenzen	●	●	
Provisionen	●		
Transportversicherung	●		
– Zölle	●	●	
– Exportkreditversicherung	●		
– Sonstige Exportsondereinzelkosten			●
Exportsondereinzelkosten			
Delkredereprovisionen	●		
Factoringkosten	●		
Warenkreditversicherung	●		
Kalkulatorische Zinsen auf Forderungsbestände	●		
Ausgangsfrachten			●
Verpackungsmaterial			●

dokumentieren. Hierzu dient die Aufstellung **produktbezogener Leistungslisten** für den Absatzbereich.[36] In ihnen wird festgehalten, welche Vertriebskostenstellen ein

---

36) GAU empfiehlt die Erstellung von Leistungsstatistiken im Vertrieb, um damit die Kostenstellenkosten den Produkten zurechnen zu können. (Vgl. GAU, E.: Kalkulation, S. 105 u. S. 173.) Diese Vorgehensweise beinhaltet aber die Schlüsselung von Gemeinkosten. Für den Bereich der Logistik schlägt WEBER zur Abbildung des Mengengerüsts die Aufstellung von logistischen Leistungslisten vor. Vgl. WEBER, J.: Lösungen, S. 131.

Produkt durchläuft und welche Leistungen es in welchem Ausmaß in Anspruch nimmt. Man erhält auf diese Weise **Mengeninformationen** über den Umfang der von den Vertriebskostenstellen zu den verschiedenen Produktarten fließenden Leistungsströme. Das ist insbesondere für diejenigen Vertriebskostenstellen von elementarer Bedeutung, die **innovative Vertriebsleistungen** erbringen. Die Kosten dieser Vertriebskostenstellen können nicht auf Kostenträger weiterverrechnet werden, selbst wenn Bezugsgrößen existieren. Daher bilden die Mengeninformationen die einzige Möglichkeit, einen Anhaltspunkt dafür zu erhalten, welche innovative Vertriebsleistungen in ein bestimmtes Produkt eingehen bzw. umgekehrt, wie stark die verschiedenen Produkte die Kapazität der Vertriebskostenstellen mit innovativen Vertriebsleistungen beanspruchen. Für Vertriebskostenstellen, die **repetitive Vertriebsleistungen** erstellen, sind solche Leistungsinformationen ebenfalls nützlich, auch wenn in den meisten Fällen eine Weiterverrechnung der variablen Kostenstellenkosten auf die Kostenträger erfolgt. Dies liegt in der im nachfolgenden Abschnitt B.II.2. dieses Kapitels noch näher erläuterten Eigenschaft des überwiegenden Teils der repetitiven Vertriebsleistungen begründet, sich auf Kundenaufträge, nicht jedoch auf Produkte zu beziehen. Daher können nur wenige variable Kostenstellenkosten verursachungsgerecht den Produkten zugerechnet werden, so daß die **produktbezogenen Leistungsinformationen** der Leistungslisten eine notwendige **Ergänzung** der im wesentlichen **auftragsbezogenen Kosteninformationen** darstellen.

Leistungslisten im Vertrieb sind in ihrem Aufbau mit den **Arbeitsplänen in der Produktion**[37] vergleichbar. Ein Ar-

37) Ein Arbeitsplan beschreibt "als Bindeglied zwischen der statischen Abbildung der Produktionsvorgänge in der Stückliste und dem technischen Betriebsablauf... die Fertigungsvorgänge in den Werkstätten und Montageabteilungen." (REICHWALD, Ralf - MROSEK, Dietmar: Produktionswirtschaft, in: HEINEN, Edmund (Hrsg.): Industriebetriebslehre, 7. Aufl., Wiesbaden 1983, S. 412.)

beitsplan enthält für ein bestimmtes Produkt oder auch nur für eine Teileart Angaben über die **Arbeitsgänge** und die dadurch beanspruchten **Fertigungskostenstellen**, über die **Arbeitsfolgen** und über die **Vorgabezeiten**.[38] Übertragen auf die **Leistungsliste** bedeutet das, daß sie Informationen über die **in Anspruch genommenen Vertriebskostenstellen, die Art der Vertriebsleistung** und **die Dauer** bzw. die Häufigkeit **der Inanspruchnahme** der betreffenden Kostenstellen und ihrer Leistungen enthält. Diese letzte Angabe sollte um sogenannte **Konzentrationszahlen** ergänzt werden, die Auskunft darüber geben, in welchem Umfang das jeweilige Produkt die Kapazität der Kostenstellen beansprucht.[39] Man erhält so einen Hinweis darauf, wie sich eine Reduktion des Absatzvolumens oder gar die Elimination einer Produktart auf die Kapazität der Vertriebskostenstellen auswirkt. Im Gegensatz zur Produktion stellen die Konzentrationszahlen im Vertrieb keine exakte Größe dar, sondern basieren zum Teil auf Schätzungen. Dies liegt daran, daß zum einen häufig die Kapazität einer Vertriebskostenstelle nur schwer bestimmbar ist, wie das insbesondere auf innovative Vertriebsleistungen erstellende Kostenstellen zutrifft, zum anderen auch die Leistungsinanspruchnahme teilweise nur geschätzt werden kann. Die den **Arbeitsfolgen** in der Produktion entsprechende Reihenfolge des Durchlaufs des Produktes durch die Vertriebskostenstellen spielt im

---

38) Vgl. KERN, W.: Produktionswirtschaft, S. 264. Ähnlich auch TROSSMANN, Ernst: Aufgaben der industriellen Fertigungsvorbereitung, in: WiSt, 15. Jg. (1986), H. 5, S. 248; EVERSHEIM, Walter - STENDEL, Michael: Arbeitsgestaltung, in: KERN, W. (Hrsg.): HWProd, Sp. 142 ff.

39) Vgl. zu den Konzentrationszahlen MERTENS, P. u. a.: Selektionsentscheidungen, S. 79. Diese Information kann auch für die Kostenstellenrechnung genutzt werden, indem man im Kostenstellenstammsatz Felder vorsieht, die das Datenpaar Produkt/Konzentrationszahl beinhalten. Auf diese Weise erhält man für die Vertriebskostenstellen einen Überblick über die Inanspruchnahme durch die einzelnen Produktarten.

Vertrieb eine untergeordnete Rolle und braucht daher in die Leistungslisten nicht aufgenommen zu werden.

Die **Daten der Leistungsliste** beziehen sich, im Gegensatz zum Arbeitsplan, nicht auf ein einzelnes Produkt, sondern es werden die **innerhalb eines bestimmten Zeitraumes** für eine Produktart insgesamt **erbrachten Vertriebsleistungen** dokumentiert. Ein Grund hierfür ist, daß in der Produktion die Leistungen der Fertigungskostenstellen im wesentlichen für die einzelnen Einheiten einer Produktart erbracht werden. Im Gegensatz dazu beziehen sich die Leistungen vieler Vertriebskostenstellen entweder auf die **Produktart als Ganzes,** wie beispielsweise die Leistungen der Kostenstelle Werbung, oder auf **Aufträge,** wie das am Beispiel der Kostenstelle Auftragsbearbeitung und -abwicklung deutlich wird. Zudem beanspruchen in der Produktion die einzelnen Einheiten einer Produktart im wesentlichen die gleichen Fertigungskostenstellen in einem konstanten Ausmaß, im Vertrieb dagegen liegt diese Konstanz nicht vor. Vielmehr durchlaufen die einzelnen Einheiten einer Produktart **verschiedene Vertriebskostenstellen** und/oder nehmen die selben Vertriebskostenstellen unterschiedlich stark in Anspruch, je nachdem an wen, wohin, auf welchen Absatzwegen und mit welchen Transportmitteln sie abgesetzt werden. Man muß sich daher mit einer **periodenbezogenen Leistungsliste** begnügen, in der die verschiedenen Absatzvarianten einer Produktart summarisch festgehalten sind. Eine Leistungsliste sollte die Vertriebsleistungen eines Jahres umfassen, da dieser Zeitraum mit dem Planungshorizont der Kostenplanung übereinstimmt. Je nach unternehmensindividuellen Gegebenheiten können parallel dazu auch monatsbezogene oder mehrjährige Leistungslisten geführt werden.

Ex post ist die **Erstellung produktbezogener Leistungslisten** prinzipiell leicht möglich, auch wenn manche Istwerte nicht auf exakter Datenerfassung, sondern auf Schätzungen der Mitarbeiter beruhen. So müssen die Außendienst- und Innendienstmitarbeiter, wenn sie für den Verkauf mehrerer Produkte zuständig sind, die Zeitanteile schätzen, die sie für den Verkauf einer bestimmten Produktart in der abgelaufenen Periode aufgewandt haben. Hingegen bereitet die Aufstellung von Plan-Leistungslisten vor allem deswegen größere Probleme, weil Annahmen über die Anteile der verschiedenen Absatzvarianten innerhalb einer Produktart getroffen werden müssen. Die periodische **Gegenüberstellung der Plan- und Ist-Leistungslisten** liefert Leistungsabweichungen als grobe Anhaltspunkte für die Entwicklung der Leistungsinanspruchnahme einer Produktart. Diese Leistungsabweichungen bedürfen jedoch der vorsichtigen und fachkundigen Interpretation, da Ist- und Planwerte, wie erwähnt, mit gewissen Unsicherheiten und Ungenauigkeiten behaftet sind und zudem die Abweichungen auf vielfältige Ursachen zurückführbar sein können. Darüber hinaus erleichtert der Vergleich der Leistungslisten die Erstellung der Plan-Leistungslisten der Folgeperiode.

In Abbildung 5-2 ist ein **Beispiel** für eine Ist-Leistungsliste dargestellt. Dort sind sämtliche akquisitorischen Kostenstellen und Kostenstellen der Verkaufsabwicklung eines Beispielunternehmens aufgeführt, mit Ausnahme der Leitungskostenstellen dieser Bereiche. Die Kostenstellen der Vertriebsführung und die Leitungskostenstellen sind in der Leistungsliste nicht enthalten, weil die Führungsleistungen dieser Kostenstellen nur schwer bestimmten Produkten zuzuordnen sind. Die einzelnen Vertriebskostenstellen sind gekennzeichnet, ob ihre Leistungen im Betrachtungszeitraum in Anspruch genommen wurden oder nicht. So ist aus Abbildung 5-2 ersichtlich, daß das Produkt nur im Inland abgesetzt wurde, keine Marktforschungsleistungen für das Produkt erbracht wurden und die Transportkostenstelle nicht beansprucht wurde, weil das Produkt von Speditionsunternehmen ausgeliefert wird und die Kosten hierfür direkt auf die Kostenträger verrechnet werden. Die Angaben über die Dauer bzw. Häufigkeit der Inanspruchnahme beruht in den Kostenstellen Werbung und Verkaufsförderung auf projekt- und aktionsbezogenen Stundenaufschreibungen, wie sie in Abschnitt C.II.2. des vierten Kapitels beschrieben wurden, in den Kostenstellen Außendienst und

Abbildung 5-2
Beispiel für eine Leistungsliste

LEISTUNGSLISTE (IST) — Zeitraum : 1988

Produktsparte : B — Produktgruppe : B_2 — Produktart : B_{22} — Produktvariante : -

	Kostenstellen	In Anspruch genommen	Art der Vertriebsleistung	Dauer bzw. Häufigkeit der Inanspruchnahme	Konzentrationszahlen
AKQUISITORISCHE KOSTENSTELLEN	Marktforschung				
	Werbung	X	Konzipierung u. Realisation einer Anzeigenkampagne im November u. Dezember in ausgewählten inländischen Illustrierten u. Programmzeitschriften	200 Mannstunden	5 %
	Verkaufsförderung	X	Entwurf u. Verteilung von Displaymaterial für 200 ausgewählte Fachgeschäfte	160 Mannstunden	10 %
	Außendienst / Inland	X	Besuch potentieller Kunden, Beratung u. Entgegennahme von Aufträgen	20% der Besuchsdauer	20 %
	Außendienst / Ausland				
	Verkauf Inland GH	X	Telefonische u. schriftliche Beantwortung von Kundenanfragen u. Entgegennahme von Aufträgen. Schriftliche Unterbreitung von Angeboten.	20% der Kontaktdauer 800 homogene Angebote 3.000 gemischte Angebote	17 %
	Verkauf Inland EH	X	Analog Verkauf Inland GH u. Durchführung einer Telefonaktion	15% der Kontaktdauer 1.500 homogene Angebote 8.000 gemischte Angebote	12 %
	Verkauf Ausland				
KOSTENSTELLEN DER VERKAUFSABWICKLUNG	Auftragsbearbeitung u. -abwicklung / Inland	X	Ausschreiben der Kundenaufträge	2.000 homogene Aufträge 9.000 gemischte Aufträge	15 %
	Auftragsbearbeitung u. -abwicklung / Ausland				
	Fakturierung	X	Ausstellen der Ausgangsrechnung	Analog Auftragsbearbeitung	7 %
	Debitorenbuchhaltung	X	Abwicklung des Zahlungsverkehrs	Analog Auftragsbearbeitung	7 %
	Fertigwarenlager	X	Lagerung im Hochregallager	500.000 Stück Ø Lagermenge 1.100.000 DM Ø Lagerwert 60 Tage Ø Lagerdauer	10 %
	Verpackung u. Versand / Inland	X	Versandfertiges Verpacken für den Transport durch den Spediteur	1.500 homogene Sendungen 8.000 gemischte Sendungen	8 %
	Verpackung u. Versand / Ausland				
	Transport				

Verkauf hingegen, was die Besuchs- und Kontaktdauer anbetrifft, auf Schätzungen. In der Auftragsbearbeitung und dem Versand wurde nach **homogenen** und nach **gemischten Aufträgen** bzw. Sendungen differenziert. Letzere umfassen im Gegensatz zu den homogenen Aufträgen neben der betreffenden Produktart noch weitere Produktarten. Durch diese Trennung erhält man einen Hinweis darauf, in welchem Umfang Kapazitäten der Vertriebskostenstellen frei werden würden, wenn das betreffende Produkt eliminiert werden würde. Bei gemischten Aufträgen bzw. Sendungen führt eine Produktelimination im Gegensatz zu homogenen Aufträgen oder Sendungen kaum zu freien Kapazitäten, da mit dem Wegfall einer Produktart nicht zwangsläufig der gesamte Auftrag entfällt. Für die Kostenstellen Fakturierung und Debitorenbuchhaltung wurde vereinfachend unterstellt, daß ein Kundenauftrag dort je einen Vorgang auslöst und so die Verhältnisse der Auftragsabwicklung auf diese Kostenstellen übertragbar sind. Die in der letzten Spalte aufgeführten Konzentrationszahlen geben die Inanspruchnahme der Vertriebskostenstellen durch die Produktart im Verhältnis zur Gesamtkapazität der Kostenstellen wieder.

Betrachtet man die in Abbildung 5-2 dargestellte Leistungsliste, stellt sich abschließend die Frage, in welchem Umfang sie durch entsprechende **Bewertung der Vertriebsleistungen** für die Kalkulation oder die Kostenträgerzeitrechnung genutzt werden kann. Dabei ist zu beachten, daß sich die meisten Leistungen der akquisitorischen Kostenstellen aufgrund der dort überwiegend vorkommenden Bezugsgrößen vom Typ I von vorneherein nicht zur Bewertung und anschließenden Weiterverrechnung auf Kostenträger mittels Verrechnungssätzen eignen. Für Stückrechnungen liefert die Leistungsliste kaum Informationen, weil die Leistungen der Kostenstellen der Verkaufsabwicklung sich in erster Linie auf ganze Aufträge beziehen, wie im nachfolgenden Abschnitt gezeigt wird. Auch für produktbezogene Periodenrechnungen ist die Leistungsliste wegen der zahlreichen gemischten Aufträge und Sendungen nur besc ankt nutzbar. Aus diesen Gründen sollte die Leistungsliste keine Bewertungen enthalten, sondern sich auf die **Mengeninformationen** beschränken.

2. Beispielhafte Anwendung der Verrechnungssatzkalkulation

Die Möglichkeiten und Grenzen der Zurechnung der in den Vertriebskostenstellen erfaßten variablen Kosten auf Produkte und Kundenaufträge läßt sich nur unter Bezugnahme auf die **einzelnen Vertriebskostenstellen** und die dort verwendeten **Bezugsgrößen** und die darauf basierenden Verrechnungssätze klären. Grundsätzlich können nur die **variablen Kosten jener Vertriebskostenstellen** weiterverrechnet werden, die **Bezugsgrößen vom Typ III** mit einer direkten Beziehung zu den Kostenträgern aufweisen. Wie aus Abbildung 4-7 im vierten Kapitel zu entnehmen ist, sind dies vor allem die Kostenstellen der Verkaufsabwicklung. Zwar kommen in einigen akquisitorischen Kostenstellen auch Bezugsgrößen vom Typ III vor, doch ist das nur bei bestimmten, eng umgrenzten Bedingungskonstellationen der Fall.[40] Im folgenden wird daher unterstellt, daß in den akquisitorischen Kostenstellen keine Bezugsgrößen vom Typ III existieren und deshalb eine Weiterverrechnung der Kosten dieser Kostenstellen auf Kostenträger unterbleiben muß.

Abbildung 5-3 weist für die in der Leistungsliste aus Abbildung 5-2 aufgeführten **Kostenstellen der Verkaufsabwicklung** die nach Kostenkategorien differenzierten Verrechnungssätze und die Kalkulationsobjekte aus, auf die die variablen Kostenstellenkosten zurechenbar sind. Die Verrechnungssätze der beiden mit der **Auftragsbearbeitung und -abwicklung** befaßten Kostenstellen beziehen sich auf den Kundenauftrag. Deshalb sind ihre variablen Kosten nur dem Kundenauftrag zurechenbar. Obwohl die Verrechnungs-

---

40) Vgl. die Ausführungen in Abschnitt C.II.1. des 4. Kapitels.

Abbildung 5-3
Verrechnungssätze und Zurechnungsobjekte ausgewählter Vertriebskostenstellen eines Beispielunternehmens

KOSTENSTELLEN	VERRECHNUNGSSÄTZE Gesamt	Variabel: Fristigkeitsgrad-unabhängig	Variabel: Fristigkeitsgrad-abhängig	Fix	DIMENSION	ZURECHNUNGS-OBJEKTE
Auftragsbearbeitung und -abwicklung/ Inland	10,78	1,29	4,14	5,35	DM/ Kundenauftrag	Kundenauftrag
Auftragsbearbeitung und -abwicklung/ Ausland	12,45	1,75	4,46	6,24	DM/ Kundenauftrag	Kundenauftrag
Fakturierung	7,83	1,05	2,05	4,73	DM/ Rechnung	Kundenauftrag
Debitorenbuchhaltung	1,95	0,93	0,27	0,75	DM/Buchung	Kundenauftrag
	2,78	0,01	1,25	1,52	DM/ Konto	
Fertigwarenlager	1,6	1,4	-	0,2	in % der prop.HK	Produkt
	1,52	0,10	0,39	1,03	DM/ Stück	
Verpackung und Versand/ Inland	15,38	3,25	5,71	6,42	DM/ Versandauftrag	Versandauftrag
Verpackung und Versand/Ausland	22,77	5,70	7,22	9,85	DM/ Versandauftrag	Versandauftrag
Transport	0,70	0,45	-	0,25	DM/km	Transportauftrag
	36,20	5,15	14,63	16,42	DM/ Stunde	

sätze der Kostenstellen **Fakturierung** und **Debitorenbuchhaltung** andere Dimensionen aufweisen, ermöglichen sie dennoch die Weiterverrechnung auf Kundenaufträge. Das ist unmittelbar einsichtig, wenn man unterstellt, daß pro Kundenauftrag jeweils eine Rechnung, ein Buchungsvorgang und eine einmalige Kontrolle des Debitorenkontos erforderlich ist.[41] Aber auch im Falle einer nicht bestehenden Kongruenz treten keine größeren Probleme auf. Sind beispielsweise mehrere Buchungsvorgänge pro Auftrag notwendig, so muß die entsprechende Anzahl der Buchungen dem Kundenauftrag angelastet werden.[42] Im Zusammenhang mit der Debitorenbuchhaltung ist noch anzumerken, daß der Kostensatz für Mahnfälle, wie er in dem in Abbildung 4-10 des vierten Kapitels gezeigten Kostenplan der Kostenstelle enthalten ist, sich wegen des nicht zwangsläufig bestehenden direkten Bezuges zum Kundenauftrag nicht zur Weiterverrechnung auf Aufträge eignet und daher in Abbildung 5-3 nicht berücksichtigt ist.[43] In der Kostenstelle **Fertigwarenlager** finden zwei Bezugsgrößen Verwendung, die eine Zurechnung der variablen Kostenstellenkosten auf die einzelnen Leistungseinheiten ermöglichen. Die erste Bezugsgröße bezieht sich auf den Lagerwert, von dem zusammen mit der durchschnittlichen Lagerdauer und dem Zinssatz die Höhe der kalkulatorischen Zinsen auf die Fertigwarenbestände abhängt. Die Lagermenge ausgedrückt in Stück repräsentiert die zweite Bezugsgröße, wobei vereinfachend

---

41) Von dieser Prämisse wird im allgemeinen in der Literatur ausgegangen. Vgl. HESSENMÜLLER, B.: Erfolgsrechnung, S. 42; MELLEROWICZ, K.: Kalkulationsverfahren, S. 63.

42) Vgl. zu dieser Vorgehensweise PAUL, H.: Erfolgsanalyse, S. 107.

43) Vgl. die Ausführungen in Abschnitt D.I. des 4. Kapitels. Die Kosten einer Mahnung können allenfalls im Zuge der Nachkalkulation eines konkreten Auftrages, der mit einer Mahnung verbunden war, in die Auftragskalkulation einbezogen werden. Ebenfalls möglich ist eine Zurechnung auf Kunden und Kundengruppen. Vgl. dazu die Ausführungen in Abschnitt C.II.1. des 6. Kapitels.

davon ausgegangen wird, daß die verschiedenen Produktarten sich nicht erheblich in Gewicht und/oder Volumen sowie in der Lagerhaltung und den erforderlichen Warenbewegungen unterscheiden. Mittels der Kostensätze der beiden **Verpackungs- und Versandkostenstellen** können die variablen Kosten nicht nur auf Versandaufträge zugerechnet werden, sondern auch auf Kundenaufträge, sofern - und dies ist der Regelfall - jeder Kundenauftrag einen Versandauftrag oder mehrere Versandaufträge umfaßt.[44)] Die erste Bezugsgröße der **Transportkostenstelle** stellt auf die gefahrenen Kilometer ab, die insbesondere die Treibstoff- und Instandhaltungskosten beeinflussen. Die zweite Bezugsgröße berücksichtigt die Einsatzzeit der Fahrzeuge, von der vor allem die Personalkosten und die Spesen abhängen. Auch hier stellt sich im Zusammenhang mit der Weiterverrechnung der variablen Kostenstellenkosten das Problem der Identität zwischen Kundenauftrag, Versandauftrag und Transportauftrag. Normalerweise wird ein Unternehmen bestrebt sein, die Ladekapazität seiner Lastwagen möglichst auszunutzen, so daß häufig in einer Tour mehrere Kunden- und Versandaufträge ausgeliefert werden. In solchen Fällen sind die Kosten nur dem Transportauftrag, nicht jedoch dem Kundenauftrag verursachungsgerecht zurechenbar. Sollen dennoch aufgrund bestimmter Analyseinteressen den Kundenaufträgen anteilige Transportkosten angelastet werden, ist das nur über eine stets mit Fehlern behaftete Gemeinkostenschlüsselung möglich.

Wie aus den Ausführungen zu Abbildung 5-3 hervorgeht, sind - mit Ausnahme der Kostenstelle Fertigwarenlager - die **variablen Kosten der Vertriebskostenstellen** nur den Aufträgen insgesamt zurechenbar. Sie sind demzufolge ebenso **Einzelkosten des einzelnen Auftrages** wie die von mehreren Faktoren abhängigen auftragsindividuellen Kosten auch, die direkt kostenträgerbezogen erfaßt werden. Jene

---

44) Zum Problem der Identität von Kunden-, Versand- und Transportauftrag vgl. die Ausführungen in Abschnitt B.I.2.b) dieses Kapitels.

variablen Kostenstellenkosten, die in erster Linie von der Zahl der Aufträge abhängig, von der Auftragsgröße jedoch weitgehend unabhängig sind, werden auch als **auftragsgrößenunabhänige Leistungskosten**[45] oder als auftragsfeste[46] bzw. auftragsfixe[47] Kosten bezeichnet.

Trotz der Tatsache, daß es sich um **Auftragseinzelkosten** handelt, wurde in der Literatur wiederholt nach Wegen gesucht, sie den **einzelnen Produkten zuzurechnen.** So wird beispielsweise ermittelt, wieviele Aufträge, Rechnungen, Lieferungen usw. anteilig auf die einzelnen Produktarten entfallen. Entsprechend den so gewonnenen Prozentanteilen werden die Kosten der jeweiligen Vertriebskostenstellen auf die Produktarten verteilt und anschließend auf die einzelnen Leistungseinheiten der Produktart bezogen.[48] Diese Vorgehensweise setzt voraus, daß eine eindeutige Zuordnung von Aufträgen zu Produktarten vorgenommen werden kann. Im Falle von gemischten Aufträgen ist eine solch eindeutige Zuordnung nicht gegeben. Deshalb wird vorgeschlagen, die Kosten den Produktarten im Verhältnis der sie betreffenden Auftrags- und Rechnungszeilen[49] sowie der Standard-Manipulierungseinheiten und Standard-

---

45) Vgl. RIEBEL, Paul: Das Problem der minimalen Auftragsgröße, in: ZfhF, N. F., 12. Jg. (1960), H. 12, S. 657 f.

46) Vgl. KÜSPERT, E.: Vertriebskosten, S. 123.

47) Vgl. HESSENMÜLLER, B.: Erfolgsrechnung, S. 39 f.; KILGER, W.: Einführung, S. 45.

48) Vgl. zu dieser Vorgehensweise GAU, E.: Kalkulation, S. 105 f. u. S. 173 ff. Ähnlich geht auch MÜLLER-GIEBELER vor. Vgl. MÜLLER-GIEBELER, Paul: Beitrag zum Problem der Erfassung, Verrechnung und Auswertung industrieller Vertriebskosten, Köln und Opladen 1967, S. 42 ff.

49) Vgl. SEVIN, C. H.: Analysis, S. 20; HECKERT, J. B. - MINER, R. B.: Distribution, S. 96 f.; FISCHER, K.-P.: Vertriebskostenrechnung, S. 123 f.; JUCKER, W. R.: Budgetierung, S. 91; Paul, H.: Erfolgsanalyse, S. 139 f.

Transporteinheiten[50] anzulasten. Auch dieses Rechenverfahren beseitigt den grundsätzlichen Fehler nicht, Auftragseinzelkosten einzelnen Produkteinheiten auf dem Wege der **Gemeinkostenschlüsselung** zuzurechnen.

Richtige Ergebnisse erhält man nur, wenn man nach **Auftragseinzelkosten** und **Einzelkosten der einzelnen Erzeugniseinheiten** differenziert und diese **Trennung** auch im Abrechnungsgang aufrechterhält.[51] Eine verursachungsgerechte Zurechnung der Auftragseinzelkosten auf einzelne Produkte ist lediglich dann möglich, wenn ein Auftrag aus einer einzigen Produkteinheit besteht. Umfaßt ein Auftrag mehrere Einheiten einer Produktart, stellen die Auftragseinzelkosten gleichzeitig Einzelkosten der gesamten Produktart dar, die dann der Produktart als Ganzes zugerechnet werden können, vorausgesetzt man erfaßt die homogenen Aufträge getrennt von den übrigen gemischten Aufträgen, so wie es auch in der in Abbildung 5-2 gezeigten Leistungsliste geschehen ist. Diese Kosten sollten aber im Rahmen einer Periodenrechnung nicht zusammen mit den fixen Einzelkosten der Produktart, sondern getrennt als **auftragszahlabhängige Einzelkosten der Produktart** ausgewiesen werden, um die unterschiedlichen Abhängigkeitsbeziehungen deutlich zu machen.

---

50) Vgl. SEVIN, C. H.: Analysis, S. 19; FISCHER, K.-P.: Vertriebskostenrechnung, S. 126 u. S. 130.

51) RIEBEL unterscheidet zusätzlich noch sogenannte originäre Posteneinzelkosten oder Einzelkosten des Postens "an sich". Dies sind Kosten, die mit jedem Posten eines Auftrages zusätzlich entstehen, unabhängig von der Größe des Postens. (Vgl. RIEBEL, P.: Auftragsgröße, S. 660; DERS.: Handel, Sp. 443.) Grundsätzlich ist diese Kostenkategorie sinnvoll, wenn man bedenkt, daß Aufträge mit mehreren Posten oder Zeilen einen höheren Faktoreinsatz erfordern. Allerdings führt das zu einem erheblichen Erfassungsaufwand, der angesichts anderer Möglichkeiten, den unterschiedlichen Faktoreinsatz zu berücksichtigen, nicht erforderlich ist. Vgl. zu diesen Möglichkeiten die Ausführungen in Abschnitt C.II.1. des 4. Kapitels.

Abbildung 5-4 zeigt am Beispiel der Produktart B_{22} den Aufbau einer **Stückdeckungsbeitragsrechnung.** In diese Rechnung gehen nur die der einzelnen Leistungseinheit verursachungsgerecht als Einzelkosten zurechenbaren Vertriebskosten ein. Daher werden von den kostenstellenbezogen erfaßten variablen Vertriebskosten nur die fristigkeitsgradunabhängigen variablen Kosten des Fertigwarenlagers einbezogen. Entschließt man sich, einen Teil der Auftragseinzelkosten in der Stückdeckungsbeitragsrechnung zu berücksichtigen, so sollten diese - da es sich um zugeschlüsselte Gemeinkosten handelt - nach dem Verkaufsüberschuß unter der Bezeichnung **"Zugeschlüsselte Auftragseinzelkosten"** aufgeführt werden. Auf diese Weise ist ein getrennter Ausweis von Einzelkosten der einzelnen Produkteinheit und den zugeschlüsselten Gemeinkosten gewährleistet. Wie bereits in Abschnitt B.I.2.b) dieses Kapitels erwähnt, werden im Rahmen der kostenträgerbezogen erfaßten variablen Vertriebskosten häufig die Kosten für Ausgangsfrachten und Verpackungsmaterial auf die einzelnen Produkte umgerechnet. Konsequenterweise ist man bestrebt, von den kostenstellenbezogen erfaßten variablen Vertriebskosten vor allem diejenigen der **Kostenstelle Verpackung und Versand** und der **Transportkostenstelle** den Leistungseinheiten über Schlüssel anzulasten. Ähnlich wie bei den Fracht- und Verpackungsmaterialkosten gilt für die beiden Vertriebskostenstellen, daß eine **Schlüsselung der Auftragseinzelkosten** nur unter bestimmten Bedingungen vertretbar ist. Im Falle der Kostenstelle Verpackung und Versand müssen die Produktarten in Standardverpackungen verpackt werden, so daß auf jede Einheit ein konstanter Anteil des Kostensatzes der Kostenstelle entfällt. Bei Auslieferung der Ware durch eigene Fahrzeuge sollten die Produkte in möglichst gleichmäßiger Verteilung in die verschiedenen Absatzgebiete geliefert werden. Auf diese Weise dürften die kalkulatorisch verrechneten durchschnittlichen Frachtkostensätze pro Einheit in einer Periodenbetrachtung den tatsächlich angefallenen Frachtkosten annähernd entsprechen.

Abbildung 5-4
Beispiel für die Ermittlung des Stückdeckungsbeitrages einer Produktart

	DIMENSION	PRODUKTART: B_{22}
Bruttoerlös	DM/LE	220,40
./. Erlösschmälerungen	DM/LE	11,20
= Nettoerlös	DM/LE	209,20
Umsatzlizenzen	DM/LE	-
Provisionen	DM/LE	8,82
Transportversicherung	DM/LE	2,20
Wertzölle	DM/LE	-
Exportkreditversicherung	DM/LE	-
Delkredereprovisionen	DM/LE	0,88
Factoringkosten	DM/LE	-
Umsatzabhängige Kosten	DM/LE	11,90
Stücklizenzen	DM/LE	3,00
Mengenzölle	DM/LE	-
Absatzmengenabhängige Kosten	DM/LE	3,00
./. Kostenträgerbezogen erfaßte variable Vertriebskosten	DM/LE	14,90
Kosten des Fertigwarenlagers	DM/LE	1,19
./. Kostenstellenbezogen erfaßte variable Vertriebskosten	DM/LE	1,19
= Verkaufsüberschuß je Leistungseinheit	DM/LE	193,11
./. **Standard-Herstellkosten**	DM/LE	78,20
= Deckungsbeitrag je Leistungseinheit	DM/LE	114,91

Anhand des Beispiels in Abbildung 5-4 wird deutlich, daß in Kalkulationen oder Deckungsbeitragsrechnungen, die sich auf einzelne Erzeugniseinheiten beziehen, nur in geringem Umfang variable Kostenstellenkosten eingehen. Das ändert sich jedoch, wenn Kalkulationen oder **Deckungsbeitragsrechnungen für ganze Kundenaufträge** durchgeführt werden. Dann lassen sich die meisten kostenstellenbezogen erfaßten variablen Vertriebskosten ohne Schwierigkeiten verursachungsgerecht den Aufträgen zurechnen. Es handelt sich dabei um **auftragsindividuelle Kalkulationen,** da jeder einzelne Kundenauftrag entsprechend seinem **Durchlauf durch die Vertriebshierarchien** mit anderen variablen Vertriebskosten belastet wird. So fallen für einen Kundenauftrag aus dem Ausland im Rahmen der kostenträgerbezogen erfaßten variablen Vertriebskosten etwa spezifische Provisionssätze für Auslandsvertreter, Zölle, Exportversicherungsprämien und sonstige Exportsondereinzelkosten an. Zur Verrechnung der kostenstellenbezogen erfaßten variablen Vertriebskosten durchläuft der Auftrag die speziell für das Auslandsgeschäft zuständigen Vertriebskostenstellen. Insofern ist die Kalkulation von Kundenaufträgen im Vertrieb mit der Kalkulation bei Auftrags- und Einzelfertigung in der Produktion vergleichbar. Strenggenommen ist eine auftragsindividuelle Vor- und Nachkalkulation des einzelnen Kundenauftrages erforderlich.[52] Aus Wirtschaftlichkeitsgründen wird man jedoch häufig nicht jeden Kundenauftrag kalkulieren, sondern wichtige oder repräsentative Aufträge herausgreifen.

---

52) Zu Begriff und Inhalt von Vorkalkulationen, insbesondere im Unterschied zu Plankalkulationen, und von Nachkalkulationen vgl. PLAUT, Hans-Georg - MÜLLER, Heinrich - MEDICKE, Werner: Grenzplankostenrechnung und Datenverarbeitung, 3. Aufl., München 1973, S. 215 ff.

Abbildung 5-5 zeigt eine **Deckungsbeitragsrechnung für einen Auslandsauftrag**, der verschiedene Produktarten umfaßt. Die Stückeinzelkosten des Vertriebs sind in diesem Schema verkürzt dargestellt. Weiterhin wurde auf die bis zu den Stückeinzelkosten mögliche Differenzierung nach den verschiedenen Produktarten des Auftrages verzichtet. Der Betrag der Auftragseinzelkosten darstellenden, kostenstellenbezogen erfaßten variablen Vertriebskosten ist in Relation zum Auftragswert des Beispiels aus Abbildung 5-5 sehr gering. Allerdings ist zu beachten, daß diese 9,44 DM für jeden Auslandsauftrag anfallen, unabhängig von seiner Größe. Ein Auftrag über 100 DM wird mit dem gleichen Betrag belastet wie ein Auftrag über 10.000 DM. Das kann eine Vertriebskostenrechnung nur dann leisten, wenn, wie hier geschehen, strikt zwischen Einzelkosten der Produkteinheit und Einzelkosten des einzelnen Auftrages getrennt und auf Schlüsselungen verzichtet wird. Mit Hilfe dieser Kosteninformationen ist man in der Lage, Aussagen über die **Mindestauftragsgröße**[53] zu treffen.

In der Beispielrechnung in Abbildung 5-5 wird mit den Kostensätzen für die fristigkeitsgradunabhängigen variablen Kosten gerechnet, die der Abbildung 5-3 entnommen wurden. Dem Auftrag werden somit nur jene Kosten zugerechnet, die durch seine Ausführung zusätzlich entstehen. Diese Kosten repäsentieren die von RIEBEL so

---

53) GEIST definiert die Mindestauftragsgröße als "jene wertmäßige oder mengenmäßige Auftragsgröße..., die für die liefernde Unternehmung unter Berücksichtigung der Über- oder Unterbeschäftigung gerade noch akzeptabel ist." (GEIST, M.: Absatzpolitik, S. 116.)

Abbildung 5-5
Beispielhafte Darstellung der Ermittlung des Deckungsbeitrages für einen Kundenauftrag

	DIMENSION	AUFTRAGS-NUMMER: 812 360
Bruttoerlös	DM	1.250,60
./. Erlösschmälerungen	DM	50,02
= Nettoerlös	DM	1.200,58
Kostenträgerbezogen erfaßte variable Vertriebskosten	DM	89,40
Kostenstellenbezogen erfaßte variable Vertreibskosten	DM	10,54
Stückeinzelkosten des Vertriebs	DM	99,94
Standard-Herstellkosten	DM	547,46
./. Stückeinzelkosten	DM	647,40
Exportsondereinzelkosten	DM	30,08
Ausgangsfrachten	DM	111,02
Verpackungsmaterial	DM	25,65
Kostenträgerbezogen erfaßte variable Vertriebskosten	DM	166,75
Auftragsbearbeitung und -abwicklung/Ausland	DM	1,75
Fakturierung	DM	1,05
Debitorenbuchhaltung	DM	0,94
Verpackung und Versand/Ausland	DM	5,70
Transport	DM	-
Kostenstellenbezogen erfaßte variable Vertriebskosten	DM	9,44
./. Auftragseinzelkosten	DM	176,19
= Deckungsbeitrag des Auftrages	DM	376,99

bezeichnete **individuelle Mindestauftragsgröße.**[54] Unter reinen Kostenrechnungsaspekten wird selbst ein unterbeschäftigtes Unternehmen keine Aufträge akzeptieren, deren Auftragswert unterhalb der individuellen Mindestauftragsgröße liegt. Selbstverständlich kann es aus Sicht des Marketing dennoch sinnvoll sein, solche Kundenaufträge auszuführen, beispielsweise dann, wenn es sich um die Gewinnung neuer Kunden handelt. Der Marketing-Controller hat in solchen Fällen eine wichtige Vermittlungsfunktion zwischen Kostenrechnung und Marketing wahrzunehmen. Die individuelle Mindestauftragsgröße läßt sich für Aufträge, die sich aus Einheiten einer einzigen Produktart zusammensetzen, mit Hilfe folgender Formel berechnen:

$$A_{min} = \frac{\text{Auftragsfixe Kosten}}{\dfrac{\text{Stückdeckungsbeitrag je Leistungseinheit}}{\text{Nettoerlös je Leistungseinheit}}}$$

Für gemischte Aufträge ist diese Formel nur anwendbar, wenn bekannt ist, welchen Anteil die verschiedenen Produktarten am Auftragsvolumen einnehmen. Im Nenner der obenstehenden Formel kann dann ein gewogener Durchschnittsquotient aus den Deckungsbeiträgen und Nettoerlösen der Produktarten errechnet werden.

Selbstverständlich ist es nicht ausreichend, wenn die Erlöse eines Auftrages nur die zusätzlich entstandenen Kosten decken. Zumindest ist eine Abdeckung derjenigen

---

54) Vgl. RIEBEL, P.: Auftragsgröße, S. 661. Weiterhin unterscheidet er eine durchschnittliche Mindestauftragsgröße, bei der die durchschnittlichen zusätzlichen Kosten eines Auftrages gerade noch gedeckt werden. (Vgl. EBD.) Sie wird aus den Mittelwerten von Aufträgen oder Auftragsgruppen ermittelt. Beispielsweise könnte man die durchschnittliche Mindestauftragsgröße von Auslandsaufträgen bestimmen, indem man aus den Auslandsaufträgen einen Durchschnittsauftrag errechnet.

Kosten erforderlich, die bei dem Wegfall einer bestimmten Zahl von Aufträgen abgebaut werden können.[55] RIEBEL denkt dabei in erster Linie an "diejenigen auftragsbedingten Bereitschaftskosten, die durch kurz- und mittelfristige Dispositionen beeinflußt und in kleineren und mittleren Intervallen sprunghaft angepaßt werden können."[56] Daher sind zunächst zusätzlich die fristigkeitsgradabhängigen variablen Kosten der in Anspruch genommenen Vertriebskostenstellen zu berücksichtigen. Darüber hinaus können als Anhaltspunkt auch anteilige Fixkosten mit einbezogen werden, indem man zeitlich differenzierte Fixkostensätze verwendet, wie in Abschnitt E.I.1. des vierten Kapitels geschildert wurde.[57] Eine minimale Auftragsgröße, bei der außer den zusätzlichen Kosten noch anteilige, im Zeitablauf abbaubare auftragsbedingte Kosten gedeckt werden, wird als **allgemeine Mindestauftragsgröße** bezeichnet.[58]

Die verschiedenen Arten von minimalen Auftragsgrößen beziehen sich auf einzelne Aufträge und umfassen stets nur Kosten, die in irgendeinem Zusammenhang mit den Aufträgen stehen. Diese Informationen reichen jedoch nicht aus, um aus der Sicht der Kostenrechnung eine für das **gesamte Unternehmen gültige Mindestauftragsgröße** festzulegen, die sicherstellt, daß die Summe der Auftragsbeiträge die Gesamtkosten deckt und zudem zur Gewinnerzielung beiträgt.

---

55) Vgl. RIEBEL, P.: Auftragsgröße, S. 661 u. S. 664.

56) RIEBEL, P.: Auftragsgröße, S. 662, im Original z. T. kursiv.

57) Aus Vereinfachungsgründen enthält Abbildung 5-3 nur einen einheitlichen Fixkostensatz.

58) Vgl. RIEBEL, P.: Auftragsgröße, S. 661.

Diese Mindestauftragsgröße wird daher über den oben erläuterten Mindestauftragsgrößen liegen.[59] Um eine solche Mindestauftragsgröße zu bestimmen, werden Auftragsgrößenklassen gebildet. Je kleiner die Klasseneinteilung gewählt wird, desto genauer läßt sich diese Auftragsgröße ermitteln. Anschließend ordnet man die einzelnen Aufträge mit ihren Erlösen und zurechenbaren Kosten in die entsprechenden Auftragsgrößenklassen ein.[60] Auf diese Weise kann für jede Klasse ein Deckungsbeitrag ermittelt werden, der positiv oder negativ sein kann. Mit Hilfe einer kumulativen Darstellung der Deckungsbeiträge der Auftragsgrößenklassen läßt sich der Beitrag der einzelnen Klassen zur Gesamtkostendeckung und Gewinnerzielung bestimmen. Damit kann festgelegt werden, bis zu welcher Auftragsgröße die Aufträge ausreichende Deckungsbeiträge erbringen. Sofern absatzpolitische Überlegungen nicht entgegenstehen, führen die Ergebnisse dieser Rechnung zur Einführung einer für das gesamte Unternehmen gültigen Mindestauftragsgröße. Kleinaufträge, die unterhalb dieser Grenze liegen, werden entweder nicht mehr ausgeführt oder - will man eine weniger einschneidende Maßnahme ergreifen - mit entsprechend hohen Mindermengenzuschlägen belegt.

---

59) Vgl. RIEBEL, P.: Auftragsgröße, S. 666.

60) Vgl. hierzu und zum Folgenden RIEBEL, P.: Auftragsgröße, S. 666 ff. Einen anderen Weg schlägt GEIST ein. Er errechnet für jede Auftragsgrößenklasse einen Durchschnittsauftrag, dessen Erfolgsbeitrag ermittelt wird. Dieser Erfolgsbeitrag wird anschließend mit der Zahl der Auträge der Klasse multipliziert, um so den Gesamterfolg der Auftragsgrößenklasse zu bestimmen. Vgl. GEIST, M.: Absatzpolitik, S. 117 ff.

C. ZURECHNUNG DER FIXEN VERTRIEBSKOSTEN AUF EINZELNE ELEMENTE DER PRODUKTHIERARCHIE

Bei der Verrechnung der variablen Vertriebskosten auf Produkte und Aufträge handelt es sich um Stückrechnungen. Zur Berücksichtigung von fixen Vertriebskosten in produktbezogenen Rechnungen müssen **Periodenrechnungen** in Form von Kostenträgerzeit- oder Kostenträgerergebnisrechnungen erstellt werden. Um eine dem **Identitätsprinzip** entsprechende Zurechnung der fixen Vertriebskosten als Einzelkosten auf Produkte zu erreichen, bedarf es im wesentlichen zweier Schritte. Erstens ist eine **Hierarchisierung des Produktprogramms** des Unternehmens vorzunehmen, wie es bereits in Abbildung 4-3 des vierten Kapitels geschehen ist. Zweitens sind die **fixen Vertriebskosten** den einzelnen Segmenten dieser Produkthierarchie zuzurechnen. Wie in Abschnitt E. II. des vierten Kapitels beschrieben, erfolgt dies zum einen durch die Zurechnung der fixen Kosten ganzer Vertriebskostenstellen, zum anderen durch die Zurechnung einzelner Kostendaten.

I. Zurechnung der fixen Kosten ganzer Vertriebskostenstellen

Damit jede einzelne Vertriebskostenstelle genau jenem Segment der Produkthierarchie zugeordnet wird, für das sie ausschließlich ihre Leistungen erbringt, ist es erforderlich, eine auf dem Leistungsfluß im Vertrieb aufbauende **Analyse der Aktivitätsfelder** der Vertriebskostenstellen durchzuführen.[61] Mit der Zuordnung der Vertriebskostenstellen erfolgt gleichzeitig eine dem Identitätsprinzip entsprechende Zurechnung der fixen Kosten dieser Kosten-

---

61) Vgl. hierzu im Detail die Ausführungen in Abschnitt B.II. des 4. Kapitels.

stellen als Einzelkosten auf die Elemente der Produkthierarchie.[62)]

Welchen Elementen der Produkthierarchie sich die Vertriebskostenstellen und ihre fixen Kosten zuordnen lassen, hängt in erster Linie von der **Organisationsstruktur** des betreffenden Unternehmens ab.[63)] In **divisional nach Produktsparten organisierten Unternehmen** ist die Zurechnung der fixen Kosten der meisten Vertriebskostenstellen auf die verschiedenen Produktsparten problemlos, weil bei dieser Organisationsform jede Sparte über ihre eigenen funktionalen Vertriebskostenstellen verfügt. Lediglich einige wenige Vertriebskostenstellen, beispielsweise das Marketing-Controlling, werden als Zentralabteilungen geführt. Solche Vertriebskostenstellen lassen sich nur dem Absatzbereich insgesamt zuordnen. Bisweilen werden die Funktionskostenstellen der einzelnen Sparten weiter nach Produktgruppen und -arten unterschieden, wie das vor allem im Außendienst und Verkaufsinnendienst der Fall ist. In **funktional organisierten Unternehmen** ist eine differenzierte Abbildung der Fixkosten ungleich schwieriger. Allerdings sind manche Vertriebskostenstellen zusätzlich nach Produktaspekten gegliedert. So sind häufig der Außendienst und Verkaufsinnendienst auf die Beratung und den Verkauf bestimmter Produkte spezialisiert. Auch die Lagerung erfolgt mitunter getrennt nach Produktgruppen. Das ist insbesondere dann notwendig, wenn bestimmte

---

62) Es ist in diesem Zusammenhang nochmals darauf hinzuweisen, daß bei Vertriebskostenstellen, die Bezugsgrößen vom Typ I oder vom Typ II aufweisen, auch die gesamten variablen Kosten dieser Kostenstellen den Elementen der Produkthierarchie zugerechnet werden. Eine Weiterverrechnung der variablen Kosten dieser Kostenstellen mit Hilfe von Verrechnungssätzen verbietet sich aufgrund der Eigenschaften der zugrundeliegenden Bezugsgrößen. Vgl. hierzu im Detail die Ausführungen in Abschnitt E.II.1. des 4. Kapitels.

63) Vgl. hierzu die Ausführungen in Abschnitt B.II. des 4. Kapitels.

Produkte eigene Lagervorrichtungen oder eine spezielle Lagerhaltung - wie die Lagerung in klimatisierten Räumen - erfordern.

Unabhängig von der Organisationsstruktur gilt tendenziell, daß die fixen Kostenstellenkosten überwiegend erst auf den **oberen Ebenen der Produkthierarchie** als Einzelkosten zurechenbar sind. Vertriebskostenstellen, die ausschließlich für bestimmte Produktvarianten zuständig sind, kommen im allgemeinen nur selten vor.

II. Zurechnung einzelner Kostendaten

Wie in Abschnitt E.II.2. des vierten Kapitels im Detail erläutert wurde, wird die Kennzeichnung einzelner Kostendaten mit Klassifikationsobjekten auf die **Kostenstelle Marktforschung** und die **kommunikationspolitischen Kostenstellen** beschränkt. In der Kostenstelle Öffentlichkeitsarbeit fallen aufgrund ihrer gesamtunternehmensbezogenen Aufgabenstellung normalerweise keine Kostenbeträge an, die sich auf Segmente der Produkthierarchie beziehen. Deshalb genügt es, für die Zurechnung einzelner Kostendaten auf Produkte die Kostenstellen Marktforschung, Werbung und Verkaufsförderung näher zu betrachten.

Von den in der **Marktforschung** Verwendung findenden Erhebungsinstrumenten sind insbesondere der Produkttest, der Store-Test, der Markttest und die Testmarktverfahren darauf ausgerichtet, möglichst genaue Informationen über die Absatzchancen bestimmter Produktarten zu gewinnen.[64)] Diese Tests werden in der Regel von Marktforschungsinstituten im Auftrag des betreffenden Unternehmens durchgeführt. Da es sich um fremdbezogene Vertriebsleistungen handelt, ist eine entsprechende Kontierung der Beträge

---

64) Vgl. BEREKOVEN, L. u. a.: Marktforschung, S. 142 f.

leicht durchzuführen.[65] In der **Werbung** insbesondere der Markenartikelhersteller ist das Produkt das zentrale Werbeobjekt. Für Kosten fremdbezogener Vertriebsleistungen, wie Honorare für Werbeagenturen, Kosten für die Werbemittelgestaltung und Kosten der Streuung der Werbebotschaften in den Medien, bestehen keine Zurechnungsprobleme. Von den Kosten, die für Leistungen anfallen, die die Kostenstelle Werbung selbst erbringt, sind nur wenige Beträge dem Identitätsprinzip gemäß zurechenbar. Allenfalls lassen sich die für eine bestimmte Aktion verbrauchten Werbematerialien der Produktart direkt als Einzelkosten zurechnen. Auch der überwiegende Teil der **Verkaufsförderungsaktionen** hat bestimmte Produkte zum Gegenstand, für die kurzfristig zusätzliche Kaufanreize geschaffen werden sollen. Auch hier gilt, daß Kosten für Dienstleistungen ohne Probleme mit dem Klassifikationsobjekt Produkt gekennzeichnet werden können. Es sind dies vor allem Honorare für konzeptionelle und ausführende Arbeiten und Kosten für Propagandisten. Im Zuge selbsterstellter Leistungen sind die Kosten für Displaymaterialien, aber auch die mit der Schulung von Außendienst und Absatzmittlern verbundenen Bewirtungs- und Übernachtungskosten den Elementen der Produkthierarchie als Einzelkosten zurechenbar.

Vergleicht man die Zurechenbarkeit der einzelnen Kostenbeträge der Vertriebskostenstellen Marktforschung, Werbung und Verkaufsförderung mit der **Zurechenbarkeit der fixen Kosten** ganzer Vertriebskostenstellen auf die Elemente der Produkthierarchie, so ist festzustellen, daß sich die einzelnen Kostenbeträge eher auf **niedrigere Hierarchieebenen,** wie Produktvarianten oder Produktarten, zurechnen lassen als die fixen Kosten ganzer Vertriebskostenstellen. Daran wird die Notwendigkeit deutlich, bei der objektbezogenen Differenzierung der fixen Vertriebskosten beide Wege parallel zu beschreiten.

---

65) Vgl. hierzu die Ausführungen in Abschnitt E.II.2. des 4. Kapitels.

III. Aufbau einer periodenbezogenen Produktdeckungsbeitragsrechnung

Abbildung 5-6 zeigt exemplarisch eine sich auf ein Jahr beziehende **Deckungsbeitragsrechnung für eine Produktsparte.** Die ausgewiesenen Deckungsbeiträge der Produktarten, Produktgruppen und der Produktsparte sind vertriebsbezogene Deckungsbeiträge, da nur fixe Vertriebskosten, nicht aber die Fixkosten anderer Funktionalbereiche in die Rechnung eingehen.[66] Die den Elementen der Produkthierarchie als Einzelkosten zugerechneten fixen Vertriebskosten können anhand der Kennzeichnung "KST" für Kostenstelle danach unterschieden werden, ob es sich um einzelne Kostendaten oder um die Kosten ganzer Vertriebskostenstellen handelt.

Um Informationen über die Beeinflußbarkeit und hier insbesondere über die **zeitliche Disponierbarkeit der Fixkosten** zu erhalten, besteht zum einen die Möglichkeit, von der Produktdeckungsbeitragsrechnung in die Kostenstellenberichte und von dort weiter in die **vorgelagerten Hilfsrechnungen** "umzusteigen". Voraussetzung hierfür ist, daß DV-technisch entsprechende Schnittstellen installiert sind, die einen solchen Umstieg im Dialogbetrieb ermöglichen. Sofern dieser Umstieg entweder nicht realisierbar oder nicht erwünscht ist, können zum anderen auch die **verschiedenen Kostenkategorien** unmittelbar in der Deckungsbeitragsrechnung abgebildet werden.

---

66) Lediglich in den Stückdeckungsbeiträgen sind in Form der Standard-Herstellkosten Kosten anderer Funktionalbereiche enthalten. Die in Abbildung 5-6 wiedergegebene vertriebsbezogene Produktdeckungsbeitragsrechnung könnte leicht zu einer gesamtunternehmensbezogenen Deckungsbeitragsrechnung ergänzt werden. Hierzu müßten lediglich die fixen Einzelkosten anderer Unternehmensbereiche in die Rechnung integriert werden.

Abbildung 5-6
Beispiel für die Ermittlung des Jahresdeckungsbeitrages einer Produktsparte

PRODUKTSPARTE		A						
PRODUKTGRUPPE		A_1			A_2			
PRODUKTART		A_{11}	A_{12}	Σ	A_{21}	A_{22}	Σ	Σ
Bruttoerlöse	DM	6.705.300	5.241.180	11.946.480	2.674.400	1.057.020	3.731.420	15.677.900
./. Erlösschmälerungen	DM	225.820	209.630	435.450	80.780	47.562	128.342	563.792
= Nettoerlöse	DM	6.479.480	5.031.550	11.511.030	2.593.620	1.009.458	3.603.078	15.114.108
./. Kostenträger- u. kostenstellenbezogen erfaßte var. Vertriebskosten	DM	515.760	452.790	968.550	269.300	75.670	344.970	1.313.520
= Verkaufsüberschüsse	DM	5.963.720	4.578.760	10.542.480	2.324.320	933.788	3.258.108	13.800.588
./. **Standard**-Herstellkosten	DM	2.547.900	1.767.120	4.315.020	831.200	320.300	1.151.500	5.466.520
= Summe der Stückdeckungsbeiträge	DM	3.415.820	2.811.640	6.227.460	1.493.120	613.488	2.106.608	8.334.068
Werbemaßnahmen	DM	520.130	430.520	950.650	223.160	98.738	321.898	1.272.548
Verkaufsförderungsaktionen	DM	62.300	38.500	100.800	44.515	28.450	72.965	173.765
Außendienst (KST)	DM	325.360	366.572	691.932	300.320	253.470	553.790	1.245.722
Verkaufsinnendienst (KST)	DM	240.581	302.420	543.001	212.425	185.300	397.725	940.726
./. Fixe Vertriebseinzelkosten der Produktart	DM	1.148.371	1.138.012	2.286.383	780.420	565.958	1.346.378	3.632.761
= Deckungsbeitrag der Produktart	DM	2.267.449	1.673.628	3.941.077	712.700	47.530	760.230	4.701.307
Marktforschungsprojekte	DM			64.528			35.810	100.338
Fertigwarenlager (KST)	DM			623.420			521.748	1.145.168
./. Fixe Vertriebseinzelkosten der Produktgruppe	DM			687.948			557.558	1.245.506
= Deckungsbeitrag der Produktgruppe	DM			3.253.129			202.672	3.455.801
Spartenleitung (KST)	DM							367.120
Kundendienst (KST)	DM							125.815
./. Fixe Vertriebseinzelkosten der Produktsparte	DM							492.935
= Deckungsbeitrag der Produktsparte	DM							2.962.866

Ein Problem stellt zweifelsohne die **Integration der Auftragseinzelkosten** in periodenbezogene Produktdeckungsbeitragsrechnungen dar. Nur die Auftragseinzelkosten homogener Aufträge sind Einzelkosten der Produktart und sollten, falls sie separat von den Auftragseinzelkosten gemischter Aufträge erfaßt werden, als **auftragszahlabhängige Einzelkosten der Produktart** ausgewiesen werden.[67)] Die Auftragseinzelkosten gemischter Aufträge hingegen sind bei Beachtung des Identitätsprinzips auch in periodenbezogenen Produktdeckungsbeitragsrechnungen nicht enthalten, da sie nur dem gesamten Produktprogramm des Unternehmens als Einzelkosten zugerechnet werden können, obwohl es sich um mit den Kundenaufträgen variierende Vertriebskosten handelt. Sollen, um einen groben Richtwert zu erhalten, diese Auftragseinzelkosten in zeitraumbezogene Produktdeckungsbeitragsrechnungen integriert werden, ist es notwendig, eine Parallelrechnung aufzustellen. Wie schon im Zusammenhang mit der Stückdeckungsbeitragsrechnung vorgeschlagen wurde, werden darin nach den Verkaufsüberschüssen als gesonderte Position die auf die Produktarten zugeschlüsselten Auftragseinzelkosten ausgewiesen.

Um einen Anhaltspunkt zu erhalten, wie hoch die Verkaufspreise sein müssen, damit langfristig die gesamten Kosten gedeckt sind, ist es sinnvoll, für die Produkte **Deckungssätze** vorzugeben.[68)] Ein Weg, Deckungssätze im Vertrieb zu

---

67) Vgl. hierzu auch die Ausführungen in Abschnitt B.II.2. dieses Kapitels.

68) RIEBEL versteht unter Deckungssätzen "spezifische, auf Leistungseinheiten oder Einheiten bestimmter Bezugsgrößen, z. B. Inanspruchnahme von Engpässen, abstellende Deckungsvorgaben." (RIEBEL, Paul: Probleme einer Festlegung von Deckungsvorgaben aus produktions- und absatzwirtschaftlicher Sicht, in: ZfbF, 32. Jg. (1980), S. 1134, wieder abgedruckt in: DERS.: Deckungsbeitragsrechnung, S. 502.)

ermitteln, besteht darin, die vollen Vertriebskosten eines Produktes zu errechnen. Daher ist abschließend kurz anzusprechen, wie eine Produktdeckungsbeitragsrechnung zu einer **Vollkostenrechnung** ergänzt werden kann. Dabei soll nicht diskutiert werden, welcher Schlüssel zur Aufteilung bestimmter Gemeinkosten am besten geeignet ist, da jeder Gemeinkostenschlüssel zwangsläufig zu fehlerhaften Ergebnissen führt. Vielmehr soll die grundsätzliche Vorgehensweise skizziert werden. Zunächst müssen die **Kostenstellen der Verkaufsabwicklung,** die Bezugsgrößen vom Typ III aufweisen, für die Weiterverrechnung ihrer Kosten auf die Kostenträger Vollkostensätze verwenden, wobei die auf Aufträge zugerechneten Kosten auf die Produkte umgerechnet werden müssen. Anschließend sind die Kosten jener Vertriebskostenstellen, in denen keine Bezugsgrößen vom Typ III bzw. gar keine Bezugsgrößen vorliegen, den Produkten zuzuschlüsseln. Für **Vertriebskostenstellen mit Bezugsgrößen vom Typ I oder II** können die dort verwendeten Leistungsmaßstäbe als Schlüsselgrößen herangezogen werden. Hierzu ist abzuschätzen, wieviele Bezugsgrößeneinheiten auf die einzelnen Produkte entfallen. Die Kosten jener akquisitorischen Kostenstellen und Kostenstellen der Vertriebsführung, für die **keine Bezugsgrößen** existieren, sind den Produkten über Schlüsselgrößen wie die Umsätze der einzelnen Produkte[69)] und die Kosten der Kostenstellen der Verkaufsabwicklung[70)] zuzurechnen. Sind Vertriebskostenstellen oder einzelne Kostenbeträge davon im Rahmen einer verursachungsgerechten Zurechnung einem bestimmten Teilsegment der Produkthierarchie zugeordnet, so erfolgt die Schlüsselung aus einem kleineren "Gemeinkostentopf". Auf diese Weise werden die realen Verhältnisse nicht so stark verzerrt wie bei einer Schlüsselung von Kosten, die sich verursachungsgerecht nur dem gesamten Produktprogramm des Unternehmens zurechnen lassen. Zusammenfassend ist

---

69) Vgl. bezogen auf die akquisitorischen Kostenstellen HECKERT, J. B. - MINER, R. B.: Distribution, S. 93.

70) Vgl. bezogen auf die Kostenstellen der Vertriebsführung HESSENMÜLLER, R.: Erfolgsrechnung, S. 82.

nochmals zu betonen, daß die so ermittelten vollen Vertriebskosten der Produkte lediglich **Orientierungsgrößen** im Hinblick auf die Notwendigkeit sind, sämtliche Kosten durch Erlöse decken zu müssen. Sie stellen wegen der stets willkürbehafteten Gemeinkostenschlüssel nur eine **rechnerische Fiktion** dar.[71] In Entscheidungsrechnungen dürfen Vollkosten keinesfalls Eingang finden.

71) Vgl. HUMMEL, S. - MÄNNEL, W.: Kostenrechnung 2, S. 24 f.

6. KAPITEL:
ERWEITERUNG DER ANALYSEMÖGLICHKEITEN DURCH ZURECHNUNG DER VERTRIEBSKOSTEN AUF WEITERE ABSATZRELEVANTE KALKULATIONS-OBJEKTE

A. FÜR EINE DIFFERENZIERTE ABBILDUNG DES VERTRIEBS RELEVANTE KALKULATIONSOBJEKTE

In Abschnitt A.II.2.c) des zweiten Kapitels wurden als absatzrelevante Kalkulationsobjekte die Vertriebskostenstellen, die Marketinginstrumente und -maßnahmen sowie die Absatzsegmente Produkte, Aufträge, Kunden, Absatzgebiete und Absatzwege identifiziert. Die Erfassung und Planung von Vertriebskosten für Vertriebskostenstellen, Marketinginstrumente und Marketingmaßnahmen und die damit verbundenen Analysemöglichkeiten wurden im vierten Kapitel behandelt.[1] Das fünfte Kapitel hatte die Verrechnung der Vertriebskosten auf Produkte und Kundenaufträge zum Gegenstand. Diese Schnitte durch den Vertrieb stellen notwendige, aber keine hinreichenden Differenzierungen der Absatzfunktion eines Unternehmens dar. Deshalb ist es erforderlich, als **weitere Kalkulationsobjekte** die **Kunden** bzw. Kundengruppen, die **Absatzgebiete** und die **Absatzwege** vorzusehen, um den Vertrieb so differenziert abbilden zu können, daß zumindest für die typischen und regelmäßig zu treffenden Marketing-Entscheidungen **relevante Kosteninformationen** zur Verfügung stehen. Wie schon bei den anderen Kalkulationsobjekten, sind die Vertriebskosten den Kunden und Kundengruppen, den Absatzgebieten und den Absatzwegen dem **Identitätsprinzip** folgend zuzurechnen. Zu diesem Zweck müssen die Kalkulationsobjekte in eine **hierarchische Struktur** gebracht werden. Aufbauend auf der

---

1) Die Erfassung und Planung von Vertriebskosten für bestimmte Marketinginstrumente und -maßnahmen wurden im Zusammenhang mit der objektbezogenen Differenzierung der fixen Vertriebskosten in Abschnitt E.II. des 4. Kapitels angesprochen.

verursachungsgerechten Kostenzurechnung können Auswertungen für die verschiedenen Hierarchien und für Ausschnitte daraus erstellt werden.[2)]

Empirische Untersuchungen in den Vereinigten Staaten haben ergeben, daß die Praxis für die verschiedenen Entscheidungssituationen im Vertrieb in erster Linie Analysen für Produkte und Kunden, bisweilen auch für Absatzgebiete benötigt.[3)] Daher ist in diesem Kapitel ein besonderer Schwerpunkt auf den Aufbau der Kunden- und Kundengruppenhierarchie zu legen, zumal Kosteninformationen daraus als wesentliche Bestandteile in die Hierarchien der Absatzgebiete und Absatzwege eingehen, wie im folgenden noch gezeigt werden wird.

B. GRUNDSÄTZLICHE VORGEHENSWEISE BEI DER ZURECHNUNG DER VERTRIEBSKOSTEN AUF ZURECHNUNGSHIERARCHIEN

Die **verursachungsgerechte Zurechnung der Vertriebskosten** sowie der Erlöse und der Erlösschmälerungen auf die einzelnen Elemente der **Vertriebshierarchien** bildet die Voraussetzung für den Aufbau von Deckungsbeitragsrechnungen. Die Zurechnung der Erlöse und Erlösschmälerungen auf die

---

2) RÖHRENBACHER bezeichnet die tieferen Untergliederungen einer Absatzsegmenthierarchie als Teilabsatzsegmente, Teilabsatzsegmentbereiche und Teilabsatzsegmentelemente. (Vgl. RÖHRENBACHER, H.: Leistungsrechnung, S. 91.) Diese strenge terminologische Unterscheidung ist jedoch nicht unbedingt erforderlich. Im folgenden wird daher ein Teilbereich einer Hierarchie vereinfachend als Segment oder Teilabsatzsegment bezeichnet.

3) Vgl. MOSSMAN, F. H. u. a.: Approaches, S. 45 f. Ähnlich auch SEICHT, der folgendes feststellt: "In jenen Fällen, in denen die Praxis schon Vertriebskosten- und Absatzsegmenterfolgsrechnungen systematisch durchführt, beschränkt man sich in der Regel auf eine Institutionalisierung der Absatzsegmenterfolgsrechnung nach Artikelarten und Kundengruppen (letztere meist noch differenziert nach Absatzgebieten)...." (SEICHT, G.: Leistungsrechnung, S. 306.)

Hierarchien wird, der Themenstellung der Arbeit entsprechend, als gelöst betrachtet und nicht weiter behandelt. Die Vertriebskosten werden den verschiedenen Vertriebshierarchien grundsätzlich auf die gleiche Weise zugerechnet.

Die **variablen Vertriebskosten,** die teilweise kostenträgerbezogen, teilweise kostenstellenbezogen erfaßt werden, sind - zusammen mit den Nettoerlösen der verkauften Produkte und den Standard-Herstellkosten - den kleinsten Elementen jeder Zurechnungshierarchie im Vertrieb zurechenbar. Sie sind folglich auf der **untersten Hierarchieebene** angesiedelt. Das ist darauf zurückzuführen, daß jede nach Kunden, Absatzgebieten und/oder Absatzwegen differenzierende Vertriebshierarchie letztlich als eine Verdichtung nach in den einzelnen Segmenten verkauften Produkten bzw. erteilten Kundenaufträgen interpretiert werden kann.[4)]

Die Zurechnung der **fixen Vertriebskosten** erfolgt auf den darüberliegenden Hierarchieebenen. Sie muß entsprechend dem **Identitätsprinzip** vorgenommen werden, um für die einzelnen Elemente der Hierarchien entscheidungsrelevante Kosteninformationen zu erhalten. Hierzu ist zu ermitteln, für welche Kalkulationsobjekte die verschiedenen Fixkostenbeträge Einzelkosten darstellen. Das geschieht mit Hilfe der in Abschnitt E.II. des vierten Kapitels beschriebenen **objektbezogenen Differenzierung** der fixen Vertriebskosten. Zum Zwecke der Zurechnung der fixen Kosten

---

4) MOSSMAN u. a. schreiben hierzu: "The product unit contribution variable is applicable to all levels of analysis, since all segments reflect some aggregation of product unit sales." (MOSSMAN, F. H. u. a.: Dimensions, S. 123.)

ganzer Vertriebskostenstellen auf die Hierarchien[5] sind sämtliche Vertriebskostenstellen mit Deskriptoren gekennzeichnet, die unter anderem angeben, für welche Kunden bzw. Kundengruppen, für welche Absatzgebiete und für welche Absatzwege die jeweilige Vertriebskostenstelle ausschließlich tätig ist. Gleichzeitig erhält man Informationen über die Beeinflußbarkeit und hier insbesondere über die zeitliche Disponierbarkeit dieser fixen Kosten, da die Kostenstellenberichte entsprechende Fixkostenkategorien vorsehen. Überdies bietet sich die Möglichkeit, von den Kostenstellenberichten in die vorgelagerten Hilfsrechnungen "umzusteigen". In den Kostenstellen Marktforschung, Werbung, Verkaufsförderung und Öffentlichkeitsarbeit werden die **einzelnen Kostendaten** mit Deskriptoren versehen, so daß aus diesem Kostenstellenbereich den nach Kunden, Absatzgebieten und/oder Absatzwegen differenzierenden Vertriebshierarchien einzelne Kostenbeträge als fixe Einzelkosten zugerechnet werden.

In Abhängigkeit von dem Schnitt durch den Vertrieb ändert sich der **Einzelkostencharakter** eines Kostenbetrages und damit seine Zurechenbarkeit auf bestimmte Kalkulationsobjekte.[6] So ist etwa der fixe Teil des Gehalts eines Reisenden einem bestimmten Verkaufsbezirk zurechenbar, nicht jedoch einem einzelnen Kunden. Im ersten Fall handelt es sich um Einzelkosten, im zweiten Fall um Gemeinkosten. Daran wird deutlich, daß die Deckungsbeiträge beispielsweise von bestimmten Kundengruppen oder

---

5) Es ist in diesem Zusammenhang nochmals darauf hinzuweisen, daß bei Vertriebskostenstellen, die Bezugsgrößen vom Typ I oder vom Typ II aufweisen, auch die gesamten variablen Kosten dieser Kostenstellen den Elementen der Vertriebshierarchien zugerechnet werden. Eine Sonderstellung nehmen lediglich die kundenbezogenen variablen Vertriebskosten ein, auf die in Abschnitt C.II.1. dieses Kapitels näher eingegangen wird.

6) Vgl. HESSENMÜLLER, B.: Erfolgsrechnung, S. 112. Zu dem diesem Sachverhalt zugrundeliegenden relativen Einzelkostenbegriff vgl. die Ausführungen in Abschnitt A. des 3. Kapitels.

Verkaufsbezirken keineswegs eine bloße Umgruppierung von Stück- und Auftragsdeckungsbeiträgen sind, sondern vielmehr als wichtige zusätzliche Kostenelemente die fixen Einzelkosten des jeweiligen Kalkulationsobjektes hinzukommen. Vertriebsergebnisrechnungen, die lediglich eine solche **"Umsortierung"** vornehmen und dabei völlig die vielfältigen Zurechnungsmöglichkeiten der fixen Vertriebskosten auf einzelne Elemente der Hierarchien vernachlässigen, greifen zu kurz,[7] wenngleich auf diese Weise ermittelte Kunden- oder Gebietsdeckungsbeiträge aussagekräftiger sind als nach verschiedenen Kriterien gegliederte Umsatzstatistiken.

Die eben verbal erläuterte allgemeine Vorgehensweise bei der Zurechnung der Vertriebskosten auf Zurechnungshierarchien ist in Abbildung 6-1 graphisch dargestellt. Basierend auf der Zurechnung der Vertriebskosten auf eine beliebige Vertriebshierarchie zeigt Abbildung 6-1 die für jede Hierarchie gültige **Grundstruktur einer Deckungsbeitragsrechnung** für ein Kalkulationsobjekt bzw. Segment einer Hierarchie.[8]

Für eine entscheidungsorientierte Vertriebskostenrechnung ist es von zentraler Bedeutung, den Segmenten der Vertriebshierarchien nur Einzelkosten zuzurechnen. Folglich

---

7) Für eine solche Vorgehensweise finden sich zahlreiche Beispiele. Vgl. etwa BIEL, Alfred: Vertriebs-Controlling, in: CM, 6. Jg. (1981), H. 1, S. 7; BIEHL, W.: Verkaufssteuerung mit Deckungsbeiträgen in einem Unternehmen der chemischen Industrie, in: KILGER, W. - SCHEER, A.-W. (Hrsg.): 5. Saarbrücker Arbeitstagung, S. 221; HERZOG, E.: Vertriebscontrolling, S. 46; KAYSER, H. A.: Microcomputergestützte Verkaufsplanung und Verkaufssteuerung mit Deckungsbeiträgen in einem mittelständischen Unternehmen der holzverarbeitenden Industrie, in: KILGER, Wolfgang - SCHEER, August-Wilhelm (Hrsg.): Rechnungswesen und EDV, 6. Saarbrücker Arbeitstagung, Würzburg - Wien 1985, S. 410 f.

8) Vgl. ergänzend dazu auch den von Abbildung 6-1 leicht abweichenden Aufbau einer allgemeinen Segmentdeckungsbeitragsrechnung bei MOSSMAN, F. H. u. a.: Approaches, S. 46.

Abbildung 6-1 **Grundstruktur einer Deckungsbeitragsrechnung für ein Segment einer Vertriebshierarchie**
Nettoerlöse des Segmentes
./. Kostenträgerbezogen erfaßte variable Vertriebskosten
./. Kostenstellenbezogen erfaßte variable Vertriebskosten
./. **Standard-Herstellkosten**
= Summe der Auftragsdeckungsbeiträge des Segmentes
./. Fixe Vertriebseinzelkosten ganzer Vertriebskostenstellen
./. Fixe, als einzelne Kostendaten zugerechnete Vertriebseinzelkosten
= Deckungsbeitrag des Segmentes

handelt es sich bei den ausgewiesenen Segmentdeckungsbeiträgen stets um Bruttoergebnisse. Um einen Anhaltspunkt für eine ausreichende Deckung der gesamten Vertriebskosten zu erhalten, ist es empfehlenswert, **Deckungssätze** zu ermitteln, indem man als Ergänzung zu den Teilkosteninformationen parallel die **vollen Kosten** und damit die Nettoergebnisse der Segmente bestimmt. In einem ersten Schritt müssen hierzu **Vertriebskostenstellen** mit repetitiven Vertriebsleistungen und **Bezugsgrößen vom Typ III** für die Weiterverrechnung ihrer Kosten auf die Kostenträger mit Vollkostensätzen rechnen, so daß jene Kostenstellen ihre gesamten Kosten auf die unterste Ebene der Vertriebshierarchien weitergewälzt haben. In einem zweiten Schritt sind dem Segment, für das Vollkosten errechnet werden sollen, die Kosten all jener **Vertriebskostenstellen** zuzuschlüsseln, die **keine Bezugsgrößen vom Typ III** oder gar keine Bezugsgrößen aufweisen und die denjenigen Hierarchieebenen zugeordnet sind, die dem betreffenden Segment übergeordnet sind. Grundsätzlich muß die Verteilung der

Kosten der höheren Hierarchieebenen mit den Kosten der höchsten Ebene beginnen und über die nächst niedrigeren Hierarchieebenen bis hinunter zur Ebene des Segmentes fortgesetzt werden, für das Vollkosten ermittelt werden sollen. Für Vertriebskostenstellen mit repetitiven Vertriebsleistungen und Bezugsgrößen vom Typ II, aber auch für Vertriebskostenstellen mit innovativen Vertriebsleistungen und Bezugsgrößen vom Typ I können die dort verwendeten Leistungsmaßstäbe als Schlüsselgrößen herangezogen werden, indem man abschätzt, wieviele Bezugsgrößeneinheiten von dem betreffenden Segment in Anspruch genommen werden. Will man beispielsweise die vollen Kosten einer Kundengruppe bestimmen, so können die verbliebenen nicht als Einzelkosten zurechenbaren Kosten der Werbekostenstelle entsprechend der für diese Kundengruppe aufgewandten Stunden dem Segment zugeschlüsselt werden. Am Beispiel der Werbekostenstelle läßt sich aber auch zeigen, daß auch andere Schlüssel Verwendung finden können, die sich etwa an **absatzpolitischen Strategien** orientieren. Wird der jährliche Werbeetat als ein Prozentsatz vom Umsatz festgelegt, ist eine dem Tragfähigkeitsprinzip[9)] folgende Anlastung gemäß des Umsatzes in Betracht zu ziehen. Im Falle von Vertriebskostenstellen, für die keine Bezugsgrößen existieren, wie das insbesondere auf die Kostenstellen der Vertriebsführung zutrifft, gestaltet sich die Zuschlüsselung schwieriger. Häufig behilft man sich mit einer Kostenverteilung, die auf einer groben Schätzung von Tätigkeitsanteilen beruht. Ungeachtet der verschiedenen Schlüssel ist jedoch stets zu beachten, daß jeglicher Ausweis von Vollkosten für ein Segment einer Vertriebshierarchie wegen der vorgenommenen Gemeinkostenschlüsselung fehlerhaft ist und eine **rechnerische Fiktion** darstellt, die lediglich als **Orientierungsgröße** für eine zu erreichende Deckung der gesamten Vertriebskosten durch Erlöse dienen kann.

---

9) Vgl. zum Tragfähigkeitsprinzip BÖRNER, D.: Kostenverteilung, Sp. 1110; HUMMEL, S. - MÄNNEL, W.: Kostenrechnung 1, S. 58 f.

C. AUFBAU VON VERTRIEBSHIERARCHIEN UND ZURECHNUNG VON VERTRIEBSKOSTEN IM EINZELNEN

I. Grundtypen von Vertriebshierarchien

Welche Zurechnungshierarchien im Vertrieb aufgebaut werden, hängt in erster Linie von den **Auswertungs- und Analysebedürfnissen** des Marketing ab.[10] Zusätzlich müssen im Zuge des Aufbaus von Vertriebshierarchien **Erfassungs- und Zurechnungsaspekte** berücksichtigt werden.[11] Es ist wenig sinnvoll, unter reinen Auswertungsgesichtspunkten eine Hierarchie aufzubauen, die so differenziert ist, daß eine Zurechnung der Vertriebskosten als Einzelkosten auf den unteren Hierarchieebenen nicht möglich ist.

Grundsätzlich können zwei Typen von Zurechnungshierarchien unterschieden werden: zum einen eindimensionale Hierarchien,[12] die auch als mehrfach parallele[13] oder

---

10) RIEBEL spricht deshalb in diesem Zusammenhang auch von problemadäquaten Zurechnungshierarchien. Vgl. RIEBEL, Paul: Innerbetriebliche Statistik, in: Allgemeines Statistisches Archiv, 49. Bd. (1965), S. 57.

11) Da bei dem Aufbau der Vertriebshierarchien Auswertungsbedürfnisse im Vordergrund stehen, stellt sich die Frage, ob der Begriff Zurechnungshierarchie zutreffend ist. RIEBEL verwendet an anderer Stelle den Terminus Bezugsobjekthierarchie als Oberbegriff und schreibt: "Sie [die Bezugsobjekthierarchie, d. Verf.] tritt als Entscheidungshierarchie, Merkmalshierarchie (z. B. in der Umsatzstatistik), Aggregations- oder Verdichtungshierarchie, Zurechnungshierarchie und Abdeckungshierarchie in Erscheinung." (RIEBEL, P.: Deckungsbeitragsrechnung, S. 515.) Wegen der notwendigen gleichzeitigen Berücksichtigung von Zurechnungsaspekten wird dieser Terminologie nicht gefolgt und im folgenden der Begriff Zurechnungshierarchie neben dem allgemeinen Terminus Vertriebshierarchie weiterhin verwendet.

12) Vgl. SEICHT, G.: Leistungsrechnung, S. 325.

13) Vgl. SEICHT, G.: Leistungsrechnung, S. 325.

alternative[14] Hierarchien bezeichnet werden, zum anderen mehrdimensionale[15] oder heterogene[16] Hierarchien. Im Falle von **eindimensionalen Zurechnungshierarchien** müssen die Informationsbausteine als Elemente der Hierarchie nur hinsichtlich eines einzigen Klassifikationsobjektes übereinstimmen. Ist beispielsweise eine Vertriebshierarchie ausschließlich nach Absatzgebieten untergliedert, gleichen sich die Informationsbausteine - dies können sowohl ganze Vertriebskostenstellen als auch einzelne Kostenbeträge sein - nur im Merkmal Absatzgebiet.

Mehrdimensionale Zurechnungshierarchien sind hingegen dadurch charakterisiert, daß zusätzlich zu einem übereinstimmenden Klassifikationsobjekt ab einer bestimmten Hierarchieebene noch ein zusätzliches Merkmal kongruent sein muß. Somit enthält eine mehrdimensionale Hierarchie stets verschiedene Arten von Kalkulationsobjekten. Entschließt man sich etwa innerhalb einer Vertriebshierarchie ab der Ebene Verkaufsbezirke ein weiteres Kalkulationsobjekt einzuführen und nach Kunden und Kundengruppen zu differenzieren, müssen von dieser Ebene ab beispielsweise die der Kundengruppe Warenhäuser als Einzelkosten zurechenbaren Vertriebskosten sowohl hinsichtlich des Merkmals Kundengruppe als auch hinsichtlich des Merkmals Verkaufsbezirk übereinstimmen.

In Abschnitt B.II. des vierten Kapitels wurden bereits im Zusammenhang mit dem Aufbau einer mehrdimensionalen Kostenstellenhierarchie eindimensionale Produkt-, Kunden- und Absatzgebietehierarchien konzipiert. Im fünften Kapitel schließlich diente die Produkthierarchie als Ausgangspunkt für die Erstellung von produktbezogenen

---

14) Vgl. HAHN, Dietger: Deckungsbeitragsrechnung in Großhandelsunternehmungen, in: BFuP, 24. Jg. (1972), H. 1, S. 1.

15) Vgl. SEICHT, G.: Leistungsrechnung, S. 325.

16) Vgl. RIEBEL, P.: Absatzanalyse, S. 601.

Deckungsbeitragsrechnungen. Die folgenden Abschnitte beschäftigen sich zunächst mit eindimensionalen Vertriebshierarchien und, darauf aufbauend, mit **eindimensionalen Deckungsbeitragsrechnungen** für Kunden, Absatzgebiete und Absatzwege. Anschließend werden die eindimensionalen Hierarchien miteinander verknüpft, so daß mehrdimensionale integrierte Gesamthierarchien für den Vertrieb entstehen und auch **mehrdimensionale Deckungsbeitragsrechnungen** durchgeführt werden können.

II. Eindimensionale Vertriebshierarchien

1. Kunden- und Kundengruppenhierarchie

Der Aufbau einer Kunden- und Kundengruppenhierarchie und die verursachungsgerechte Zurechnung der Erlöse, Erlösschmälerungen und Vertriebskosten ermöglicht die Durchführung einer **Kundendeckungsbeitragsrechnung,** die der Ermittlung der Erfolgsbeiträge einzelner Kunden und Kundengruppen dient. Obwohl die kundenbezogene Planung und Kontrolle der Erlöse und Erlösschmälerungen ein zentrales Aufgabengebiet der Kundendeckungsbeitragsrechnung bilden,[17] werden - der Themenstellung dieser Arbeit entsprechend - von den Determinanten der Kundenergebnisse nur die Vertriebskosten näher analysiert. Die Planung und Kontrolle der Vertriebskosten, die dadurch entstehen, daß für verschiedene Kunden und Kundengruppen spezifische Vertriebsleistungen erbracht werden, stellt im Rahmen der Kundendeckungsbeitragsrechnung ein weiteres wichtiges

---

17) Vgl. SCHRÖDER, E. F.: Kundendeckungsbeitragsrechnung, S. 5.

Aufgabengebiet dar.[18] Welche Bedeutung der **Planung und Kontrolle der kundenspezifischen Vertriebskosten** zukommt, wird daran deutlich, daß sie als Ausgangsinformationen für eine **Preisdifferenzierung**[19] gegenüber den Kunden entsprechend der für sie erbrachten Vertriebsleistungen herangezogen werden.[20] Darüber hinaus lassen sich die kundenspezifischen Vertriebskosten als Entscheidungshilfe bei der **Verlagerung von Vertriebsleistungen** vom Handel zum Hersteller und umgekehrt nutzen. Vor dem Hintergrund der zunehmenden Nachfragemacht des Handels gegenüber den Herstellern muß der Hersteller teilweise Vertriebsleistungen übernehmen, die bisher der Handel erbracht hat. So führt heute in der Lebensmittelbranche häufig der Außendienst von Markenartikelherstellern die Regalpflege und die Preisauszeichnung im Handel durch. In solchen Situationen benötigt der Hersteller Kosteninformationen über die von ihm zusätzlich zu erbringenden kundenbezogenen Vertriebsleistungen, um die Auswirkungen auf den Erfolg abschätzen zu können. Bisweilen werden auch Leistungen von Herstellern auf den Handel verlagert, beispielsweise dann, wenn Handelsorganisationen die Belieferung ihrer Filialen selbst übernehmen.[21] Der Handel fordert dafür in vielen Fällen höhere Preisnachlässe. Um die Angemessenheit der geforderten Preisnachlässe beurteilen zu können und um eine Verschlechterung des Kundendeckungsbeitrages mög-

---

18) Eine empirische Erhebung der N.A.C.A. ergab, daß mit einer Vertriebskostenanalyse nach Kunden in erster Linie eine Ermittlung des Umfangs der Absatzbemühungen bezweckt wird. Vgl. NATIONAL ASSOCIATION OF COST ACCOUNTANTS: Analysis of Nonmanufacturing Costs for Managerial Decisions, Combined Research Series 19, 20, 21, New York o. J., S. 93.

19) Vgl. zu dem Begriff Preisdifferenzierung DILLER, H.: Preispolitik, S. 220.

20) Vgl. HECKERT, J. B. - MINER, R. B.: Distribution, S. 129.

21) Vgl. SCHRÖDER, Ernst F.: Neuland: Die kundenorientierte Gewinnsteuerung, in: asw, Jg. 1978, H. 10, S. 50.

lichst zu vermeiden, muß der Hersteller die Preisnachlässe den eingesparten Vertriebskosten gegenüberstellen.

Für die **Gliederung der Kunden** kommen verschiedene Merkmale in Betracht. Beispielsweise können die Kunden nach Umsatzvolumen, Auftragszahl und -größe, Kreditwürdigkeit, Standort oder Anzahl der Vertreterbesuche unterteilt werden.[22)] Im folgenden soll jedoch eine Gruppierung nach der Art der Kunden vorgenommen werden, also danach, welcher **Betriebsform** ein Kunde angehört. Dies erscheint deswegen sinnvoll, weil die eben genannten Differenzierungskriterien zum großen Teil in anderen Analysen, wie z. B. der Analyse nach Auftragsgrößen oder der Analyse nach Absatzgebieten, enthalten sind und zudem der Umfang der Vertriebsleistungen und damit die Höhe der Vertriebskosten wesentlich von der Betriebsform beeinflußt werden.

Welche Vertriebskosten einer Kundenhierarchie auf welcher Ebene zugerechnet werden können und wie eine darauf basierende Kundendeckungsbeitragsrechnung aufgebaut ist, soll nachfolgend anhand eines konkreten **Zahlenbeispiels** erörtert werden. Abbildung 6-2 zeigt in der Horizontalen einen Ausschnitt aus einer nach Betriebsformen differenzierenden Kundenhierarchie, die aus Darstellungsgründen teilweise aggregiert und überdies auf wenige Kundengruppen beschränkt ist.[23)] In der Vertikalen ergeben sich bis zur Position Summe der **Auftragsdeckungsbeiträge** keine neuen

---

22) Vgl. HECKERT, J. B. - MINER, R. B.: Distribution, S. 131.

23) Eine vollständige und weiter differenzierende Kundenhierarchie zeigt Abbildung 4-3 in Abschnitt B.II. des 4. Kapitels. Ein praktisches Beispiel einer Kundenhierarchie findet sich bei VOSS, Franz: Erfahrungen mit Marketing-Controlling in der industriellen Praxis, in: ESCHENBACH, R. (Hrsg.): Marketing-Controlling, S. 100.

Abbildung 6-2
Beispiel für eine auf ein Jahr bezogene Deckungsbeitragsrechnung nach Kunden

KUNDENHAUPTGRUPPE		Einzelhandel									
KUNDENGRUPPE		Fachgeschäfte			Warenhäuser			Fachmärkte			
KUNDE		F_1	F_{2-30}	Σ	W_1	W_{2-5}	Σ	FM_1	FM_{2-10}	Σ	Σ
Bruttoerlöse	DM	34.192	2.376.500	2.410.692	321.620	1.876.725	2.198.345	431.776	3.986.531	4.418.307	9.027.344
./. Erlösschmälerungen	DM	1.050	33.721	34.771	17.120	63.243	80.363	19.395	183.740	203.135	318.269
= Nettoerlöse	DM	33.142	2.342.779	2.375.921	304.500	1.813.482	2.117.982	412.381	3.802.791	4.215.172	8.709.075
./. Kostenträger- u. kostenstellenbezogen erfaßte var. Vertriebskosten	DM	12.742	290.408	303.150	66.990	261.371	328.361	60.723	616.514	677.237	1.308.748
./. **Standard**-Herstellkosten	DM	17.472	891.256	908.728	110.710	701.123	811.833	136.720	1.208.321	1.345.041	3.065.602
= Summe der Auftragsdeckungsbeiträge	DM	2.928	1.161.115	1.164.043	126.800	850.988	977.788	214.938	1.977.956	2.192.894	4.334.725
Außendienst	DM	1.560	45.240	46.800	1.310	6.260	7.570	1.240	10.781	12.021	66.391
Verkaufsinnendienst	DM	820	24.231	25.051	1.135	4.812	5.947	1.156	9.288	10.444	41.442
Debitorenbuchhaltung (Mahnfälle)	DM	185	3.411	3.596				42	535	577	4.173
./. Kundenbezogene variable Vertriebskosten	DM	2.565	72.882	75.447	2.445	11.072	13.517	2.438	20.604	23.042	112.006
Werbemaßnahmen	DM	590	11.164	11.754	10.057	51.723	61.780	6.252	65.110	71.362	144.896
Verkaufsförderungsaktionen	DM	885	18.216	19.101	18.678	77.584	96.262	11.114	126.392	137.506	252.869
./. Fixe Vertriebseinzelkosten des Kunden	DM	1.475	29.380	30.855	28.735	129.307	158.042	17.366	191.502	208.868	397.765
= Kundendeckungsbeitrag	DM	-1.112	1.058.853	1.057.741	95.620	710.609	806.229	195.134	1.765.850	1.960.984	3.824.954
Verkaufsförderungsaktionen	DM			8.972			10.730			9.870	29.572
Auftragsbearbeitung (KST)	DM			157.851			134.610			146.711	439.172
Verkaufsinnendienst (KST)	DM			183.270			144.560			165.505	493.335
./. Fixe Vertriebseinzelkosten der Kundengruppe	DM			350.093			289.900			322.086	962.079
= Deckungsbeitrag der Kundengruppe	DM			707.648			516.329			1.638.898	2.862.875
Werbemaßnahmen	DM										82.570
Marktforschungsprojekte	DM										65.360
./. Fixe Vertriebseinzelkosten der Kundenhauptgruppe	DM										147.930
= Deckungsbeitrag der Kundenhauptgruppe	DM										2.714.945

Aspekte. Die Ermittlung eines Deckungsbeitrages für einen Kundenauftrag wurde bereits in Abschnitt B.II.2. des fünften Kapitels ausführlich erörtert. Deshalb sind die kostenträger- und kostenstellenbezogen erfaßten **variablen Vertriebskosten** in einer Position zusammengefaßt. Ihre Höhe hängt neben den Eigenschaften des Produktes von den Merkmalen des Kunden ab. Je nachdem in welchem Absatzgebiet der Kunde ansässig ist, welcher Betriebsform er angehört und welche Besonderheiten in der Belieferung auftreten, fallen unterschiedlich hohe variable Vertriebskosten an.

Eine Besonderheit der Kundendeckungsbeitragsrechnung bilden die hier so bezeichneten **kundenbezogenen variablen Vertriebskosten.** Unter ihnen werden die variablen Kosten jener Vertriebskostenstellen subsumiert, welche repetitive Vertriebsleistungen erstellen, die keine direkte Beziehung zu den Kostenträgern aufweisen. Es handelt sich demnach um Kostenstellen mit Bezugsgrößen vom Typ II. Zusätzlich haben die Vertriebsleistungen jedoch die Eigenschaft, daß sie speziell für einen Kunden erbracht werden. Von den Kostenstellen der Verkaufsabwicklung, die ansonsten ihre variablen Kosten den Kostenträgern zurechnen, trifft das nur auf den Teil der **Debitorenbuchhaltung** zu, der sich mit der Bearbeitung der **Mahnfälle** beschäftigt, weil Mahnungen stets auf einzelne Kunden bezogen sind.[24)] Die akquisitorischen Kostenstellen **Verkaufsbüro, Außendienst, Verkaufsinnendienst** und **Kundendienst** erstellen unter bestimmten Bedingungskonstellationen repetitive Vertriebsleistungen, die, falls keine direkte Beziehung zu den Kostenträgern besteht, zumindest einzelne Kunden betreffen. Betrachtet man exemplarisch den Außendienst und den Verkaufsinnendienst, so lassen sich bei annähernd konstanter Kontaktdauer die variablen Kosten dieser Kostenstellen den Kunden über die Anzahl der Kontakte zurechnen, im Falle

---

24) Vgl. hierzu auch FISCHER, K.-P.: Vertriebskostenrechnung, S. 147.

des Außendienstes ergänzt um die zurückgelegte Entfernung, unabhängig davon, ob Umsätze erzielt werden oder nicht.[25] Liegen in diesen Kostenstellen innovative Vertriebsleistungen vor, etwa in Form von kundenindividuellen Beratungsleistungen, verbietet sich eine Weiterverrechnung auf Kunden. Dennoch empfiehlt es sich in einem solchen Fall, zumindest für die wichtigsten Kunden die Anzahl der Außendienstbesuche, nach Möglichkeit ergänzt um die Zeitdauer, und die Anzahl der Kontaktaufnahmen durch den Verkaufsinnendienst in **kundenbezogenen Leistungslisten** festzuhalten.[26] Diese entsprechen in ihrer Grundstruktur den in Abschnitt B.II.1. des fünften Kapitels beschriebenen produktbezogenen Leistungslisten.

Um den periodenbezogenen Deckungsbeitrag für einen einzelnen Kunden bestimmen zu können, sind von der Summe der Auftragsdeckungsbeiträge neben den kundenbezogenen variablen Vertriebskosten noch die **fixen Vertriebseinzelkosten des Kunden** in Abzug zu bringen. Überwiegend sind dies Kosten für Verkaufsförderungsaktionen.[27] Hierbei entstehen z. B. Kosten für Propagandisten und Displaymaterial. Auch einige Kosten für Werbemaßnahmen, wie die Kosten für Prospekte und Werbegeschenke, fallen spezifisch für einzelne Kunden an. Weist ein Unternehmen sehr viele Kunden auf, wird es aus Wirtschaftlichkeitsgründen nur für wichtige Kunden, sogenannte A-Kunden, standardmäßig

---

25) Vgl. zur Zurechnung der Kosten des Außendienstes auf Kunden FISCHER, K.-P.: Vertriebskostenrechnung, S. 140 ff.; PAUL, H.: Erfolgsanalyse, S. 69 ff.

26) Ähnlich auch DEYHLE, Albrecht: Kundenergebnisrechnung, in: CM, 10. Jg. (1985), H. 4, S. 170. Für den Außendienst können die Daten aus den Außendienstberichten entnommen werden. Vgl. zu dem Aufbau von Außendienstberichten und den daraus entnehmbaren Informationen BÖCKER, F.: Marketing-Kontrolle, S. 158.

27) Vgl. SCHRÖDER, E. F.: Kundendeckungsbeitragsrechnung, S. 13.

Deckungsbeiträge ermitteln.[28] Deckungsbeiträge von Kleinkunden werden bei Bedarf im Zuge von Sonderrechnungen[29] errechnet.

Die Deckungsbeiträge der einzelnen Kundengruppen erhält man, indem man von der Summe der Kundendeckungsbeiträge der Kundengruppen die **fixen Vertriebseinzelkosten der Kundengruppen** abzieht. In Abbildung 6-2 wurde unterstellt, daß Verkaufsförderungsaktionen in Form von nach den einzelnen Kundengruppen getrennten Schulungen für das Verkaufspersonal der Einzelhändler durchgeführt werden. Die Vertriebskostenstellen Auftragsbearbeitung und Verkaufsinnendienst sind, so wird weiterhin angenommen, absatzmarktorientiert nach Kundengruppen untergliedert. Auf diese Weise können ihre gesamten Fixkosten den Kundengruppen als Einzelkosten zugerechnet werden.

Für die Kundenhauptgruppe Einzelhandel fallen Kosten für Werbemaßnahmen und Marktforschungsprojekte an. Im ersten Fall handelt es sich um Kosten für Inserate in Fachzeitschriften, im zweiten Fall um die Kosten für Daten aus einem Handelspanel. Zieht man diese Kosten von der Summe der Deckungsbeiträge der Kundengruppen ab, erhält man als Ergebnis den **Deckungsbeitrag der Kundenhauptgruppe** Einzelhandel.

---

28) Vgl. DREWS, Lothar - KROB, Felix: Einsatz der Gewinnplanungsrechnung in einem mittelständischen Familienunternehmen der Haarkosmetik, in: krp, Sonderheft 1/85, S. 63.

29) RIEBEL versteht unter einer Sonderrechnung eine "fallweise, situations- und fragestellungsbedingte Auswertungsrechnung." (RIEBEL, P.: Gestaltungsprobleme, S. 888.)

Negative Deckungsbeiträge, wie z. B. der in Abbildung 6-2 für den Kunden F_1 ermittelte Deckungsbeitrag, und Deckungsbeiträge, die zur Deckung der Gesamtkosten nicht ausreichen, sind auf verschiedene **Ursachen** zurückzuführen. Blendet man die Erlössphäre aus, die mit zu niedrigen Preisen und zu hohen Erlösschmälerungen zu unbefriedigenden Deckungsbeiträgen beiträgt, liegen die Ursachen in erster Linie im **Umfang der** für einzelne Kunden oder Kundengruppen erbrachten **Vertriebsleistungen,** die in keiner wirtschaftlichen Relation zu den getätigten Umsätzen stehen.[30)] Im Bereich der Verkaufsabwicklung sind vor allem die zu geringen Auftragsgrößen für die ungenügenden Deckungsbeiträge verantwortlich, weil wegen der auftragsfixen Kosten nur geringe Kostenunterschiede zwischen der Abwicklung eines Klein- und eines Großauftrages bestehen.[31)] Deshalb sind in einem nächsten Schritt die Auftragsgrößen des einzelnen Kunden darauf zu untersuchen, ob sie oberhalb der minimalen Auftragsgröße liegen.[32)] Weiterhin können zu lange Zahlungsziele, die sich in höheren kalkulatorischen Zinsen niederschlagen, zu unzureichenden Deckungsbeiträgen führen.[33)] Im Bereich der Nachfragegewinnung liegt der Grund für unprofitable Kunden insbesondere in der zu aufwendigen Betreuung durch Außendienst und/oder Verkaufsinnendienst. Der Kunde beansprucht deren Leistungen zu häufig, ohne entsprechende Aufträge zu erteilen. Ebenso führen Kosten für kundenspezifische Werbe- und Verkaufsförderungsaktionen zu einer Verschlechterung der Deckungsbeiträge, wenn sich keine positiven Auswirkungen auf die Erlöse einstellen. Die bisher aufgeführten Ursachen sind überwiegend mit der Person des

---

30) Vgl. GEIST, M.: Absatzpolitik, S. 126 f.

31) Vgl. PAUL, H.: Erfolgsanalyse, S. 85.

32) Zur Bestimmung der minimalen Auftragsgröße vgl. die Ausführungen in Abschnitt B.II.2. des 5. Kapitels.

33) Vgl. LINNERT, Peter: Praktische Analyse und Kontrolle von Umsatz und Gewinn, München 1974, S. 74.

Kunden verbunden. Daneben finden sich aber auch Gründe, die vom Unternehmen zu vertreten sind. Neben dem Umfang der Vertriebsleistungen, die für bestimmte Kunden erbracht werden, und den dadurch verursachten Vertriebskosten muß die **Wirtschaftlichkeit der Leistungserstellung** analysiert werden. Hierzu ist ein "Umstieg" von der Kundendeckungsbeitragsrechnung in die entsprechenden Vertriebskostenstellen notwendig. Durch Gegenüberstellung von Vertriebsleistungen und Kostenstellenkosten läßt sich beurteilen, ob bestimmte Vertriebsleistungen zu teuer erstellt werden. Weniger unter Kostenrechnungsaspekten als unter Marketinggesichtspunkten hat das Unternehmen seine Marketingaktivitäten zu überprüfen. So kann beispielsweise eine unzweckmäßige Besuchspolitik des Außendienstes betrieben werden oder es werden ungeeignete Verkaufsförderungsaktionen durchgeführt. Die Anregungsinformation liefert in diesem Fall die Vertriebskostenrechnung. Es ist Aufgabe des Marketing-Controllers, solche Anregungsinformationen aufzugreifen und an die zuständigen Marketingstellen weiterzuleiten.

Vor dem Hintergrund möglicher Ursachen für negative oder nicht ausreichende Deckungsbeiträge einzelner Kunden oder Kundengruppen stellt sich die Frage nach den **Maßnahmen,** die aus der Sicht der Kostenrechnung ergriffen werden können.[34] Sieht man einmal von der Alternative ab, Kleinaufträge überhaupt nicht mehr auszuführen, können Kunden über Mindermengenzuschläge oder geringere Boni und Rabatte zur **Erteilung größerer Aufträge** veranlaßt werden. Neben diesen in den Bereich der Erlösrechnung fallenden Maßnahmen besteht die Möglichkeit, die **Absatzbemühungen** von unprofitablen Kunden und Kundengruppen teilweise oder vollständig abzuziehen und sie auf andere, erfolgsversprechende Kunden zu **kozentrieren.** Das betrifft insbesondere den Außendienst und den Verkaufsinnendienst, die

---

34) Vgl. zum Folgenden SEVIN, C. H.: Marketing, S. 72 ff.

sich dann verstärkt sowohl gewinnbringenden Altkunden als auch potentiellen Neukunden widmen können. Als letzte und einschneidendste Maßnahme bleibt die **Elimination eines Kunden,** wenn mit ihm nachhaltig unzureichende Deckungsbeiträge erzielt werden. Wegen der möglichen negativen Auswirkungen auf andere Abnehmer, die sich dann unter Umständen einen anderen Lieferanten suchen, ist eine solche Maßnahme sehr sorgfältig zu überlegen. Die Frage nach der Elimination ganzer Kundengruppen ist letzlich ein Problem der Wahl der Absatzwege und soll daher in Abschnitt C.II.3. dieses Kapitels diskutiert werden.

2. Absatzgebietehierarchie

Mit der Durchführung einer Deckungsbeitragsrechnung nach Absatzgebieten, für die der Aufbau einer Absatzgebietehierarchie und die verursachungsgerechte Zurechnung der Erlöse, Erlösschmälerungen und Vertriebskosten auf die einzelnen Knotenpunkte der Hierarchie Voraussetzung ist, wird die Differenzierung des Vertiebsergebnisses nach Absatzgebieten bezweckt.[35] Für die Vertriebskostenrechnung steht die **Planung und Kontrolle der Vertriebseinzelkosten der jeweiligen Absatzgebiete** im Mittelpunkt.[36] Die Gliederung der Absatzgebiete orientiert sich an der Absatzorganisation des Unternehmens.[37] Folglich unterteilt man die Gebiete nach den Vertreter- bzw. Reisendenbezirken und dem Zuständigkeitsbereich von Verkaufsbüros und Auslieferungslagern. Eine den Vertreter- bzw. Reisendenbezirken folgende Untergliederung ist vor allem

---

35) Vgl. NATIONAL ASSOCIATION OF COST ACCOUNTANTS: Analysis, S. 74.

36) Vgl. HECKERT, J. B. - MINER, R. B.: Distribution, S. 42.

37) Vgl. GEIST, M.: Absatzpolitik, S. 137.

deshalb anzustreben, damit eine Absatzgebietsanalyse auch zur Planung, Steuerung und Kontrolle des Außendienstes herangezogen werden kann.

In Abbildung 6-3 ist ein **Beispiel** für eine auf ein Jahr bezogene Deckungsbeitragsrechnung nach Absatzgebieten wiedergegeben. In der Horizontalen ist ein auf den Absatzmarkt Inland beschränkter Ausschnitt aus einer Absatzgebietehierarchie abgebildet, der zudem aus Darstellungsgründen teilweise zusammengefaßt ist.[38)] Die Vertikale zeigt, welche Vertriebskosten der Absatzgebietehierarchie als Einzelkosten zurechenbar sind. Wie bereits ein erster Blick zeigt, können der Absatzgebietehierarchie in großem Umfang Vertriebskosten zugerechnet werden. Die Deckungsbeiträge der in den verschiedenen Verkaufsbezirken ansässigen Kunden bilden den Kern einer Deckungsbeitragsrechnung nach Absatzgebieten.[39)] Da im Zusammenhang mit Abbildung 6-2 ausführlich erörtert, wird in Abbildung 6-3 auf die Darstellung der einzelnen zum Kundendeckungsbeitrag hinführenden Erlös- und Kostenpositionen verzichtet. Neben den Kosten für auf bestimmte Verkaufsbezirke beschränkte Verkaufsförderungsaktionen sind auch Kosten der Werbung einzelnen Verkaufsbezirken direkt zurechenbar.[40)] Es handelt sich dabei um Kosten für Werbung in lokalen Rundfunksendern, Anzeigen in Lokalzeitungen, Plakatwerbung und Postwurfsendungen. Werden die einzelnen Außendienstmitarbeiter als gesonderte Kostenstellen geführt und sind sie für jeweils einen Verkaufsbezirk zuständig, lassen sich, falls repetitive Vertriebslei-

---

38) Eine vollständige und weiter differenzierende Absatzgebietehierarchie zeigt Abbildung 4-3 in Abschnitt B.II. des 4. Kapitels. Ein praktisches Beispiel einer Absatzgebietehierarchie findet sich bei VOSS, F.: Erfahrungen, S. 98.

39) Vgl. LONGMAN, D. R. - SCHIFF, M.: Distribution, S. 226; RIEBEL, P.: Absatzanalyse, S. 622 f.

40) Vgl. FISCHER, K.-P.: Vertriebskostenrechnung, S. 149.

Abbildung 6-3
Beispiel für eine auf ein Jahr bezogene Deckungsbeitragsrechnung nach Absatzgebieten

ABSATZMARKT		Inland									
ABSATZGEBIET		Norddeutschland		Σ	Westdeutschland		Σ	Süddeutschland		Σ	Σ
VERKAUFSBEZIRK		VB_1	VB_{2-4}		VB_1	VB_{2-4}		VB_1	VB_{2-4}		
Summe der Kundendeckungsbeiträge	DM	419.364	1.258.095	1.677.459	410.384	1.190.126	1.600.510	733.610	2.208.152	2.941.762	6.219.731
Werbemaßnahmen	DM	16.321	49.420	65.741	19.021	51.429	70.450	19.126	49.184	68.310	204.501
Verkaufsförderungsaktionen	DM	12.283	43.548	55.831	12.864	51.456	64.320	13.563	48.090	61.653	181.804
Außendienst (KST)	DM	85.360	247.544	332.904	90.710	290.272	380.982	93.760	309.408	403.168	1.117.054
./. Fixe Vertriebseinzelkosten des Verkaufsbezirkes	DM	113.964	340.512	454.476	122.595	393.157	515.752	126.449	406.682	533.131	1.503.359
= Deckungsbeitrag des Verkaufsbezirkes	DM	305.400	917.583	1.222.983	287.789	796.969	1.084.758	607.161	1.801.470	2.408.631	4.716.372
Auslieferungslager (KST)	DM			210.360			198.410			230.653	639.423
Verkaufsbüros (KST)	DM			290.720			220.366			255.430	766.516
./. Fixe Vertriebseinzelkosten des Absatzgebietes	DM			501.080			418.776			486.083	1.405.939
= Deckungsbeitrag des Absatzgebietes	DM			721.903			665.982			1.922.548	3.310.433
Vertriebsleitung Inland (KST)	DM										256.770
Werbung (KST)	DM										321.734
Verkaufsförderung (KST)	DM										258.910
Marktforschung (KST)	DM										243.980
Außendienst Leitung Inland (KST)	DM										210.836
Verkaufsinnendienst (KST)	DM										763.580
Auftragsbearbeitung (KST)	DM										324.634
./. Fixe Vertriebseinzelkosten des Absatzmarktes	DM										2.380.444
= Deckungsbeitrag des Absatzmarktes	DM										929.989

stungen vorliegen, ihre fixen Kosten - also jene Kosten, die nicht über Verrechnungssätze den Kostenträgern oder den Kunden zugerechnet werden - den Verkaufsbezirken als Einzelkosten anlasten.[41] Sie setzen sich bei freien Handelsvertretern im wesentlichen aus dem Fixum, bei Reisenden aus den fixen Teilen der Gehaltskosten, der Kosten für Kraftfahrzeuge, der Reisekosten sowie der Bewirtungs- und Repräsentationskosten zusammen. Addiert man die Einzelkosten der Verkaufsbezirke und bringt sie von den Kundendeckungsbeiträgen in Abzug, erhält man die **Deckungsbeiträge der Verkaufsbezirke.** In dem vorliegenden Beispiel wird unterstellt, daß das Unternehmen regionale Auslieferungslager und Verkaufsbüros unterhält, die jeweils für ein Absatzgebiet zuständig sind. Unter diesen Bedingungskonstellationen stellen die fixen Kosten dieser Kostenstellen Einzelkosten der Absatzgebiete dar, die von der Summe der Verkaufsbezirksdeckungsbeiträge abgezogen werden, um die **Deckungsbeiträge für die drei Absatzgebiete** zu erhalten. Schließlich erstreckt sich - so wird angenommen - der Tätigkeitsbereich vieler Vertriebskostenstellen ausschließlich auf das Inland. Ihre verbliebenen Kosten, d. h. jene Kosten, die nicht bereits an anderer Stelle der Deckungsbeitragsrechnung nach Absatzgebieten verrechnet wurden, sind Einzelkosten des Absatzmarktes Inland und ermöglichen die Ermittlung des **Deckungsbeitrages für den Absatzmarkt Inland.**

Neben den im vorangegangenen Abschnitt erörterten **Ursachen** für ungenügende Kundendeckungsbeiträge sind für **unbe-**

---

41) Vgl. PAUL, H.: Erfolgsanalyse, S. 30 f. Liegen im Außendienst innovative Vertriebsleistungen vor, sind die gesamten Kosten des Außendienstmitarbeiters den Verkaufsbezirken als Einzelkosten zuzurechnen.

friedigende Gebietsdeckungsbeiträge insbesondere folgende Gründe verantwortlich:[42)]

- Das Absatzgebiet liegt weit vom **Standort** des Unternehmens entfernt.
- In Relation zu seinem Marktpotential werden auf das Absatzgebiet zu viele **Absatzbemühungen** gerichtet.
- Die **Absatzorganisation** in dem betreffenden Absatzgebiet arbeitet unwirtschaftlich.

Der letzte Punkt zielt insbesondere auf die Tätigkeit des Außendienstes ab, die anhand der Verkaufsbezirksdeckungsbeiträge gut beurteilt werden kann. Dabei fallen in die Verantwortung des Außendienstmitarbeiters nur solche Erfolgsdeterminanten, die er selbst beeinflussen kann. So deuten etwa hohe Erlösschmälerungen darauf hin, Umsätze zu jedem Preis machen zu wollen. Im Verhältnis zu den getätigten Umsätzen hohe Außendienstkosten beruhen möglicherweise auf unzweckmäßiger Routenplanung und/oder mangelnder Abstimmung der Besuchsfrequenz mit dem Bedarfs- und Bestellrhythmus der Kunden in dem Verkaufsbezirk.[43)]

Um negative oder zur Gesamtkostendeckung nicht ausreichende Gebietsdeckungsbeiträge zu beseitigen, hat das Unternehmen mehrere **Handlungsmöglichkeiten.** Im Bereich der Marketing-Logistik ist zu prüfen, ob durch die Einrichtung zusätzlicher **regionaler Auslieferungslager und Verkaufsbüros** Deckungsbeitragsverbesserungen in den weiter vom Stammhaus entfernten Verkaufsbezirken erzielt werden können. Weiterhin ist der Umfang der für einzelne Gebiete

---

42) Vgl. zum Folgenden GEIST, M.: Absatzpolitik, S. 137. Vgl. auch die anhand eines konkreten Beispiels aus der Praxis ermittelten Ursachen für geringe Deckungsbeiträge von Absatzgebieten bei GEIST, Manfred - WITT, Jürgen: Erfolgskontrolle der Verkaufsbezirke, Hamburg u. a. 1965, S. 36 ff.

43) Vgl. hierzu im Detail LINNERT, P.: Praktische Analyse, S. 81 ff.

erbrachten Vertriebsleistungen zu analysieren und gegebenenfalls eine **Umverteilung der Absatzbemühungen** zwischen den Gebieten vorzunehmen.[44] Beispielsweise können zwei Verkaufsbezirke mit geringem Marktpotential in Zukunft durch einen Außendienstmitarbeiter bearbeitet werden. Der so eingesparte Mitarbeiter kann in einem Gebiet mit hohem Marktpotential den bereits bestehenden Außendienst verstärken, um auf diese Weise die Marktbearbeitung zu intensivieren. Arbeitet das Unternehmen mit Reisenden, deren Gehälter weitgehend umsatzunabhängig sind, ist zu überlegen, ob umsatzschwache Gebiete zukünftig von Handelsvertretern betreut werden sollen, die umsatzabhängige Provisionen erhalten. Außer der Änderung und Umschichtung von Vertriebsleistungen besteht die letzte Möglichkeit in der **Elimination von Absatzgebieten.** Im Inland wird man eine solche Maßnahme in der Regel nicht ergreifen. Insbesondere für Markenartikelhersteller, die nach Ubiquität ihrer Produkte streben, kommt eine Eliminierung ganzer Absatzgebiete nicht in Betracht. Dagegen stellt ein Verzicht auf die Belieferung bestimmter ausländischer Märkte durchaus eine realistische Handlungsalternative dar.

3. Absatzwegehierarchie

Unter dem Absatzweg eines Gutes versteht man den Weg, den ein Gut unverändert vom Produzenten bis zur nächsten produktiven oder konsumtiven Verwendung zurücklegt.[45] Grundsätzlich existieren zahlreiche verschiedene **Typen von Absatzwegen.** Abbildung 6-4 gibt einen Überblick über

44) Vgl. SEVIN, C. H.: Marketing, S. 81 ff.

45) Vgl. SCHÄFER, E.: Absatzwirtschaft, S. 77.

typische Absatzwege von Konsumgüterherstellern.[46] Am häufigsten setzen die Unternehmen Reisende oder Handelsvertreter ein, die den Großhandel besuchen und wichtige Einzelhändler direkt bearbeiten.

Abbildung 6-4
Überblick über typische Absatzwege von Konsumgüterherstellern

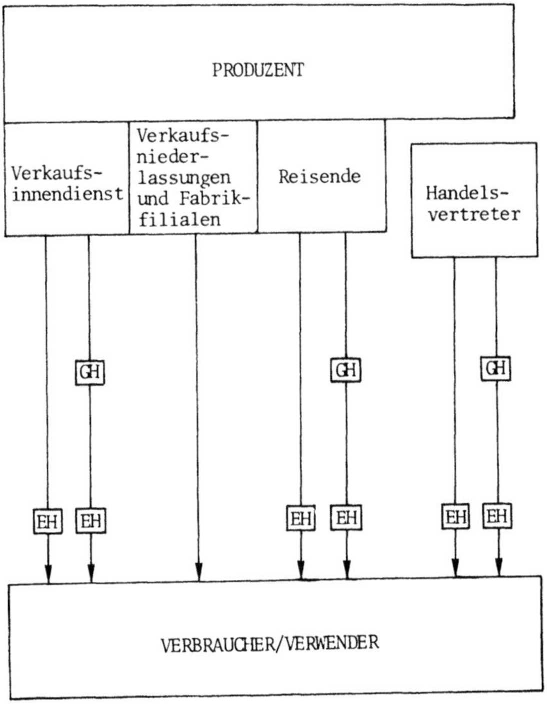

46) Eine ausführliche Darstellung der verschiedenen Absatzwege verbunden mit einer Zuordnung der verschiedenen Absatzwege zu einzelnen Wirtschaftsbereichen findet sich bei SCHÄFER, E.: Absatzwirtschaft, S. 79 und NIESCHLAG, R. u. a.: Marketing, S. 374 f.

Anhand der Darstellung ausgewählter Absatzwege in Abbildung 6-4 wird zweierlei deutlich. Erstens läßt sich **keine Hierarchie der Absatzwege** im herkömmlichen Sinne aufbauen. Vielmehr stehen die verschiedenen Absatzwege eines Unternehmens "nebeneinander". Zweitens handelt es sich nicht um eine vollkommen neue Analyse, die andere Kostenzurechnungen erforderlich machen würde, sondern um eine **Analyse nach Kundengruppen.**[47)] Dies ist unmittelbar einsichtig, wenn man das in Abbildung 6-2 wiedergegebene Beispiel einer Kundendeckungsbeitragsrechnung betrachtet. Das Beispielunternehmen, so wird dort unterstellt, setzt zur Bearbeitung wichtiger Einzelhandelskunden parallel und sich gegenseitig ergänzend den Verkaufsinnendienst und Reisende ein. Unter diesen Bedingungen entspricht der Deckungsbeitrag der Kundenhauptgruppe Einzelhandel dem Deckungsbeitrag dieses Absatzweges. Gleiches gilt für die in der Abbildung nicht dargestellte Belieferung des Großhandels. Nimmt man in Abwandlung des Beispiels aus Abbildung 6-2 an, daß in einem Teil der Verkaufsbezirke Handelsvertreter, im anderen Reisende tätig sind, müssen ausgehend von den Deckungsbeiträgen der einzelnen Kunden zur Analyse der verschiedenen Absatzwege andere Kundengruppen gebildet werden. Sie sind zusätzlich zu der Unterscheidung in Abbildung 6-2 nach dem Kriterium Bearbeitung durch Reisende bzw. Handelsvertreter zu differenzieren. Dennoch liegt auch in einem solchen Fall der Analyse der Absatzwege eine Analyse bestimmter Kundengruppen zugrunde.[48)]

---

47) HECKERT/MINER schreiben hierzu: "An analysis of distribution costs by channels of distribution,... is in reality an analysis by customers." (HECKERT, J. B. - MINER, R. B.: Distribution, S. 129.) Ähnlich auch RIEBEL, P.: Absatzanalyse, S. 626.

48) Praktische Beispiele, die dies weiter verdeutlichen, finden sich bei GEIST, Manfred - MANN, Günther - WITT, Jürgen: Erfolgskontrolle der Absatzwege, Hamburg u. a. 1962, S. 17 ff. u. S. 41 ff.

Die Deckungsbeitragsrechnung nach Absatzwegen dient zum einen dazu, die **Erfolgsbeiträge der verschiedenen Absatzwege** zu planen und zu kontrollieren, zum anderen aber auch zur **Analyse einzelner Komponenten der Absatzwege.**[49] Unter Komponenten eines Absatzweges werden Vertriebskostenstellen verstanden, die für den Absatzweg Leistungen erbringen. Mit der Analyse einzelner Komponenten werden Erlös- und Kosteninformationen für die im Rahmen der Distributionspolitik zu treffenden Entscheidungen über die bereits im Zusammenhang mit der Deckungsbeitragsrechnung nach Kunden besprochene Auswahl von Absatzmittlern und den **Einsatz von Handelsvertreter oder Reisenden** bereitgestellt.[50] Gerade für den in der Literatur stets geforderten Kostenvergleich zwischen Vertretern und Reisenden[51] liefert eine Deckungsbeitragsrechnung nach Absatzgebieten die notwendigen Daten, da sie sowohl die umsatzabhängigen Kosten erfaßt, wie Provisionen und Verkaufsprämien, als auch die fixen Kosten dokumentiert, indem sie für jeden Außendienstmitarbeiter eine separate Kostenstelle führt.

Weisen Absatzwege negative oder zur Gesamtkostendeckung **nicht ausreichende Deckungsbeiträge** auf, sind dafür im wesentlichen **zwei Ursachenkomplexe** verantwortlich. Erstens kann über einen Absatzweg eine Kundengruppe beliefert werden, die sich überwiegend aus **Kunden mit unzureichenden Deckungsbeiträgen** zusammensetzt. Die dafür in Betracht kommenden Gründe wurden im Rahmen der Kundendeckungsbeitragsrechnung in Abschnitt C.II.1. dieses Kapitels erörtert. Im Zusammenhang mit den Absatzwegen sind insbesondere die Kleinaufträge und die zu starke Inanspruchnahme des Außendienstes und des Verkaufsinnendienstes

---

49) Vgl. GEIST, M.: Absatzpolitik, S. 154 f.

50) Zu den distributionspolitischen Entscheidungen vgl. MEFFERT, H.: Marketing, S. 423.

51) Vgl. beispielsweise GUTENBERG, E.: Der Absatz, 13. Aufl., S. 146 ff.

durch die Kunden zu nennen. Zweitens ist es möglich, daß **einzelne Komponenten des Absatzweges** unwirtschaftlich arbeiten und/oder für den Absatzweg nicht geeignet sind.

Einen unprofitablen Absatzweg insgesamt zu eliminieren und einen **gänzlich neuen Absatzweg zu wählen,** indem man z. B. von indirektem Vertrieb auf direkten Vertrieb umstellt, ist eine strategische Entscheidung. Sie muß auf lange Sicht getroffen werden, da ein Wechsel normalerweise kurzfristig nicht möglich ist und eine Umstellung beträchtliche Zeit beansprucht.[52] Dagegen ist es eher möglich, **einzelne Komponenten eines Absatzweges zu ersetzen** und auf diese Weise den Absatzweg zu modifizieren. So empfiehlt es sich etwa, bei einem Absatzweg mit vielen Kleinkunden und geringen Umsätzen anstelle von Reisenden Mehrfirmenvertreter einzusetzen. Umgekehrt ist an eine Ersetzung von Handelsvertretern durch Reisende zu denken, wenn bei entsprechend hohen Umsätzen des Absatzweges die weitgehend umsatzunabhängige Entlohnung der Reisenden billiger als die umsatzabhängige Bezahlung der Vertreter kommt. Allerdings ist zu beachten, daß in einem solchen Fall dem Handelsvertreter ein Ausgleichsanspruch nach § 89b HGB zusteht.

III. Mehrdimensionale Vertriebshierarchien

1. Notwendigkeit des Aufbaus mehrdimensionaler Vertriebshierarchien

Die bisher behandelten eindimensionalen Vertriebshierarchien und die darauf aufbauenden **eindimensionalen Deckungsbeitragsrechnungen** nach Kostenträgern, Kunden, Absatzgebieten und Absatzwegen geben erste Hinweise auf die Erfolgsbeiträge dieser Absatzsegmente. Da aber diese

52) Vgl. NIESCHLAG, R. u. a.: Marketing, S. 373.

Rechnungen unabhängig voneinander parallel erstellt werden, weisen sie im wesentlichen **zwei Schwächen** auf.

Erstens ist für jedes Absatzsegment nur eine **isolierte Erfolgsplanung, -steuerung und -kontrolle** möglich. Fragestellungen wie nach der Höhe des Deckungsbeitrages eines Produktes, das in einem bestimmten Absatzgebiet an einen bestimmten Kunden abgesetzt wurde, sind unter Rückgriff auf eindimensionale Deckungsbeitragsrechnungen nicht beantwortbar. Zweitens können die **Ergebnisse** der getrennt durchgeführten eindimensionalen Deckungsbeitragsrechnungen zueinander im **Widerspruch** stehen. So kann eine Produktgruppe insgesamt einen negativen Deckungsbeitrag aufweisen, gleichzeitig wird aber mit einer Kundengruppe ein guter Deckungsbeitrag erzielt, die laut Verkaufsstatistik überwiegend Produkte dieser insgesamt unprofitablen Produktgruppe kauft. In der Literatur wird die Problematik sich widersprechender Analyseergebnisse eindimensionaler Rechnungen gesehen.[53] Die **Lösungsvorschläge,** wie beispielsweise die Einführung von Gewichtungsschemata zur Bewertung der unterschiedlichen Ergebnisse,[54] greifen jedoch zu kurz, weil sie Lösungen im Rahmen eindimensionaler Deckungsbeitragsrechnungen anstreben. Eindimensionale Rechnungen können aber aufgrund ihres systemimmanenten Mangels, der in der fehlenden Verbindung zwischen den einzelnen Rechnungen besteht, keine brauchbaren Handlungsanweisungen liefern.

Zur Beseitigung der mit eindimensionalen Zurechnungshierarchien und Deckungsbeitragsrechnungen verbundenen Schwächen bedarf es einer **mehrdimensionalen Betrachtung,** bei der die verschiedenen Segmentierungen nicht isoliert nebeneinander stehen, sondern gleichzeitig nach mehreren

---

53) Vgl. GEIST, M.: Absatzpolitik, S. 77.

54) Vgl. NIESCHLAG, Robert - DICHTL, Erwin - HÖRSCHGEN, Hans: Marketing, 8. Aufl., Berlin 1975, S. 512.

Dimensionen vorgenommen werden.[55] Dazu sind **mehrdimensionale Vertriebshierarchien** einzurichten, die letztlich durch "Ineinanderschieben" mehrerer eindimensionaler Hierarchien entstehen. Die darauf aufbauenden **mehrdimensionalen Deckungsbeitragsrechnungen** weisen die Ergebnisse eines bestimmten Absatzsegmentes differenziert nach den anderen Dimensionen aus. Bezogen auf das obige Beispiel erhält man die Deckungsbeiträge, die die Produktgruppe innerhalb der einzelnen Kundengruppen erzielt. Nun ist man auch in der Lage zu entscheiden, welche Kundengruppen in Zukunft nicht mehr mit Produkten der insgesamt unprofitablen Produktgruppe beliefert werden sollen. Stünden diese Informationen nicht zur Verfügung, würde man aufgrund des insgesamt negativen Deckungsbeitrages der Produktgruppe die Entscheidung treffen, sie vollständig aus dem Programm zu nehmen. Dies wäre eine Fehlentscheidung, weil man gleichzeitig deckungsbeitragsstarke Teilabsatzsegmente mit aussondern würde. Losgelöst von dem Beispiel tritt auch der umgekehrte Fall auf. Ein Segment mit ausreichendem Deckungsbeitrag kann durchaus auch verlustbringende Teile enthalten, die mit Hilfe einer eindimensionalen Rechnung nicht erkennbar sind.

Die eben geschilderten Zusammenhänge lassen sich anhand eines einfachen **Zahlenbeispiels** verdeutlichen.[56] Für drei Produktgruppen und drei Kundengruppen eines Unternehmens werden durch zwei parallel durchgeführte eindimen-

---

55) Vgl. RÖHRENBACHER, H.: Leistungsrechnung, S. 87. Angesichts ihrer offensichtlichen Mängel ist es sehr erstaunlich, daß in der Literatur häufig eindimensionale Ergebnisrechnungen als die einzige Methode zur Erfolgsanalyse im Marketing angesehen werden. Vgl. beispielsweise FISCHER, K.-P.: Vertriebskostenrechnung, S. 69 ff.; HESSENMÜLLER, B.: Erfolgsrechnung, S. 110 ff.; GEIST, M.: Absatzpolitik, S. 53 ff.

56) Ähnliche Zahlenbeispiele finden sich bei SEICHT, G.: Leistungsrechnung, S. 323 ff. und RÖHRENBACHER, H.: Leistungsrechnung, S. 87 ff.

sionale Deckungsbeitragsrechnungen folgende Ergebnisse errechnet:

Produktgruppe A: + 8 GE		Kundengruppe 1: - 5 GE
Produktgruppe B: - 6 GE		Kundengruppe 2: + 6 GE
Produktgruppe C: + 20 GE		Kundengruppe 3: + 21 GE

Zöge man diese Ergebnisse als Grundlage für Selektionsentscheidungen heran, würde Produktgruppe B nicht mehr angeboten und die Kundengruppe 1 nicht mehr beliefert werden. Erst durch eine mehrdimensionale Deckungsbeitragsrechnung - wie sie in Abbildung 6-5 grob vereinfacht dargestellt ist -[57] wird erkennbar, daß das Marketing-

Abbildung 6-5
Ergebnisse einer mehrdimensionalen Deckungsbeitragsrechnung

KUNDENGRUPPEN \ PRODUKTGRUPPEN	A	B	C	Σ
1	-4	-3	+2	-5
2	-1	-8	+15	+6
3	+13	+5	+3	+21
Σ	+8	-6	+20	+22

57) Die Identität der Deckungsbeitragssummen in Abbildung 6-5 entsteht dadurch, daß den einzelnen Produkt- und Kundengruppen nur solche Kosten zugerechnet werden, die sowohl Einzlkosten der betreffenden Produktgruppe als auch Einzelkosten der entsprechenden Kundengruppe darstellen.

Management, falls es diesen Daten folgen würde, eine **Fehlentscheidung** träfe.

Werden Produktgruppe B und Kundengruppe 1 aufgrund der Ergebnisse der eindimensionalen Deckungsbeitragsrechnungen eliminiert, so entfallen durch diese Entscheidung nicht nur negative Deckungsbeiträge. Neben den Verlustquellen A 1, B 1 und B 2 werden auch positive Deckungsbeiträge erzielende Teilabsatzsegmente (B 3, C 1) ausgesondert. Diese Tatsache wird jedoch nach der Elimination durch eindimensionale Rechnungen nicht aufgedeckt, da die Summe der Deckungsbeiträge von +22 GE auf +30 GE gestiegen ist, wie aus Abbildung 6-6 zu entnehmen ist.

Abbildung 6-6
Ergebnisse einer mehrdimensionalen Deckungsbeitragsrechnung nach Eliminationen aufgrund eindimensionaler Deckungsbeiträge

KUNDENGRUPPEN \ PRODUKTGRUPPEN	A	B	C	Σ
1	0	0	0	0
2	-1	0	+15	+14
3	+13	0	+3	+16
Σ	+12	0	+18	+30

Obwohl die Verschlechterung der Deckungsbeiträge der Produktgruppe C und der Kundengruppe 3 die Mängel einer solchen Vorgehensweise indiziert, wird man in der Regel wohl solange an getrennten eindimensionalen Deckungsbeiträgen als Entscheidungshilfe festhalten, wie nicht eine gegenüber dem Ergebnis vor der Elimination niedrigere Deckungsbeitragssumme erzielt wird, was nur bei bestimmten Deckungsbeitragsstrukturen der Fall ist.[58)]

Folgt man hingegen den differenzierten Informationen der zweidimensionalen Deckungsbeitragsrechnung nach Kunden- und Produktgruppen, werden die verlustbringenden Teilabsatzsegmente A 1, B 1 und B 2 sofort aufgedeckt. Darüber hinaus wird eine Verlustquelle offengelegt, die mittels einer eindimensionalen Deckungsbeitragsrechnung nicht erkennbar ist. Das Teilabsatzsegment A 2 würde deshalb als Verlustquelle unentdeckt bleiben, weil die positiven Deckungsbeiträge A 3 und C 2 die negativen Deckungsbeiträge innerhalb der Produktgruppe A und der Kundengruppe 2 mehr als kompensiert haben und daher für die Produktgruppe A und die Kundengruppe 2 insgesamt ein positives Ergebnis zu verzeichnen ist. Werden nur die Teilabsatzsegmente mit negativen Deckungsbeiträgen eliminiert, erhöht sich - wie aus Abbildung 6-7 ersichtlich - die Deckungsbeitragssumme auf +38 GE. Gegenüber der Eliminationsentscheidung aufgrund eindimensionaler Rechnungen ergibt sich eine **Ergebnisverbesserung** um +8 GE.

Auch wenn es sich um ein idealtypisches Zahlenbeispiel handelt, wird doch die Notwendigkeit deutlich, die eindimensionalen Deckungsbeitragsrechnungen durch mehrdimensionale Deckungsbeitragsrechnungen zu ergänzen.

---

58) Vgl. hierzu das Beispiel bei RÖHRENBACHER, H.: Leistungsrechnung, S. 88.

Abbildung 6-7
Ergebnisse einer mehrdimensionalen Deckungsbeitragsrechnung nach Eliminationen aufgrund mehrdimensionaler Deckungsbeiträge

KUNDENGRUPPEN \ PRODUKTGRUPPEN	A	B	C	Σ
1	0	0	+2	+2
2	0	0	+15	+15
3	+13	+5	+3	+21
Σ	+13	+5	+20	+38

2. Möglichkeiten und Grenzen des Aufbaus mehrdimensionaler Vertriebshierarchien

Bisher wurden in der vorliegenden Arbeit voneinander getrennte eindimensionale Vertriebshierarchien für Produkte, Kunden, Absatzgebiete und m. E. für Absatzwege aufgebaut. Zu diesen vier Segmentierungen kommen als weitere Analyseobjekte die im Rahmen des fünften Kapitels behandelten Kundenaufträge hinzu. Will man nun die einzelnen eindimensionalen Hierarchien bzw. Segmentierungen untereinander verbinden und in einer einzigen mehrdimensionalen integrierten Gesamthierarchie für den Vertrieb zusammenfassen, ergeben sich insgesamt **120 Aggregationsmöglichkeiten.** Zu dieser Zahl gelangt man unter Rückgriff auf die **Grundregeln der Kombinatorik.** Es handelt sich bei der Ermittlung der verschiedenen Anordnungsmöglichkeiten der Segmentierungskriterien um sogenannte **Permutationen.** Sie geben die Anzahl der Möglichkeiten an, die es gibt, n Elemente in verschiedenen Reihenfolgen anzuordnen.[59] Für n Elemente existieren n! Permutationen bzw. Anordnungsmöglichkeiten.[60] Somit ergeben sich für die fünf Segmentierungskriterien 5! = 120 Möglichkeiten des Aufbaus einer mehrdimensionalen Vertriebshierarchie.

Alle 120 Alternativen vorzuhalten, um möglichst alle denkbaren Analysebedürfnisse abzudecken, verbietet sich erstens aus Gründen der **DV-technischen Realisierbarkeit.** Zur Ermittlung von mehrdimensionalen Deckungsbeiträgen wären zu lange Antwortzeiten erforderlich.[61] Deshalb muß man sich auf wenige mehrdimensionale Vertriebshierarchien beschränken, damit über vorgefertigte, abgespeicherte Zwischenergebnisse und Zugriffspfade die Antwortzeiten so verkürzt werden können, daß im Dialogbetrieb gearbeitet werden kann.[62] Zweitens ist der **Anwender überfordert,** aus 120 Alternativen eine problemadäquate Hierarchie zu selektieren. Daher empfiehlt es sich, von vorneherein die Zahl der **mehrdimensionalen Hierarchien** auf ein vom Anwender überschaubares Maß zu **begrenzen.**

Es stellt sich die Frage, welche Aggregationen aus der Zahl der zur Verfügung stehenden Alternativen gewählt werden sollen. Allgemein gesprochen hat man sich dabei an den **Auswertungs- und Analysebedürfnissen des Absatzbereiches** des jeweiligen Unternehmens zu orientieren. Es sind solche mehrdimensionalen Hierarchien zu selektieren, mit denen ein Großteil der vom Marketing an die Vertriebskostenrechnung herangetragenen Informationsbedürfnisse befriedigt werden kann. In der Ermittlung dieser Informationsbedürfnisse und einem zweckentsprechenden Aufbau

---

59) Vgl. BASLER; Herbert: Grundbegriffe der Wahrscheinlichkeitsrechnung und statistischen Methodenlehre, 4. Aufl., Würzburg - Wien 1973, S. 17 f.

60) Vgl. BASLER, H.: Grundbegriffe, S. 17.

61) Vgl. HAUN, P.: Rechnungswesen, S. 172.

62) Vgl. HAUN, P.: Rechnungswesen, S. 175.

mehrdimensionaler Vertriebshierarchien liegt ein wichtiges Aufgabengebiet des Marketing-Controlling. Das Selektionsproblem läßt sich durch eine **Reduktion der Segmentierungskriterien** entschärfen. Beschränkt man sich auf die Kriterien Produkte, Kunden und Absatzgebiete, existieren nur 3! = 6 Aggregationsmöglichkeiten. Neben den Analysebedürfnissen sind auch die Zurechnungsmöglichkeiten der Vertriebskosten auf die Knotenpunkte der mehrdimensionalen Hierarchien zu beachten. So ist es beispielsweise wenig sinnvoll, in einem funktional organisierten Unternehmen eine integrierte Gesamthierarchie einzurichten, die als oberstes Segmentierungskriterium die verschiedenen Produktgruppen vorsieht, da es in der Regel keine Vertriebskostenstellen gibt, deren Tätigkeitsbereich sich nur auf eine bestimmte Produktgruppe erstreckt.

Während die Anzahl der Aggregationsalternativen und damit die Komplexität der Rechnung mit jeder zusätzlichen Dimension sprunghaft steigt, ist dies nicht der Fall, wenn die **Zahl der Teilabsatzsegmente pro Segmentierungskriterium** steigt.[63] Es sind lediglich mehr Deckungsbeiträge zu berechnen. Liegen z. B. bei drei Segmentierungskriterien zwei Kundengruppen, zwei Absatzgebiete und zwei Produktgruppen vor, ergeben sich, wenn die Produktgruppen die unterste Hierarchieebene bilden, 2 x 2 x 2 = 8 Deckungsbeiträge der Produktgruppen. Bei zwei Kundengruppen, drei Absatzgebieten und drei Produktgruppen erhält man 2 x 3 x 3 = 18 Deckungsbeiträge der Produktgruppen.

Zusammenfassend betrachtet ist sehr sorgfältig zu überlegen, ob man zusätzliche Segmentierungskriterien aufnimmt, die im übrigen auch einen höheren Kontierungsaufwand im Zuge der Kostenerfassung erfordern. Hingegen bestehen bei der Anzahl der Differenzierungen innerhalb einer Segmentierungsdimension keine Restriktionen hinsichtlich der Realisierbarkeit. Trotzdem ist es aus **Wirtschaft-**

---

63) Vgl. RÖHRENBACHER, H.: Leistungsrechnung, S. 94.

lichkeitsgründen sinnvoll, nur solche Differenzierungen einzuführen, die die Informationsqualität signifikant verbessern.

3. Aufbau ausgewählter mehrdimensionaler Vertriebshierarchien

RIEBEL kommt das Verdienst zu, in der deutschsprachigen Literatur als erster die Notwendigkeit des Aufbaus mehrdimensionaler Zurechnungshierarchien für die Absatzanalyse erkannt und - wie Abbildung 6-8 zeigt - konkrete Vorschläge hierfür unterbreitet zu haben.[64] Auch in der angloamerikanischen Literatur finden sich **Beispiele für mehrdimensionale Vertriebshierarchien.** So bauen DUNNE/ WOLK für ein Beispielunternehmen drei verschieden strukturierte mehrdimensionale Hierarchien auf.[65] Die Hierarchie in Abbildung 6-9 ist auf der obersten Ebene nach Produktgruppen differenziert. Darunter schließt sich zunächst eine Untergliederung nach Absatzgebieten und danach eine nach Kundengruppen an. Bei letzteren wird zusätzlich danach unterschieden, ob sie große oder kleine Aufträge erteilen. Ansonsten finden sich in der Literatur überwiegend zweidimensionale Vertriebshierarchien.[66] Es wird dort beispielsweise nach den Dimensionen Kunden und Pro-

---

64) Vgl. RIEBEL, P.: Absatzanalyse, S. 599 f. Vgl. auch die neueren Veröffentlichungen von RIEBEL, etwa RIEBEL, P.: Handel, Sp. 447; RIEBEL, Paul - SINZIG, Werner: Zur Realisierung der Einzelkosten- und Deckungsbeitragsrechnung mit einer relationalen Datenbank, in: ZfbF, 33. Jg. (1981), H. 6, S. 467.

65) Vgl. DUNNE, P. - WOLK, H. J.: Analysis, S. 85 ff.

66) Eine Ausnahme bildet etwa MÄNNEL, W.: Weiterentwicklung, S. 37 ff.

dukte[67], Absatzgebiete und Kunden[68] sowie Absatzgebiete und Produkte[69] untergliedert. Diese zweidimensionalen Vertriebshierarchien geben Hinweise auf den Aufbau mehr-

Abbildung 6-8
Beispiele für mehrdimensionale Vertriebshierarchien

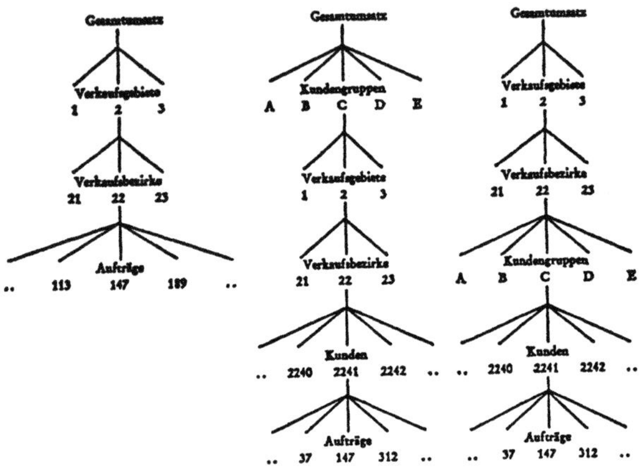

Quelle: RIEBEL, P.: Absatzanalyse, S. 600.

---

67) Vgl. JANTZEN, Werner: Wo Gewinne - Wo Verluste?, in: MJ, 7. Jg. (1974), Nr. 1, S. 15.

68) Vgl. DREWS, L. - KROB, F.: Gewinnplanungsrechnung, S. 63.

69) Vgl. RAYBURN, L. G.: Accounting Tools, S. 179 f.

Abbildung 6-9

Beispiel für eine zuerst nach Produktgruppen differnzierenden mehrdimensionalen Vertriebshierarchie

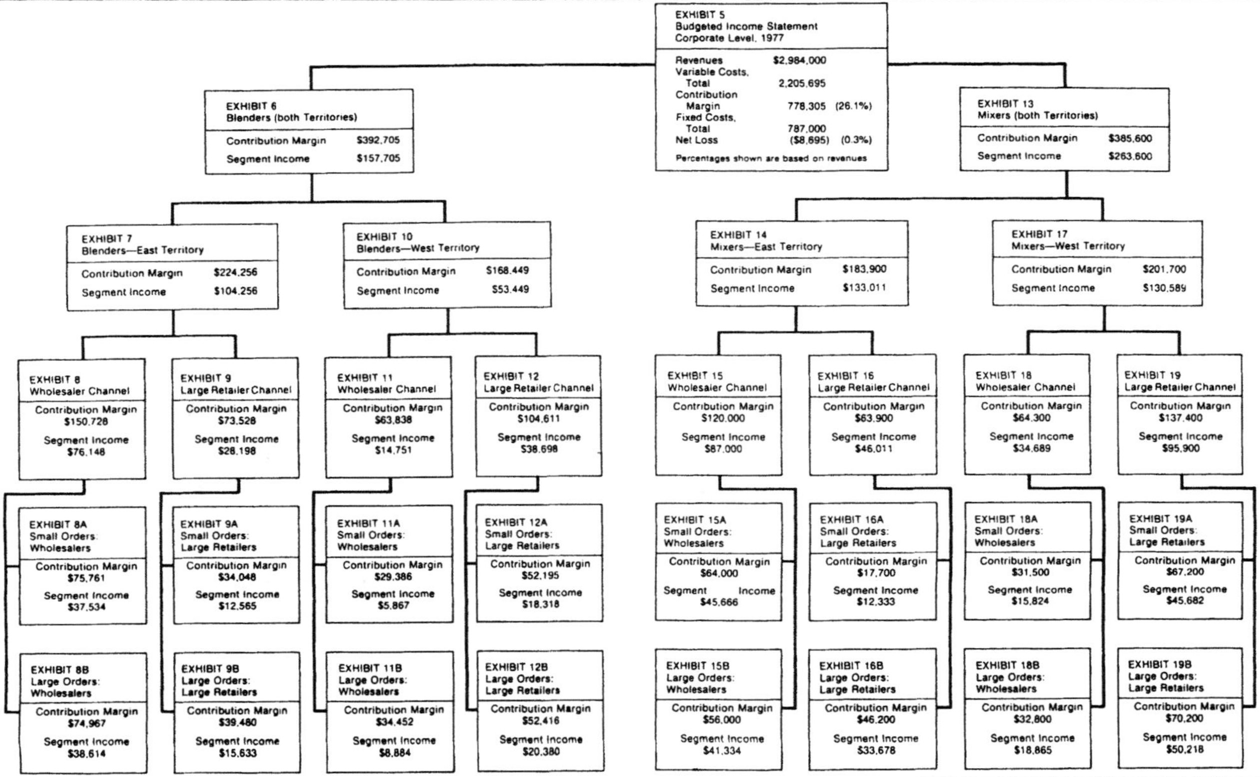

Quelle: DUNNE, P. - WOLK, H.: Analysis, S. 86f.

dimensionaler Hierarchien. So ist ersichtlich, daß vor allem die Dimensionen Produkte, Kunden bzw. Kundengruppen und Absatzgebiete für mehrdimensionale Hierarchien relevant sind. Wie in Abschnitt C.II.3. dieses Kapitels erwähnt, beinhaltet eine Segmentierung nach Kundengruppen auch die Möglichkeit der Analyse verschiedener Absatzwege. Somit schließt eine **dreidimensionale Vertriebshierarchie** auch die vierte Dimension der Absatzwege mit ein. Die Segmentierung nach Kundenaufträgen ist für eine mehrdimensionale Vertriebshierarchie im wesentlichen nur unter dem Aspekt der Auftragsgröße von Interesse, weil der Kundenauftrag als Bindeglied zwischen dem Kunden und dem Produkt in einer zweidimensionalen Produkt- und Kundenhierarchie ausreichend abgebildet ist. Hinsichtlich der Auftragsgröße ist sehr sorgfältig abzuwägen, ob man sie als weitere Dimension einer integrierten Gesamthierarchie einführt, da damit eine Erhöhung der Aggregationsmöglichkeiten von 3! = 6 auf 4! = 24 verbunden ist. Zudem muß als Voraussetzung hierfür bei der Kostenerfassung ein zusätzliches Kontierungsmerkmal berücksichtigt werden. Abgesehen von diesen auf die rechentechnische Durchführbarkeit abzielenden Argumenten ist zu prüfen, ob die Analyse von Auftragsgrößen im Rahmen einer mehr oder weniger standardisierten Auswertungsrechnung, wie einer auf einer mehrdimensionalen Vertriebshierarchie aufbauenden mehrdimensionalen Deckungsbeitragsrechnung, durchgeführt werden muß. In der Regel wird es ausreichen, eine Analyse der Auftragsgrößen als Sonderrechnung zu einer eindimensionalen Auftragsdeckungsbeitragsrechnung oder Kundendeckungsbeitragsrechnung vorzusehen. Will ein Unternehmen trotz der hier aufgeführten Argumente die Auftragsgröße als weitere Dimension einführen, so zeigt Abbildung 6-9 eine Möglichkeit der Integration dieses Segmentierungskriteriums in eine integrierte Gesamthierarchie des Vertriebs.

Aus den genannten Gründen ist es ausreichend, sich bei dem Aufbau mehrdimensionaler Vertriebshierarchien auf die **drei Dimensionen Produkte, Kunden und Absatzgebiete** zu beschränken. Konkret bestehen dann folgende sechs Anordnungsmöglichkeiten der drei Dimensionen:

1. Absatzgebiete - Kunden - Produkte
2. Kunden - Absatzgebiete - Produkte
3. Produkte - Absatzgebiete - Kunden
4. Produkte - Kunden - Absatzgebiete
5. Kunden - Produkte - Absatzgebiete
6. Absatzgebiete - Produkte - Kunden

Wie in Abschnitt C.III.2. dieses Kapitels ausgeführt, wird ein Unternehmen in der Regel nicht alle Aggregationsmöglichkeiten nutzen, sondern jene **Hierarchien selektieren,** mit denen die meisten der absehbaren und regelmäßig auftretenden Analysebedürfnisse befriedigt werden können, wobei ergänzend die mit der Organisationsstruktur verbundene Frage der Zurechenbarkeit der Vertriebskosten auf die Hierarchien zu berücksichtigen ist.[70)] Häufig genügt es, zum Aufbau einer integrierten Gesamthierarchie des Vertriebs nur eine Aggregationsmöglichkeit heranzuziehen.

In Abbildung 6-10 sind die Anordnungsalternativen 1, 2 und 3 detaillierter dargestellt. Die Alternativen 1 und 2 eignen sich für **funktional organisierte Unternehmen,** die ihre Vertriebskostenstellen ergänzend nach Kunden und Absatzgebieten untergliedert haben. Unter Zurechnungsaspekten werden Unternehmen mit primär nach Gebieten differenzierten Vertriebskostenstellen die Hierarchie 1 wählen, Unternehmen mit überwiegend nach Kunden differenzierten Vertriebskostenstellen hingegen die Hierarchie 2. Anderenfalls werden die fixen Kosten vieler Vertriebskosten-

---

70) Ein weiterer, bei der Auswahl der Aggregationsmöglichkeiten zu beachtender Gesichtspunkt wird weiter unten in diesem Abschnitt angesprochen werden.

Abbildung 6-10
Ausgewählte Aggregationsalternativen für mehrdimensionale Vertriebshierarchien

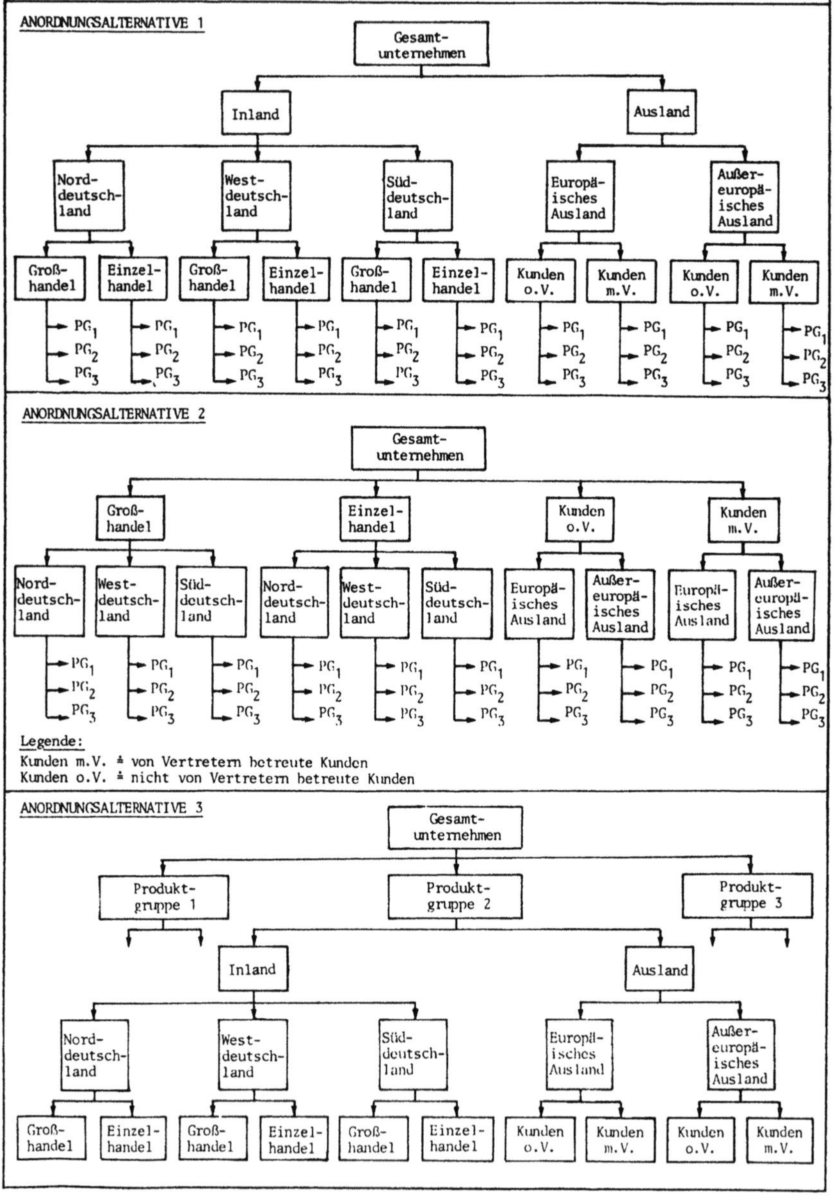

stellen erst auf den obersten Hierarchieebenen als Einzelkosten zurechenbar. **Divisional nach Produktsparten oder -gruppen organisierte Unternehmen** werden die Alternative 3 als mehrdimensionale Vertriebshierarchie vorsehen, die auf den beiden unteren Ebenen - je nach unternehmensindividuellen Gegebenheiten - auch zuerst nach Kunden und dann nach Absatzgebieten gegliedert sein kann. Grundsätzlich ist es möglich, innerhalb der **einzelnen Segmentierungskriterien tiefer zu untergliedern.** Bezogen auf die Beispiele in Abbildung 6-10 könnten etwa die Kundengruppen weiter nach den verschiedenen Betriebsformen differenziert werden. Dadurch entstehen dann keine neuen Aggregationsmöglichkeiten, wenn die Reihenfolge innerhalb der einzelnen Segmentierungen festliegt, wenn also innerhalb des Absatzsegmentes die Reihenfolge stets Kundenhauptgruppe - Kundengruppe - einzelne Kunden lautet. Allerdings muß dabei die Zurechenbarkeit der Vertriebskosten beachtet werden. Je feiner die Untergliederung in einer mehrdimensionalen Hierarchie, desto weniger Kosten können auf den unteren Ebenen zugerechnet werden. Das gilt in verstärktem Maße, wenn die Differenzierungen bereits auf den oberen Hierarchieebenen vorgenommen werden.

Vertriebskosten, die keine Einzelkosten der auf der obersten Hierarchieebene angesiedelten Kalkulationsobjekte darstellen, können nur dem Unternehmen insgesamt zugerechnet werden. Dieser Sachverhalt ist deshalb unbefriedigend, weil bestimmte Vertriebskosten nur wegen des **fehlenden Einzelkostencharakters** in bezug auf die oberste Hierarchieebene nicht weiter unten in der Hierarchie zugerechnet werden können. Ein Beispiel mag dies verdeutlichen. Ein divisional nach Produktsparten organisiertes Unternehmen hat als integrierte Gesamthierarchie die Aggregationsmöglichkeit 3 aus Abbildung 6-10 gewählt. Die Vertriebskostenstellen sind in der Mehrzahl nach Spartenaspekten gebildet, allerdings gibt es - so sei unterstellt - auch Vertriebskostenstellen, die nicht nach Sparten, sondern nach regionalen Gesichtspunkten gegliedert sind. Das betrifft insbesondere die Lager, die Verkaufsbüros, aber auch einige Leitungskostenstellen. Die Kosten dieser Kostenstellen wären nur dem Gesamtunternehmen zurechenbar, obwohl sie eine regionale Differenzierung aufweisen. Eine Lösung des Problems besteht darin, zusätzlich eine weitere Hierarchie als **Summationshierarchie** vorzusehen, die auf die Untergliederung der obersten Hierarchieebene verzichtet und stattdessen diese Untergliederungen zu einem einzigen Kalkulationsobjekt zusammenfaßt. Bezogen auf das Beispiel bedeutet das, auf der obersten Ebene nicht nach den drei Produktgruppen zu differenzieren, sondern dort ein Kalkulationsobjekt "Produktgruppen insgesamt" zu installieren. Auf diese Weise können die angesprochenen Vertriebskosten in ihrer regionalen Differenzierung abgebildet werden. Die zusätzliche und die ursprüngliche Hierarchie lassen sich auch als **"Hierarchie**

Abbildung 6-11
Beispiel für eine mehrdimensionale Vertriebshierarchie mit einer Summationshierarchie

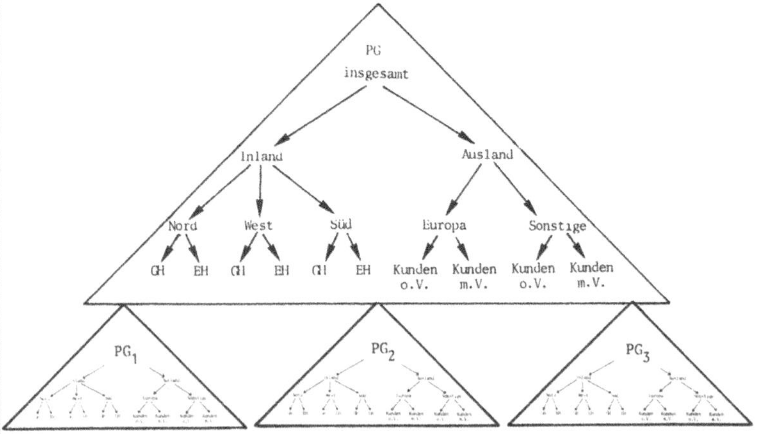

in der Hierarchie" interpretieren, da an der Hierarchie "Produktgruppen insgesamt" die drei auf die Produktgruppen bezogenen Hierarchien hängen, die den gleichen Hierarchieaufbau wie die darüberliegende Hierarchie aufweisen. Wie Abbildung 6-11 zeigt, ergibt sich in Ansätzen eine "Tannenbaumstruktur".

Will man eine auf einer mehrdimensionalen Vertriebshierarchie aufbauende mehrdimensionale Deckungsbeitragsrechnung beispielhaft darstellen, so ist es sinnvoll, nicht nur Ausschnitte aus der Hierarchie herauszugreifen, sondern die Deckungsbeitragsrechnung vollständig von der obersten bis zur untersten Hierarchieebene durchzurechnen. Aus Platzgründen muß ein solches Beispiel allerdings stark vereinfacht werden, indem man sich auf wenige Differenzierungen innerhalb der Segmentierungskriterien beschränkt. Folglich umfaßt das in Abbildung 6-12 wiedergegebene **Beispiel** nur die Absatzgebiete Inland/Ausland, die Kundengruppen Großhandel/Einzelhandel bzw. mit und ohne Vertretereinsatz bearbeitete Kunden sowie zwei Produktgruppen. In der Horizontalen ist die mehrdimensionale Vertriebshierarchie abgebildet, in der Vertikalen sind all jene Vertriebskosten aufgeführt, die für bestimmte Segmente der Hierarchie Einzelkosten darstellen.

Damit Vertriebskosten auf der **untersten Hierarchieebene** zugerechnet werden können, müssen sie sowohl Einzelkostencharakter in bezug auf eine Produktgruppe als auch in bezug auf eine Kundengruppe und ein Absatzgebiet aufweisen. Das trifft zunächst auf diejenigen Kosten zu, die Einzelkosten der einzelnen Leistungseinheiten sind, somit auf einen Teil der kostenträger- und kostenstellenbezogen erfaßten **variablen Vertriebskosten** und auf die Standard-Herstellkosten. Aber auch manche **fixe Vertriebskosten** sind hinsichtlich sämtlicher drei Dimensionen bestimmt, wie in dem Beispiel die Kosten für Werbemaßnahmen und Verkaufsförderungsaktionen, die auf eine bestimmte Produktgruppe gerichtet sind, die an eine Kundengruppe in einem Absatzgebiet abgesetzt wird. Allgemein sind all jene Kosten, die

Abbildung 6-12
Beispiel für eine auf ein Jahr bezogene mehrdimensionale Deckungsbeitragsrechnung

		GESAMTUNTERNEHMEN														
ABSATZGEBIET		INLAND							AUSLAND							
KUNDENGRUPPE		Großhandel		Σ	Einzelhandel		Σ	Σ	Kunden mit Vertretern		Σ	Kunden ohne Vertreter		Σ	Σ	Σ
PRODUKTGRUPPE		PG_1	PG_2		PG_1	PG_2			PG_1	PG_2		PG_1	PG_2			
Nettoerlöse	DM	6.337.710	5.568.934	11.906.644	8.435.675	5.075.380	13.511.055	25.417.699	4.670.930	6.308.510	10.979.440	5.634.085	4.587.823	10.221.908	21.201.348	46.619.047
./. Kostenträger- u. kostenstellenbezogen erfaßte var. Vertriebskosten (Stückeinzelkosten)	DM	567.935	486.734	1.054.669	751.368	741.708	1.493.076	2.547.745	415.480	587.370	1.002.850	506.308	398.670	904.978	1.907.828	4.455.573
./. Standard-Herstellkosten	DM	2.520.110	2.371.630	4.891.740	3.370.840	3.760.445	7.131.285	12.023.025	1.744.380	2.428.450	4.172.830	2.580.706	1.731.850	4.312.556	8.485.386	20.508.411
= Summe der Stückdeckungsbeiträge	DM	3.249.665	2.710.570	5.960.235	4.313.467	573.227	4.886.694	10.846.929	2.511.070	3.292.690	5.803.760	2.547.071	2.457.303	5.004.374	10.808.134	21.655.063
Werbemaßnahmen	DM	70.930	63.705	134.635	74.821	169.388	244.209	378.844								378.844
Verkaufsförderungsaktionen	DM	55.420	61.302	116.722	71.798	168.320	240.118	356.840								356.840
./. Fixe Vertriebseinzelkosten der PG, KG u. AG	DM	126.550	125.007	251.557	146.619	337.708	484.327	735.684								735.684
= Deckungsbeitrag I	DM	3.123.315	2.585.563	5.708.878	4.166.848	235.519	4.402.367	10.111.245	2.511.070	3.292.690	5.803.760	2.547.071	2.457.071	5.004.374	10.808.134	20.919.379
./. Kostenträger- u. kostenstellenbezogen erfaßte variable Vertriebskosten (Auftragseinzelkosten)	DM			1.798.368			3.165.768	4.964.136								4.964.136
Marktforschungsprojekte	DM						71.425	71.425								71.425
Außendienst Ausland (KST)	DM										1.298.370				1.298.370	1.298.370
Verkaufsinnendienst Ausland (KST)	DM													765.620	765.620	765.620
Verkaufsinnendienst Inland GH (KST)	DM			207.870				207.870								207.870
Verkaufsinnendienst Inland EH (KST)	DM						366.050	366.050								366.050
Auftragsbearbeitung Inland GH (KST)	DM			200.407				200.407								200.407
Auftragsbearbeitung Inland EH (KST)	DM						305.630	305.630								305.630
./. Fixe Vertriebseinzelkosten der KG u. AG	DM			408.277			743.105	1.151.382			1.298.370			765.620	2.063.990	3.215.372
= Deckungsbeitrag II	DM			3.502.233			493.494	3.995.727			4.505.390			4.238.754	8.744.144	12.739.871
Werbung (KST)	DM							465.900								465.900
Verkaufsförderung (KST)	DM							305.788								305.788
Marktforschung (KST)	DM							241.670								241.670
Außendienst Inland (KST)	DM							1.478.321								1.478.321
Auftragsbearbeitung Ausland (KST)	DM														321.450	321.450
Auslieferungslager (KST)	DM							503.761								503.761
./. Fixe Vertriebseinzelkosten der AG	DM							2.995.440							321.450	3.316.890
= Deckungsbeitrag III	DM							1.000.287							8.422.694	9.422.981
Vertriebsleitung (KST)	DM															820.360
Fertigwarenlager (KST)	DM															843.528
Versand (KST)	DM															542.712
Abwicklung des Zahlungsverkehrs (KST)	DM															732.810
./. Fixe Vertriebseinzelkosten des Gesamtunternehmens	DM															2.939.410
= Vertriebsergebnis des Gesamtunternehmens	DM															6.483.571

den Kalkulationsobjekten auf der untersten Ebene einer mehrdimensionalen Hierarchie als Einzelkosten zugerechnet werden können, auch bei jeder anderen Aggregationsalternative - wenn auch in anderen Summierungen - auf der untersten Hierarchieebene zurechenbar. Der Deckungsbeitrag I zeigt die Ergebnisse der beiden Produktgruppen innerhalb der verschiedenen Kundengruppen und Absatzgebiete. Hierbei fällt auf, daß die Produktgruppe 2 im Einzelhandel einen, verglichen mit ihren Deckungsbeiträgen in den anderen Kundengruppen, niedrigen Deckungsbeitrag erzielt, was aus einer eindimensionalen Produktdeckungsbeitragsrechnung nicht ersichtlich wäre.

Auf der **nächsten Hierarchieebene** werden jene Vertriebskosten zugerechnet, die **gleichzeitig Einzelkosten einer Kundengruppe und eines Absatzgebietes** sind. Als Besonderheit sind hier die **Einzelkosten der Kundenaufträge** zu nennen, die sich - wie in Abschnitt B.II.2. des fünften Kapitels gezeigt wurde - aus kostenträger- und kostenstellenbezogen erfaßten variablen Vertriebskosten zusammensetzen.[71] Sie werden aus der Auftragsdeckungsbeitragsrechnung übernommen und sind der mehrdimensionalen Vertriebshierarchie als Einzelkosten auf entsprechender Hierarchieebene zuzuordnen. Ansonsten handelt es sich um fixe Vertriebskosten, die sich überwiegend aus den nicht weiterverrechneten Kosten ganzer Vertriebskostenstellen zusammensetzen, deren Tätigkeitsbereich sich ausschließlich auf eine bestimmte Kundengruppe in einem Absatzgebiet erstreckt.[72] Generell gilt, daß Vertriebskosten, die nicht hinsichtlich aller Segmentierungskriterien determiniert sind, bei anderen Aggregationsalternativen auf einer anderen Hierarchieebene als Einzelkosten zurechen-

71) Vgl. dazu auch das in Abbildung 5-5 wiedergegebene Beispiel.

72) Das Beispiel in Abbildung 6-12 greift hinsichtlich der Tätigkeitsbereiche der einzelnen Vertriebskostenstellen weitgehend auf die Verknüpfungsmatrix aus Abbildung 4-4 und auf die mehrdimensionale Kostenstellenhierarchie aus Abbildung 4-5 zurück.

bar sind. Werden etwa die Produktgruppen als erstes Gliederungskriterium herangezogen, können Vertriebskostenstellen mit einem auf eine Kundengruppe in einem bestimmten Absatzgebiet bezogenen Aktivitätsfeld nur auf der Ebene des Gesamtunternehmens zugeordnet werden. Der als Deckungsbeitrag II bezeichnete Deckungsbeitrag der Kundengruppen zeigt für den Einzelhandel einen niedrigen Deckungsbeitrag. Mit einer eindimensionalen Kundendeckungsbeitragsrechnung könnte die Ursache hierfür, nämlich der bereits erwähnte niedrige Deckungsbeitrag der Produktgruppe 2 im Einzelhandel, nicht aufgedeckt werden.

Der **letzten Hierarchieebene** werden schließlich die **fixen Vertriebskosten eines Absatzgebietes** zugerechnet. Würde man eine andere Aggregationsalternative wählen, wären jene Vertriebskosten nur Einzelkosten des Gesamtunternehmens. Der Deckungsbeitrag für das Inland liegt beträchtlich unter dem des Auslandes. Außer den offensichtlich geringeren Absatzbemühungen, die im Ausland erforderlich sind, würde eine eindimensionale Deckungsbeitragsrechnung nach Absatzgebieten keine weiteren Gründe für den niedrigen Deckungsbeitrag des Inlandes offenlegen. Mit der mehrdimensionalen Deckungsbeitragsrechnung können die Ursachen zurückverfolgt werden. Zunächst weist der Einzelhandel insgesamt hohe Auftragseinzelkosten auf, was auf die Dominanz von Kleinaufträgen schließen läßt. Innerhalb des Einzelhandels ist vor allem der schon mehrmals angesprochene niedrige Deckungsbeitrag der Produktgruppe 2 für das schlechte Abschneiden des Einzelhandels verantwortlich.

Schließlich werden von den summierten Deckungsbeiträgen der Absatzgebiete die Kosten der für den gesamten Vetrieb zuständigen Vertriebskostenstellen abgezogen. Man erhält somit das **Vertriebsergebnis des Gesamtunternehmens.** Subtrahiert man davon die Kosten der anderen Unternehmensbereiche, wobei zu berücksichtigen ist, daß die Herstellkosten in Form der Standard-Herstellkosten zum Teil schon verrechnet wurden, gelangt man zu dem Unternehmensergebnis der Periode.

Bisher wurde der Aufbau integrierter Gesamthierarchien ausschließlich unter dem Gesichtspunkt der Analyse- und Auswertungsbedürfnisse diskutiert, wobei ergänzend die Zurechenbarkeit der Vertriebskosten auf die Elemente der Hierarchien beachtet wurde. Wie in Abschnitt B.I.2. des fünften Kapitels ausführlich erörtert, hängt die Höhe der zu verrechnenden kostenträgerbezogen erfaßten variablen Vertriebskosten nicht nur vom Produkt, sondern auch von Kundenmerkmalen ab. Diese unterschiedlichen Kostenbelastungen können in eine mehrdimensionale Vertriebshierarchie eingestellt werden, die den Weg der Produkte zu den Kunden abbildet. Das Produkt, aber auch der Kundenauftrag, werden bei ihrem Durchlauf durch die Hierarchie mittels der in die Hierarchie eingestellten Prozent- und Kostensätze mit Kosten belastet. Eine solche unter dem Aspekt der **Weiterverrechnung kostenträgerbezogen erfaßter variabler Vertriebskosten** gebildete integrierte Gesamthierarchie weicht in ihrem Aufbau unter Umständen von den unter Analysegesichtspunkten selektierten Hierarchien ab. Es empfiehlt sich in der Regel, eine der Aggregationsalternative 3 in Abbildung 6-10 entsprechende Struktur. Dies gilt auch dann, wenn das Unternehmen funktional organisiert ist und diese Alternative wegen der mangelnden Zurechenbarkeit von Vertriebskosten nicht geeignet ist. In solchen Fällen sind dann mehrere integrierte Gesamthierarchien vorzuhalten, die dann jeweils unterschiedlichen Zwecken dienen.

Abschließend betrachtet stellen die mehrdimensionalen Vertriebshierarchien und die darauf aufbauenden **mehrdimensionalen Deckungsbeitragsrechnungen** das **differenzierteste Instrument** einer entscheidungsorientierten Vertriebskostenrechnung dar. Sie sind als **Ergänzung** eindimensionaler Ergebnisrechnungen unabdingbar, weil sie die Ergebnisse einzelner Teilabsatzsegmente nach mehreren

Dimensionen gleichzeitig ausweisen und somit eine Aufdeckung von Verlustquellen ermöglichen, die im Zuge eindimensionaler Rechnungen verborgen bleiben. Manche Verlustquellen werden erst bei bestimmten Anordnungen der Segmentierungskriterien ersichtlich, so daß es sich unter diesem Aspekt empfiehlt, mehrere Aggregationsalternativen vorzusehen,[73)] wenngleich diesem Bestreben, wie in Abschnitt C.III.2. dieses Kapitels erwähnt, seitens der EDV Grenzen gesetzt sind. Als differenziertestes Instrument der Vertriebskostenanalyse stellen die mehrdimensionalen Hierarchien und Deckungsbeitragsrechnungen auch die höchsten **Anforderungen an die EDV und die Anwender.** Um die Vertriebskosten den einzelnen Kalkulationsobjekten der mehrdimensionalen Hierarchie als Einzelkosten zurechnen zu können, müssen die Deskriptoren der einzelnen Kostendaten und der Vertriebskostenstellen abgefragt und sortiert werden, in bezug auf welche Kalkulationsobjekte der mehrdimensionalen Hierarchie die Vertriebskosten Einzelkostencharakter haben. Die Anwender müssen schließlich die durch mehrdimensionale Analysen gebotenen Informationen richtig interpretieren und in Handlungsempfehlungen umsetzen können. Gerade hier tritt die Rolle der Vertriebskostenrechnung als Entscheidungshilfe für das Marketing-Management deutlich hervor. Dem **Marketing-Controlling** kommt in diesem Zusammenhang die wichtige Aufgabe zu, dafür zu sorgen, daß die zur Verfügung stehenden Informationen der Vertriebskostenrechnung voll genutzt werden, um den Informationsbedarf des Marketing-Management so weit wie möglich abzudecken.

---

73) Vgl. hierzu das Zahlenbeispiel bei RÖHRENBACHER, H.: Leistungsrechnung, S. 97 ff.

SCHLUSSBETRACHTUNG

Ziel der vorliegenden Arbeit war es, eine **entscheidungsorientierte Kostenrechnung für den Vertrieb** aufzubauen. Neben den kostenrechnungstheoretischen Problemen der Generierung entscheidungsrelevanter Kosteninformationen sollten hierbei vor allem zwei Gesichtspunkte berücksichtigt werden: erstens die **praktische Umsetzbarkeit** der vom theoretischen Standpunkt aus als richtig erkannten Lösungen und zweitens die Einsetzbarkeit der Vertriebskostenrechnung als **Instrument der Informationsversorgung** des Marketing-Management.

Zunächst muß eine Vertriebskostenrechnung, die entscheidungsrelevante Kosteninformationen bereitstellen soll, als eine **Plankostenrechnung auf Teilkostenbasis** konzipiert sein. Da Marketing-Entscheidungen primär die Gestaltung von Beziehungen zu anderen Wirtschaftssubjekten auf den Absatzmärkten zum Gegenstand haben, hat eine Vertriebskostenrechnung außer den Kostenstellen und den Produkten zusätzlich als **weitere absatzrelevante Kalkulationsobjekte** die Marketinginstrumente und -maßnahmen sowie die Absatzsegmente Aufträge, Kunden, Absatzgebiete und Absatzwege vorzusehen. Das in der Einzelkosten- und Deckungsbeitragsrechnung verwendete Konzept einer **zweckpluralen Grundrechnung** der Ist- und Plankosten ermöglicht die Berücksichtigung der zahlreichen absatzrelevanten Kalkulationsobjekte der Vertriebskostenrechnung. Allerdings sind diesem Konzept sowohl von seiten der DV-technischen Umsetzbarkeit als auch von seiten der Transparenz und Operabilität des Kostenrechnungssystems für den Benutzer **Grenzen** gesetzt.

Diese Einschränkungen entfallen weitgehend, wenn man die **Vertriebskostenstellenrechnung in das Zentrum der Vertriebskostenrechnung** stellt und so ausgestaltet, daß aus ihr ein Großteil der Kosteninformationen entnommen werden kann, die für weitere Auswertungsrechnungen benötigt werden. Dadurch wird die Transparenz und Operabilität der

Vertriebskostenrechnung für den Benutzer verbessert, da es sich um ein Teilgebiet der Kostenrechnung handelt, das in den meisten Fällen in seiner Grundstruktur bereits installiert ist. Die Kostenstellenkosten müssen in variable und fixe Bestandteile gespalten werden, wie das auch in der Grenzplankostenrechnung der Fall ist. Die **Kostenspaltung** beruht auf der Bestimmung von Vertriebsleistungen bzw. Bezugsgrößen für die einzelnen Vertriebskostenstellen. Liegen der Kostenspaltung repetitive Vertriebsleistungen zugrunde, die sich zudem auf die Kostenträger beziehen, können die **variablen Kosten** dieser Vertriebskostenstellen über Verrechnungssätze den Kostenträgern zugerechnet werden. Da die auf diese Weise verrechneten Kosten den kleineren Teil der Vertriebskosten ausmachen, stellt die Zurechnung derjenigen Vertriebskosten, die nicht über Verrechnungssätze weiterverrechnet werden, einen zentralen Punkt dar. Sie werden den absatzrelevanten Kalkulationsobjekten auf zweierlei Weise zugeordnet. Zum einen werden die **fixen Kosten ganzer Vertriebskostenstellen** dem Identitätsprinzip entsprechend denjenigen Kalkulationsobjekten als Einzelkosten zugerechnet, für die eine Vertriebskostenstelle ausschließlich tätig ist. Voraussetzung für diese Vorgehensweise ist, daß die Vertriebskostenstellen nicht nur nach funktionalen Kriterien, sondern ergänzend nach den absatzmarktorientierten Kriterien Produkte, Kunden und Absatzgebiete gegliedert und entsprechend gekennzeichnet sind. Zum anderen setzt in der Kostenstelle Marktforschung und in den kommunikationspolitischen Kostenstellen die vieldimensionale Kennzeichnung mit Klassifikationsobjekten an den **einzelnen Kostendaten** an, weil dort in erster Linie projekt- und aktionsbezogene Vertriebsleistungen erbracht werden. Diese zweigleisige Vorgehensweise stellt die **DV-technische Umsetzbarkeit** der vieldimensionalen Zurechnungsmöglichkeiten der Vertriebskosten sicher, da in der Grundrechnung für die meisten Kostenbeträge nur die Verdichtungsrichtungen Kostenart und Vertriebskostenstelle erforderlich sind und die vieldimensionale Kennzeichnung erst an den

Vertriebskostenstellen ansetzt. Nur für ein gemessen an den gesamten Vertriebskosten geringes Datenvolumen müssen bereits die einzelnen Kostenbeträge vieldimensional kontiert werden.

Aufbauend auf der Verrechnungssatzbildung und der differenzierten Abbildung der Fixkosten im Rahmen der Kostenstellenrechnung, können nun **Auswertungsrechnungen** für weitere absatzrelevante Kalkulationsobjekte durchgeführt werden. Die Zurechnung von Vertriebskosten auf Kostenträger ist dadurch charakterisiert, daß im Vertrieb nicht nur die Produkte, sondern auch die Kundenaufträge als Kostenträger anzusehen sind. Darüber hinaus fallen im Vertrieb, in Abhängigkeit davon, an wen, wohin, mit welchen Transportmittlen geliefert wird, in der Regel für das gleiche Produkt unterschiedlich hohe variable Vertriebskosten an. **Deckungsbeitragsrechnungen nach Produkten, Kunden, Absatzgebieten und Absatzwegen** enthalten nicht nur die variablen Vertriebskosten, die teilweise direkt kostenträgerbezogen erfaßt, teilweise über die in der Kostenstellenrechnung ermittelten Verrechnungssätze weiterverrechnet werden, sondern auch fixe Vertriebskosten. Sie werden in den Deckungsbeitragsrechnungen jenen Kalkulationsobjekten zugerechnet, für die sie Einzelkosten darstellen. Diese Zurechnung beruht auf der in der Kostenstellenrechnung vorgenommenen Fixkostendifferenzierung. Es kann sich dabei sowohl um fixe Kosten ganzer Vertriebskostenstellen handeln als auch um einzeln kontierte und zugerechnete Kostenbeträge. **Eindimensionale Deckungsbeitragsrechnungen** liefern häufig sich widersprechende Ergebnisse und decken zudem nicht sämtliche Verlustquellen im Marketing auf. Daher müssen zusätzlich **mehrdimensionale Deckungsbeitragsrechnungen** aufgebaut werden, die aus verschiedenen Arten von Kalkulationsobjekten bestehen und gleichzeitig nach verschiedenen Segmentierungskriterien gegliedert sind.

Die Vertriebskostenrechnung darf nicht als Selbstzweck betrieben werden, sondern muß dem Marketing-Management

Kosteninformationen als Hilfe zur Entscheidungsvorbereitung und -fällung liefern. Hierzu bedarf es der Koordination zwischen dem Informationsbedarf des Marketing-Management auf der einen Seite und der Informationsversorgung durch die Vertriebskostenrechnung auf der anderen Seite. Mit der **Einordnung der Vertriebskostenrechnung in ein umfassendes Marketing-Controllingkonzept,** in dem die Vertriebskostenrechnung ein Informationsversorgungsinstrument neben anderen darstellt, wird diesem Aspekt Rechnung getragen.

Das in dieser Arbeit konzipierte System einer entscheidungsorientierten Vertriebskostenrechnung ist in der Lage, relevante Konsteninformationen für eine Vielzahl von Marketing-Entscheidungen bereitzustellen. Da die Vertriebskostenrechnung rein quantitative Daten liefert, die die unternehmensinternen Prozesse abbilden, das Marketing hingegen durch die konsequente Ausrichtung auf die Absatzmärkte gekennzeichnet ist, wäre es verfehlt, Marketing-Entscheidungen alleine auf der Grundlage von Vertriebskosteninformationen zu treffen. Es ist daher unabdingbar, die internen, aus der Vertriebskostenrechnung stammenden Informationen um **externe Marktinformationen** zu ergänzen, wie sie beispielsweise aus Marktforschungsdaten oder Außendienstberichten entnommen werden können. Eine Verbesserung der Informationswirtschaft im Marketing muß auf den Aufbau eines **integrierten Marketing-Informationsversorgungssystems** abzielen, das dadurch gekennzeichnet ist, daß unternehmensinterne und unternehmensexterne, quantitative und qualitative sowie strategische und taktisch-operative Informationen nicht mehr isoliert nebeneinander stehen, sondern diese **Informationen miteinander verknüpft und der Entscheidungssituation entsprechend gewichtet und eingeordnet** werden. Eine vielfältig auswertbare Vertriebskostenrechnung bildet eine notwendige Voraussetzung für den Aufbau eines solchen integrierten Gesamtsystems.

LITERATURVERZEICHNIS

ADAM, Dietrich: Entscheidungsorientierte Kostenbewertung, Wiesbaden 1970.

ADELBERGER, Herbert: Die **Vertriebskostenrechnung** als Dispositionsgrundlage, Diss. Freiburg im Breisgau 1968.

AGPLAN, Schriftenreihe der Arbeitsgemeinschaft Planungsrechnung e. V., Bd. 8: Unbewältigte **Probleme** der Planungsrechnung, Wiesbaden 1964.

AGTHE, Klaus: Das Rechnen mit Budgets, in: BOBSIN, R. (Hrsg.): Handbuch, S. 141-191.

AGTHE, Klaus: **Kostenplanung** und Kostenkontrolle im Industriebetrieb, Baden-Baden 1963.

ALEWELL, Karl: Absatzkosten, in: KOSIOL, E. u. a. (Hrsg.): HWR, Sp. 2-12.

ANSOFF, H. Igor: Strategic Management, London - Basingstoke 1979.

ANTHONY, Robert N.: Management Accounting Principles, Homewood Ill. 1965.

AUSSCHUSS FÜR BEGRIFFSDEFINITIONEN AUS DER HANDELS- UND ABSATZWIRTSCHAFT (Hrsg.): **Katalog E.** Begriffsdefinitionen aus der Handels- und Absatzwirtschaft, 3. Ausgabe, Köln 1982.

BACHMANN, Walter O.: Absatzkostenrechnung, Winterthur 1965.

BACKHAUS, Klaus: Investitionsgütermarketing, München 1982.

BADER, J. A. - ZEIDLER, F. (Bearb.): **Vertriebshandbuch** für industrielle Betriebe, Berlin 1931.

BASLER, Herbert: **Grundbegriffe** der Wahrscheinlichkeitsrechnung und statistischen Methodenlehre, 4. Aufl., Würzburg - Wien 1973.

BAUMGARTNER, Beat: Die **Controller-Konzeption**, Bern - Stuttgart 1980.

BEREKOVEN, Ludwig: Der Dienstleistungsmarkt in der Bundesrepublik Deutschland, Bd. I, Göttingen 1983.

BEREKOVEN, Ludwig: **Grundlagen** der Absatzwirtschaft, 3. Aufl., Herne - Berlin 1986.

BEREKOVEN, Ludwig - ECKERT, Werner - ELLENRIEDER, Peter: **Marktforschung**, 2. Aufl., Wiesbaden 1986.

BERNSKÖTTER, Hanns: Leistungs-Lifting im Vertrieb, in: asw, Jg. 1983, H. 11, S. 86-90.

BEYER, Horst-Tilo: Factoring, in: DERS. (Hrsg.): Finanzlexikon, München 1979, S. 117-118.

BIDLINGMAIER, Johannes: **Marketing 1**, 10. Aufl., Opladen 1983.

BIEHL, W.: Verkaufssteuerung mit Deckungsbeiträgen in einem Unternehmen der chemischen Industrie, in: KILGER, W. - SCHEER, A.-W. (Hrsg.): 5. Saarbrücker Arbeitstagung, S. 209-242.

BIEL, Alfred: Vertriebs-Controlling, in: CM, 6. Jg. (1981), H. 1, S. 5-12.

BOBSIN, Robert (Hrsg.): **Handbuch** der Kostenrechnung, 2. Aufl., München 1974.

BÖCKER, Franz: **Marketing-Kontrolle**, Stuttgart u. a. 1988.

BÖCKER, Franz - DICHTL, Erwin (Hrsg.): **Erfolgskontrolle** im Marketing, Berlin 1975.
BÖRNER, Dietrich: **Kostenverteilung**, Prinzipien und Technik, in: KOSIOL, E. u. a. (Hrsg.): HWR, Sp. 1105-1114.
BRAMSEMANN, Rainer: **Controlling**, Wiesbaden 1978.
BUCHNER, Manfred: Controlling - ein Schlagwort?, Frankfurt a.M. - Bern 1981.

CHMIELEWICZ, Klaus (Hrsg.): **Entwicklungslinien** der Kosten- und Erlösrechnung, Stuttgart 1983.
COENENBERG, Adolf G.: Jahresabschluß und Jahresabschlußanalyse, 10. Aufl., Landsberg am Lech 1988.
COENENBERG; Adolf G.: Verrechnungspreise zur Steuerung divisionalisierter Unternehmen, in: WiSt, 2. Jg. (1973), H. 8/9, S. 373-382.
COOPER, Robin - KAPLAN, Robert S.: Measure Costs Right: Make the Right Decisions, in: HBR, 66. Jg. (1988), September/Oktober, S. 96-103.
CORSTEN, Hans: Fixkostenabbau bei schrumpfenden Unternehmungen, in: wisu, 14. Jg. (1985), H. 11, S. 531-536.

DELLMANN, Klaus: **Produktionstheorie** und Kostenplanung, in: krp, Jg. 1982, H. 3, S. 127-138.
DENK, Robert: Selektions- und **Exklusionsentscheidungen** im Absatzbereich der Unternehmung, Wien 1977.
DE VOS, Henry - ISENBERG, Martin - SCHAEFER, Monroe: Marketing Profitability **Analysis**, in: KELLEY, E. J. - LAZER, W. (Hrsg.): Managerial Marketing, S. 299-311.
DEYHLE, Albrecht: Controller-Handbuch, Bd. 1, 2. Aufl., Gauting bei München 1980.
DEYHLE, Albrecht: Controller-Handbuch, Bd. 5, Gauting bei München 1974.
DEYHLE, Albrecht: Kundenergebnisrechnung, in: CM, 10. Jg. (1985), H. 4, S. 167-174.
DICHTL, Erwin: **Grenzen** der Deckungsbeitragsrechnung, in: BÖCKER, F. - DICHTL, E. (Hrsg.): Erfolgskontrolle, S. 73-80.
DILLER, Hermann: Die Preispolitik der internationalen Unternehmung, in: WiSt, 16. Jg. (1987), H. 6, S. 269-275.
DILLER, Hermann: **Preispolitik**, Stuttgart u. a. 1985.
DILLER, Hermann: Produkt-Management und Marketing-Informationssysteme, Berlin 1975.
DREWS, Lothar - KROB, Felix: Einsatz der **Gewinnplanungsrechnung** in einem mittelständischen Familienunternehmen der Haarkosmetik, in: krp, Sonderheft 1/85, S. 61-65.
DUNNE, Patrick - WOLK, Harry J.: Marketing Cost **Analysis**: A Modularized Contribution Approach, in: JoM, 41. Jg. (1977), Nr. 3, S. 83-94.

EBERT, Günter - KOINECKE, Jürgen - PEEMÖLLER, Volker: Controlling in der Praxis, Landsberg am Lech 1985.
EBERT, Heinz - LAUER, Herman: Key Account-Management, Bamberg 1988.

ENGELHARDT, Werner Hans: Erlösplanung und Erlöskontrolle als Instrument der Absatzpolitik, in: ZfbF, 29. Jg. (1977), Sonderheft 6, S. 10-26.
ENGELHARDT, Werner Hans: Grundprobleme der Leistungslehre, dargestellt am Beispiel der Warenhandelsbetriebe, in: ZfbF, 18. Jg. (1966), S. 158-178.
ESCHENBACH, Rolf (Hrsg.): Das **Management** der Gemeinkosten, Wien 1982.
ESCHENBACH, Rolf: Die **Eingliederung** des Marketing-Controllers in die Unternehmensorganisation, in: DERS. (Hrsg.): Marketing-Controlling, S. 31-55.
ESCHENBACH, Rolf (Hrsg.): **Marketing-Controlling**, Österreichischer Controllertag 1985, Wien 1986.
EVERS, Josef: Der Vertrieb, Würzburg - Wien 1979.
EVERSHEIM, Walter - STENDEL, Michael: Arbeitsgestaltung, in: KERN, W. (Hrsg.): HWProd, Sp. 130-147.

FINKENRATH, Rolf: Deckungsbeitragsorientierte Verkaufssteuerung mit Profit-Centers, in: krp, Jg. 1986, H. 6, S. 213-218.
FISCHER, Edmund: Deckungsbeitragsrechnung im Fuhrbetrieb, in: krp, Jg. 1982, H. 6, S. 279-287.
FISCHER, Klaus-Peter: Industrielle **Vertriebskostenrechnung**, Stuttgart 1963.
FRETER, Hermann: Mediaselektion. Informationsgewinnung und Entscheidungsmodelle für die Werbeträgerauswahl, Wiesbaden 1974.

GÄLWEILER, Alois: Strategische Unternehmensplanung, in: STEINMANN, H. (Hrsg.): Planung, S. 84-99.
GAU, Eberhard: Die **Kalkulation** der Vertriebskosten, Stuttgart 1959.
GAYDOUL, Peter: Controlling in der deutschen Unternehmenspraxis, Darmstadt 1980.
GEISBÜSCH, Hans-Georg - WEESER-KRELL, Lothar M. - GEML, Richard (Hrsg.): **Marketing**, Landsberg am Lech 1987.
GEIST, Manfred: Selektive **Absatzpolitik** auf der Grundlage der Absatzsegmentrechnung, Stuttgart 1963.
GEIST, Manfred - KÖHLER, Richard (Hrsg.): Die **Führung** des Betriebes, Stuttgart 1981.
GEIST, Manfred - MANN, Günther - WITT, Jürgen: Erfolgskontrolle der Absatzwege, Hamburg u. a. 1962.
GEIST, Manfred - WITT, Jürgen: Erfolgskontrolle der Verkaufsbezirke, Hamburg u. a. 1965.
GEML, Richard: Marketing-Controlling, in: GEISBÜSCH, H.-G. u. a. (Hrsg.): Marketing, S. 173-194.
GLOCK, Karl - SCHRÖDER, Ernst F.: Nutzungsmöglichkeiten des Rechnungswesens für das Marketing-Controlling, insbesondere Operationalisierung strategischer Pläne, in: GOETZKE, W. - SIEBEN, G. (Hrsg.): Marketing-Controlling, S. 91-93.
GOETZ, Billy E.: Management Planning and Control, A Managerial Approach to Industrial Accounting, o. O. 1949.
GOETZKE, Wolfgang - SIEBEN, Günter (Hrsg.): **Marketing-Controlling**, Köln 1982.

GORNAS, Jürgen: Grundzüge einer Verwaltungskostenrechnung, Baden-Baden 1976.
GROCHLA, Erwin: **Unternehmensorganisation**, Reinbek bei Hamburg 1972.
GROCHLA, Erwin - SZYPERSKI, Norbert (Hrsg.): Modell- und computergestützte **Unternehmungsplanung**, Wiesbaden 1973.
GROCHLA, Erwin - WITTMANN, Waldemar (Hrsg.): **HWB**, 3 Bde., 4. Aufl., Stuttgart 1974-1976.
GÜMBEL, Rudolf: Kostenrechnung (I) - Grundfragen der Verwaltungs- und Vertriebskosten, in: WiWo, Jg. 1972, H. 48, S. 29-38.
GÜMBEL, Rudolf: **Mobilität** im Vertrieb - Flexibilität in der Vertriebskostenrechnung, in: asw, Jg. 1970, H. 10, S. 31-38.
GUTENBERG, Erich: Grundlagen der Betriebswirtschaftslehre, Bd. 1: Die Produktion, 24. Aufl., Berlin - Heidelberg - New York 1983.
GUTENBERG, Erich: Grundlagen der Betriebswirtschaftslehre, Bd. 2: **Der Absatz, 13. Aufl.**, Berlin - Heidelberg - New York 1971.
GUTENBERG; Erich: Grundlagen der Betriebswirtschaftslehre, Bd. 2: **Der Absatz, 16. Aufl.**, Berlin - Heidelberg - New York 1979.

HAAG, Jürgen: Marketing-Controlling aus der Sicht des Marketing-Managers, in: GOETZKE, W. - SIEBEN, G. (Hrsg.): Marketing-Controlling, S. 61-77.
HABERSTOCK, Lothar: **Grundzüge** der Kosten- und Erfolgsrechnung, München 1975.
HAHN, Dietger: Deckungsbeitragsrechnung in Großhandelsunternehmungen, in: BFuP, 24. Jg. (1972), H. 1, S. 1-25.
HAHN, Dietger (Hrsg.): **Führungsprobleme** industrieller Unternehmungen, Berlin - New York 1980.
HAHN, Dietger: **Planungs- und Kontrollrechnung**, 3. Aufl., Wiesbaden 1986.
HAUN, Peter: Daten- und methodenbankgestütztes entscheidungsorientiertes **Rechnungswesen**, Berlin u. a. 1987.
HECKERT, J. Brooks - MINER, Robert B.: **Distribution** Costs, 2. Aufl., New York 1953.
HEIGL, Anton: **Controlling** - Interne Revision, Stuttgart - New York 1978.
HEINEN, Edmund (Hrsg.): **Industriebetriebslehre**, 7. Aufl., Wiesbaden 1983.
HEINLEIN, Leo: Von der periodenbezogenen Kostenrechnung zur aktionsorientierten betriebswirtschaftlichen Steuerungsrechnung, in: KILGER, W. - SCHEER, A.-W. (Hrsg.): 5. Saarbrücker Arbeitstagung, S. 9-31.
HEINZELBECKER, Klaus: **Marketing-Informationssysteme**, Stuttgart u. a. 1985.
HENZEL, Friedrich: Die Kostenrechnung, 4. Aufl., Essen 1964.
HERZOG, Ernst: **Vertriebscontrolling**, in: krp, Sonderheft 1/85, S. 44-48.
HESSENMÜLLER, Bruno: Erfassung und Auswertung der Vertriebskosten, in: VDI (Hrsg.): Industrieller Vertrieb, S. 149-199.

HESSENMÜLLER, Bruno: Kosten- und **Erfolgsrechnung** im Vertrieb, Baden-Baden - Bad Homburg vor der Höhe 1966.
HESSENMÜLLER, Bruno - SCHNAUFER, Erich (Hrsg.): **Absatzwirtschaft**, Baden-Baden 1964.
HILL, Wilhelm: Marketing, Bd. 1, 3. Aufl., Bern - Stuttgart 1973.
HILLENBRAND, Karlheinz: Marketing-Controlling aus der Sicht des Controllers, in: GOETZKE, W. - SIEBEN, G. (Hrsg.): Marketing-Controlling, S. 51-59.
HORNGREN, Charles T.: **Cost Accounting**: A Managerial Emphasis, 2. Aufl., Englewood Cliffs 1967.
HORVÁTH, Péter: **Controlling**, 2. Aufl., München 1986.
HORVÁTH, Péter: Die Aufgaben des Marketing-Controllers, in: ESCHENBACH, R. (Hrsg.): Marketing-Controlling, S. 7-29.
HORVÁTH, Péter - KLEINER, Franz - MAYER, Reinhold: Differenzierte Kosteninformationen zur Entscheidungsunterstützung in der flexiblen Montage, in: krp, Jg. 1986, H. 4, S. 133-139.
HORVÁTH, Péter - KLEINER, Franz - MAYER, Reinhold: Zweckneutrale **Kostenerfassung** in der flexiblen Montage mit Hilfe von Datenbanken, in: krp, Jg. 1987, H. 3, S. 93-104.
HORVÁTH, Péter - STARK, Heinz: **Controlling** für das Marketingmanagement, in: Marketing, 4. Jg. (1982), H. 3, S. 183-194.
HUCH, Burkhard: Informationssysteme im operativen Controlling - Rechnungswesen und Berichtswesen, in: krp, Jg. 1984, H. 3, S. 103-109.
HUCH, Burkhard: Instrumente des operativen Controlling, in: PROBST, G. J. B. - SCHMITZ-DRÄGER, R. (Hrsg.): Controlling, S. 52-65.
HUG, Werner - WEBER, Jürgen: Zum Zeitbezug der Grundrechnung im entscheidungsorientierten Rechnungswesen, in: krp, Jg. 1980, H. 2, S. 81-92.
HUMMEL, Siegfried: Kosten, relevante, in: KOSIOL, E. u. a. (Hrsg.): HWR, Sp. 968-974.
HUMMEL, Siegfried: Wirklichkeitsnahe **Kostenerfassung**, Berlin 1970.
HUMMEL, Siegfried - MÄNNEL, Wolfgang: **Kostenrechnung**, Bd. **1**: Grundlagen, Aufbau und Anwendung, 4. Aufl., Wiesbaden 1986.
HUMMEL, Siegfried - MÄNNEL, Wolfgang: **Kostenrechnung**, Bd. **2**: Moderne Verfahren und Systeme, 3. Aufl., Wiesbaden 1982.

JACOB, Herbert (Hrsg.): **Controlling** und Finanzplanung, Schriften zur Unternehmensführung, Bd. 26, Wiesbaden 1979.
JACOB, Herbert (Hrsg.): Neuere **Entwicklungen** in der Kostenrechnung (I), Schriften zur Unternehmensführung, Bd. 21, Wiesbaden 1976.
JANTZEN, Werner: Wo Gewinne - Wo Verluste?, in: MJ, 7. Jg. (1974), Nr. 1, S. 13-16.
JUCKER, Willy Robert: **Budgetierung** und Standardkostenrechnung im Vertrieb industrieller Unternehmungen, Zürich 1967.

JÜNEMANN, Reinhard: Lagerhaltung, Technik und Steuerung der, in: KERN, W. (Hrsg.): HWProd, Sp. 1073-1089.

KÄFER, Karl: Zukunftsaufgaben des betriebswirtschaftlichen Rechnungswesens, in: Mitteilungen aus dem handelswissenschaftlichen Seminar der Universität Zürich, H. 113, Zürich 1961, S. 23-49.

KAISER, Andreas: **Werbung**, München 1980.

KAPLAN, Robert S.: One Cost System Isn't Enough, in: HBR, 66. Jg. (1988), Januar/Februar, S. 61-66.

KARCHER, Harald Bernhard: Büro der Zukunft, 6. Aufl., Baden-Baden 1984.

KAYSER, H. A.: Microcomputergestütze Verkaufsplanung und Verkaufssteuerung mit Deckungsbeiträgen in einem mittelständischen Unternehmen der holzverarbeitenden Industrie, in: KILGER, W. - SCHEER, A.-W. (Hrsg.): 6. Saarbrücker Arbeitstagung, S. 399-419.

KELLEY, Eugene J. - LAZER, William (Hrsg.): **Managerial Marketing** - Policies, Strategies, and Decisions, Homewood Ill. 1973.

KERN, Werner (Hrsg.): **HWProd**, Stuttgart 1979.

KERN, Werner: Industrielle **Produktionswirtschaft,** 3. Aufl., Stuttgart 1980.

KIENER, Joachim: **Marketing-Controlling**, Darmstadt 1980.

KILGER, Wolfgang: Die Entstehung und Weiterentwicklung der Grenzplankostenrechnung als entscheidungsorientiertes System der Kostenrechnung, in: JACOB, H. (Hrsg.): Entwicklungen, S. 9-39.

KILGER, Wolfgang: Die Konzeption der Grundrechnung als Grundlage einer datenbankorientierten Kostenrechnung, in: KILGER, W. - SCHEER, A.-W. (Hrsg.): 5. Saabrücker Arbeitstagung, S. 411-434.

KILGER, Wolfgang: **Einführung** in die Kostenrechnung, 2. Aufl., Wiesbaden 1980.

KILGER, Wolfgang: Flexible **Plankostenrechnung** und Deckungsbeitragsrechnung, 8. Aufl., Wiesbaden 1981.

KILGER, Wolfgang: Grenzplankostenrechnung, in: CHMIELEWICZ, K. (Hrsg.): Entwicklungen, S. 57-81.

KILGER, Wolfgang: **Industriebetriebslehre**, Bd. 1, Wiesbaden 1986.

KILGER, Wolfgang - SCHEER, August-Wilhelm (Hrsg.): Rechnungswesen und EDV, **5. Saarbrücker Arbeitstagung**, Würzburg - Wien 1984.

KILGER, Wolfgang - SCHEER, August-Wilhelm (Hrsg.): Rechnungswesen und EDV, **6. Saarbrücker Arbeitstagung**, Würzburg - Wien 1985.

KJAER-HANSEN, Max: Absatz, Markt und Nachfrage, Essen 1965.

KLOOCK, Josef - SIEBEN, Günter - SCHILDBACH, Thomas: Kosten- und **Leistungsrechnung**, 2. Aufl., Düsseldorf 1981.

KOCH, Helmut: Zur Diskussion über den Kostenbegriff, in: ZfhF, N. F., 10. Jg. (1958), S. 355-399.

KOCH, Jürgen: Ansätze zur Abbildung der zeitlichen Dimension von Entscheidungen in der Kostenrechnung, in: krp, Jg. 1986, H. 2, S. 51-58.

KOCH, Waldemar: Grundlagen und Technik des Vertriebs, Bd. 1, 2. Aufl., Berlin 1958.
KOCH, Waldemar: Grundlagen und Technik des Vertriebs, Bd. 2, 2. Aufl., Berlin 1958.
KÖHLER, Richard: Absatzsegmentrechnung, in: KOSIOL, E. u. a. (Hrsg.): HWR, Sp. 19-29.
KÖHLER, Richard: Grundprobleme der strategischen Marketingplanung, in: GEIST, M. - KÖHLER, R. (Hrsg.): Führung, S. 261-291.
KÖHLER, Richard: **Marketing-Controlling**, in: DBW, 42. Jg. (1982), H. 2, S. 197-215.
KÖHLER, Richard: **Marketing** und Rechnungswesen: "Zwei Welten" oder Partner?, in: asw, Jg. 1985, H. 8, S. 72-77.
KÖHLER, Richard: **Verlustquellenanalyse** im Marketing, in: Marketing Enzyklopädie, Bd. 3, München 1974, S. 605-618.
KÖHLER, Richard: **Nutzen Sie** Ihr Rechnungswesen **(1)**: Einführung, in: MJ, 9. Jg. (1976), Nr. 3, S. 267-271.
KÖHLER, Richard - UEBELE, Herbert: **Nutzen Sie** Ihr Rechnungswesen **(2)**... für die Produktpolitik, in: MJ, 9. Jg. (1976), Nr. 4, S. 346-351.
KÖHLER, Richard - STÖLZEL, Albrecht: **Nutzen Sie** Ihr Rechnungswesen **(3)**... für die Preispolitik, in: MJ, 9. Jg. (1976), Nr. 5, S. 485-492.
KÖHLER, Richard - BÖHLER, Heymo - HEINZELBECKER, Klaus: **Nutzen Sie** Ihr Rechnungswesen **(4)**... für die Werbe- und VF-Politik, in: MJ, 9. Jg. (1976), Nr. 6, S. 578-587.
KÖHLER, Richard - RUDOLPHI, Michael: Nutzen Sie Ihr Rechnungswesen (5)... zur Steuerung des Außendienstes, in: MJ, 10. Jg. (1977), Nr. 1, S. 61-68.
KÖHLER, Richard - KOCH, Hartmut: Nutzen Sie Ihr Rechnungswesen (6)... zur Kostensenkung in der Distribution, in: MJ, 10. Jg. (1977), Nr. 2, S. 138-147.
KOLB, Jürgen: Industrielle Erlösrechnung - Grundlagen und Anwendung, Wiesbaden 1978.
KOONTZ, Harold - O'DONNELL, Cyril: **Priciples** of Management: An Analysis of Managerial Functions, 4. Aufl., New York u. a. 1968.
KOSIOL, Erich: **Kostenrechnung**, Wiesbaden 1964.
KOSIOL, Erich: Kosten- und **Leistungsrechnung**, Berlin - Heidelberg - New York 1979.
KOSIOL, Erich: Zur Problematik der Unternehmensplanung, in: ZfB, 37. Jg. (1967), H. 1, S. 77-96.
KOSIOL, Erich - CHMIELEWICZ, Klaus - SCHWEITZER, Marcell (Hrsg.): **HWR**, 2. Aufl., Stuttgart 1981.
KOTLER, Philip: **Marketing-Management**, 4. Aufl., Stuttgart 1982.
KROPFBERGER, Dietrich: Entscheidungsorientierte Kosten- und Erfolgsrechnung im Marketing I, Linz 1981.
KROPFBERGER, Dietrich: Entscheidungsorientierte Kosten- und **Erfolgsrechnung** im Marketing **II**, Linz 1981.
KUBE, Volker: Die Grenzplankostenrechnung, Wiesbaden 1974.
KUBE, Volker: **Leistungserfassung** im Industriebetrieb, in: JACOB, H. (Hrsg.): Entwicklungen, S. 41-84.
KÜPPER, Hans-Ulrich: Konzeption des Controlling aus betriebswirtschaftlicher Sicht, in: SCHEER, A.-W. (Hrsg.): 8. Saarbrücker Arbeitstagung, S. 82-116.

KÜPPER, Hans-Ulrich: Koordination und Interdependenz als Bausteine einer konzeptionellen und theoretischen Fundierung des Controlling, in: LÜCKE, W. (Hrsg.): Kontrollprobleme, S. 163-183.
KÜSPERT, Erich: Industrielle **Vertriebskosten**, Stuttgart 1938.

LANGE, Manfred: **Konjunktur** für Controller, in: asw, Jg. 1975, H. 3, S. 46-52.
LANGEN, Heinz: Die Prognose von Zahlungseingängen, in: ZfB, 34. Jg. (1964), H. 5, S. 289-326.
LASSMANN, Gert: Gestaltungsformen der Kosten- und Erlösrechnung im Hinblick auf Planungs- und Kontrollaufgaben, in: WPg, 26. Jg. (1973), H. 1, S. 4-17.
LAWRENCE, Paul R. - LORSCH, Jay W.: Organization and Environment: Managing Differentiation and Integration, Boston 1967.
LAYER, Manfred: Die Kostenrechnung als Informationsinstrument der Unternehmensleitung, in: JACOB, H. (Hrsg.): Entwicklungen, S. 97-138.
LEHMANN, Max Rudolf: **Industriekalkulation**, 5. Aufl., Essen 1964.
LETSCH, Markus: Methoden und Verfahren der Gemeinkostensenkung, Diss. St. Gallen 1984.
LIEBL, Walter F.: Marketing-Controlling, in: CM, 6. Jg. (1981), H. 1, S. 13-17.
LINNERT, Peter: Die neuen Techniken des Marketing, Teil II: Organisation, München 1972.
LINNERT, Peter: **Praktische Analyse** und Kontrolle von Umsatz und Gewinn, München 1974.
LINNERT, Peter: Sonderfragen im Bereich der Marketingkosten, in: BOBSIN, R. (Hrsg.): Handbuch, S. 725-736.
LONGMAN, Donald R.: **Distribution** Cost Analysis, Nachdruck der Ausgabe von 1941, New York 1978.
LONGMAN, Donald R. - SCHIFF, Michael: Practical **Distribution** Cost Analysis, Homewood Ill. 1955.
LÜCKE, Wolfgang (Hrsg.): Betriebswirtschaftliche Steuerungs- und **Kontrollprobleme**, Wiesbaden 1988.

MAHLERT, Arno: Die Abschreibungen in der entscheidungsorientierten Kostenrechnung, Opladen 1976.
MANN, Rudolph: Die Praxis des Controlling, München o. J.
MANN, Rudolph - MAYER, Elmar (Hrsg.): Der **Controlling-Berater**, Loseblattsammlung, Grundwerk, Freiburg im Breisgau 1983.
MÄNNEL, Wolfgang: Die Einzelkosten- und Deckungsbeitragsrechnung - Ein Konzept zur Abbildung der Realität durch das Rechnungswesen, in: ZfB, 53. Jg. (1983), H. 12, S. 1187-1195.
MÄNNEL, Wolfgang: **Erlösschmälerungen**, Wiesbaden 1975.
MÄNNEL, Wolfgang: Grundzüge einer aussagefähigen Kostenspaltung, in: krp, Jg. 1972, H. 3, S. 111-119.
MÄNNEL, Wolfgang: Kostenspaltung, in: Management Enzyklopädie, Bd. 5, 2. Aufl., Landsberg am Lech 1983, S. 725-743.

MÄNNEL, Wolfgang: Kundenskonti im Rechnungswesen, Herne - Berlin 1971.
MÄNNEL, Wolfgang: Moderne Fahrzeugkostenrechnung I u. II, in: krp, Jg. 1976, H. 5 u. 6, S. 197-204 u. S. 253-258.
MÄNNEL, Wolfgang: Möglichkeiten und Grenzen des Rechnens mit Opportunitätserlösen, in: RIEBEL, P. (Hrsg.): Beiträge, S. 201-245.
MÄNNEL, Wolfgang: **Weiterentwicklung** der Kosten-, Leistungs-, Erlös- und Ergebnisrechnung für die Praxis, in: krp, Sonderheft 1/85, S. 33-43.
MÄNNEL, Wolfgang: Zukünftige Herausforderungen des internationalen Wettbewerbs an Management, Rechnungswesen und Informationstechnologie, in: krp, Sonderheft 1/85, S. 5-21.
MÄNNEL, Wolfgang: Zur Gestaltung der Erlösrechnung, in: CHMIELEWICZ, K. (Hrsg.): Entwicklungslinien, S. 119-150.
MARSHALL, Arthur Hedley: **Costing** in Local Government, in: SOLOMONS, D. (Hrsg.): Studies, S. 612-622.
MC DONALD, John G. - ROEVER, Michael: Runter mit den Gemeinkosten, in: MM, 5. Jg. (1975), H. 11, S. 69-73.
MEDICKE, Werner: Die Gemeinkosten in der Plankostenrechnung, Berlin 1956.
MEFFERT, Heribert: Instrumente, absatzpolitische, in: TIETZ, B. (Hrsg.): HWA, Sp. 887-896.
MEFFERT, Heribert: **Marketing**, 7. Aufl., Wiesbaden 1986.
MEFFERT, Heribert: 16 Meffert-**Thesen** zu Marketing und Controlling, in: asw, Jg. 1982, H. 9, S. 100-107.
MELLEROWICZ, Konrad: Kosten und **Kostenrechnung, Bd. I**, 4. Aufl., Berlin 1963.
MELLEROWICZ, Konrad: Kosten und **Kostenrechnung, Bd. II, 1. Teil**, 4. Aufl., Berlin 1966.
MELLEROWICZ, Konrad: **Leistung**, in: SEISCHAB, H. - SCHWANTAG, K. (Hrsg.): HWB, Bd. 3, Sp. 3774-3776.
MELLEROWICZ, Konrad: Neuzeitliche **Kalkulationsverfahren**, 6. Aufl., Freiburg 1977.
MENRAD, Siegfried: Kosten und Leistung, in: GROCHLA, E. - WITTMANN, W. (Hrsg.): HWB, Bd. 2, Sp. 2280-2290.
MENRAD, Siegfried: Rechnungswesen, Göttingen 1978.
MERTENS, Peter - HANSEN, Klaus - RACKELMANN, Günter: **Selektionsentscheidungen** im Rechnungswesen - Überlegungen zu computergestützten Kosteninformationssystemen, in: DBW, 37. Jg. (1977), H. 1, S. 77-88.
MEYER, Carl W.: Vertrieb, in: TIETZ, B. (Hrsg.): HWA, Sp. 2103-2116.
MEYER-PIENING, Arnulf: Zero-Base Budgeting - Erprobte Technik zur Senkung der Gemeinkosten und zur Steigerung der Effizienz, in: ESCHENBACH, R. (Hrsg.): Management, S. 63-95.
MICHEL, Eduard: Handbuch der Plankostenrechnung, Berlin 1937.
MILLER, Jeffrey G. - VOLLMANN, Thomas E.: Die verborgene Fabrik, in: Harvard Manager, Jg. 1986, H. 1, S. 84-89.
MOEWS, Dieter: Kosten und Leistung, in: KOSIOL, E. u. a. (Hrsg.): HWR, Sp. 1114-1125.
MOSSMAN, Frank H. - FISCHER, Paul M. - CRISSY, W. J. E.: Financial **Dimensions** of Marketing Management, New York u. a. 1978.

MOSSMAN, Frank H. - FISCHER, Paul M. - CRISSY, W. J. E.: New **Approaches** to Analyzing Marketing Profitability, in: JoM, 38. Jg. (1974), Nr. 2, S. 43-48.
MROSEK, Dietmar: **Zurechnungsprobleme** in einer entscheidungsorientierten Kostenrechnung, München 1983.
MÜLLER-GIEBELER, Paul: Beitrag zum Problem der Erfassung, Verrechnung und Auswertung industrieller Vertriebskosten, Köln und Opladen 1967.
MÜLLER-MERBACH, Heiner (Hrsg.): **Quantitative Ansätze** in der Betriebswirtschaftslehre, München 1978.

NATIONAL ASSOCIATION OF COST ACCOUNTANTS: **Analysis** of Nonmanufacturing Costs for Managerial Decisions, Combined Research Series 19, 20, 21, New York o. J.
NIESCHLAG, Robert - DICHTL, Erwin - HÖRSCHGEN, Hans: Marketing, 8. Aufl., Berlin 1975.
NIESCHLAG, Robert - DICHTL, Erwin - HÖRSCHGEN, Hans: **Marketing**, 14. Aufl., Berlin 1985.
NORDEN, Helmut: Saubere Kostenarten, in: Der praktische Betriebswirt, 20. Jg. (1940), Nr. 12, S. 578-583.

OERTLE, Heinz: Gemeinkostenwertanalyse im Marketing, in: Thexis, 1. Jg. (1984), H. 3, S. 15-18.

PAUL, Hermann: **Erfolgsanalyse** im Absatzbereich, Eschborn 1980.
PFEIFFER, Werner - DÖRRIE, Ulrich - STOLL, Edgar: **Menschliche Arbeit** in der industriellen Produktion, Göttingen 1977.
PFOHL, Hans-Christian - ZETTELMEYER, Bernd: **Strategisches Controlling?**, in: ZfB, 57. Jg. (1987), H. 2, S. 145-175.
PHYRR, Peter A.: Zero-Base Budgeting, in: HBR, 48. Jg. (1970), November/Dezember, S. 111-121.
PICOT, Arnold: Rationalisierung im Verwaltungsbereich, in: ZfB, 49. Jg. (1979), H. 12, S. 1145-1165.
PLAUT, Hans-Georg: Die Grenzplankostenrechnung, in: ZfB, 23. Jg. (1953), H. 6, S. 347-363.
PLAUT, Hans-Georg: Planungsrechnung im Verwaltungs- und Vertriebsbereich, in: AGPLAN, Bd. 8: Probleme, S. 30-36.
PLAUT, Hans-Georg - MÜLLER, Heinrich - MEDICKE, Werner: Grenzplankostenrechnung und Datenverarbeitung, 3. Aufl., München 1973.
PRIESS, Friedrich: Die Vertriebskosten als Problem des Handels, in: ZfhF, N. F., 5. Jg. (1953), S. 534-552.
PROBST, Gilbert - SCHMITZ-DRÄGER, Ralph (Hrsg.): **Controlling** und Unternehmensführung, Bern - Stuttgart 1985.
PUHL, Werner: **Entwurf** und Realisierung eines Kosten- und Erlösinformationssystems auf der Basis einer Datenbank und einer Methodensammlung, Diss. Nürnberg 1983.
PÜMPIN, Cuno - Krause, Heinrich: **Absatzkosten**, in: TIETZ, B. (Hrsg.): HWA, Sp. 45-50.

QUEISSNER, Eberhard: Kostentheoretische Grundlagen und Entscheidungsmodelle zur Gütertransportplanung, Diss. Saarbrücken 1978.

RATIONALISIERUNGSKURATORIUM DER DEUTSCHEN WIRTSCHAFT E. V.: Planung und Kontrolle der Verwaltungs- und Vertriebskosten, Stuttgart 1961.

RAYBURN, L. Gayle: **Accounting Tools** in the Analysis and Control of Marketing Performance, in: IMM, Jg. 1977, Vol. 6, S. 175-182.

REICHMANN, Thomas: **Controlling** mit Kennzahlen, München 1985.

REICHWALD, Ralf - MROSEK, Dietmar: Produktionswirtschaft, in: HEINEN, E. (Hrsg.): Industriebetriebslehre, S. 361-503.

RIEBEL, Paul (Hrsg.): **Beiträge** zur betriebswirtschaftlichen Ertragslehre, Opladen 1971.

RIEBEL, Paul: Das Problem der minimalen **Auftragsgröße,** in: ZfhF, N. F., 12. Jg. (1960), H. 12, S. 647-685.

RIEBEL, Paul: Deckungsbeitragsrechnung im **Handel**, in: TIETZ, B. (Hrsg.): HWA, Sp. 433-455.

RIEBEL, Paul: **Deckungsbeitrag** und Deckungsbeitragsrechnung, in: GROCHLA, E. - WITTMANN, W. (Hrsg.): HWB, Bd. 1, Sp. 1137-1155, wieder abgedruckt in: RIEBEL, P.: Deckungsbeitragsrechnung, S. 386-398.

RIEBEL, Paul: Der Aufbau der Grundrechnung im System des Rechnens mit relativen Einzelkosten und Deckungsbeiträgen, in: Zeitschrift der Buchhaltungsfachleute "Aufwand und Ertrag", 10. Jg. (1964), S. 84-87, wieder abgedruckt in: DERS.: Deckungsbeitragsrechnung, S. 149-157.

RIEBEL, Paul: Die **Bereitschaftskosten** in der entscheidungsorientierten Unternehmerrechnung, in: ZfbF, 22. Jg. (1970), S. 372-386, wieder abgedruckt in: DERS.: Deckungsbeitragsrechnung, S. 81-97.

RIEBEL, Paul: Die Deckungsbeitragsrechnung als Instrument der **Absatzanalyse**, in: HESSENMÜLLER, B. - SCHNAUFER, E. (Hrsg.): Absatzwirtschaft, S. 595-627, wieder abgedruckt in : RIEBEL, P.: Deckungsbeitragsrechnung, S. 176-203.

RIEBEL, Paul: Die Gestaltung der Kostenrechnung für Zwecke der Betriebskontrolle und Betriebsdisposition, in: ZfB, 26. Jg. (1956), H. 5, S. 278-289, wieder abgedruckt in: DERS.: Deckungsbeitragsrechnung, S. 11-22.

RIEBEL, Paul: **Diskussionsbeitrag** zum Referat von KILGER, Wolfgang, in: CHMIELEWICZ, K. (Hrsg.): Entwicklungslinien, S. 81-83.

RIEBEL, Paul: Einzelkosten- und **Deckungsbeitragsrechnung,** 5. Aufl., Wiesbaden 1985.

RIEBEL, Paul: **Ertragsbildung** und Ertragsverbundenheit im Spiegel der Zurechenbarkeit von Erlösen, in: DERS. (Hrsg.): Beiträge, S. 147-200, wieder abgedruckt in: DERS.: Deckungsbeitragsrechnung, S. 98-148.

RIEBEL, Paul: **Gestaltungsprobleme** einer zweckneutralen Grundrechnung, in: ZfbF, 31. Jg. (1979), S. 863-893, wieder abgedruckt in: DERS. (Hrsg.): Deckungsbeitragsrechnung, S. 444-474.

RIEBEL, Paul: Innerbetriebliche Statistik, in: Allgemeines Statistisches Archiv, 49. Bd. (1965), S. 47-71.
RIEBEL, Paul: Kurzfristige unternehmerische **Entscheidungen** im Erzeugnisbereich auf Grundlage des Rechnens mit relativen Einzelkosten und Deckungsbeiträgen, in: NB, 20. Jg. (1967), H. 8, S. 1-23, wieder abgedruckt in: DERS.: Deckungsbeitragsrechnung, S. 269-307.
RIEBEL, Paul: Probleme einer Festlegung von Deckungsvorgaben aus produktions- und absatzwirtschaftlicher Sicht, in: ZfbF, 32 Jg. (1980), S. 1130-1145, wieder abgedruckt in: DERS.: Deckungsbeitragsrechnung, S. 498-513.
RIEBEL, Paul: Überlegungen zur Formulierung eines entscheidungsorientierten Kostenbegriffs, in: MÜLLER-MERBACH, H. (Hrsg.): Quantitative Ansätze, S. 127-146, wieder abgedruckt in: RIEBEL, P.: Deckungsbeitragsrechnung, S. 409-429.
RIEBEL, Paul: Zum Konzept einer zweckneutralen Grundrechnung, in: ZfbF, 31. Jg. (1979), H. 11, S. 785-798, wieder abgedruckt in: DERS.: Deckungsbeitragsrechnung, S. 430-443.
RIEBEL, Paul - SINZIG, Werner: Zur Realisierung der Einzelkosten- und Deckungsbeitragsrechnung mit einer relationalen Datenbank, in: ZfbF, 33. Jg. (1981), H. 6, S. 457-489.
RODENSTOCK, Rolf: Sonderkosten, in: SEISCHAB, H. - SCHWANTAG, K. (Hrsg.): HWB, Bd. 3, Sp. 4886-4891.
ROEVER, Michael: Gemeinkosten-Wertanalyse, in: krp, Jg. 1985, H. 1, S. 19-22.
RÖHRENBACHER, Hans: Die Kosten- und **Leistungsrechnung** im Handelsbetrieb, Berlin 1985.
RÜTSCHI, Klaus A.: Das Management der heimlichen Marketingkosten, in: Die Unternehmung, 33. Jg. (1979), H. 3, S. 181-200.

SCHÄFER, Erich: **Absatzwirtschaft,** 3. Aufl., Stuttgart 1981.
SCHÄFER, Erich: Absatzwirtschaft, in: TIETZ, B. (Hrsg.): HWA, Sp. 186-193.
SCHÄFER, Erich: **Die Unternehmung,** 10. Aufl., Wiesbaden 1980.
SCHEER, August-Wilhlem (Hrsg.): Rechnungswesen und EDV, **8. Saarbrücker Arbeitstagung,** Heidelberg 1987.
SCHENK, Hans-Otto: Absatztheorie, funktionale, in: TIETZ, B. (Hrsg.): HWA, Sp. 110-120.
SCHMALENBACH, Eugen: Kostenrechnung und **Preispolitik,** 8. Aufl., Köln - Opladen 1963.
SCHMITZ-DRÄGER, Ralph: Marketing-Controlling in einem mittelständigen Unternehmen, in: PROBST, G. J. B. - SCHMITZ-DRÄGER, R. (Hrsg.): Controlling, S. 113-126.
SCHNETTLER, Albert: Betriebsvergleich - Grundlagen und Praxis zwischenbetrieblicher Vergleiche, 3. Aufl., Stuttgart 1963.
SCHOLL, Hans-Josef: Fixkostenorientierte Plankostenrechnung, Würzburg - Wien 1981.
SCHOSTEK, Lothar: Marketing-Controlling-Checklist, in: CM, 3. Jg. (1978), H. 4, S. 145-161.
SCHOTT, Kornelius: Deckungsbeitragsrechnung in der Spedition, 2. Aufl., Hamburg 1975.

SCHRÖDER, Ernst F.: Neuland: Die kundenorientierte Gewinnsteuerung, in: asw, Jg. 1978, H. 10, S. 50-55.
SCHRÖDER, Ernst F.: **Kundendeckungsbeitragsrechnung** in der Konsumgüter-Industrie, in: MANN, R. - MAYER, E. (Hrsg.): Controlling-Berater, Gruppe 6, S. 1-23.
SCHULZ, Roland: **Vertriebskosten** und Vertriebskostenanalyse, in: Marketing Enzyklopädie, Bd. 3, München 1975, S. 631-639.
SCHWEITZER, Marcell - KÜPPER, Hans-Ulrich: **Systeme** der Kostenrechnung, 4. Aufl., Landsberg am Lech 1986.
SEICHT, Gerhard: Die stufenweise Grenzkostenrechnung, in: ZfB, 33. Jg. (1963), H. 12, S. 693-709.
SEICHT, Gerhard: Moderne Kosten- und **Leistungsrechnung**, 5. Aufl., Wien 1986.
SEICHT, Gerhard: **Verwaltungskosten**, Abrechnung der, in: KOSIOL, E. u. a. (Hrsg.): HWR, Sp. 1713-1722.
SEICHT, Gerhard: Zur Deckungsbeitragsrechnung - Versuch einer Weiterentwicklung, in: Organisation und Betrieb, 18. Jg. (1963), H. 10, S. 13-17.
SEISCHAB, Hans - SCHWANTAG, Karl (Hrsg.): **HWB**, 4 Bde., 3. Aufl., Stuttgart 1956-1962.
SENGER, Hans-Günther: **Beurteilung** der Vertriebskosten, Berlin 1963.
SERFLING, Klaus: **Controlling**, Stuttgart u. a. 1983.
SEVIN, Charles H.: Distribution Cost **Analysis**, Washington 1946.
SEVIN, Charles H.: How Manufacturers Reduce Their Distribution Costs, Washington 1948.
SEVIN, Charles H.: **Marketing** Productivity Analysis, St. Louis u. a. 1965.
SEYFFERT, Rudolf: Wege und Kosten der Distribution der Konsumwaren ausgenommen Lebensmittel, Hausrat-, Textil-, Schuh- und Lederwaren, Köln - Opladen 1959.
SIEGWART, Hans: Das **Rechnungswesen** als Instrument der Unternehmensführung, in: HAHN, D. (Hrsg.): Führungsprobleme, S. 237-255.
SIMON, Herbert A. - GUETZKOW, Harold - KOZMETSKY, George - TYNDALL, Gordon: Centralization versus Dezentralization in Organizing the Controller's Department, New York 1954.
SIMON, Sanford R.: **Managing** Marketing Profitability, o. O. 1969.
SINZIG, Werner: Datenbankorientiertes Rechnungswesen, Berlin u. a. 1983.
SOLOMONS, David (Hrsg.): **Studies** in Costing, London 1952.
STEINMANN, Horst: Der Management-Prozeß und seine Problemschwerpunkte, in: DERS. (Hrsg.): Planung, S. 1-19.
STEINMANN, Horst (Hrsg.): **Planung** und Kontrolle, München 1981.
STROBEL, Wilhelm: Controlling und Unternehmensführung, in: JACOB, H. (Hrsg.): Controlling, S. 5-40.
SZYPERSKI, Norbert: Forschungs- und Entwicklungsprobleme der Unternehmungsplanung, in: GROCHLA, E. - SZYPERSKI, N. (Hrsg.): Unternehmungsplanung, S. 21-40.

TIEDTKE, Klaus: Einkommensteuer- und Bilanzsteuerrecht, Berlin - New York 1983.

TIETZ, Bruno (Hrsg.): **HWA**, Stuttgart 1974.
TÖPFER, Armin: Planungs- und Kontrollsysteme industrieller Unternehmungen, Berlin 1976.
TREIS, Bartho: Die Ausgestaltung der Vertriebskostenrechnung, in: BÖCKER, F. - DICHTL, E. (Hrsg.): Erfolgskontrolle, S. 25-32.
TROSSMANN, Ernst: Aufgaben der industriellen Fertigungsvorbereitung, in: WiSt, 15. Jg. (1986), H. 5, S. 245-252.

ULRICH, Hans: Controlling als Managementaufgabe, in: PROBST, G. - SCHMITZ-DRÄGER, R. (Hrsg.): Controlling, S. 15-27.
ULRICH, Hans: Die **Unternehmung** als produktives soziales System, Bern - Stuttgart 1968.

VEREIN DEUTSCHER INGENIEURE (Hrsg.): VDI-Taschenbuch **Industrieller Vertrieb**, Düsseldorf 1957.
VIKAS, Kurt: **Controlling** im Dienstleistungsbereich mit Grenzplankostenrechnung, Wiesbaden 1988.
VOSS, Franz: **Erfahrungen** mit Marketing-Controlling in der industriellen Praxis, in: ESCHENBACH, R. (Hrsg.), Marketing-Controlling, S. 85-112.

WAHLE, Otto: Auf Flexibilität getrimmt, in: asw, Jg. 1983, H. 2, S. 61-66.
WÄSCHER, Dieter: Gemeinkostenmanagement - Eine Aufgabe mit Zukunft, in: CM, 11. Jg. (1986), H. 5, S. 242-244.
WEBER, Helmut Kurt: Betriebswirtschaftliches **Rechnungswesen**, 2. Aufl., München 1978.
WEBER, Helmut Kurt: Untersuchungen zum betriebswirtschaftlichen Ertragsbegriff, in: RIEBEL, P. (Hrsg.): Beiträge, S. 11-61.
WEBER, Jürgen: **Kosten-Grundrechnung** im entscheidungsorientierten Rechnungswesen - Konzept und Entwicklungsmöglichkeiten **(II)**, in: wisu, 12. Jg. (1983), H. 12, S. 550-554.
WEBER, Jürgen: Kostenrechnung als **Controllinginstrument**, in: krp, Sonderheft 1/85, S. 23-31.
WEBER, Jürgen: **Logistikkostenrechnung**, Heidelberg u. a. 1987.
WEBER, Jürgen: Logistikkostenrechnung - Aufgaben, Abgrenzung und Elemente einer Kosten- und Leistungsrechnung für die Logistik, in: RKW-Handbuch Logistik, Bd. 1, Berlin 1981, Rubrik 1610, S. 1-41.
WEBER, Jürgen: Logistikkostenrechnung - **Lösungen** für die Praxis durch Antworten aus der Praxis, in: krp, Jg. 1984, H. 4, S. 135-140.
WEDEKIND, Hartmut - ORTNER, Erich: Der Aufbau einer **Datenbank** für die Kostenrechnung, in: DBW, 37. Jg. (1977), H. 4, S. 533-542.
WEGMANN, Manfred: Gemeinkosten-Management - Möglichkeiten und Grenzen der Steuerung industrieller Verwaltungsbereiche, München 1982.

WILLAS, Jürgen: Was läßt sich im Marketing zukaufen?, in: MJ, 7. Jg. (1974), Nr. 6, S. 530-536.
WÖHE, Günter: **Einführung** in die Allgemeine Betriebswirtschaftslehre, 16. Aufl., München 1986.

ZEIDLER, F.: Vertriebskosten, in: Bader, J. A. - ZEIDLER, F. (Bearb.): Vertriebshandbuch, S. 221-260.

Christoph Weigand

Entscheidungsorientierte Vertriebskostenrechnung

GPSR Compliance

The European Union's (EU) General Product Safety Regulation (GPSR) is a set of rules that requires consumer products to be safe and our obligations to ensure this.

If you have any concerns about our products, you can contact us on ProductSafety@springernature.com

In case Publisher is established outside the EU, the EU authorized representative is:

Springer Nature Customer Service Center GmbH
Europaplatz 3
69115 Heidelberg, Germany

Batch number: 10815964

Printed by Printforce, the Netherlands